城市居民绿色购买行为：
驱动机理与引导策略

杨贤传　著

中国财经出版传媒集团
中国财政经济出版社

图书在版编目（CIP）数据

城市居民绿色购买行为：驱动机理与引导策略／杨贤传著. -- 北京：中国财政经济出版社，2021.12
 ISBN 978－7－5223－1051－0

Ⅰ.①城… Ⅱ.①杨… Ⅲ.①居民－购买行为－研究 Ⅳ.①F713.55

中国版本图书馆 CIP 数据核字（2021）第 269589 号

责任编辑：蔡　宾　　　　　　责任校对：张　凡
封面设计：陈宇琰

中国财政经济出版社 出版

URL：http://www.cfeph.cn
E－mail：cfeph@cfemg.cn

（版权所有　翻印必究）

社址：北京市海淀区阜成路甲28号　邮政编码：100142
营销中心电话：010－88191522　编辑中心电话：010－88190666
天猫网店：中国财政经济出版社旗舰店
网址：https://zgczjjcbs.tmall.com
北京财经印刷厂印装　各地新华书店经销
成品尺寸：170 mm×240 mm　16开　22印张　360 000字
2021年12月第1版　2021年12月北京第1次印刷
定价：65.00元
ISBN 978－7－5223－1051－0
（图书出现印装问题，本社负责调换，电话：010－88190548）
本社图书质量投诉电话：010－88190744
打击盗版举报热线：010－88191661　QQ：2242791300

前　言

建设生态文明，绘就美丽中国已经成为我国面向未来的重大发展战略，是关系人民福祉、关乎中华民族未来的长远大计，"绿水青山就是金山银山"这一重要历史性论断深刻表明绿水青山既是自然财富又是经济财富。然而，经济的快速发展加快了工业化和城市化进程，环境问题也日益突出，已经给人类的可持续发展带来了严重挑战。环境破坏40%应该直接归因于人类的非绿色消费，而工业污染又多数是由消费需求驱动的。消费驱动型经济增长模式和"碳中和"呼之欲出的大背景下，研究如何推动居民生活方式和消费模式的绿色化无疑具有重要的理论与现实意义。因此，厘清城市居民不同类型绿色购买行为的复杂驱动机理，并据此设计有效干预与引导策略，是建设生态文明、打造美丽中国的题中要义。此外，研究者和实践者都发现由驱动因素激活的积极绿色态度（动机）并没有有效转化为真实的绿色购买行为，出现了态度（动机）—行为偏差，相应地，如何修复这一偏差就成为绿色消费领域研究的热点议题，本研究基于文献回顾和实证研究结果兼论如何修复这一偏差将具有重要的现实价值。

本书以"问题提出－理论研究－质性研究－实证研究－扩散仿真－引导策略构建"为研究主线，选取城市居民作为研究对象，综合运用市场营销学、社会学、心理学和经济学等学科知识与方法，围绕行为驱动机理、绿色动机—行为偏差修复、行为扩散仿真等议题展开研究。具体的研究内容和主要结论如下：

（1）绿色购买行为内涵重构和维度划分。作为绿色消费行为的核心维度，绿色购买行为被普遍认为是单维的，本书通过典型消费者深度访谈和文献研究，基于绿色购买活动的现实表现和演化进阶规律，以生态价值观和环境关心为标准，重新界定和发展了绿色购买行为的概念内涵，构建了一个更具涵盖性的进阶式三维度结构模型，即绝对绿色购买行为、条件绿色购买行为和随机绿色购买行为。描述性统计分析发现三类绿色购买行为均不程度存在，其中兼顾双重诉求的条件绿色购买行为分布最为广泛，后续实证分析进一步证实了三维度划分的合理性。

（2）城市居民绿色购买行为驱动机理质性研究。运用质性分析方法萃取了城市居民绿色购买行为的关键驱动因素及主范畴间的典型关系结构，接着引入成熟的S-O-R理论和目标框架理论描绘了一个兼顾利己诉求和利他诉求的城市居民绿色购买行为驱动机理理论模型。即内部和外部刺激因素通过激活三维目标框架进而对城市居民绿色购买行为的驱动机理；社会心理情境因素和城市情境因素调节了三维目标框架——绿色购买行为之间的联结关系。

（3）城市居民绿色购买行为驱动机理的量化研究。开发或修订完研究量表后，对中东部和东北城市居民开展了问卷调查，共收集到1345份有效样本。单因素方差分析和独立样本T检验结果表明，城市居民绿色购买行为在性别、年龄、受教育程度、婚姻、个人月收入、职业类型、组织性质、职位等级、城市等级和城市所属地理区域上存在显著差异。运用结构方程模型、Bootstrapping法和PRODCLIN2程序检验了28条总体中介效应和84条具体中介效应，从而全面呈现出了内外部驱动因素通过目标框架对城市居民绿色购买行为的复杂驱动机理，也更加有利于发现和解释绿色动机—行为偏差的具体成因。同时，本书采用阶层式回归，结合使用Process v3.3和Johnson-Neyman法（简写为J-N法）检验和探讨了社会心理情境因素和城市情境因素对功利目标动机（框架）、享乐目标动机（框架）、规范目标动机（框架）

与绿色购买行为影响路径中的潜在调节作用。上述调节变量对三维目标动机与不同类型绿色购买行为关系中调节效应的显著性、强度和方向存在明显差异，这也有助于拓宽绿色动机—行为偏差的探索视角。

（4）城市居民绿色购买行为（条件绿色购买行为）扩散仿真分析。运用加权小世界网络理论构建了消费网络中个体间的条件绿色购买行为扩散模型，借助 Matlab 仿真平台进行仿真研究，探索了网络中情境因素干预下个体条件绿色购买行为的扩散规律。结果表明：总的来看，"随机关系强度"网络、"弱关系"网络和"强关系"网络下，以势差优先模式确定条件绿色购买行为扩散中的发送方，与其他两种模式相比能带来更高的行为增长率或最低的行为降幅，且网络均衡性更优，多数情况下能够最快实现网络整体均衡。加入情境因素的最强影响后，条件绿色购买行为的扩散效率受到多元动机的共同影响，涨跌互现；在"弱关系"网络中，以势差优先模式确定发送方时，网络中全体节点的行为扩散表现明显好于强度优先模式和随机模式，同时，势差优先模式下的网络均衡性更优，而且更快实现整体网络均衡。相对于"强关系"网络，"弱关系"网络受到情境因素的干扰影响更大。

（5）以"双重诉求"兼顾为核心的城市居民绿色购买行为"进阶式"提升策略研究。根据实证结果，本书分别从个体心理因素驱动、媒体劝导、人际互动、双重诉动机激活、绿色购买行为分类引导、情境因素积极干预和购买者属性特征的精确靶向引导七个方面出发，以系统性和全局性视角构建了城市居民绿色购买行为"进阶式"提升策略体系。同时，在文献研读和实证研究的基础上，系统整理了绿色动机—行为偏差的复杂成因，并提出了对应的修复策略。

本书是以作者攻读博士学位期间的研究成果为基础，进行系统整理后成书，感谢博士生导师张磊教授全程孜孜不倦的指导与教诲。同样的感谢之情还要送给王德鲁教授、王帮俊教授、王晓珍教授、何凌云教授、毕凌云教授，他们给出的修改建议具有同样的深度和启迪性，让我受益匪浅，他们的指点迷津让本书不断得到完善。本书的出版受到无锡商业职业技术学院"教授科研启动基金（RS20JS01）""头羊工程（RS21TY01）"、无锡商业职业技术学院学术著作出版资助（KJZX21230）、国家"双高计划"市场营销专业群（207040601）和江苏数字商业发展研究协同创新基地的大力资助，同时也是上述教科研项目的重要建设成果。

  作者希望通过本书的出版，为我国生态文明和美丽中国发展战略提供一些有益的理论参考和实践借鉴。然而，受限于作者学术水平，书中存在一些不足之处在所难免，恳请读者批评指正，不吝赐教，共同为祖国实现科学发展和可持续发展贡献我们的一份力量。

作　者

2021 年 11 月

目　录

1 绪论 ·· 1
　1.1 选题背景 ··· 1
　1.2 研究目的和意义 ·· 9
　1.3 研究内容、方法与技术路线 ····························· 11
　1.4 本章小结 ··· 14
2 文献综述 ·· 15
　2.1 绿色消费行为的相关研究 ································ 15
　2.2 绿色购买行为内涵研究与结构发展 ···················· 18
　2.3 常用理论基础及模型 ······································ 22
　2.4 绿色动机—行为偏差的相关研究 ······················· 41
　2.5 研究简评 ··· 51
　2.6 本章小结 ··· 52
3 城市居民绿色购买行为驱动机理理论模型构建 ············· 53
　3.1 城市居民绿色购买行为驱动因素选择与界定 ········ 53
　3.2 城市居民绿色购买行为驱动机理理论模型构建与假设提出 ··· 72
　3.3 本章小结 ··· 107
4 城市居民绿色购买行为及其驱动因素的量表修订开发与数据收集 ··· 108
　4.1 研究量表的设计与开发 ··································· 108
　4.2 正式调研与样本结构 ······································ 141

  4.3 正式量表的检验 …………………………………………… 143
  4.4 本章小结 …………………………………………………… 158
5 城市居民绿色购买行为驱动机理实证分析 ………………………… 159
  5.1 城市居民绿色购买行为及其驱动因素的描述性分析 …… 159
  5.2 城市居民目标框架、绿色购买行为及其驱动因素的相关分析 … 168
  5.3 城市居民绿色购买行为的差异性检验 …………………… 173
  5.4 内外部刺激因素对城市居民绿色购买行为的影响效果分析 … 181
  5.5 目标框架的多重中介效应分析 …………………………… 186
  5.6 情境因素的调节效应分析 ………………………………… 207
  5.7 城市居民绿色购买行为驱动机理理论模型修正 ………… 247
  5.8 本章小结 …………………………………………………… 250
6 情境因素干预下的城市居民绿色购买行为扩散仿真 …………… 251
  6.1 基于关系强度的城市居民绿色购买行为选择 …………… 252
  6.2 城市居民条件绿色购买行为扩散的仿真建模 …………… 254
  6.3 情境因素干预下的仿真结果分析 ………………………… 258
  6.4 本章小结 …………………………………………………… 281
7 促进我国城市居民扩大绿色购买行为的策略建议 ……………… 282
  7.1 城市居民绿色购买行为引导建议 ………………………… 283
  7.2 做好绿色动机—行为偏差的识别与修复 ………………… 300
  7.3 本章小结 …………………………………………………… 302
8 研究结论与展望 ……………………………………………………… 303
  8.1 研究结论 …………………………………………………… 303
  8.2 主要创新点 ………………………………………………… 306
  8.3 研究的局限性与未来展望 ………………………………… 307

附录一 城市居民绿色购买行为预试问卷 ………………………… 308
附录二 城市居民绿色购买行为正式调查问卷 …………………… 314
参考文献 …………………………………………………………………… 320

1
绪 论

1.1 选题背景

1.1.1 我国面临着生态环境问题的严重挑战

环境问题是指环境系统的功能性失调，导致自我修复功能遭到破坏，从而陷入恶性循环[1-10]。可以说环境问题是人类在追求自身发展过程中面临的共同难题，严重威胁着自身的可持续发展[11-18]。各国面临的环境污染危险虽有各自的特点，但也有共性，当前中国遭受的生态恶化困境也曾在发达国家普遍出现过。例如，1948年美国多诺拉大气污染事件导致了20人很快死亡，共计6 000多人送医救治；1956年日本水俣湾附近暴发了由工业废水污染引发的水俣病，在日本社会造成了极大震动；1952年的英国伦敦烟雾事件更是直接导致5 000余人死亡，惨痛的人员伤亡使英国政府下足力气整治环境污染。近些年来，中国的环境污染事件频发，既造成了巨大的经济损失，也影响了社会稳定。例如，2005年松花江重大水污染事件造成沿岸居民巨大心理恐慌，引发了社会秩序紊乱和生活用品抢购；2007年江苏太湖发生水污染事件，引发市民抢购、储存饮用水，扰乱了市场正常秩序和社会稳定。类似上述环境危机引发的群体性事件几乎每年都会上演，严重损害国家形象的同时，更是降低了人民的幸福感指数，也与人民对美好生活的期望背道而驰，更是生态文明和美丽中国建设的巨大障碍。

面对日益严峻的生态危机，中国政府已经意识到了环境治理的紧迫性，一直强调避免走"先污染后治理"的老路,早在1983年我国就将环境保护确定为一项基本国策。步入21世纪,党的十六大提出了科学发展观这一伟大战略构想,胡锦涛主席提出要"坚持以人为本,统筹人与自然的和谐发展"。习近平总书记在《推动我国生态文明建设迈上新台阶》一文中指出"生态文明建设是关系中华民族永续发展的根本大计",而"绿水青山就是金山银山"的论断更是诠释出最高领导层对环境问题的高度重视、治理思路和治理决心。在对国民进行环境道德规劝的同时,国家层面上还加快了制定环保法律法规的步伐。例如,2014年修订颁布的新《中华人民共和国环境保护法》,这部修订后的法律充分体现了"保护优先"原则,展示了现代环境治理体系创新的新方向。党的十九大更是肩负时代使命,布局美丽中国建设,加快实践绿色发展方式和生活方式,逐步建立健全绿色低碳循环发展经济体系,6项政策举措的推进将认识高度向实践深度和推进力度转换,统一了发展观、执政观和自然观。

如图1-1所示,近十年来,我国环境突发事件在经历2013年712次的峰值后,开始出现稳步下降的良好态势,但依然维持在较高水平,环境问题反弹隐忧深度存在。表明与时俱进的顶层设计切实推动了生态环境的持续改善,而精准治理、科学治理、深度治理则需要全员参与。必须正视的是,当前中国在发展压力下,生态环境保护与经济社会发展矛盾突出,人与自然关

图1-1 中国突发环境事件次数

资料来源:《中国统计年鉴》。

系发展中还存在众多不和谐因素，如何稀释乃至破解这些障碍因素对推进生态文明建设、布局美丽中国蓝图以及满足人们对美好生活向往都具有决定性作用[19,20]。

1.1.2 非绿色消费活动是导致环境问题的重要原因

导致当前环境问题的原因是复杂的，乔根森指出环境问题不是环境自身的问题，而是社会问题，它与社会文化、经济发展水平和城市化等因素错纵交织。20世纪60年代开始，学者们就开始关注人类消费活动与环境变化之间的关系，研究者一致认为非绿色消费活动是造成生态危机的重要原因，甚至有的学者认为人类的消费活动是造成环境危机的核心力量[14,21]。Moon 等（2019）[22]指出环境恶化30%~40%是由人类的非可持续消费直接造成的，同时，现存的工业污染多数也是由需求侧衍生驱动。因此，人类对物质的崇拜和对资源的过度消耗给环境带来了沉重负担[2,21,23,24]。当人类步入消费社会，社会分层和个体的社会身份建构都需通过消费来达成[25-29]。西方社会分层理论的代表人物韦伯从财富、权力和声望三维标准对社会分层问题进行了深入阐述。皮埃尔·布迪厄认为消费是划分社会阶层的核心标准，人们通过消费来表达对向往社会群体的示同和回避社会群体的示异[29]，由此，人们对消费的热衷达到前所未有的高度。一方面，消费对改善人类生存质量，促进经济发展做出了不可磨灭的贡献；另一方面，社会分层和自我概念表达造成的过度消费也给生态环境造成了严重损害，环境破坏的场景处处可见[30]。

与西方的发展轨迹类似，中国经济的腾飞也伴随着消费主义的兴起，更为重要的是，消费主义与经济社会发展之间存在着良性互动效应，这种良性互动效应主要表现为对经济的拉动作用。国家统计局数据显示，消费已是中国经济增长的第一拉动力，2019 全年最终消费支出对经济增长贡献率接近60%。从国家发展战略格局来看，内需驱动型增长已经确定为经济增长的主引擎，在打造内需驱动型经济的大背景下，加速消费"下沉"将是大势所趋。消费潜力的继续释放将对环境造成潜移默化的影响。此外，不健康的价值观引导将与业已形成的消费主义风潮产生叠加效应，人们的消费将不再着眼于简单的使用价值[31]，符号意义的追求将驱动人们付诸更多的非理性消费，这种消费模式将对人与自然的和谐共生带来巨大挑战。例如，2018年中国城乡居民人均消费支出为21 210元，其中城镇居民人均消费支出为27 007元，比2010年翻了一番；如表1-1所示，私人汽车拥有量方面，2019年的数据已经达到2000年的32.9倍。上述典型消费数据的变化带来的直接影响就是导致居民生活能源消费量的快速增加，2017年能源消费总量已经达到57 620万吨标准煤，无论是生活能源消费总量还是人均生活能源消费量，都出现了倍数级增长。上述现象表明，当前我国居民并没有全面实施绿色消费，公开场合展示的绿色消费动机（态度）并没有有效转化为真实的消费行为，而作为消费主力军的城市居民的绿色理念向生态生活方式转变对推动生态文明具有决定性意义。

中国社会深受儒家文化浸润和影响，人们在消费过程中较其他国家居民更为重视行为与身份匹配，面子和倾听他人，这在某种程度上助长了炫耀性消费[32-34]。凡伯伦指出上层阶级通过各种浪费性的消费来外显自己的社会地位，下层阶级对上层社会的向往会极大驱动他们加入浪费性消费当中，从而造成整个社会的过度消费和奢靡之风盛行，给生态环境造成严重破坏[21]。为此，许多人质疑中国传统文化能否引领和促进环境友好型社会的构建。针对上述疑问，部分学者开发出可操作性的传统文化变量用于实证研究，研究结果证实了儒家文化蕴含的"集体主义"和"天人合一"等思想能够有效促进居民的绿色消费活动[35-37]，这为绿色消费社会的形塑与构建奠定了思想文化基础。不可否认的是，儒家文化内涵丰富，但精华与糟粕并存，潜在的消极文化内核对环境友好型社会构建是否存在影响尚不明确，如果确实存在影响，影响的机制是什么？值得深入探索和验证。因此，继续萃取和验证绿色消费情境中的不同文化内核的影响机制，将为促进绿色消费、加快居民生态人格形塑[38]以及加速生物圈价值观构建[39,40]等方面带来重要的理论和实践启示。

表1-1　　　　　　　　中国居民日常消费情况

年份	居民消费水平（元）	私人汽车拥有量（万辆）	生活能源消费量（万吨标准煤）	人均生活能源消费量（千克标准煤）
2000年	3 721	625.33	14 912	132
2001年	3 987	770.78	15 427	136

续表

年份	居民消费水平（元）	私人汽车拥有量（万辆）	生活能源消费量（万吨标准煤）	人均生活能源消费量（千克标准煤）
2002 年	4 301	968.98	17 033	146
2003 年	4 606	1 219.23	19 268	166
2004 年	5 138	1 481.66	21 281	191
2005 年	5 771	1 848.07	23 393	211
2006 年	6 416	2 333.32	27 765	230
2007 年	7 572	2 876.22	30 814	250
2008 年	8 707	3 501.39	31 898	254
2009 年	9 514	4 574.91	33 843	264
2010 年	10 919	5 938.71	34 558	273
2011 年	13 134	7 326.79	37 410	294
2012 年	14 699	8 838.6	42 306	313
2013 年	16 190	10 501.68	45 531	335
2014 年	17 778	12 339.36	47 212	346
2015 年	19 397	14 099.1	50 099	365.4
2016 年	21 285	16 330.22	54 209	393.2
2017 年	22 935	18 515.11	57 620	415.6
2018 年	25 002	20 574.93	60 436	434

1.1.3 绿色消费的关键驱动因素尚未得到充分识别

1913 年，行为主义学习理论的早期代表 Watson 基于"刺激－反应"模式（Stimulate－Response Theory）认为个体的行为主要是在环境的影响下通过后天习得的，学习是由外部刺激驱动的，并由此引发的复杂心理活动过程，他将学习者心理过程视作一个"黑箱"，主张心理学应该注重研究能够观察到的刺激和反应[41]。因此，早期的行为主义学派将研究重点放在行为变化上，忽视了人的主观能动性，将学习看成是"刺激－反应"间的联结，人类的行为就被归结为被动地接受外部刺激的反应结果。针对"刺激-反应"模式存在的不足，社会学习理论的代表性人物 Bandura（1977）[42]指出：人并不具备很多先天获得的行为，即人的行为主要是靠后天习得的，行为主义"刺激-反应"理论只能解释通过直接经验获得的行为反应，但对观察学习现象（通过示范进行的学习）无法作出有效解释。Bandura 进一步指出个体的行为受到认知和环境的共同影响，并重点探讨了人的认知、行为与环境三者之间的交互作用。为此，Bandura 将人类学习的两种基本过程界定为包括直接经验学习和观察学习两种，其中观察学习包括注意过程、保持过程、动作复现过程和动机过程四个阶段。

为了呈现个体接受刺激后的内心意识和心态感知，Mehrabian 和 Russell（1974）[43]提出了刺激（Stimulus）-有机体（Organism）-反应（Response）模式。S-O-R 模式认为个体的行为是由各种刺激因素引起的[44]，这些刺激因素既来源于外部环境，也可产生于个体自身的生理或心理因素[45]。不同的研究情境中，刺激因素构成差异较大，因此，学者会根据研究对象特征和具体研究情境采用不同方法选取或萃取出刺激因素。就绿色消费而言，学者们关注较多的刺激因素有消费价值[6,46,47]、消费动机[48]、社会规范[49]、社会文化[50]、社会认同[51,52]和"恐惧诉求"[21,53-57]等。然而，先前文献对各种刺激因素的选取缺乏系统性和时代性特征，这些驱动因素之间的因果关系也显得混乱且零散。同时，驱动因素本身具有地域性、时代性和动态性，随着人类经济、社会和技术等因素的进步，驱动因素本身也将随之进行自我演变与更新。例如，互联网技术推动的新媒体发展开始重构人们的信息消费，深刻影响着人们的日常行为。为此，本研究将运用质性研究方法，重新审视绿色购买行为的复杂驱动因素，力图整合和优化已有变量之间的因果关系，探索出居民绿色购买行为的一般实现机理。

1.1.4 环保倡导者设计的引导策略缺乏精准性

在绿色消费实践中，环保倡导者主要包括政府、媒体、环保公益机构和企业[58,59]。不同环保主体的公益诉求虽有程度差异，但促进绿色产品消费是他们的共同目标。首先，政府是我国环保事业的重要推动者，建设"生态文明"已经上升到面向未来的国家战略高度，各种鼓励政策接踵而至，并开动国家机器大力倡导绿色环保消费。其次，媒体作为人类社会生活中的"第四权力部门"，是环保中的参与者、行动者、引导者和监督者。他们采用丰富多样的宣传手段，大力倡导绿色环保消费，期望通过绿色主张，引导居民积极投身环保事业。最后，为了获取差异化竞争优势和履行企业社会责任，大量企业也加入环保事业中，虽然带有一定盈利诉求，但丰富多样的宣传策略也是影响居民环保行为的重要力量。上述环保主体的环保努力确实收到一定成效，但是仍然普遍存在的非绿色消费活动时刻警示着我们，现有的环保引导策略和政策实际成效与预期值还存在着巨大差距，引导策略和政策的精准性不足要求理论研究者继续审视居民绿色消费活动的关键驱动因素和形成机理，特别是绿色动机（态度）—行为偏差的多种潜在形成机制需要不断被发现和修复。

1.1.5 绿色动机—行为偏差问题没有得到根本好转

日益突出的环境问题严重影响了人类的可持续发展，引发了人们对人类社会可持续发展的担忧。政府、企业和社会媒体已经意识到生态危机的巨大危害，采取了多项举措来推动环保工作向前发展。对环境危机的切身感受加上外部信息激励使得多数居民对绿色产品持有积极的购买动机（或相近的态度[60]、意愿和价值观等），但是，绿色实践者和理论研究者均发现居民积极的绿色购买动机并没有完全转化为真实的购买行为，即存在绿色动机（态度）和行为偏差[61,62]。绿色动机和行为偏差已经成为绿色消费市场健康发展的主要障碍，如何克服这种偏差已经成为营销实践者和理论研究者面临的共同难题[63]。甚至有部分学者尖锐地指出，态度和行为的偏差（低相关）是社会心理学领域的重要耻辱之一[61]。虽然有的学者积极尝试修复绿色动机与行为偏差[64,65]，但在绿色实践者看来依然收效甚微，因而很有必要继续深入探究造成偏差的深层次原因，力图进一步缩小和修复这一缺口[66]。现有文献基于不同理论框架重点审视了绿色购买态度、意愿和行为的形成过程，较为常见的有计划行为理论（Theory of Planned Behavior）[67]、规范焦点理论（Focus Theory of Normative Conduct）[68]、规范激活理论（Norm Activation Theory）[69]以及由融合价值观理论和新生态范式理论而来的价值—信念—规范理论（Value – Belief – Norm Theory）[39,70]等。现有文献基于上述理论框架提炼出了部分绿色购买行为的影响因素,并以此构建了一系列整合或拓展模型,但依然无法系统解析绿色动机和行为偏差的具体成因。实际上,动机(态度)—行为偏差依然是绿色消费领域的热点问题,其中利己诉求和利他诉求割裂被多数学者一致认为是导致绿色动机(态度)和行为偏差的主要原因[7,21,71]。这一论断给理论研究者和绿色实践者带来了巨大挑战,即如果政府、企业和环保组织的绿色主张和绿色宣言仅是对公众进行道德规劝,而无法同时激活受众的双重诉求动机,势必造成利己诉求和利他诉求的割裂,从而使上述可持续发展努力在构建环境友好型社会中的作用大打折扣,更无法助力提升绿色市场的环境治理效率。更为重要的是,由于绿色动机(态度)—行为偏差的成因具有弥散性、情境性和时代性,因此,绿色动机(态度)—行为偏差是一个足以令人畏惧的挑战[65],在此背景下,有必要继续深入探究如何去纠正这一偏差,从而进一步帮助企业营销者和公共政策制定者走出绿色实践困境。

1.1.6 绿色购买行为的内涵和结构需要深入探究

在之前的文献中,学者习惯将绿色购买行为作为绿色消费行为的一个核心组成部分,多数概念都是基于单维结构定义的。这种概念的界定思维与绿色购买的现实表现存在一定的脱节现象,不利于全面审视绿色购买行为的不同形成机制和多种表现形式,更容易将不同诉求和个体环保素养混为一谈,导致引导政策和实施策略失灵。低效的环保倡议不仅使得倡导者身心俱疲,执行者疲于应付,消费者也会因为与自身诉求割裂和错位而产生抵触心理,甚至陷入"知行不合一"的恶性循环,导致绿色市场环境治理能力低下,为避免恶性循环,企业也会减少绿色产品创新投入,甚至做出象征性环保行为。

基于上述研究背景,探索构建出契合我国城市居民的绿色购买行为驱动机理理论模型具有重要的现实价值。城市居民绿色购买行为到底有哪些不同表现类型?每一种绿色购买行为的具体特征是什么?这些类型自身的产生和相互转化机制是什么?其核心驱动因素及形成机制有哪些?本研究将试图去解决这些悬而未决的问题,而这些问题的解决将有助于深入了解每一种绿色购买行为类型的独特形成与演化路径,为制定精准高效的引导策略和政策提供理论和实证依据，更为修复绿色动机（态度）—行为缺口打开新的视角。

1.2 研究目的和意义

1.2.1 研究目的

本研究旨在深入探索城市居民绿色购买行为及其复杂的驱动机制，后文将以中国中东部和东北城市居民为研究对象，首先在文献研读的基础上，结合绿色消费实践对绿色购买行为的内涵进行界定，并将其划分为绝对绿色购买行为、条件绿色购买行为和随机绿色购买行为。通过质性分析（扎根理论研究），探索和萃取出城市居民绿色购买行为的关键驱动因素，在此基础上构建出一个具有较高普适性的城市居民绿色购买行为驱动机理理论模型。根据该理论模型，依次对模型中的变量内涵进行阐释，依据形成的操作性定义并结合文献和深度访谈资料，开发和修订出绿色购买行为及所有驱动因素的测量工具。通过开发出的变量量表，主要采用问卷调查法获取城市居民绿色购买行为及其驱动机理的基础研究数据，在此基础上，运用多种统计分析技术揭示城市居民不同类型的绿色购买行为现状、差异性特征并验证文中提出的研究假设，力图厘清关键驱动因素是如何影响城市居民绿色购买行为，重点分析潜在的中介机制和调节机制，并试图根据实证分析结果解读出绿色动机（态度）—行为偏差的多种形成原因。进一步地，本研究还将分析城市居民绿色购买行为的扩散机制并进行计算机仿真。最后，根据质化和量化研究结果，提出促进城市居民绿色购买行为的策略建议，为环境友好型社会建设和企业绿色营销实践提供理论和实践证据。

1.2.2 研究意义

（1）理论意义。首先，本研究针对先前文献对绿色购买行为核心驱动因素的选取缺乏系统性和变量之间因果关系没有完全合理化的缺陷，选择扎根理论研究技术，系统萃取出更为科学、契合本土化情境、符合时代性要求的绿色购买行为驱动因素，力图整合和优化已有研究变量之间的因果关系。因此，本研究改变了以往单纯从成熟理论模型或现有文献中直接选取变量构建研究模型的做法，一定程度上克服了中外文化差异带来的理论或研究变量的契合度挑战。可见，本文通过探索性技术系统整合和完善绿色购买行为的核心驱动因素，有助于构建出更为稳健和符合绿色消费实际的研究框架，从而可以为绿色购买活动达成提供重要的理论支撑，并更好地验证和丰富已有的绿色消费文献。

其次，本研究对较为常见的绿色购买行为的理论内涵进行了重新界定和结构发展，而绿色购买行为类型与表现形式的细化有助于系统、精准和有针对性地解决绿色购买活动中存在的引导和激励策略效率低下的顽疾，从理论层面上丰富和发展了现有文献，从而可以全面解析和评价不同类型绿色购买行为的独特形成机制，弥补现有研究存在的不足。

最后，本研究持续关注了一直以来困扰理论界和企业营销实践者的绿色动机（态度）—偏差问题，这一困境虽然在部分文献中有所涉及，但是并未对这一偏差的成因给出全面和系统的解释。本文将在全面述评绿色动机（态度）—行为缺口文献的基础上，根据构建出的研究模型继续对这一"缺口"进行深入研究，从理论层面上对该偏差的深层形成机制作出更加系统和合理的解释，绿色动机（态度）—行为偏差问题将由此在理论深度和广度上得到进一步丰富和拓展。

（2）实践意义。从国家层面上来看，建设生态文明，绘就美丽中国要求所有公民必须正视我们正面临的环境危机，环境关系人民福祉，更关乎国家的未来，尊重自然、保护自然需要从我做起，每个人都要切实担负起保护环境的责任。不当消费行为是造成环境问题的深层次原因已经得到广泛认同，人类要解决环境问题，必须革除传统消费理念和生活方式，核心在于减少非绿色产品需求。本文研究绿色购买行为有助于从需求侧增加绿色产品消费，克服消费至上主义，帮助消费主权论调回归生态价值观，从源头回归生态文明，实现人与自然的和谐共生。

从绿色营销者角度来看，本文基于质性分析提出的理论模型能更加真实地呈现居民参与绿色购买活动的演化规律和驱动机理，可以为绿色营销者制定更加有效的激励策略提供直接证据，有助于加快绿色产品扩散，更为重要的是可以使绿色动机（态度）—行为偏差的修复策略更具有针对性和有效性，从而帮助企业走出绿色实践困境，减少道德风险和逆向选择。

从环保倡导者来看，本文的研究成果可以为环保倡导者优化相关宣传和说服内容提供实践指导，更加合理地将信源和与受众的特征结合起来，提高信息内容与不同建构类型个体的匹配度，矫正可能存在的认识误区而导致的劝导偏误，有效引导公众对环境问题的复杂性进行全面认知和重新思考，驱动绿色购买活动同时向深度和长期性方向发展，助力提高绿色市场的环境治理效率。

1.3 研究内容、方法与技术路线

1.3.1 研究内容

根据研究目标，本文运用文献研究法，回顾了绿色消费行为及绿色购买行为的内涵，初步提出了绿色购买行为的维度结构，同时梳理了绿色购买行为的基础理论框架，界定了绿色动机（态度）—行为偏差的内涵和表现形式，系统解释了动机（态度）—行为偏差的复杂成因，从方法论、经济、社会和心理等视角全面剖析了这一偏差的不同形成机制。基于质性研究方法（扎根理论分析）探索了契合特定研究情境的城市居民绿色购买行为的核心驱动因素，选取了合理的理论框架整合了上述研究变量，从而最终构建出城市居民绿色购买行为驱动机理理论模型。结合文献研究，开发和修订了城市居民绿色购买行为及其驱动因素的测量工具，研究量表的信效度通过了预试和正式调研两阶段验证。通过对我国中东部和东北地区城市居民开展问卷调查获得的研究数据，运用单因素方差分析、独立样本 T 检验和均值比较检定了城市居民绿色购买行为的现状和差异性特征。运用结构方程模型和阶层式回归对文中提出的综合理论模型进行了假设检验，分析了可能存在的中介和调节作用，最后根据实证研究结果对研究模型进行了修正。进一步地，本研究以条件绿色购买行为为例，运用加权小世界理论，借助 Matlab 2014a 研究了情境因素干预下城市居民绿色购买行为的选择与扩散规律。

1.3.2 研究方法

本研究以我国城市居民为研究对象，从绿色购买行为驱动机理出发，在研读和借鉴已有文献的基础上，综合运用心理学、经济学、社会学和计算机等不同学科知识，借助质性分析、问卷调查法、方差分析、结构方程模型、多元回归和扩散仿真等多种研究方法推动本文的深入探索。

（1）运用文献研究、深度访谈和理论推演法，提炼出研究缺口，发展了绿色购买行为的内涵和维度结构，从现实情境出发，揭示了绿色购买行为的不同表现形式和进阶演化规律，构建了进阶式结构模型。

（2）在文献研究和深度访谈的基础上，运用质性研究方法萃取出城市居民绿色购买行为的驱动因素，依次界定了驱动因素的概念内涵，并构建出城市居民绿色购买行为驱动机理理论模型和研究假设。

（3）综合运用文献研究、深度访谈和质性研究法，遵照科学的开发流程，设计出研究所用变量的初始量表。采用问卷调查法获取预试数据，运用因子分析、区别度检定和信度分析等方法对初始量表进行进一步检验和修正。

（4）运用问卷调查法获取正式样本数据，通过描述性统计分析了解城市居民不同类型绿色购买行为的分布状况；系统采用独立样本 T 检验、单因素方差分析、相关分析、结构方程模型、多元回归等方法探究了绿色购买行为在不同群体中的表现差异，揭示城市居民绿色购买行为的复杂形成机制，验证潜在的中介效应和调节效应。同时，借助 Johnson – Neyman 法和 Process v3.3 程序协助绘制效果图。

（5）采用仿真分析法，以现实表现最为普遍的条件绿色购买行为为例，运用加权小世界理论构建了消费网络中的绿色购买行为扩散模型，采用 Matlab 2014a 对概念模型进行仿真分析，研究社会心理情境和城市情境因素干预下的条件绿色购买行为扩散规律。

（6）运用归纳与演绎等逻辑思维方法，根据研究结果设计了以"双重诉求"兼顾为核心的城市居民绿色购买行为"进阶式"提升策略，为扩大我国居民绿色消费提供科学有效的引导策略与实施建议。

1.3.3 技术路线

根据研究目的和研究内容，本文将分为五个阶段完成研究任务，详细流程图，如图 1 – 2 所示。

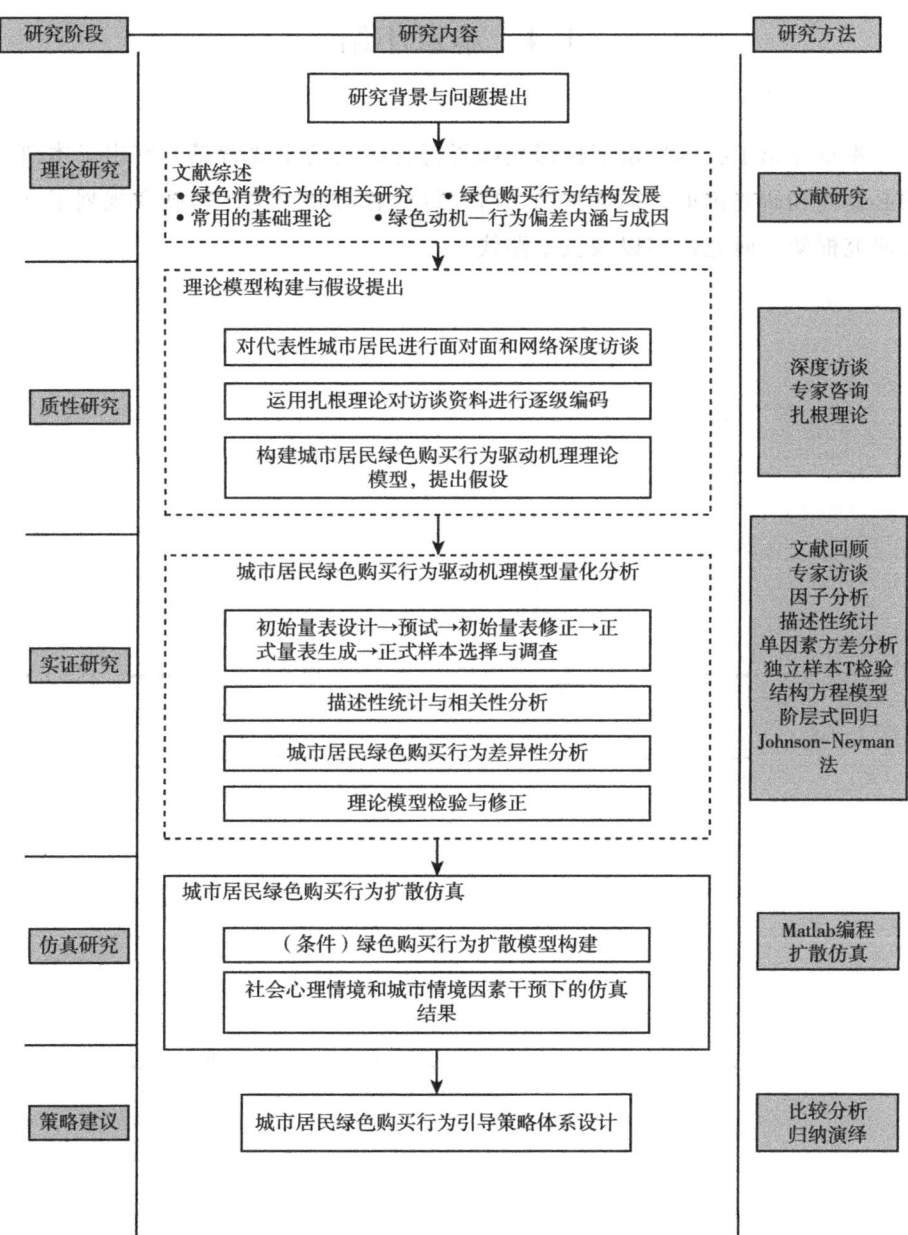

图 1-2 本研究的技术路线

1.4 本章小结

本章介绍了我国城市居民绿色购买行为研究的主要背景，突出了本研究的必要性和研究价值，据此阐明了研究目的和研究意义，勾勒和规划了文章的研究框架、研究内容以及技术路线。

| 2 |

文献综述

2.1 绿色消费行为的相关研究

2.1.1 绿色消费行为的内涵界定

人类社会的发展伴随着生态环境的不断恶化,造成了人类对自身可持续发展的深度忧虑[22]。早在20世纪60年代,国外学者就开始对绿色消费展开研究,取得了一系列理论研究成果,更为重要的是,商业企业从中觅得了巨大商机,加上企业社会责任的驱使,绿色营销活动异军突起,逐渐演变成一种崭新的商业模式[58],这种商业模式在为企业赢得竞争优势的同时,也助力消费者环保主义理念(Consumer Environmentalism)日渐盛行[7]。随着环保理念的深入发展,催生出了一套成熟的绿色发展理论体系,期望达成人、社会与自然的和谐统一[21],最终实现人类的可持续发展。

从需求侧视角来看,理论界和企业实践者将目光聚焦在绿色消费领域。学者从各自的研究视角出发对绿色消费行为做出了不同的内涵界定,这些定义大体分为两类:第一类完全从环保角度对绿色消费行为进行定义,对消费者个人诉求没有给予明确关注。例如,劳可夫(2013)[10]认为绿色消费行为是消费者在产品的购买、使用和用后处理等环节中努力保护环境,从而对环境危害最小化的消费方式;Moraes等(2012)[72]指出绿色消费是消费者在环保理念驱动下做出的旨在最小化负面环境影响的消费方式。第二类定义则兼顾了消费者的环境诉求和个人诉求。例如,王建明和吴俊豪(2011)[61]、

Yang 等（2015）[8]、Yang 等（2020）[71]指出绿色消费行为是指个体以满足生态环境需要为出发点，在日常商品的购买、使用和用后处理等环节中自觉保护生态环境，在满足自身需求的同时，努力将消费活动对环境的损害降到最小化的消费方式。同样，贺爱忠等（2011）[4]认为绿色低碳消费是消费者在满足自身基本要求的基础上，追去人、社会与自然和谐统一的环保消费方式。从近五年的研究文献来看，更多学者开始倾向于采用第二类定义[38,66]，这也间接表明多数学者认识到绿色消费行为必须兼顾个人的双重诉求，割裂利己诉求和利他诉求势必造成绿色消费中的知行不合一，从而造成绿色动机（态度）—行为偏差[7]。但是，从上述文献中的研究模型来看，多数没有很好地兼顾消费者的双重诉求，造成研究结果缺乏稳健性，无法有效剖析绿色消费行为的复杂形成机制，虽然部分文献也一直强调绿色动机（态度）—行为偏差对生态文明建设的巨大挑战，但却依然没有系统找出这一缺口系统性的形成原因和对应的修复策略。

鉴于此，本研究倾向于第二类界定思维，认为绿色消费行为是指个体在日常商品的购买、使用和用后处理等环节中自觉保护生态环境，兼顾利己诉求的同时，努力将消费活动对环境的损害降到最小化的消费方式[8,71]。通过文献梳理，我们发现当前研究居民绿色消费主要基于两大动因，一是为了克服生态危机而开展的"绿色运动"[5,28,36,37,73,74]，要求居民在购买、使用和用后处理过程中尽量减少对环境产生污染，在满足自身需求的同时，努力保护生态环境[8]。因此，绿色消费对象应该是低污染甚至是无污染的产品，消费过程需要尽量减少对环境的损害，能够自觉抵制对环境有害的产品，一旦发现某种商品对环境会产生某种伤害，能够主动放弃购买，转而购买环保型产品。二是基于企业产品营销[18,24,75,76]。为了获取市场竞争力，企业会努力塑造绿色品牌形象，期望消费者在绿色消费中获取的功能性利益和自我表现利益可以产生绿色品牌认同和绿色信任[18,24,75,77]，并力求避免绿色产品消费中的潜在风险对消费者购买意愿的削弱[75]。当然，部分学者指出现实主义层面上的绿色消费行为不能简单化和极端化，一个看似明显的绿色消费活动可能并不是环保的。例如，驾驶汽车去当地购物中心购买可生物降解的洗涤产品并不是环保行为，因为他消耗了化石燃料，增加了温室气体排放[78]。Nair 和 Little（2016）[78]进一步指出日常的绿色消费观点在概念层面和实践层面都存在一定问题，严格意义上说，没有纯粹的绿色产品，在生产、流通、购买、使用和处置等环节都会对环境产生一定的负面影响。但是，绿色消费观念不应该停留在理想主义层面，而应更加注重现实性和可操作性。可以说，不存在不消耗能源的完全绿色产品[78,79]，如果购买的产品对环境的负面影响较同类产品要低，就可以视作绿色消费活动[80]。

2.1.2 绿色消费行为的测量

要了解绿色消费状况就需要对个体进行准确测量。多数文献倾向于笼统地询问受访者的绿色消费态度和意愿，态度和意愿是行为的重要预测变量，但并不是所有的绿色消费意愿都会转化为真实的绿色消费行为[9,81-83]。在测量绿色消费行为时，受访者基于避免惩罚或者获得某种社会奖赏，会表现出社会赞许偏向，从而对问卷答案造成"污染"，这会影响研究结果的准确性[81]。为了准确测量居民的真实绿色消费行为，在开展调研时，应该要求消费者出示绿色消费证据，或者填写规定时间内消费的绿色产品和消费金额[21,35,37]，这样可以尽可能获得真实的绿色消费数据，尽量避免社会赞许偏差[82]。但是对于绿色消费的购买和用后处理等阶段，在自陈报告式的问卷调查中，尚没有一套较为成熟的控制方法来减小社会赞许偏差等因素的负面影响，而采取其他方法获取真实消费场景中的样本数据所面临的操作性挑战一直让研究者感到无计可施。

通过文献梳理可以发现，近年来的研究文献多数从购买、使用和用后处理等环节全方位、全过程考察居民的绿色消费行为。同时，部分研究文献还针对具体的研究对象和研究情境对绿色（低碳）消费行为形式和内容进行细化。例如，石洪景（2015）[84]将低碳消费行为细分为选择低碳服装行为、选择低碳食品行为、节能使用行为、低碳出行行为和低碳产品使用行为等；魏佳等（2017）[38]将低碳消费行为分为购买选择行为、日常使用行为、处理废弃行为和公众参与行为；芈凌云等（2016）[85]将城市居民能源消费行为分为购买节能家电行为、购买绿能产品行为、住宅节能投资行为和习惯型节能行为等。但是，上述研究多是采用无过程控制的自陈报告式的研究方法，由于受消费者态度的内隐性、错误地记忆和社会赞许偏差等的影响，受访者自我报告的绿色消费行为不可避免地会存在误差，甚至部分被调查者出于遵从社会规范的需要，做出完全相反的回答[9,21,86]。为了聚焦研究内容，进一步对绿色购买行为的概念结构进行探究；同时，便于更好地克服社会赞许偏差，做好调查中的过程控制措施，提高测量的准确性，本文将研究绿色消费行为中最为核心的组成部分——绿色购买行为。

2.2 绿色购买行为内涵研究与结构发展

2.2.1 绿色购买行为的内涵界定

此前文献对绿色购买行为的内涵表述虽有用词和侧重点上的差异，但最本质的内容却是一致的，例如，Mostafa（2007）[87]认为绿色购买行为是环境友好型购买方式，消费者购买的绿色产品对生态环境应该是体恤的/反应积极的、仁慈的/节能的、可回收利用的/有益的。Dagher 和 Itani（2014）[5]指出环境友好并不是简单的无目的性的绿色购买行为，而是能够意识到这种行为能够给环境带来的即时利益。Yang 等（2020）[71]、Jaiswal 和 Kant（2018）[88]将绿色购买行为界定为消费者在购买环境友好型或生态可持续性产品时，在满足自身需要的基础上，努力做到对环境危害最小化的购买方式。与绿色消费行为的多维度划分不同，此前文献对绿色购买行为的内涵界定和测量绝大多数都是单维度的，它们一致认为绿色购买行为只是绿色消费行为的维度之一，但在绿色消费市场中，这并不能全面有效反映人们日常真实的绿色购买活动。

与绿色购买行为（意愿）单维内涵界定一致，先前文献开发的测量工具也是单维结构的。例如，余伟萍等（2017）[89]运用实验法研究了环境诉求对绿色购买意愿的影响机制，文中采用了2个题项测量了绿色购买意愿。劳可夫和王露露（2015）[90]以中国传统文化价值观为视角，基于871份问卷调查数据验证了依存型自我建构对消费者绿色购买行为的影响机制，文中设置"我过去和无氟变频空调的真实联系是"这一问项来对过去一段时间的绿色购买行为进行测量。同样，Trivedi 等（2018）[11]基于308份问卷调查数据研究了媒体影响通过环境关心、环境态度、环境意愿进而对绿色购买行为的影响机制，文中使用了4个指标对绿色购买行为进行了测量。Gonçalves 等（2016）[91]通过模糊集方法分析了消费价值对绿色购买行为的预测机制，5个测量指标用来度量绿色购买行为。总的来看，国内外学者将研究重点放在了绿色购买行为的驱动机制上，习惯于借助成熟理论框架提出一系列整合模型（Integration Model）或拓展模型（Extended Model）用来解释和预测绿色购买行为的达成，而对于绿色购买行为的复杂内涵结构则没有给予充分关注。

近几年，少数国外学者意识到绿色购买行为结构细化的必要性，开始进行一些有益的探索和尝试。例如，Sharma 和 Joshi（2017）[92]首次提出绿色购买行为具有不同类型，不同场景塑造、消费对象、消费情境以及消费者的环境意识等条件下，消费者绿色购买类型会有多种表现形式，即有目的的无条件绿色购买（Intentional Unconditional Purchase）、有目的的有条件绿色购买（Intentional Conditional Purchase）和无目的的意外绿色购买（Unintentional Accidental Purchase）。Sharma 和 Joshi（2017）[92]从绿色购买意愿和真实行为缺口视角出发，指出不同程度的环境关心和产品属性会产生不同的绿色购买行为类型，消费者对环境的关心程度越高，就越有可能付诸无条件绿色购买行为，否则就可能实施有条件绿色购买行为，甚至意外的绿色购买行为。然而，Sharma 和 Joshi（2019）[93]没有进一步研究它们内部的转化关系和演化进阶规律。

总体而言，基于真实消费场景的绿色购买行为多维结构尚处于理论建构和探索时期，而对不同类型的绿色购买行为测量还处于起步和尝试阶段，更没有经过跨文化、跨地域和跨时间的可重复验证。鉴于绿色购买行为的末端性、消费情境的多变性以及消费者自身的创新性和胜任力差异，绿色购买行为在形式划分上存在一定难度，陈飞宇（2018）[41]认为从行为动机视角划分行为结构，更易于解析行为形成的复杂原因，此观点与 Sharma 和 Joshi（2017）[92]不谋而合。为此，本研究基于现实的绿色消费场景，将从多维动机视角出发，通过文献分析和深度访谈叠加探索，在现有文献的基础上，进一步建构和发展绿色购买行为的理论框架、尝试开发修订符合信效度要求和中国文化情境的测量工具。

2.2.2 绿色购买行为维度结构的建构和发展

通过前文提炼出绿色购买行为议题的研究缺口，本文参考了 Sharma 和 Joshi（2017）[92]、Sharma 和 Foropon（2019）[93]和魏佳（2017）[94]的研究，结合深度访谈和中国文化情境，将绿色购买行为初步细分为三种模式：绝对绿色购买行为（Absolute Green Purchasing Behavior）、条件绿色购买行为（Conditional Green Purchasing Behavior）和随机绿色购买行为（Occasional Green Purchasing Behavior）。其中绝对绿色购买行为是指消费者无任何附加条件的情况下实施绿色购买活动，这意味着消费者的绿色购买行为不受任何潜在的产品风险影响，这些风险主要包括高价格、耐用性差、功能不健全、质量瑕疵等。驱动绝对绿色购买行为的是高环境关心和生态价值观，本质是基于个体的完全道德假设，是纯粹的利他动机体现[7]，但利己价值让渡可以强化绝对绿色购买的稳定性。完全道德假设是对人类复杂诉求的极端简化必然受到多种因素的制约，因而不具有普遍性，它更多存在于特定的消费场景中，一旦消费场景或其他消费条件发生变化，个体就会倾向于寻求利己和利他双重诉求的满足[2,95-97]，Sharma和Foropon（2019）[93]称之为绿色产品利益和风险的权衡与互补，即进入条件绿色购买行为区间。

如图2-1所示，本文接受魏佳（2017）[94]的观点，即知识/技能、环境关心和生态价值观是绝对绿色购买行为产生的必要条件，缺乏环境关心和生态价值观而具备绿色购买知识/技能，或是具备环境关心和生态价值观但缺乏绿色购买知识/技能将无法产生绝对绿色购买行为，而会滑向随机绿色购买行为或条件绿色购买行为。条件购买行为的消费者较大程度上受到产品属性的影响，与无条件绿色消费者相比，有条件绿色消费者的环境关心相对较低，即使如此，消费者尚且愿意在满足其产品期望的前提下有目的和有条件采取绿色购买行为。这些预期条件包括价格、质量、耐用性、功能、便利性、舒适性、可得性、节能效果和维护成本等。而随机性的绿色购买行为并非高环境关心生态价值观驱动下的有目的行为，多数情况下是无意识的，是激励因素刺激的结果。即使此类消费者平时对绿色产品无动于衷，无意于购买某项绿色产品，但是最终也可能因为某些涉及产品利益的激励因素诱导而产生意外的购买活动[92]。这些诱导性因素包括高性价比、卓越的质量或节能效果、无法拒绝的耐用性、诱人的价格、超低维护成本和商业折扣等[93]。同时，前文所述的消费者环境知识匮乏、消费技能不足、绿色与非绿色产品区分度不高等因素也会导致随机绿色购买行为的产生。

需要强调的是典型随机绿色购买行为的个体不是主观意识下的亲环境行为，他们持有低水平甚至无环境关心[93]。魏佳（2017）[94]认为个体是否具有

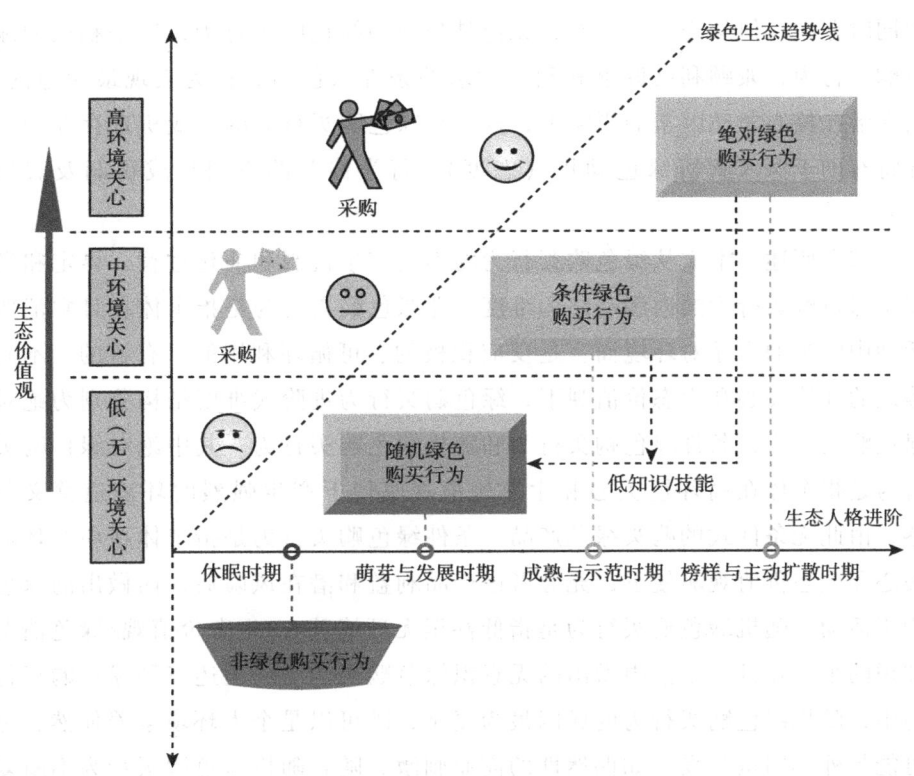

图 2-1 绿色购买行为的概念与维度结构

碳价值观是碳能力的门槛级判别标准，无碳价值观个体即使在日常生活中表现出低碳行为，也不表示他们具备碳能力，这项观点类似于本研究中的有目的的绿色购买行为和无目的的绿色购买行为。然而，本文认为即使无目的的绿色购买行为多数带有明显的偶发性和无意识特征，但环保信息过载下的浸润机制会对个体亲环境动机产生潜移默化的影响。根据动机理论，由外部影响或压力引发的动机也是引导行为产生的重要驱动源，动机具有多元性，购买行为的形成同样也是多种动机诉求权衡和互补后的结果，部分动机影响可能是在内隐和无意识状态下完成的。进一步如上文所述，低碳知识和低碳技能构成的碳辨识能力是个体碳能力的必备条件，因此，现实中，居民绿色消费知识的匮乏甚至错误的绿色消费知识是造成非典型随机绿色购买行为的重要原因。综上所述，就绿色购买行为构成而言，绝对绿色购买行为、条件绿色购买行为和随机绿色购买行为都是其不可缺少的组成部分，而随着内外部因素变化产生的交互影响，这三种绿色购买行为可以相互转化，在某一个体中同时存在，但从稳定性来看，无论是公域的绿色购买行为，还是私域的绿色购买行为，兼顾利己诉求和利他诉求的条件绿色购买行为表现最为稳健。而在潜在核心驱动因素的影响下，这三类绿色购买行为的形成机理存在的差异将有助于深入解析绿色动机（态度）—行为偏差的不同形成机制及表现差异。

综上所述，本文从绿色购买行为的不同产生机制和演化过程，界定和发展了绿色购买行为的内涵和结构维度。即绿色购买行为是指个体在日常消费活动中购买的产品对环境而言是反应积极的、可循环利用的、有益的。不同等级的环境关心和生态价值观下，绿色购买行为进阶式维度结构分别为绝对绿色购买行为，条件绿色购买行为和随机绿色购买行为。其中绝对绿色购买行为是指个体在高环境关心和生态价值观驱使下产生强烈的环境道德义务感，由此无条件式的购买绿色产品。条件绿色购买行为是指个体在中等环境关心和生态价值观驱使下，充分考虑产品利益和潜在风险后，而做出的绿色购买活动。随机绿色购买行为是指低甚至无环境关心/生态价值观/绿色消费知识的个体在日常生活中做出的无意识绿色购买活动。上述三种绿色购买行为中，随机绿色购买行为的成因最为复杂，既可以是个人环境素养使然，也可能是外部因素激发，如偶然性的商业刺激。随着随机绿色购买行为不断复制带来环境知识和绿色产品知识的不断积累，或是外部信息提示，其也会转化为高阶的绿色购买行为。

2.3 常用理论基础及模型

常用的理论研究框架

正如前文所述，绿色购买行为隶属于绿色消费行为[62,71,87]，并且往往是绿色消费行为最核心的组成部分[98]。因此，探讨绿色购买行为的复杂形成机制，就有必要借鉴和引用绿色消费（低碳消费、亲环境消费、可持续性消费等）及相近领域的常用基础理论及研究模型。在消费者行为领域，学者们多数基于某种成熟理论或对不同理论进行整合、拓展，提出具有更高解释效力的研究模型（例如，Han，2015）[99]。本节将在系统梳理文献的基础上，提炼出绿色消费（包括相近的低碳消费、生态消费和亲环境消费）领域较为常用和稳健的基础理论或模型，如表2-1所示。

表 2-1　绿色消费及相近研究领域常用的基础理论

理论名称	主要内容	主要贡献者及时间
自我决定理论 (Self-Determination Theory, SDT)	自我决定理论根据个体动机的自主程度不同，分为内在动机、外在动机和无动机。该理论既强调内部动机，又重视外部动机的内化，个体具有积极主动的行为，也有被动的懒散行为。	Deci & Ryan (1985)[100] Deci & Ryan (2000)[101]
消费价值理论 (Theory of Consumption Value)	消费价值理论认为不同类别的消费价值是顾客购买行为的重要前因，消费者对感知价值的期望驱动和引导着行为的产生。	Zaithaml (1988)[102] Sheth et al. (1991)[103]
规范激活理论 (Normative Activation Theory)	该理论认为未实施利他性行为的不良后果和责任归属感知越强烈，个体的个人规范就越容易被激活，从而积极影响亲环境行为。	Schwartz (1977)[69] Schwartz & Howard (1981)[104]
规范焦点理论 (The Focus Theory of Normative Conduct)	规范焦点理论认为个体的很多利他性行为（如亲环境行为）主要是受到社会规范的强大影响，这些社会规范分为描述性规范和命令性规范，不同类型的规范作用不同，依据不同的情境，选用恰当的规范信息将会有效地引导个体采取亲环境行为。	Cialdini et al. (1990)[68]
大五人格理论 (Five-Factor Model)	大五人格理论是更具普适性和影响力，它包含神经质、宜人性、责任心、开放性和外倾性五个维度，上述人格特质对个体行为倾向具有持久、稳定的预测效力。	McCrae & Costa (1997)[105]
计划行为理论 (Theory of Planned Behavior)	计划行为理论是对理性行为理论的进一步发展，该理论认为个体的行为是受行为意向和感知行为控制的共同影响，而行为意向的形成则是取决于个人态度和主观规范。	Ajzen (1991)[67]
新生态范式理论 (New Ecological Paradigm, NEP)	该理论是在反思人类中心主义价值观基础上，强调生态中心主义价值观，认为人类社会生活、经济增长受到环境因素的影响和制约，要解决环境问题，必须促使公众转变价值范式，实现经济、社会与其他生物群落之间的和谐共处。	Dunlap & Van Liere (1978)[70]
价值观理论 (Value theory)	该理论从1987年初步形成到后续的不断重构，到2012年共历经25年的修订、完善，使得原理论中的10种价值观扩充为19种价值观。虽然该理论没有直接涉及与环保行为之间的关系，但是部分经典理论和研究文献融合和借鉴了这一理论，如VBN理论。	Schwartz (1994)[106]

续表

理论名称	主要内容	主要贡献者及时间
价值－信念－规范理论 (Value – Belief – Normative Theory, VBN)	VBN 理论是在中介的规范激活模型基础上，融入了价值观理论和新生态范式理论完成的理论建构。在环保行为领域，该理论被认为是影响最为深远的研究框架，它认为个体的亲环境行为源于价值观、信念和规范三个因素。	Stern et al. (1999)[107] Stern (2000)[39]
说服理论 (Persuasion Theory)	该理论重点关注了他人传播的信息与态度改变之间的关系，着重研究了信源的可信度、恐惧诉求等对个体态度改变的影响。	Hovland et al. (1953)[55] Hovland (1959)[108]
目标框架理论 (The Goal – framing Theory)	该理论认为个体的环保行为受到多元目标动机的共同影响，这些子目标动机包括功利目标框架、享乐目标框架和规范目标框架。目标框架理论侧重从利己诉求与利他诉求这一综合性视角去解释个体的环保行为。	Lindenberg& Steg (2007)[96]
态度—行为－情境理论 (Attitude – Behaviour – Context Theory, ABC)	该理论认为个体的行为不仅受到消费态度的影响，还受到外部环境的影响，即行为是态度和情境因素交互影响的产物。	Guagnano et al. (1995)[109]
公平理论 (Equity Theory)	该理论是研究人的动机和知觉关系的激励理论，个体感知到的合理性、公平性会直接影响其积极性。研究人员通过文献回顾发现分配公平、程序公平和互动公平是三个最常见的维度。	Adams (1965)[110] Colquitt et al. (2001)[111]
刻板印象内容模型 (Stereotype Content Model, SCM)	刻板印象内容模型将人们用于决策的复杂信息简化为温暖（Warmth）和能力（Competence）两个维度，并以此帮助人们快速做出决策。	Fiske et al. (2002)[112]
人际行为理论 (Interpersonal Behavior Theory)	该理论被广泛认为是计划行为理论的改进和延伸。为此，人际行为理论兼顾了习惯、社会、便利条件和情感因素对行为意愿的影响，目前已被认为是预测亲环境行为领域的一个较好的研究框架。	Triandis (1977)[113]
社会认同理论 (Social Identity Theory)	Tajfel 认为自我认同属于自我概念的一部分，是个体对自己对归类的群体以及这种隶属关系带来的情感和价值认知。社会认同通过内在的群体认同和外在的社会分类影响个体的行为选择和行为方式。	Tajfel (1972)[114]
目标导向行为模型 (Model of Goal – Directed Behavior, MGB)	该理论同样被认为是对计划行为理论的拓展和完善。在经典的计划行为理论基础上，该理论将动机过程、情感过程和习惯过程纳入模型当中，因而对行为的预测和解释能力都得到了明显提升。	Perugini & Bagozzi (2001)[115]

续表

理论名称	主要内容	主要贡献者及时间
技术接受模型 (Technology Acceptance Model, TAM)	该理论认为感知有用性和感知易用性是行为态度的两个关键决定因素,行为意愿则由行为态度和感知有用性共同决定,实际使用行为则由行为意愿决定。	Davis (1986, 1989)[116, 117]
建构理论 (Self-construction Theory)	该理论关注了自我与他人关系的信念,根据个体思想、情感和行为重点是关注自身与他人的区别还是联系,可以分为独立型自我建构和依存型自我建构,不同建构类型的个体将对其行为产生显著的差别影响。	Markus & Kitayama (1991)[118]
符号互动论 (Symbolic interactionism)	该理论通过分析日常环境中人们的互动来研究个体社会行为,它认为驱动个体行为的动力不是世俗化的功效,而是活动本身对于个体的象征性意义。	Blumer (1969)[119]
手段-目的链理论 (Means-End Chain Theory)	该理论常被用来解释消费行为的形成,它认为消费者通常将产品属性视为手段,而由产品属性实现的特定利益的目的是达成一定的价值。该理论主要包含三个层次,分别是产品属性、消费结果和结果带来的最终价值。	Gutman (1982)[120]
行为推理理论 (Behavioral Reasoning Theory)	该理论是在总结不同行为预测模型的基础上提出的,它认为推理是个体信念、整体动机、行为意向和具体行为之间的重要链接,合理性是支持和反对某项行为的关键。	Westaby (2005)[121]
学习理论 (Leraning Theory)	该理论是解释个体行为产生的常用理论,学者们从不同视角提出了一系列学习理论观点,逐渐形成了五大学习理论派别,分别是行为主义学习理论、社会学习理论、认知学习理论、建构主义学习理论和人本主义学习理论。	Watson (1913) Bandura (1978)[42] Bruner Piaget Maslow & Rogers
社会影响理论	该理论认为在社会力量的作用下,个体的态度、信念、情绪和行为将会朝着社会占优势的方向发生变化。近些年来,学者运用该理论研究了社会力量通过顺从、认同和内化三种社会过程改变他人亲环境态度和行为的具体机制。	Kelman (1974)[122]

探索和验证行为的具体成因一直是研究者追求的目标,为此,学者们提出了很多理论模型用来预测和解释行为的生成。本研究在提炼已有研究理论框架的基础上,重点介绍十种最为典型的理论研究框架。

(1) 计划行为理论。计划行为理论(Theory of Planned Behavior, TPB)是由 Ajzen (1991)[67]提出的用于理解人行为改变的模式,强调人的行为是缜密思考的有计划的结果。本质上，计划行为理论是对理性行为理论的继承和发展[123]，针对理性行为理论在预测行为模式上存在的不足，Ajzen 引入了知觉行为控制变量，用于补充 TRA 模型预测人实际行为中存在的失灵现象，指出现实中人的行为并不仅是主观意志的结果，还受制于行为者自身具备的能力、机会和资源等实际控制条件[124]。因此，行为是知觉行为控制和行为意愿共同作用的结果。闫岩（2014）[124]指出计划行为理论是一个三阶段模型：行为意愿和知觉行为控制共同预测真实行为（第一阶段）；行为态度、主观规范和知觉行为控制共同预测行为意愿（第二阶段）；对应信念分别预测行为态度、主观规范和知觉行为控制（第三阶段）。

如图 2-2 和图 2-3 所示，计划行为理论揭示出变量间如下因果关系：首先，当个人意志无法完全控制行为时，行为受到行为意向和实际控制条件的制约；相反，当个人充分感知行为控制条件时，行为受到行为意愿的直接影响，图 2-3 中的虚线部分呈现了这一因果关系。其次，行为意向取决于态度、主观规范和知觉行为控制的共同影响，个体态度越积极、重要的他人支持越大、知觉行为控制越充分，行为意愿就越强。再次，个体的态度、主观规范和知觉行为控制拥有大量对应的行为信念，这些可获取的信念是上述三个变量的认知与情绪基础。计划行为理论提出以来在行为学领域得到了广泛应用，目前已经成为理解行为成因的经典理论。Rhodes 和 Courneya（2003）[125]通过元分析发现态度、主观规范和知觉行为控制共同解释意愿和行为的方差变异量分别达到 27% 和 39%，进一步验证了该理论模型的稳健性。在后续的实证研究中，不少学者根据研究的对象和情境对计划行为理论模型进行了拓展和整合，尝试进一步提高模型的解释力[99,126]。当然，部分学者也提出了该理论存在的不足点。例如，Aarts 等（1998）[127]指出习惯化的行为不需要经过复杂的决策过程，因此，部分行为的产生是由行为习惯决定。陈飞宇（2018）[41]认为与理性行为理论相比，计划行为理论中仅仅增加知觉行为控制变量是不够的，行为意义感知、群体规范等变量也是影响行为的重要因素。

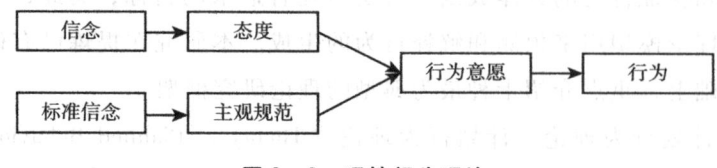

图 2-2　理性行为理论

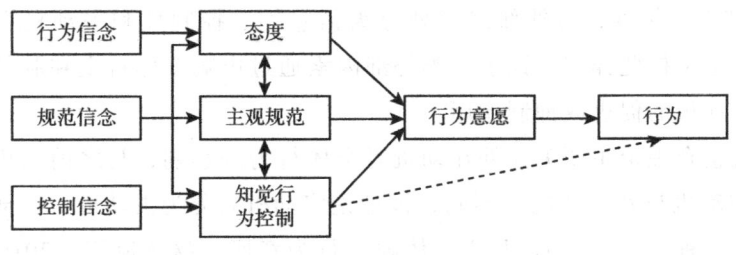

图 2-3 计划行为理论

（2）自我决定理论。自我决定理论（Self-Determination Theory，SDT）是由 Deci 和 Ryan 在 20 世纪 80 年代提出有关动机的认知理论[128]，该理论根据动机在自治水平上的差异，将动机视作以外在动机和内在动机为两端的连续体，据此，个体的行为分为非自我决定行为和自我决定行为。基于积极心理学视角，自我决定理论认为个体生性积极向上，追求自我成长和自我实现，人们自我发展的倾向具有内在性、建设性和先天性，但是自我实现和自我成长能否实现还要受制于外部环境，Deci 和 Ryan 在"有机辩证元理论"（Organismic Dialectical Metatheory）中对此进行了详尽论证。

经过近 40 年的发展，自我决定理论已经从有意识领域扩展到无意识领域，并逐步形成四个重要的亚理论，分别是认知评价理论（Cognitive Evaluation Theory）、有机整合理论（Organismic Integration Theory）、因果定向理论（Causality Orientation Theory）和基本心理需求理论（Basic Psychological Needs Theory）[129]。作为提出时间最早的一项子理论，认知评价理论重点关注了社会情境因素对内在动机的影响机制，并将个体的动机分为内在动机和外在动机。从两种动机的来源来看，内在动机出于兴趣、利益和活动本身的快乐而行动，反映出个体的内在需要；外在动机是个体由于行为本身伴随着一个另外的结果而实施行动，反映出外部力量和外部环境对个体的激发[31]。相对于外在动机，认知评价理论更加关注对内在动机的研究上，一直试图对社会事件对内在动机的影响机制作出解释，这种个体的认知评价过程也是认知评价理论的命名由来。内部动机是由基本需要驱动的，Deci 和 Ryan（2000）[130]进一步指出内在动机生成于三种人类普遍和基本的心理需要：自主需要、胜任需要和归属需要，由这三种需要产生的便是内部动机[129]。当外部环境因素损害这三种需要时，个体会感知被控制和自我无能，内部动机随之遭到削弱。不同的外部因素对个体内在动机的影响力存在差异，1975 年，Deci 和

Ryan 以特性为标准,将外部因素划分为信息性、控制性和去动机三种,社会评价理论也据此详细论证了三类外部因素通过影响个体自主和胜任心理需要对内在动机的促进或抑制作用。

有机整合理论主要关注外在动机对个体行为的影响,与之前动机的二分法(内在动机与外在动机)不同,该理论将动机划分为去动机、外部动机和内部动机三种[131]。去动机是指个体缺乏行为意愿,赵燕梅等(2016)[129]将去动机产生的原因归纳为三个:不重视行为结果、特定的行为结果与期望结果无关、自我胜任力缺乏。有机整合理论认为外部动机的内部在量和质上均存在明显差异,基于内化程度的不同,外在动机可以进一步细分为外部动机/调节(External Motivation)、内摄动机/调节(Introjected Motivation)、认同动机/调节(Identification Motivation)和整合动机/调节(Integrated Motivation)。其中外部动机具有最小的自主性,采取特定行为更多是为了获得某种奖赏或避免惩罚;内摄动机指个体认可外部规则,但所做之事并非出于自愿,行为具有一定自主性,更多是为了避免焦虑、愧疚或是寻求自我肯定。认同调节反映了个体发自内心的去接受外部规则,而不是义务或压力驱动的。但是这种行为依然是工具性的,缺乏自发性的愉悦和满足。整合动机是个体完全内化了外部规则,个体认同所实施行为的重要性,同时接受了外部价值观和道德准则。整合动机与内在动机虽然相似,但尚存在少许的差异,整合动机下的个体完全认同自己的行为,却仍然不是内在兴趣使然,本质上还是处在外在动机的范畴。因此,内在动机是源自对活动本身的兴趣和自发性的愉悦,这也是与其他三种外在动机的根本区别。借鉴赵燕梅等(2016)[129]并经过个人整理,提出的具体有机整合理论框架,如图 2-4 所示。

与其他自我决定理论的其他子理论不同,因果决定理论充分考虑到自我决定行为上的个体差异,并给出了合理解释。因果定向理论的基本观点是个体会对有利于自我决定的环境进行定向的发展倾向,因此,因果定向是一种人格特质[129]。同一环境中,个体身上存在着三种相对独立的因果定向,分别是自主定向、控制性定向和非个体定向。需要强调的是,对单个个体而言,上述三种定向不是互斥的,只是每个人身上存在的三种定向水平存在着程度差异。

为了便于开展实证研究,Deci 和 Ryan(1985)[131]开发了因果定向量表,该量表包含 3 个维度,即自主定向、控制性定向和非个体定向。3 个分量表分

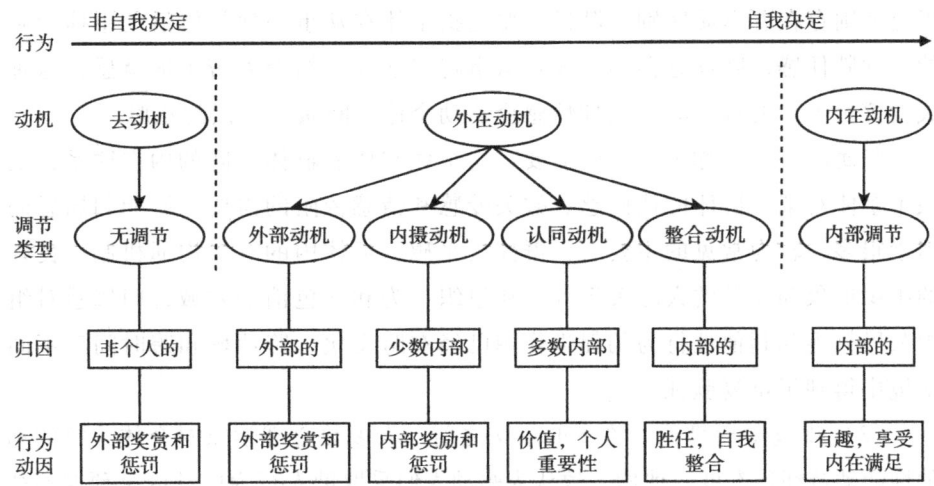

图 2-4 动机结构及自我决定程度

数和反映了各自的定向程度，3 个分量表得分总和可以测量出个体总体因果定向水平。从应用层面上看，自主定向分量表最为常用。自主定向水平较高的个体，会积极选择新奇、有趣和富有挑战性的活动，愿意接受挑战并承担责任。鉴于自我倾向研究的广泛性和潜在的应用价值，Sheldon 等（1996）[132]专门开发了一套自我决定倾向量表。

虽然基本心理需求理论提出时间相对于其他子理论要晚，但却是自我决定理论的核心构成内容。Deci 和 Ryan（2000）[130]通过实证研究提炼出自主（Autonomy）、胜任（Competence）和归属（Affiliation）三种基本需要，这些基本心理需要具有先天性，是与生俱来的。基本心理需要理论详细阐述了三种需要的内涵及其与动机、幸福感之间的关系，认为三种基本需要的满足是个体健康发展的必要条件，就如植物需要阳光、土壤和水分一样。

自主需要指个体行为是由自主意愿主导、自我决定而不受他人控制的需要。在自我决定理论中，自主体现出自我管理和自我决定，是对自我和外部环境进行充分了解的基础上做出的自由抉择，这种自主性潜质引导着人们积极从事自我感兴趣的活动，并认同这些活动的价值，而高度自主和自我决定的状态就构成了个体的内部动机[128,129]。自主性不等于自由意志，两者在内涵上存在着显著差别。自主性体现了个体面对外部压力时的自由选择程度，自由意志是个体对规则和规范的主观有意违背，这与自我决定理论遵从社规范准则存在着本质区别。胜任需要是指个体在从事一项具体活动中体验到的一种胜任感，胜任感会因为成功从事特定活动而给个人带来成就感，这种成就感衍生出的自信心、正性情感会驱动个体不断做出尝试的意愿。

归属的需要又称为关系的需要，指个体与所属群体之间的内在联系，反映了个体对某一群体的认同感、被关爱感和情感依附的需要。影响归属感的因素很多，较为常见的主要有：群体公平感、群体内的有效沟通机制、良好的组织形象和和谐的人际关系等。在组织行为和绿色消费领域，归属感对组织公民行为和利他性行为的促进作用已经在跨文化、跨地域和跨时间等不同情境中得到了重复验证。

（3）规范激活理论。在 Schwartz 之前，大多数心理学家对个体纯粹的利他性活动持怀疑态度，他们一致认为驱动人们采取助人行为的动因是预期的社会物质回报[20]。Schwartz 通过调查研究发现，人们的助人行为并不总是由物质回报和社会声誉驱动的，个体的内部价值观和规范才是此类行为产生的原动力[69,104]。为此，早在1973年，Schwartz 提出了个人规范（Personal Norm）概念。个人规范是内化的社会规范[62,69,96]，反映了由社会共享准则和规范对个体的内在影响而形成的自我期望，这种自我期望会衍生出强烈的道德责任感，相应地，如果个体切实遵守了个人规范，自豪感、自我认同感和安全感将随之产生[133]。相反，如果个体预期或实际上做出了违背个人规范的行为，会引发内心的不适和愧疚感。因此，研究如何激活个人规范对促进利他性行为的达成无疑具有重要的理论和现实意义。影响个人规范（道德义务感）的因素较为复杂，Schwartz（1977）[69]指出最为核心的影响因素是结果意识（Awareness of Consequences）和责任归属（Ascription of Responsibility）。结果意识是指个体未实施利他性行为对他人及环境可能带来负面后果的自我感知与觉醒；责任归属是指个人对未实施利他性行为可能产生的不良后果的责任感知[69,134]。在特定的情境中，如果个体的结果意识和责任归因淡薄，个人的道德感将难以被激活，利他性行为也将无法落地[20]。针对个人规范与利他性行为之间存在的不一致现象，Schwartz 建设性地指出个人规范对利他性行为的良好预测能力需要满足三个基本条件：①意识到个人的利他性行为对他人可能带来正面影响；②坚信个人的利他性行为一定会给他人带来正面影响；③推测与判断个人有能力控制利他性行为的产生。通常来说，个体对于特定情况的结果意识和责任归因越强烈，道德义务感就越强，违反个人规范产生的社会制裁、情感痛苦、自我否定和自尊的丢失会共同增加风险成本[20]，而遵从个人规范的动机相对得到强化。

基于前期研究和文献回顾，Schwartz于1977年正式提出了规范激活模型（Norm Activation Model），该理论能够有效解释出个人利他性行为的达成，例如义务献血、骨髓捐赠、慈善活动等。该理论主要由三个核心变量组成，分别是结果意识、责任归属、个人规范，这些变量重点诠释了个人规范如何被激活从而影响利他性行为。鉴于规范激活理论的良好预测和解释能力，该理论一经提出就很快被广泛运用到亲社会和亲环境研究领域，但是核心变量之间的关系在学术界尚存在争议，学者们根据自己的理解和研究情境的契合性，主要提出了三种不同的研究模型。首先，Schwartz在一项骨髓捐献的问卷调查研究中发现，不同责任归属和后果意识的群体，个人规范会捐献行为的预测效力存在显著差异。高责任归属和后果意识条件下，个人规范对捐赠行为的预测能力更强；低责任归属和后果意识条件下，个人规范对捐赠行为的影响并不显著。可见，个人规范与利他性行为之间的正向影响关系强度受到后果意识和责任归属的调节。为此，Schwartz（1977）[69]提出了基于调节的规范激活模型，如图2-5所示。这一模型常见于早期的实证研究中，例如，Hopper和Nielsen（1991）[135]采用了Schwartz基于调节的规范激活模型，验证了垃圾回收行为的形成机制，结果发现：社会规范只有内化为个人规范才能影响个体的垃圾回收行为；同时，研究还发现只有居民的结果意识强时，个人规范才能转化为真实的垃圾回收行为。通过此项研究，Hopper和Nielsen（1991）[135]认同了基于调节的规范激活模型在探索回收行为中的有效性。其次，为了提高规范激活理论对利他性行为的解释能力，很多学者在后续的研究中进一步调整了核心变量之间的关系，提出了基于中介的规范激活模型，即结果意识通过责任归属对个体规范产生影响，结果意识和责任归属是个人规范得以激活的前因；个人规范显著影响利他性行为，个人规范在模型中起到中介作用。部分学者通过比较研究发现基于中介的规范激活模型较基于调节的规范激活模型更具解释力[20,49,136,137]。Stern（1999，2000）[39,107]也发现基于中介的规范激活模型对居民的亲环境行为具有更高的预测能力，他提出的价值-信念-规范理论也借鉴和融合了这一中介模型。再次，为了提高模型对利他性行为的预测和解释能力，学者倾向于设计扩展或整合研究模型。例如，郭清卉等（2019）[138]对规范激活理论进行了拓展，加入了环境污染感知、环境关心和社会规范三个变量，通过对中国五省的调查数据进行分析后发现：结果意识、责任归属、环境污染感知和环境关心均可以通过个人规范对亲环境行为产生正向影响；社会规范正向调节了个人规范对亲环境行为这一路径。同时，Meng 等（2020）[139]通过融合规范激活模型和计划行为理论提出了一个新的研究框架，通过对 375 个韩国志愿旅行者（Volunteer Tourism）的调查研究发现，新建的研究模型对义工旅行的参与意愿（利他性行为）具有令人满意的预测效力；此外，主观幸福感在模型中起到了显著的调节作用。图 2-5 和图 2-6 是两种常见的规范激活研究模型，图 2-7 为 Kim 和 Hwang（2020）[137]提出的拓展模型。

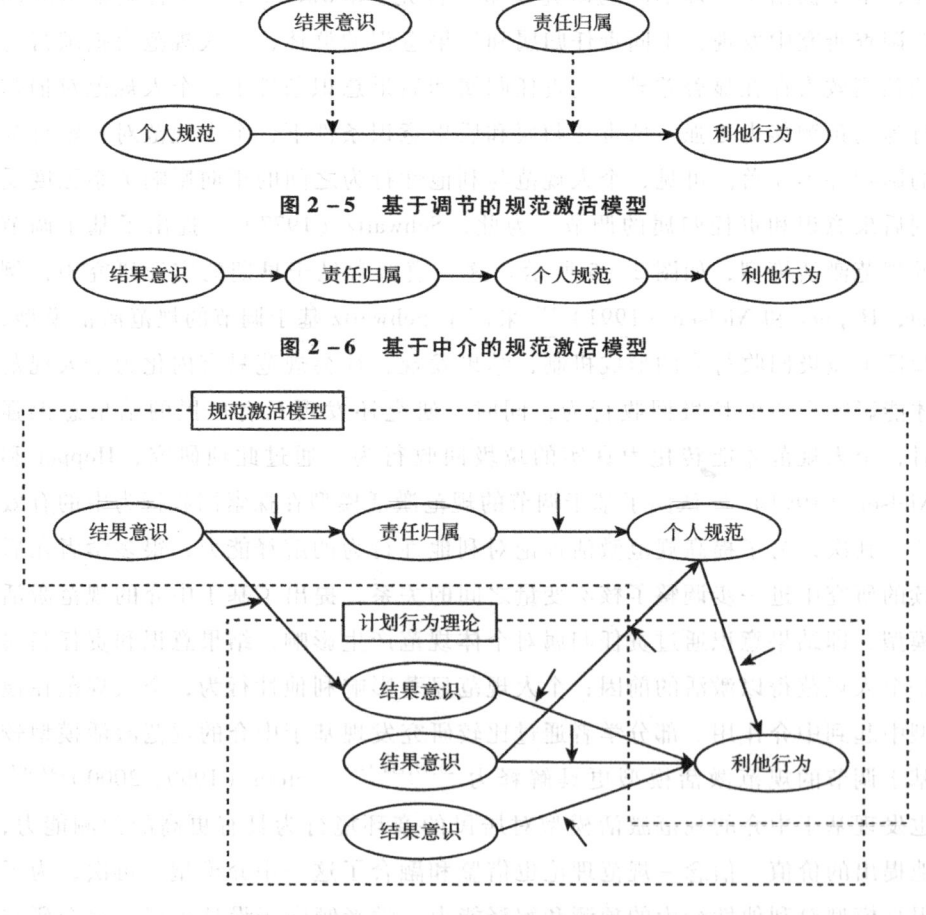

图 2-5 基于调节的规范激活模型

图 2-6 基于中介的规范激活模型

图 2-7 拓展的规范激活模型

注：→表示产品知识的调节效应。

（4）价值-信念—行为理论。价值（Value）-信念（Belief）-规范（Norm）理论是 Stern（1999）[107] 在基于中介的规范模型基础上，融合了 Schwartz（1994）的价值观理论和 Dunlap 和 Van Liere（1978）[70] 的新生态范式理论（New Ecological Paradigm，简称 NEP）发展而来，用于预测居民的亲环境行为。该理论阐释了环境价值观到亲环境行为的形成过程，即个人价值观形塑个人生活范式，进而影响个人信念和个人规范，最终引导居民采取四种环境行为。其中个人价值观包括利己主义价值观（Egoistic Values）、利他主义价值观（Altruistic Values）和生物圈价值观（Biospheric Values）；而四种环境行为分别指激进的环境行为（Activism Behaviors）、公共领域的环境行为（Nonactivist Public-sphere Behaviors）、组织内的环境行为（Behaviors in Organizations）和私人领域的环境行为（Private-Sphere Behaviors）。该理论很好地兼顾了个体的利己诉求和利他诉求，被认为是环境行为领域中具有深远影响力的基础理论之一，它是由个人价值观、新生态范式、后果意识、责任归属及个人规范等变量组成的因果链，各变量直接影响下一个变量，又间接影响后面的变量。同时，个人规范是四种行为的直接预测变量，因此，激活个人规范就成为引导居民实施环保行为的关键环节，而让个体意识到自己有责任也有能力去改善环境状况将是破解激活困境的有力举措。

如图 2-8 所示，作为一种稳健的理论模型，价值-信念-规范理论在环境行为领域得到了广泛应用，其对亲环境行为的预测和解释能力得到了广泛证实[49,99,140,141]。当然，为了继续优化模型的解释能力，部分学者融合了其他模型并发展出新的理论框架，用于预测个体的亲环境意愿（行为）。例如，Han（2015）[99] 融合了价值-信念-规范模型和计划行为理论，研究发现新的拓展理论模型比现有的理论模型具有更高的解释效力；研究还发现后果意识和规范过程是生成亲环境意愿的关键节点，文中提出的拓展模型，如图 2-9 所示。De Groot 和 Steg（2010）[142] 的研究也验证了 VBN 序列模型（Sequential Model）的稳健性，责任归因中介了结果意识与个人规范之间的关系；同时，个人规范在责任归因和亲社会意愿之间起到了完全中介作用。同样，Van Riper 和 Kyle（2014）[143] 同样证实了价值观-新生态范式-责任归属-个人规范-亲环境行为这一因果链。

当然，价值-信念-规范理论中存在的一些不足点也受到了部分学者的诟病，这也成为他们继续优化该研究框架的依据。例如，Choi 等（2015）[140] 指

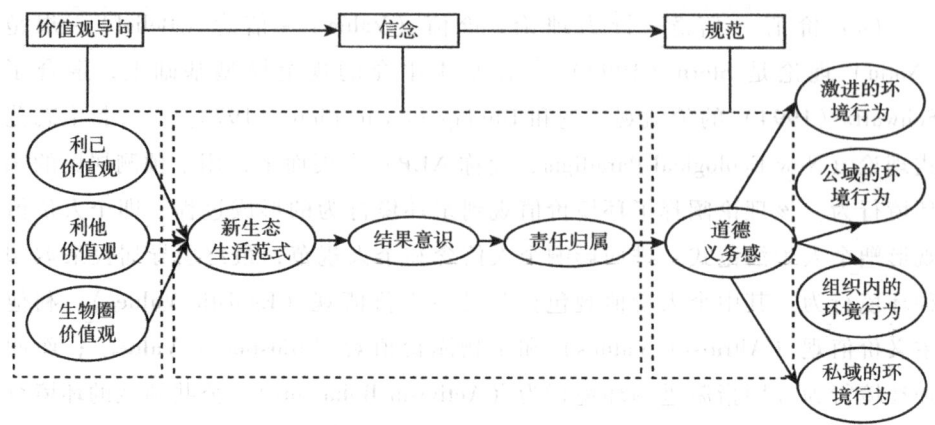

图2-8 V-B-N原始模型

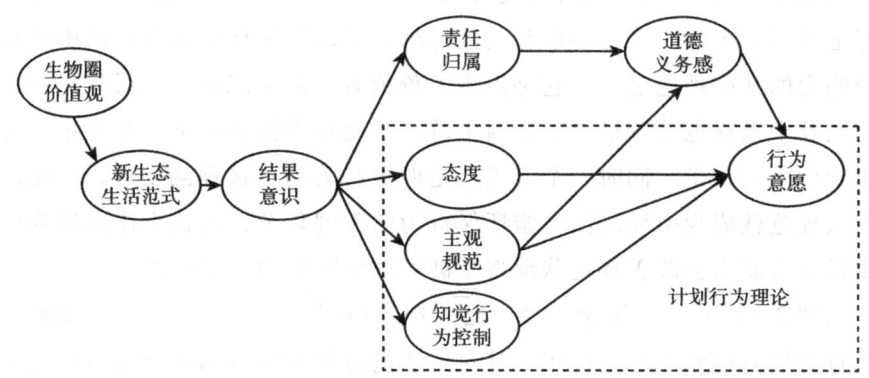

图2-9 价值-信念-规范拓展模型

出主观规范和绿色信任是消费者绿色酒店入住意愿的重要解释变量，虽然个人规范对个体亲社会行为影响在之前的文献中被广泛讨论，但是结合主观规范的研究并不多。同样，先前文献证实关心环境的消费者更加关注企业的绿色实践，即使绿色营销活动可以增强消费者对企业的认同感，然而有些企业却将其简单视为一种谋取短期利益的营销工具[144]，采取的更多是象征性环保行为，从而增强了消费者的漂绿感知[7,12]。因此，Choi等（2015）[140]认为在VBN模型中添加主观规范和绿色信任两个变量能够更好地解释亲环境行为的产生。同样，Chen（2015）[145]也指出了VBN模型存在的一些不足之处，他认为个人道德义务感（个人规范）对亲环境行为的预测能力受到经济成本的显著调节，当采取亲环境行为的实施成本较低时，道德义务感对亲环境行为的解释能力较强；反之，道德义务感对亲环境行为的解释能力就会变弱。部分学者对 VBN 理论的质疑说明该模型尚存在一定改进空间，以寻求更好地解释个体亲环境行为的形成机制。

（5）态度—行为—情境理论。态度—行为—情境（Attitude – Behavior – Context，简称 ABC 模型）模型认为行为是有机体及外部环境的函数，即行为是态度和情境因素交互影响下的产物[65]。情境是与社会环境和物质环境有关的，独立于消费者和商品本身属性之外的一系列因素的集合。王建明和贺爱忠（2011）[146]基于扎根理论的探索性研究发现，绿色消费中的情境因素主要包括基础设施配套、产品技术条件、经济激励政策和行政法规政策等四个方面。而情境因素对绿色消费行为的影响程度则取决于情境因素的性质与特征，同时也受制于情境因素与知觉者之间的关系。

如图 2 – 10 所示，态度—行为—情境模型认为人们的行为受到态度和情境因素的双重影响，态度和情境因素的不同组合会产生不同的行为方式。当人们对环境持有友好的态度，情境因素也可以提供便利的实施条件时，亲环境行为就容易达成；相反，如果人们对环境持有漠不关心的态度，情境因素也无法提供有利条件时，个体将会减少甚至逃避亲环境行为。相较于环境态度和情境因素方向一致时的环境行为表现，环境态度和情境因素方向不一致时，人们的亲环境行为取决于态度和情境因素影响因素的权衡和对比结果。

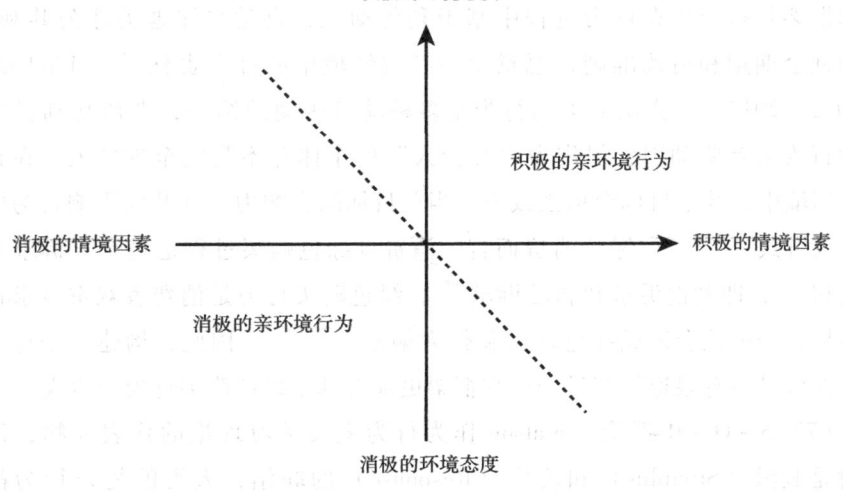

图 2 – 10　态度—行为—情境理论模型

当情境因素表现得极为有利或不利时,可能会直接改变态度对行为的影响方向,表现为促进或阻碍行为的产生;当情境因素的影响微不足道时,态度可以独立地影响和决定亲环境行为。显而易见的是,ABC 理论主张亲环境行为是态度和情境因素之间的交互影响结果,这一理论贡献也经常被学者用来解释动机(态度)—行为偏差的成因[65]。

(6)目标框架理论。目标框架理论最早由 Lindenberg 和 Steg(2007)[96]提出,旨在对个体亲环境行为产生的动机因素进行整合和系统的研究,以此更加准确地解释和预测亲环境行为的产生[98]。目标框架理论认为目标是引导行为的关键因素[147],人类行为多是受到多元目标的影响而产生,这些目标之间既可能是兼容的[71],也可能是相互独立的[148],每一种目标框架则对应着一种行为动机[47,62]。

Lindenberg 和 Steg(2007)[96]进一步将子目标分为三个维度,分别是功利目标框架、享乐目标框架和规范目标框架,其中功利目标框架和享乐目标框架更加关注利己诉求其中功利目标框架和享乐目标框架体现了个人的利己诉求,而规范目标框架反映了利他诉求[62]。功利目标框架是指个体的日常行为表现为"理性经济人",遵循利益最大化原则,追逐自身利益和生存资源,期望以最小成本获取个人利益或提高资源利用率。享乐目标框架是指个体关注行为过程和结果中得到的快乐体验和积极情绪或情感,而行为的目的是追求积极的主观感受并规避痛苦的感觉[149]。与功利目标框架相反,规范目标框架是指个体在行为过程中基于利他动机,自觉自律地关注公共利益,遵循社会期望和道德准则,愿意承担特定情境中的社会责任[98]。Lindenberg 和 Steg(2013)[97]指出人类的行为是多种动机驱动的结果,即使功利目标是驱动行为的首要动因,但作为"社会人"的个体并不是完全理性人,在具体消费情境中,其他目标会增强或削弱当前目标的影响力,并共同影响行为内容和行为方式[71,98]。就绿色消费而言,消费者绿色购买过程也是个人诉求的实现过程[72],即利他诉求和利己诉求[95],绿色购买行为是消费者双重诉求权衡的结果,否则就会造成绿色动机和行为偏差[47,150,151]。因此,构建一个符合有限理性假设与有限道德假设的研究框架更加有助于绿色购买行为的达成。

(7)S-O-R 理论。Watson 作为行为主义学习理论的代表人物,认为反射是刺激(Stimulus)和反应(Response)的联结,人类的复杂行为都可以分解为刺激和反应两个部分,人类行为是受到刺激后的反应。S-R 理论的提出推动了行为主义学习理论的发展,有效地解释了行为的形成,但是,这一模型忽视了有机体的意识和复杂心理活动过程,并将个体的心理加工过程称之为"心理黑箱"。为了研究信息接受者的心理反应和感知过程,学者Mehrabian和Russel(1974)[43]提出了成熟的刺激(Stimulus)-机体(Organism)-反应(Response)模型(S-O-R模型)。

与传统的S-R理论相比,S-O-R模型认为有机体并不是单纯地对刺激因素做出反应,刺激和反应之间还存在一个"中介"过程,即个体的认知和心理加工。首先,刺激(S)是内外部驱动因素的总和,这些刺激因素并没有一个特定范围,学者们都是根据研究的情境和对象来确定刺激因素。例如,Eroglu等(2003)[152]将在线商店的购物环境作为刺激因素,验证了其通过消费者的情绪和认知对购物行为的影响机制。Namkung和Jang(2010)[153]则将实体门店环境和虚拟社区中的网络环境作为刺激因素。杨贤传和张磊(2020)[21]将媒体作为外部刺激因素,探讨了媒体说服通过环境问题严重性感知对绿色购买行为的影响机制。其次,机体(O)反映了有机体面对外部刺激的心理反应,在原始模型里,有机体的反应主要包含愉快、唤醒和控制等三种心理状态[44,154],Choi和Kandampully(2019)[44]指出有机体的心理状态要结合具体研究情境去观察和确定,在他们的研究中,顾客满意度是唯一被观察到的心理状态。而在Zhang等(2014)[155]的研究中,O表现为网络顾客的虚拟体验,具体包括社会支持、社会表征和心流体验(Flowing)。在顾客购买决策的一般模式中,O则主要表现为顾客态度或动机。再次,反应(Response)代表了被刺激者的行为意愿和最终行为[154],具体包括趋近和规避两种行为。其中趋近行为表示被刺激者在被激活的动机引导下接近刺激力量预设的目标行为;相反,规避行为表示被刺激者在被激活的动机引导下远离刺激力量预设的目标行为。

根据顾客购买的一般模式,消费者在内外部因素的刺激下,产生消费动机,在动机的驱使下做出购买决策,并实施购买行为,购后还会对购买的商品及其相关渠道和厂家做出评价,这样就完成了一次完整的购买决策过程。

(8)社会影响理论。社会影响是指个人或团体的力量在特定方向上改变他人态度和行为的力量总和[28,31,122]。在特定的社会情境中,社会影响的大小受到影响源的数量、重要性和接近性等因素的制约,并通过个体的顺从、认同和内化三种社会过程改变他人态度[122]。顺从是指人们为了遵从社会期望，从而获得社会赞赏或者逃避惩罚而采取与多数人一致的行为。认同表示人们由对某个人或群体的认可而产生的归属感和情感依附[156]。内化是指人们将外界正式或非正式的规范作为自己的日常行为准则，并以此指导个人行为。在绿色消费情境中，顺从的个体会在日常生活中遵照社会期望，在购买、使用和用后处置等环节中秉承绿色发展理念，满足自身需求的同时，努力实现环境负面影响最小化，即使上述行为有时并不是他们真正想做的事情[31]。认同机制是人们为了保持自己与他人或某个群体之间令人满意的关系而采取的绿色生活方式和绿色行动，与顺从机制不同的是，认同驱动下的绿色消费行为契合于他们自己的观点和意见。最后，内化机制驱动下的绿色消费行为是与个体所持的价值观相一致[69]，不同个体的价值观体系会衍生出不同的环境道德义务感，从而对绿色消费行为的预测效力也会有所不同。Stern（2000）[39]进一步将个人的价值观体系细分为利己主义价值观、利他主义价值观和生物圈价值观。因此，如图2-11所示，各种社会力量通过上述三种机制如果可以激活个体的多维消费动机[62]，那么就能够有效地解释和预测个体的绿色消费行为。

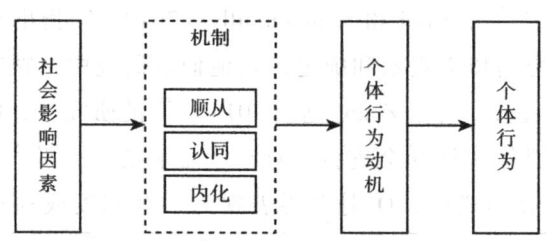

图2-11 社会影响理论框架

（9）消费价值理论。营销理论界和实践界一致认为消费价值是获取企业竞争优势的关键要素，相关研究也随之不断涌现，但学术界对消费价值内涵界定尚未达成一致。Zaithaml（1988）[102]最早从消费者视角将感知价值定义为：顾客对感知利得与感知利失进行权衡后，形成的产品和服务整体效用的综合评价。消费价值具有主观性，不同消费者感知水平具有差异性，并成为顾客购物决策的重要影响因素。学者们对消费价值维度的划分也不相同，Zaithaml（1988）从顾客视角将消费价值划分为感知利得和感知利失两个维度；Biswas和Roy（2015）[46]以此理论为基础，基于绿色消费情境提出了物有所值、社会价值、条件价值和认知价值等四个维度；Sheth等（1991）[103]的五维度划分法是影响最为广泛的维度分法，也得到了多数学者的认可，分别是功能价值、社会价值、情感价值、认知价值和条件价值。在绿色消费中，绿色产品的实际效用是否高于传统产品，将成为绿色消费决策的关键条件，绿色产品的消费价值越高，消费者的态度就越积极，绿色消费行为也越容易达成。在真实消费场景中，消费者购买行为多数是受到不同价值维度共同影响后的结果，这些维度的具体含义如下：

①功能价值。当某种产品或品牌具有的功能属性能够有效满足消费者期望并让渡充足的实用性，该产品即具有功能价值。绿色消费中，功能价值通常被认为是影响消费者绿色消费决策的首要动因，消费者通过权衡绿色消费过程中感知的净效用进行决策，净效用与消费者满意度正相关。因此，功能价值越高，消费者就越感到物有所值，个人消费期望就越容易实现，并愿意付诸真实的消费行为。

②社会价值。当消费者通过消费产品而与其他社会群体相联系时，从该产品获得的效用就是社会价值[103]。社会声望和自我概念强化构成了绿色消费中的社会价值的核心要素[46]。如果绿色产品消费可以向消费者让渡社会赞许和社会声望，建构向往的社会形象，消费者对绿色产品的认同感也将随之提升，并以符号价值为载体驱动个体实施绿色消费[46]。

③情感价值。当顾客通过购买和使用产品而产生的愉快体验和积极情绪即是情感价值。情感价值隶属于精神需求，本质是一种感性诉求，是对消费者的个性表达，唯美、愉悦和快乐是其内核要素[157]。在绿色营销实践中，营销者擅长通过激活消费者的正性（例如，赞赏、愉快）或负性情感（例如，负罪感和恐惧感）来吸引其购买目标产品。而理论研究者也证实了上述策略的有效性，如王建明等（2017）[158]验证了自豪诉求、赞赏诉求、内疚诉求和鄙视诉求对消费者绿色购买意愿的影响机制。杨贤传和张磊（2018）[31]、Dagher 和 Itani（2014）[5]研究了恐惧诉求对居民绿色购买行为的影响机制。

④认知价值。绿色低碳产品蕴含的新知识、新奇感和探险猎奇等元素如果能够契合消费者的认知需求，对消费者而言就形成了认知价值。当个体由于对传统产品的过度认知而产生厌倦感时，绿色产品可以借此满足消费者的好奇心和对新知识的追求，消费者对绿色产品的理解价值也由此得到提升，进而对其持有更加积极的态度。Tanner 和 Kast（2003）[16]也证实了产品蕴含的新奇性、创新属性和知识性是影响消费者消费态度和行为的关键因素。

⑤条件价值。条件价值表示消费者面对特定消费条件或情境下所获得的净效用。因此,条件价值具有偶发性、短时性和随机性。绿色消费中,商业折扣、价格补贴、税收优惠、售后优待或其他可感知的个人利益等条件发生变动时,绿色产品将能暂时提供较大的功能或社会价值,消费者感知利得将随之增加,进而会对绿色产品持有更加积极的消费态度[31]。

(10) 生态人格理论——基于大五人格理论的生态化范式。人格是一个重要的心理学概念,是个人与社会环境进行互动过程中表现出的一种独特行为模式、认知模式和情感模式[159]。这个模式可以与他人相区别,能够有效预测个人行为倾向的各种特质的总和[160]。特质是构成人格的基本单元,当个体在多种情境下均表现出某些特质,呈现出持久性、稳定性和一致性等特征[161]时,那么就可以称为人格特质。人格中包含多种特质,学者们也尝试建立起稳健的人格特质分类框架,其中影响最大、认可度最高的是大五人格模型[105],具体包含神经质、宜人性、开放性、外倾性和责任性等五个维度。

大五人格五维度模型在描述人格特质方面具有普适性,经过了跨时间、跨文化、跨地域和跨测量工具的一致性验证,因而大五人格模型被广泛应用于不同的研究情境和研究对象中[162,163]。近些年来,学者们也开始尝试研究人格特质与亲环境行为之间的关系,提出了生态公民(Ecological Citizenship)、环境公民(Environmental Citizenship)和社会生态人等概念,并试图解释生存环境变化对人性的重塑功能[161,164]。同时,学者们也对生态人的内涵进行了阐释,重点关注了生态人应该具有的素质、品格和权利。虽然不同学者研究的视角和界定重点有所差异,但是他们一致认为生态公民的环境权不只是个人的权利,而是整个人类的权利,生态公民不仅要尊重当代人的权利,还要尊重未来及其他物种的权利[165]。Wei 等(2016)[161]适应生态文明的发展需要提出了生态人格概念,她进一步指出生态人格是一种伴随着人类进步相匹配的新型人格范式,是基于对人与自然关系的反思,而注重人与自然和谐共生的稳定思维方式和行为模式的总和。在日常生活中,生态人格的个体自觉、自愿地运用生态化的思维方式和价值观驱动亲环境行为[161],完美诠释了环境关怀主义,它不仅具有生态审美情感,更能够引导公众深刻领悟自然生态之美。

生态人格是环保价值观浸润的结果,本质是人格的生态化演进,并以一般的人格结构为基础[160]。Wei 等(2016)[161]借鉴大五人格理论构建了一个同样包含五个维度的生态人格研究模型，即生态神经质、生态宜人性、生态开放性、生态外倾性和生态责任心。生态神经质反映了个体面对生态问题的情感调节过程，表现和描述了个体的消极情绪倾向和情绪多变性[161]。高分者表现为焦虑、愤怒、郁闷、自卑、冲动和较差的自我效能感；低分者表现为平静、随和、镇定和自我控制等。生态宜人性描述了个体对生态环境的态度，高分者被认为对环境充满友善和关怀主义情感，甚至愿意为改善生态环境牺牲自我利益。生态开放性反映了个体对生态问题的认知风格，高分者对生态富有想象力和审美能力，他们乐于接受挑战，尊重大自然，具有较强的尝新和猎奇动机。生态外倾性反映了人与生态环境互动的数量与密度及获取愉悦的能力。高分者即外向型个体，他们面对生态刺激表现得更为乐于助人、自信，寻求刺激和乐观主义，并可以通过卷入水平和活力水平加以度量。生态责任心表示个体在生态情境中自觉克制、管理和调节自身冲动和欲望，反映出个体为了达成环保目标，展现出的自律程度和抑制自我需求的能力。高分者在日常生活中有较强的自律能力，自觉遵守生态社会规范，履行生态社会责任。

2.4 绿色动机—行为偏差的相关研究

2.4.1 绿色动机（态度）—行为偏差的内涵和影响

面对日益严重的生态危机，个人、企业、社会团体和媒体都主张改变传统的生活方式和消费模式，绿色发展和生态生活理念已经深入人心，业已成为全社会的共识[65]。实践者和理论研究者提出了相应的消费概念，例如：绿色消费、低碳消费、可持续消费、伦理消费、生态消费和亲环境消费等。虽然这些变量的内涵存在一些差异，但无一例外，倡导个体在消费过程中要兼顾个人利益和人类可持续发展[98,166]。

环境意识的觉醒使得人们对上述环保消费理念都持有积极的态度或动机，但是实践者和理论研究者都发现居民积极的绿色消费动机（态度、意愿或价值观，本文将着重介绍动机、态度与行为偏差）并没有完全转化为真实的绿色消费行为[83]，即绿色动机（态度）—行为偏差（或称为绿色动机—行为缺口)。动机(态度)—行为偏差问题早在40多年前就受到了部分学者的关注[167],他们发现很多受访者呈现出的积极绿色态度很少能够在行动中加以印证[64,81]。虽然学者们试图修复这一"缺口",但该困境并没有在根本上得到破解或好转,时至今日,绿色动机(态度)—行为偏差问题一直困扰着绿色市场的健康发展,企业绿色实践困境使得绿色市场的环境治理效能大打折扣[7]。例如,Young等(2010)[168]研究发现30%的受访者声称关心环境问题,但是只有不到5%会将积极的亲环境态度或动机转化为真实行动;戚海峰等(2019)[169]指出绿色产品的市场份额仅占整个市场的1%~3%。Newton和Meyer(2013)[170]基于1250名澳大利亚消费者样本的研究也发现了绿色消费态度和行为缺口的存在。因此,解析绿色动机(态度)—行为偏差的成因对扩大居民绿色消费,帮助企业走出绿色实践困境,重新激活绿色市场的环境治理效率将具有重要的理论和实践价值[66]。

就绿色态度—行为偏差的内涵而言,学术界尚未达成一致,出于研究的实践指导性,现有文献侧重于关注积极态度与弱行为之间的偏差[167]。但就理论层面而言,绿色态度—行为偏差包含不同类型。例如,Antonetti和Maklan(2015)[171]将绿色消费态度—行为偏差分为利他型、利己型、炫耀型和政治型;王建国等(2017)[167]则将绿色消费态度—行为偏差分为强态度—弱行为、弱态度—强行为、强态度—强行为和弱态度—弱行为。同理,绿色动机—行为偏差也可进行上述分类,考虑到本研究的应用价值和理论贡献,将在后续研究中继续关注强动机—弱行为之间的不一致。本文对动机—行为偏差的内涵界定将参照态度—行为偏差的研究成果。

绿色动机(态度)—行为偏差的提出拓宽了绿色消费的研究视角,也标志着绿色消费问题的研究更加注重实效性和深层次障碍因素的诊断与破解[65]。首先,对企业而言,绿色动机(态度)—行为偏差使得企业付诸的诸多努力只是改变了消费者的绿色消费动机(态度),积极的绿色消费动机(态度)更多只是消费者对环境问题进行道义上的支持,企业却无法从中获得应有的投资回报,从而有可能使企业陷入实践困境,环保创新投资更是举步维艰[7]。为了降低企业经营风险,同时履行应负的环境责任,象征性环保行为和绿色伪装会不时发生[7],发生道德风险的几率也相应提高。企业环境道德失信将会导致消费者的信任危机[75],并加重漂绿感知,抑制了消费者的绿色产品需求,助长了绿色动机(态度)—行为偏差,使得绿色市场中买卖双方的互信机制丧失殆尽，破坏了绿色市场健康发展的根基[12]。其次，对政策制定者而言，绿色动机（态度）和行为偏差同样是一个令人望而生畏的挑战，它抵消了所有激励政策的环境效应，更使得诸多推动亲环境消费的努力沦为短期激励，绿色消费社会的构建缺乏内生动力，持续进行外部输血终将陷入困境，外部的政策和制度给养难以为继，长期驱动机制始终无法建立[21]。最后，对政府、媒体等在内的劝导者而言，绿色动机（态度）—行为偏差使得环保说服成为单纯的环境道德规劝，虽能一定程度上推动绿色消费活动，但终将被公众刻意规避而成为自导自演的一家之言。因此，绿色动机（态度）—行为偏差已经成为绿色消费市场和生态文明建设的重要障碍，如何克服这种偏差已经成为研究者和实践者共同关心的热点课题。

2.4.2 绿色动机（态度）—行为偏差的成因解析

通过文献梳理，本文将绿色动机（态度）—行为偏差的成因主要归为两类，一是源于测量方法上的偏误；二是归因于复杂的社会性、心理性和经济性因素。

（1）绿色动机（态度）—行为偏差在方法论层面上的成因。绿色消费行为本质是环境友好和利他性行为[7]，为了获得社会奖赏或逃避某种惩罚，受访者会做出与社会期望或与社会规范一致的回答[66]，偏离了受访者的真实态度，即社会赞许偏差（Social Desirability Bias）。现有有关绿色消费态度和绿色消费行为的文献多数是通过自陈报告的方式获取数据，在调查中，评分量表更擅长于测量受访者的外显态度，但对隐性态度的测量往往显得无能为力[9]。吴波等（2016）[86]将绿色消费的测量方法归结为四种，并据此指出了绿色态度—行为偏差的多种发生机制。可见，获得真实的绿色消费态度和行为数据具有较高的难度，需要根据具体的研究对象和研究情境创新调研方法和事后统计措施，才有可能降低过度理性但非真实性的回答给研究带来的困扰。

社会赞许偏差，又称为社会称许偏差，早在20世纪30年代，在心理学测量中，学者们发现受访者倾向于选择符合主流社会规范的答案[172]，而忽视上述答案是否为真实态度的自我反映，Edwards 和 Walker（1961）[173]最早提出了"社会赞许偏差"这一概念。Kelly 等（1936）[174]认为社会赞许是一种心理反应偏差（Response Bias），王汉瑛等（2018）[7]则称为印象管理偏差。社会赞许偏差会污染问卷数据，加重共同方法偏误，造成变量之间人为的共变，使得相关系数膨胀[175]。因而学者很早就开始研究如何控制或降低社会赞许偏差对样本数据的负面影响。例如，潘逸沁等（2017）[172]在总结前人研究的基础上将社会赞许偏差的控制策略分为事前控制和事后控制两类，并比较了不同控制策略的优缺点。王汉瑛等（2018）[7]则采用了Fischer等精简的Marlowe – Crowne 量表验证所有题项与社会赞许的相关系数（小于0.2）。汪兴东和杨蓉（2016）[35]则要求受访者出示近一个月以来购买的环保产品作为证据，并以此作为剔除无效问卷的标准。

（2）绿色动机（态度）—行为偏差在经济性、心理性和社会性因素上的成因。相对于方法论因素，引发绿色动机（态度）—行为偏差的经济性、心理性和社会性因素就显得较为复杂。现有文献对绿色动机（态度）—行为偏差的非方法性成因解读可以归为两类。第一类文献是基于已有的成熟理论模型剖析偏差的成因，例如，计划行为理论[65]。第二类文献是基于自我设计或者对现有理论模型进行拓展（Extended Model）构建出新的研究框架来研究绿色动机（态度）—行为偏差的形成机制[7,21,64,71]。下文将首先列举和介绍常用的模型或理论来对绿色动机（态度）—行为偏差的复杂成因作出解释。

①基于规范激活理论的"偏差"成因探索。依上文的理论阐述可知，规范激活理论源于学者对个体利他性行为驱动因素的研究。在规范激活理论提出以前，多数学者认为只有适度的回报才能推动个体实施行为利他性行为，后来部分学者通过调查发现利他性行为主要是由个体的价值观驱动的，Schwartz（1977）[69]在总结前人研究的基础上，指出个人实施利他性行为主要是在生活中将社会规范内化成的个人规范驱动的结果。规范激活理论主要含有四个核心变量：结果意识（Awareness of Consequence）、责任归属（Ascription of Responsibility）、个人规范（Personal norm）和行为（Behavior）。个体对结果意识的感知越强烈和紧迫，社会规范就会加快内化为个人规范，并越有利于个体实施利他性行为。同时，责任归属感越强，其对个人规范的激活效力也越强，从而更易引发利他性行为。

规范激活模型是居民亲环境行为的有效预测模型[20]。但规范激活理论强调个体对社会规范的遵从[41]，更多反映了环境正义和环境道德，过度强调了个人的利他性动机，忽视个体的利己诉求，从而违背了有限道德假设，易蹈极端的道德主义谬误[7]。割裂个体的利己诉求和利他诉求是导致绿色动机（态度）—行为偏差的主要原因，这一结论已经得到多数学者的认同和研究证实[2,81,176]。同时，正如前文所述，个人规范能否被激活还要满足三个前提条件，而现实中，这些隐含条件很难同时被满足，因而个人规范是否能成功被激活就存在变数，这也直接导致绿色动机（态度）和行为偏差的产生。

②基于消费价值理论的"偏差"成因探索。通过前文对消费价值理论的阐述可以发现消费价值是影响居民绿色消费态度和行为的重要驱动力量[6,14,47]。与规范激活理论相反，消费价值反映了个体的利己诉求，将个体假设为"完全理性人"，秉承个人利益最大化原则进行绿色消费，绿色消费活动完全是个人利益的实现过程。可见，消费价值理论是基于完全自利假设，容易陷入自然主义谬误[7,21]。个人在盲目追求自身利益时，容易违背绿色社会规范，陷入环境道德危机，从而产生罪恶感和可能受到某种社会惩罚的焦虑情绪，更无法达成绿色社会认同和自我认同[52]。绿色消费实践中，面对强大的群体压力和环境社会责任谴责，个体可能会淡化绿色消费中的部分利己诉求。而消费价值理论对利己诉求的过度强调，容易导致个体步入绝对的个人理性从而导致集体非理性，做出对相对高价、无趣的绿色产品的排斥行为，减少甚至放弃购买成为常态[62]，即出现了绿色动机（态度）—行为偏差。

③基于说服理论的"偏差"成因探索。说服（Persuasion）是传播学领域的一个重要概念，作为传播的最基本形式之一，说服是指个体接受他人信息而产生的态度改变。20世纪中期开始，说服研究逐步走出了以言语设计策略为主的研究范式，逐步从多学科角度进行说服效果研究。说服研究中影响最为深远的当属以Hovland为首的耶鲁学派所进行的说服传播研究。Hovland主导的耶鲁学派以态度改变为研究核心，采用控制实验来验证提出的命题，最终与詹尼斯共同提出了态度改变的"劝说情境模式"。"劝说情境模式"呈现了引发态度改变的主要驱动因素和形成过程，具体包括传达者（Communicator）的专长性、可靠性和喜爱性；沟通方式和信息内容的合理性，如观点的差异度、恐惧诉求和一面性或两面性论述等；情境中有无强化作用、预先警告、分心和新颖性等。上述影响因素中，恐惧诉求的效果一直以来存在较大争论。Hovland等（1953）[55]、Janis和Feshbach（1953）[56]、Lee（2008）[58]等学者研究发现恐惧诉求与个体的态度或行为负相关；相反，而Dagher和Itani（2014）[5]、Moon等（2019）[22]、Suki和Suki（2019）[176]、

Yang 和 Zhang（2020）[21]、Witte 和 Allen（2000）[177]等学者研究发现"恐惧诉求"与个体的态度或行为正相关。Rogers 和 Mewborn（1976）[178]则认为恐惧诉求能否改变态度取决于事件的有害性、事件发生的可能性和处理响应的有效性三个因素的相互作用。因此，"恐惧诉求"策略是导致态度—行为偏差的一个潜在因素，过度恐惧诉求会产生"回返效应"（Reversion Effect），即由原来低恐惧诉求形成的积极态度在向行为转化过程中返回到不在乎的态度，从而减少相应的行为。杨贤传和张磊（2020）[98]的研究证实恐惧诉求负向调节了感知价值和环境责任感知的中介效应，过度恐惧诉求可能使得媒体说服适得其反。冉华和耿书培（2018）[57]也证实恐惧诉求策略在改变受众态度时并不总是有效的，恐惧诉求效果还受到其他变量潜在的交互影响。因此，不恰当的说服策略，可能会引发个体的对绿色消费中的防御机制，产生绿色动机（态度）—行为不一致现象。

因此，这一现象在绿色消费情境中需要给予足够重视。当前，"恐惧诉求"（环境问题严重性感知）是常见的传播策略[98]，即说服者通过反复呈现大量的环境危机信息来强化受众的环境问题严重性感知，从而引导居民的亲环境态度和行为向着媒体预设的方向发生改变[21,40]。通过文献梳理发现，多数学者将环境问题严重性感知作为亲环境态度和行为的预测变量，检验变量之间的直接影响关系，但将环境问题严重性感知作为调节变量的文献还很少见。因此，明确"恐惧诉求"在绿色消费态度向行为转化过程的调节机制十分必要，因为这有助于全面揭开绿色动机（态度）—行为偏差的深层形成机制。

④基于技术接受模型的"偏差"成因探索。技术接受模型（Technology Acceptance Model）是由 Davis（1986）[116]根据理性行为理论（Theory of Reasoned Action）研究用户对信息系统接受时所提出的理论模型，用于解释和预测人们对信息技术的接受程度。在绿色消费情境中，技术接受模型也被广泛运用并得到进一步拓展，学者们基于原始模型或改进后的拓展（整合）模型解释了绿色消费态度或行为的形成机制[179]，研究文献有力证实了该模型提出的感知有用性（Perceived Usefulness）和感知易用性（Perceived Ease of Use）是两个决定个体态度和行为的核心驱动因素。但在现实中，企业的绿色产品创新能力不足或象征性环保行为易于导致绿色产品的有用性受到消费者质疑，合理的产品诉求一旦无法满足，原先积极的绿色态度就很难向绿色消费行为转化[83]。加上绿色产品市场鱼龙混杂，充斥着过多的误导性信息，

而普通消费者又不具有专业的绿色产品甄别技能，出于规避购买心理风险，消费者在行为阶段会转向购买传统（非绿色）产品，以降低购买心理风险，实现个人诉求[7]。同时，绿色产品作为新产品，如果存在易用性困境，也容易导致用户拒绝购买和使用绿色产品[93]。例如，新能源动力汽车出现的"叫好不叫座"式困境，主要原因并不是消费者对环境问题漠不关心，更不是对消费刺激政策的无视，而是新能源汽车的充电设施不健全带来的使用不便。因此，绿色产品的有用性和易用性困境如果得不到破解，就会导致绿色动机（态度）—行为偏差。

⑤基于生态人格理论的"偏差"成因探索。生态人格的五个维度中，宜人性、开放性、外倾性和责任性等四个维度与亲环境态度和行为的正相关关系已经得到跨时间、跨地域和跨文化的多次验证[38]，但神经质与亲环境态度和行为的关系尚未形成一致结论。Wei 等（2016）[161]研究发现生态神经质与低碳消费行为正相关；魏佳等（2017）[38]研究发现生态神经质对低碳消费行为没有正向预测作用；Fraj 和 Martinez（2006）[160]和 Hirsh 和 Dolderman（2007）[180]研究表明神经质与亲环境行为相关不显著；Milfont 和 Sibley（2012）[181]甚至发现神经质与亲环境行为之间存在负相关关系。Yang 和 Zhang（2020）[21]研究则发现生态开放性、生态外倾性和生态责任心正向影响居民绿色购买行为，但是生态神经质和生态开放性的影响不显著。上述矛盾的研究结果反映了不同个体人格特质既具有共性，也就有国别、种族、文化、地域和宗教等层面上的显著差异性，如果绿色实践者，特别是企业营销者对消费者需求缺乏深层次探究，忽视心理和行为上的深度细分，极易导致消费者的排斥，从而导致了绿色动机（态度）—行为偏差。此外，从理论层面上来看，生态神经质的高分组和低分组表现出完全相反的两种情绪和情感特征，这两种泾渭分明的人格表现对绿色消费行为的预测作用和调节机制尚未明确。过度的焦虑可能会导致居民产生过多恐惧，从而使原来积极的绿色消费态度无法转化为真实的绿色购买行为，最终造成绿色动机（态度）—行为偏差[55]。

⑥基于计划行为理论的"偏差"成因探索。正如前文所述，Ajzen（1991）[67]针对理性行为理论在预测行为模式上存在的不足，引入了知觉行为控制变量，用于补充 TRA 模型预测人实际行为中存在的失灵现象，指出现实中人的行为并不仅是主观意志的结果，还取决于行为者自身具备的能力和外部资源条件[124]。因此，行为是知觉行为控制和行为意愿共同作用的结

果。知觉行为控制（Perceived Behavioral Control）反映个人过去的经验和预期的阻碍，当个人自我感知掌握与某种行为相关的资源越多、阻碍越少，则知觉行为控制就越强，采取这种行为的可能性就越大。相反，如果个体自我感知的绿色消费知识越少、消费技能越低下、财务能力捉襟见肘，那么积极的绿色态度（动机）就很难转化为真实的绿色消费行为。同时，在现实的绿色消费市场中，绿色产品获取难度较大、产品鱼龙混杂、相对高成本而且无趣、环保司法体系不健全，一旦发生消费欺诈，维权难度较大[7,65]。上述负面因素都会造成知觉行为控制减弱，从而造成了绿色动机（态度）—行为偏差。Lin和Huang（2012）[6]调查发现，很多持有积极绿色态度的消费者拒绝购买绿色产品的原因主要有：48%的消费者认为绿色产品市场鱼龙混杂，怀疑购买的产品是否确实是货真价实的绿色产品；25%的消费者缺乏绿色产品知识，不懂什么是绿色产品；22%的消费者不知道不也知何处可以购买绿色产品；5%的消费者认为绿色产品毫无价值。上述调查结论可以印证本文的论断。

按此推理，与知觉行为控制内涵相近的自我效能感（Self-efficacy）也是造成绿色动机（态度）偏差的潜在因素[21]。自我效能是指人对自己是否能够成功地进行某一成就行为的主观判断，关于自我成就行为的期望中，包含结果预期和效能预期[182]。Rahimah等（2018）[183]研究证实驾驭能力感知负向调节环境责任感知与环境关注之间的关系，即驾驭能力感知越强，个体对环境问题就越轻视，从而容易走向绿色动机（态度）—行为偏差。Hosta和Zabkar（2020）[184]研究发现感知效力负向影响消费者可持续消费行为，这项研究进一步证实过度的感知效力会阻碍亲环境行为，从而找出了绿色动机（态度）—行为偏差的又一成因。

2.4.3 绿色动机（态度）—行为偏差的典型文献梳理

绿色动机（态度）—行为偏差问题已经引发学者们的广泛关注，并以此为研究动机，期望修复这一缺口。在不同文献中，这一缺口被进一步细分为环境关心与行为偏差、环境价值观与行为偏差、意愿与行为偏差和动机与行为偏差等，虽然学者们对偏差的研究视角不同，但偏差成因则具有共性。如表2-2所示，本文在文献回顾的基础上整理出了部分代表性文献，系统分析了绿色动机（态度）—行为偏差的不同成因。

表 2-2 环保态度（意愿、动机和价值观）—行为缺口的研究文献与成因分析

研究者和年代	主要研究变量	环境态度（意愿、动机和价值观）-行为偏差的成因分析	研究情境
Nguyen et al. (2019)[64]	环境态度、绿色消费态度、主观规范、绿色消费意愿、消费者感知效力和产品可得性	基于对越南两座城市居民的调查研究发现感知效力和产品可得性正向调节绿色消费意愿和绿色消费行为之间的正向关系。随着消费者感知效力和产品可得性的提高，绿色消费意愿对绿色消费行为的正向影响关系就越强。在真实的消费情境中，如果消费者感知效力较低或者绿色产品可得性较差，那么绿色消费意愿对绿色消费行为的预测能力就会下降，从而出现了意愿—行为偏差。	绿色消费
Tang et al. (2020)[62]	功利目标、享乐目标、规范目标、生活方式、感知风险和绿色消费行为	基于中国江苏省居民的调查研究发现享乐目标动机和规范目标动机通过负向影响感知风险进而促进居民进行绿色消费。换句话说，居民潜在的风险感知和生态生活方式是造成绿色动机—行为偏差的重要因素，降低居民风险感知、加速形塑生态生活方式可以克服这种偏差。另外，文献还发现感知风险和生态生活方式在功利目标动机和绿色消费行为的关系中的中介效应不显著，这意味着功利目标动机无法有效通过降低感知风险或形塑生态生活方式来缩小绿色动机—行为偏差。	可持续消费
王汉瑛等 (2018)[7]	温暖感知、能力感知、崇敬情绪和绿色消费意愿	基于有限道德假设和有限自利假设指出割裂消费者的产品诉求和伦理诉求是造成态度—行为偏差的主要原因。为此，作者认为绿色消费决策中，消费者会调用刻板印象内容模型（Stereotype Content Model, SCM）来对绿色产品进行综合评估，相应地做出最终的购买决定。研究发现消费者对温暖和能力的感知匹配度越高，绿色消费意愿就越容易达成，从而克服态度—行为偏差。同时，文中对社会赞许偏差可能对态度—行为偏差造成的潜在影响也进行了讨论。	绿色消费
Shaw et al. (2016)[81]	规范研究	如果过度要求消费者遵从亲环境规范而牺牲合理的利己诉求，那么伦理消费行为的发生往往是为了获得某种社会奖赏或者避免惩罚，而并非出于自愿，即使有时对环境怀有正性情感，但在理性上却没有很强的支付意愿，从而表现出了绿色态度—行为偏差。同样，文献中也指出研究数据存在的方法论上的缺陷也是导致态度—行为偏差的重要潜在因素，例如社会赞许偏差、态度的内隐性等。	伦理消费

续表

研究者和年代	主要研究变量	环境态度（意愿、动机和价值观）-行为偏差的成因分析	研究情境
Yang & Zhang (2020)[21]	媒体说服、感知环境问题严重性、绿色购买行为、转换成本和环保行为有效性感知	基于中国长三角城市居民的调查研究发现媒体惯用的"恐惧诉求"策略对扩大居民绿色产品购买是有效的，但是出于利己诉求（转换成本），感知环境问题严重性的中介作用受到了负向调节，使得"恐惧诉求"引发居民积极的绿色购买态度被无形地削弱，从而造成了绿色态度—行为偏差。此外，研究还发现环境行为有效性感知负向调节感知环境问题严重性的中介作用，出现了个体感知效力的过度自信，同样导致积极的绿色购买态度被削弱，从而加剧了绿色态度—行为偏差。	绿色购买活动
Young et al. (2010)[168]	质性研究（深度访谈）	基于对英国81名消费者的深度访谈发现缺乏甄别、决策和购买时间是亲环境态度—行为偏差的首要障碍因素。同时，高价格、信息有限和信息模糊、甄别、决策和购买过程中需要付出的认知努力和非绿色产品的认定标准的优先次序等因也是构成偏差的重要因素。	可持续消费行为
王建国等 (2017)[167]	研究综述	作者将绿色态度—行为偏差分为四种类型：强态度—弱行为，弱态度—强行为、强态度—强行为和弱态度—弱行为。在此基础上，作者将绿色态度—行为偏差重新界定为强态度—弱行为和弱态度—强行为两种类型，并以此为依据探讨了绿色态度—行为偏差产生的多维动因。其中强态度—弱行为只要是由个体能力困境、产品属性缺陷和结构性条件限制等因素导致；弱态度—强行为则是由自我展示和情感性补偿等因素引发。	绿色消费行为
孙剑等 (2015)[66]	质性研究（扎根理论）	基于扎根理论探索了绿色态度—意愿缺口的主要成因。根据原始资料归纳梳理出个体能力困境、产品属性困境、情景因素局限、绿色心理意识局限、感知行为风向和非绿色参照群体规范6个主范畴，并据此构建了绿色消费行为阻碍因素理论模型。	绿色消费
Peattie (2010)[185]	规范研究	作者以文献回顾的方式系统呈现了亲环境态度与行为偏差的成因：出于社会可接受度（Social Acceptability）自我夸大了亲环境态度、自我报告调查法带来的偏差、经济约束、固有习惯、对非绿色品牌的忠诚、亲环境消费中的不确定性、多种诉求之间的权衡、牺牲便利性和非绿色参照群体的影响等。	绿色消费

续表

研究者和年代	主要研究变量	环境态度（意愿、动机和价值观）-行为偏差的成因分析	研究情境
Claudy et al. (2013)[83]	价值取向、赞成采用理由（经济利益、环境利益、独立性利益）、反对采用理由（成本障碍、风险障碍和不兼容性障碍）	作者以探索太阳能面板采用态度与行为缺口的原因为研究背景，以爱尔兰254个户主为研究对象，基于行为推理理论系统解读了态度—行为缺口产生的原因。	可再生能源消费
陈凯和彭茜 (2014)[63]	规范研究	作者从参照群体、产品因素、习惯移速和情境因素四个层面展开绿色消费态度—行为偏差成因分析，并在此基础上提出了偏差的系统性修复策略。	绿色消费
Geng 等 (2017)[60]	实证研究	作者以绿色动机—行为偏差为研究出发点，提出了出行行为的颜色编码理论，指出动机是绿色出行行为的必要但非必需条件，经济性、舒适性或便利性因素表现不佳是造成动机—行为偏差的关键性因素。	绿色出行

2.5 研究简评

通过对相关文献进行回顾，发现尚存在以下不足：

（1）多数文献对绿色消费行为的测量误差习惯于采用事后统计检验，检验效力一直没有形成权威定论。部分文献倡导做好过程控制，例如，打乱问项顺序、做好受访者的匿名保护工作、隐藏真实的研究目的等。但也有学者提出相反观点，他们认为保持问项的逻辑顺序是受访者迅速领会题项本意的有效方法，在有限受访时间内有助于提高测量质量。这表明完善过程控制策略是提高绿色消费调查质量的当务之急。

（2）如本章第二节所述，现有文献对绿色购买行为的内涵界定和测量绝大多数都是源于单维结构，这与绿色购买实际有所出入；少数文献虽然开始关注绿色购买行为的潜在多维结构，但是概念建构和测量工具开发尚处于初始阶段，加上绿色购买存在的文化和国别差异，继续完善绿色购买行为多维结构和对应的测量工具就显得十分必要。基于此，本章第二节发展了绿色购买行为的维度结构，也是后续测量工具开发完善的理论依据。

(3) 现有文献对绿色消费的研究模型多数都是建立在现有理论框架或是对该理论框架进行拓展和整合，部分变量选取具有一定主观性，未必完全符合时代性特征、研究对象和具体研究情境。通过探索性研究技术探究行为背后的复杂归因，有助于更好地确定绿色购买行为的主要影响因素，以及上述因素对绿色购买行为的影响机理及规律。

(4) 现有文献对于多元绿色消费动机的关注不足，虽有少数文献从自我决定理论视角分析了内部动机和外部动机对绿色消费行为的影响，但研究仍然呈现零散化、碎片化特征，多元动机的划分也不尽合理，忽视了利己和利他诉求对多元动机的形成和影响效应。

(5) 绿色动机（态度）—行为偏差一直是学界研究的焦点之一，现有文献也在不断关注这一偏差。通过现有文献回顾可以发现，已有研究结论较为零散，没有进行系统性归纳，影响因素的实效性和全面性已经不能完全契合现实情境。因此，基于探索性研究技术建构的理论框架系统解释绿色动机（态度）—行为偏差将更加具有实效性和针对性，也将进一步丰富动机（态度）—行为偏差领域的研究成果。

2.6 本章小结

本章根据前文研究目的和研究内容，系统界定了绿色消费行为与绿色购买行为的内涵，将绿色购买行为划分为三个维度，分别是绝对绿色购买行为、条件绿色购买行为和随机绿色购买行为。接着系统梳理了绿色消费（购买）行为的常用理论框架，从方法论层面和经济、心理和社会层面整理了绿色动机（态度）—行为偏差的复杂成因，发现了现有文献对这一课题研究尚存在的不足之处，最后，本章对上述文献进行了系统性述评。

3

城市居民绿色购买行为驱动机理理论模型构建

3.1 城市居民绿色购买行为驱动因素选择与界定

根据顾客购买行为一般模式,消费者的消费(购买)行为是由刺激因素引起的,这些刺激因素来源于有机体内部和外部环境,消费者正是在上述刺激因素的影响下产生动机,进而做出购买决策[21,62,83]。Lindenberg 和 Steg (2007, 2013)[96,97]认为消费者动机内涵与行为目标接近,而行为目标就是具有知识结构的行为动机,目标框架就等同于行为动机[62],如何激活多种不同行为动机将成为引导绿色消费行为的关键。通过文献梳理发现,现有文献探索和验证了绿色(低碳)态度和行为的多种驱动因素,但是,这些驱动因素的选取带有一定的随意性和零散性,与具体研究情境的契合度也存在缺陷[66],更缺乏一个整合的理论框架去探索和整合这些潜在的驱动因素。鉴于此,本研究将采用质化研究方法,深入探究城市居民绿色购买行为的内外部驱动因素,其中内部刺激因素将主要从有机体内部的心理因素中进行探索,外部刺激则从社会影响因素中进行探究和整合。相对于心理刺激因素,社会影响因素更具变动性、多样性和时代性等特征。

如前文所述,社会影响主要通过顺从(Compliance)、认同(Identification)和内化(Internalization)三种机制改变他人态度[186],进而影响行为。同样,在亲环境消费领域,社会感染通过媒体影响和人际传播机制在环境友好型产品采用中发挥了重要作用,特别是涉及与意见领袖和权威人士的人际互动会对个体的新产品采用态度产生积极影响[31]。遵从关键意见领袖推荐和认同的行为内容可以强化公众对向往社会群体的归属感,这表明与功利价值和享乐价值一样,社会表征和凸显性需求同样是消费行为的重要驱动因素[31]。当环保被视作公认的社会规范时,个体与社会群体的互动关系将对个体的绿色消费态度产生深远影响。Gupta 和 Ogden（2009）[30]研究发现多数亲环境消费者高度信任相关群体,并预计群体内的其他成员也会践行绿色消费。可见,社会影响是影响居民亲环境态度和行为的重要力量[28]。虽然现有文献已经涉及一些社会力量对亲环境消费态度或意愿的影响机制,但是变量的选取较为零散,尚未形成一个较为完整的力量集[11,21,28],更缺乏深度访谈和从下而上式的归纳萃取。例如,早在 20 世纪 50 年代,霍夫兰德和他的研究团队就开始致力于研究媒介信息对个体态度改变的影响,但却忽视了人际互动影响,这也成为说服理论的一个重要缺陷。社会影响理论的提出,重视了人际互动对个体态度和行为的影响,但社会影响力量的内涵和维度结构则一直没有形成一个契合于绿色消费的完整体系。

3.1.1 质性研究的设计与实施

质性研究（Qualitative Analysis）是一种资料审查和解释资料的过程,目的是努力从中发现意义、获得理解以及发展经验知识。质性研究本质是一种探索性研究技术,一般利用的是观察法和深度访谈等调研技术,研究者期望通过这些开放式调研活动全面收集与研究对象和研究内容相关的一手信息资料,在此基础上运用归纳法解读、分析上述资料,透析可视现象背后的深层次原因[61,146],从而探索出社会现象背后的原因和意义,据此建构出相关理论[187]。与量化研究方法不同,质性研究更加注重意外收获和探索发现的过程,擅长在无序的信息中发现规律。考虑到绿色购买行为决策是一项十分复杂的心理活动过程,个体的心理状态、社会影响因素和外部情境干扰因素都会以不同的作用机制参与到行为的最终形成过程中[41]。同时,为了更好地契合绿色消费的时代性要求,克服单纯从文献中提取研究变量的缺点,做到紧扣现实因素,把真实绿色消费场景中的深层驱动因素提炼出来,明确城市居民不同类型绿色购买行为的复杂形成机制,本文将采用探索性的质性分析技术提炼出城市居民绿色购买行为的深层驱动因素,构建出城市居民绿色购买行为驱动机理综合理论模型,最后再运用量化研究对质性研究结果进行大样本的实证检验。

（1）资料收集方法。质化研究启动以后，第一项工作就是资料收集。本研究通过设计开放式问卷（非结构化问卷）开展典型城市居民深度访谈以获取原始资料。首先，采用理论抽样（Theoretical Sampling）方法，按照设计的预期理论发展为导向确定访谈对象。考虑到绿色消费议题具有一定专业性，低学历居民可能欠缺相关知识储备，造成理解偏差，从而影响访谈质量[61]。本研究的受访对象选择标准为大学专科及以上学历，年龄分布在18-55周岁之间的城市居民。具备上述人口统计学特征的城市居民在受教育期间较为系统地接受了环保教育，他们受教育程度较高、思维活跃、储备了一定的环境知识、理解和接受新事物能力较强，能够较为准确理解访谈中提及的部分专业问题，并做出对应回答。其次，依照饱和理论确定样本量，即最终采样量依据后续的样本不再或没有发现新的重要信息为准。本研究最终选择了36位专科及以上学历（31人为本科以上学历）的城市居民作为受访对象。

为了推动访谈活动顺利进行，减少访谈过程中可能存在的一些不确定因素和访谈难度，受访者主要由以下三类人群构成：①求学期间的同学资源；②身边的同事、亲属和其他社会网络人员；③符合抽样框要求的毕业工作学生。正式访谈采用预约的方式，提前3天左右的时间和潜在受访者约定正式访谈的时间和地点，访谈形式灵活多样，根据每位受访者的个性要求决定；访谈的时间则约定为45分钟。从现存的研究文献来看，学者们多采用面对面的调查研究[61]。其中面对面访谈能够零距离接触受访者，更容易进行真切交流，在聊天过程中可以近距离观察受访者的面部表情，捕捉关键的情感表达，从而根据观察到的受访者心理变化信号灵活调整访谈的内容和重点。此外，以QQ和微信为代表的网络访谈可以打破时空限制，让受访者可以有充分的自由和时间去思考提出的问题，从而给出更为缜密和真实的回答。在访谈中，我们充分尊重受访者的个人意愿来决定是否对访谈内容进行录音，尽力避免部分敏感型受访者为此可能出现抵制或消极应付访谈的情况。从访谈结果来看，受近些年来网络负面事件频发的影响，多数受访者在受访过程中均表示不愿意自己的谈话被录音，因此，访谈记录主要靠笔录完成。经过对两种访谈记录的整理共形成了5万余字的访谈记录。深度访谈没有固定的范式，但是预设简明扼要的访谈提纲，可以提高访谈的针对性和流畅性。本研究的访谈提纲，如表3-1所示。

表3-1 开放式访谈提纲

访谈主题	主要内容提纲
绿色产品对环境是体贴的/反应积极的、可回收利用的/节能环保的、仁慈的/有益的,即在购买、使用和用后处置等环节对环境的破坏最小化的产品。	
个人基本信息	性别、年龄、学历、月收入、职业等
对绿色购买行为的认知	您对当前的环境问题有什么看法?
	您对绿色绿色产品有什么看法?
	日常生活中,为什么(不)需要购买绿色产品?
	您在日常生活中是如何践行绿色购买活动的?
绿色购买行为的驱动因素	• 您觉得哪些社会力量(人)和因素可以驱使居民购买绿色产品?
	• 您身边的人为什么(不)愿意购买绿色产品?
	• 您认为哪些因素阻碍了您最终选择绿色产品?
	• 您认为要把绿色购买活动内化为大家的自觉行动,我们还需要做出哪些努力?

同时,在访谈前会根据潜在样本的社会人口统计学特征进行分层抽样,确保样本结构的合理性和代表性。为了打消受访者可能存在的心理顾虑,深度访谈开始前,我们会首先表明自己的身份和本次调查的主要目的,承诺调查所得资料的学术性和严格的保密措施。正式访谈开始时,我们会简短的介绍访谈中一些较为专业的术语,在得到已经准确理解的肯定答复后,开始正式提问环节。在访谈过程中,我们会极力控制话题走向,避免跑题,一旦捕捉到概念范畴,将会进行深入追踪提问,尽可能多地获取有用信息,使深度访谈内容得到进一步拓展和延伸。

(2) 资料分析方法选用。在质性研究方法中,Glaser 和 Strauss (1967)[188]提出的扎根理论(Grounded Theory)最为常用,被认为是"走在质化研究最前沿的研究范式"[189]。扎根理论是从经验资料的基础上建立理论,本质是一种资料分析整理和归纳的定性研究方法。如图3-1所示,扎根理论的应用者直接从实际观察和原始资料中归纳出概念和属类,然后不断浓缩,形成反映某种社会现象的核心概念,最后通过这些概念之间的内在关系建构相关的社会理论。Strauss 和 Corbin (1994)[190]将扎根理论方法设定为三个步骤:开放式编码(Open Coding)、主轴式编码(Axial Coding)和选择式编码(Selective Coding)。其中开放式编码先将收集到的资料分散,通过定义现象来归类,然后归纳出能够刻画现象的概念,再将归纳出的概念进一步范畴化,发现概念范畴;主轴式编码是复原零碎资料的过程,通过探索范畴与范畴之间以及范畴与概念之间的关系,整理出主轴范畴;选择性编码是提炼核心范畴的过程,研究者对已提炼的概念范畴再浓缩并选择一个核心范畴,从而将后续分析集中到与核心范畴相关的代码、概念和范畴之间。

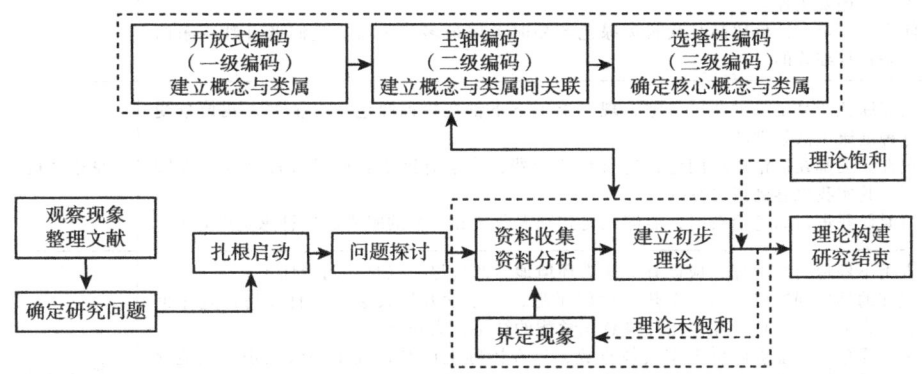

图 3-1 扎根理论研究流程图

(3) 城市居民绿色购买行为的驱动因素筛选。将访谈记录进行整理和有效性甄别后,随机选择了 24 名受访者的访谈记录用于扎根编码分析,剩下的 12 名受访者的访谈记录进行饱和度检验。为了确保研究过程的严谨性和信效度,将严格遵照扎根理论的三阶段流程进行规范编码。同时,为了集思广益,在个人编码的基础上会积极采纳专家意见共同完成概念和范畴的形成、建立概念类属之间的逻辑关联以及核心范畴挖掘等工作。

①开放式编码。本文采用深度访谈广泛收集信息和数据资料,编码阶段,对原始访谈资料直接萃取相关概念,尽量避免研究者个人的偏见和定型观念的影响。本文邀请了 3 名研究领域包含消费者行为的专业人员对访谈资料进行整理,最终一共整理出 1076 条原始表述语句及对应的初始概念。接着研究组对层次较低、烦冗交叉的初始概念进一步提炼、聚拢,实现初始概念的范畴化。借鉴王建明等 (2011)[61] 的筛选标准,研究组将出现频次低于 2 次的初始概念删除。同时,对原始资料中表达过于模糊的语句和初始概念也进行了删除。表 3-2 为通过原始访谈记录得到的初始概念和若干范畴,限于篇幅,本文仅列出了典型语句和对应的初始概念。

表3-2　　　　　扎根理论研究中的开放式编码过程及结果

访谈资料中的代表性原始语句	范畴
现在针对绿色产品有许多优惠措施，比如减税，补贴什么的，特别是购买特斯拉，价格补贴还是很能打动我的。 绿色产品挺好的，我家冰箱和空调确实很省电，新飞冰箱3天只需一度电，这句广告词还记得呢。 我经常骑电动车上下班，一是停车确实方便，最重要的是不要花油钱啊，开车太贵了，还要买保险。 便宜、安全、性价比高是我购买绿色产品时考虑最多的因素，我们老百姓买东西都是精打细算的。	功利动机
购买绿色产品是一种新风尚吧，现在上上下下都在提倡绿色环保消费，我挺享受这种健康生活氛围的。 现在天天都在谈论环境问题，进行绿色消费，肯定有助于我们融入社会和朋友圈吧，其实我也感到挺自豪的。 有时候我进行绿色消费时，能够感受到别人欣赏和羡慕的眼光，这种感觉挺好的。	享乐动机
人类不停地折腾地球，应该有责任为环境地球改善尽一点自己的责任了。 现在的环境问题已经是一个热门话题了吧，从小学开始大家就一直在讨论这个问题，人们购买绿色产品也是环境意识觉醒的结果，太正常了。 消费绿色产品能够降低温室气体排放，这在国际上已经达成了一致共识，也应该成为我们每一个人的行为准则，我读研究生时，导师就是搞生态足迹研究的，对这一问题比较了解。 我平时去菜市场还是看到很多人用塑料袋，绿色生活不能老是停留在口头上，我们应该切实遵守公民道德和社会责任，现在很多倡议感觉流于形式了。	规范动机
国际社会就是无法形成合力，感觉每个国家都是说得多，做得少，指望别人多做一点，自己坐享其成，人类与自然和谐相处不能仅仅停留在那些没完没了的会议上。 说真的，我现在手里有垃圾的话一直可以拿几个小时，就是不会乱扔在地上，一直到遇见垃圾桶，我有时也觉得自己挺有环境素养的。 开车在路上，只要看到有人乱丢垃圾，我就挺生气，有时候甚至诅咒几句，真的看不惯，人应该要有点环保意识吧！ 身边的人愿意购买绿色产品的主要原因是大众的环保意识普遍提高了，对健康生活的追求也更加注重。	环境意识
我觉得自己是一个挺关心环境的人，虽然不敢说是铁杆的环保主义者，但是日常生活中还是有这个觉悟的。 以前上大学时，我经常参加环保活动，现在工作太忙了，但是如果看到一些环保倡议，还是顺手支持一下。 我参加过党员进社区宣传垃圾分类活动，感觉居民都挺支持的，感觉自己做的事很有意义。	自我认同
从我记事时起，就经常在电视上看到生态危机之类的报道，有些画面印象挺深刻的。 每当我在手机上看到宇宙中可能只有孤独的人类文明时，就有一种莫名的担忧，如果地球环境被破坏，我们人类就要毁灭了。现在手机上这种短视频挺多的，经常被震撼。 我认为需要加强宣传力度，这样大家才能了解绿色产品，知道怎样才能购买到绿色产品。	媒体曝光度

3 城市居民绿色购买行为驱动机理理论模型构建

续表

访谈资料中的代表性原始语句	范畴
政府应该通过媒体发出生态倡议,实际上我们很多绿色产品信息都是通过媒体了解到的。 我开车在路上,有时会不自觉地往车窗外观望,感觉有些地区的白色污染特别严重,到处都是废弃的垃圾袋,和媒体宣传的情况大体一致,媒体有时候也不是很可信。	媒体影响力
记得新房刚装修完,特别担心甲醛会对人体造成伤害,家人天天讨论这个话题,为此,当年家人特地购买了兔宝宝的"E0"号环保板材。 家人经常在一起讨论环境问题。特别是每到冬天,家人经常回忆以前冬天有多么寒冷,感觉现在的冬天有时候不像冬天了,似乎气候改变了不少。 家里的老人经常说现在环境污染严重,以前穷人吃的都是野生的,现在有钱人才能吃野生的,老百姓吃的都是靠农药和化肥长成的食材。 你一提到环境议题我就想起来刚有孩子时家里每天都是这个话题,为此还发生过许多矛盾,我现在掌握的很多环境知识就是这个阶段积累的,然后也买了一些绿色产品,比如吊兰。	家庭影响
同事们在一起经常讨论环境议题,大家各抒己见,特别是遇到突发性环境事件时,大家往往显得很气愤。 学习和生活中的朋友会向我推荐和灌输一些绿色消费知识,当然,有时是我犹豫不决的情况下,主动咨询我的朋友。 我身边的朋友普遍购买过绿色产品吧,毕竟可以实现人与自然的双赢,比如现在的LED灯具就很省电,使用寿命还长。 和我关系要好的同伴也会影响我购买绿色产品,他们经常会和我讨论绿色产品的话题。 朋友之间时间长了,耳濡目染地也会跟着关注绿色消费的话题,购买一些绿色产品。 一些专家知识讲座会影响我对绿色产品的认知,因为我确实不太了解哪些产品才是绿色的,感觉相关信息比较少。	同辈影响
我觉得人或多或少都有点虚荣心吧,大家都挺爱面子的。 我觉得大街上还是大排量的车多一些吧,买好车的人都是为了面子吧,小排量车显得寒酸了。 我觉得特斯拉外形挺科幻的,经常会引来路上的目光,我觉得开这种车挺与众不同的。 现在整个社会素质都提高了,坐公交不给老人让座,会感到羞愧,丢面子;乱扔垃圾也担心被别人视作没素质,也丢面子。	面子(文化)意识
对一些单价昂贵的商品来说,我还是喜欢找熟人买,更换一个新的商家,多少有点不放心吧,砍价就很烦人。 工作和生活太忙了,有时候确实想深入了解一下不熟悉的绿色产品,但是生活真的让人顾此失彼,筋疲力尽,顾不上那么多,都是看着差不多、或者熟悉的就买了,真的不是不负责任,而是没那么多时间和精力。 现在商家都宣称自己的产品是绿色的,有时候真的真假难辨,我还是倾向于购买熟悉的品牌或者型号,如果是绿色的就更好了,不是的话也就那样了。 我不买绿色产品是因为绿色产品价格一般较高,不是一般居民可以承受的价格。 我和以前的卖家之间已经建立了信任关系,现在很多商家声称是绿色产品,但是信息不透明,我有点不相信。 大部分绿色产品购买费时费脑,处理起来复杂,特意去购买,有时候觉得自己是没事找事。	转换成本

续表

访谈资料中的代表性原始语句	范畴
绿色产品都比较昂贵,经济发展了,收入高了,买的人才会多起来。 现在很多城市确实重视环保了,读大学时,很多地方基本都是拼命发展经济,对环保都无所谓。	经济发展水平
政府应该采取措施,带头示范,推动整个社会步入人与自然的和谐统一。 政府也没有相关规定,虽然国家层面挺重视的,但是地方政府还是说得多,做得少吧,感觉都是被动的。	政府环保投入
我有时早上起来就看到漫天的雾霾,我们人类真要反省自己了,我们真应该自觉地去多购买一点绿色产品。 现在的环境确实影响到了我们的生活质量,我有时咳嗽就是因为空气质量不行,但是绿色产品价格偏贵了。 我现在开车在路上都不敢开窗户,到处弥漫着汽车尾气,有时候都有点头晕了,我希望大家多买电动汽车去开,但是充电太麻烦了。 我对当前的环境状况感到挺忧虑的,特别是怕有害气体伤害孩子的呼吸道。	城市空气质量
我以前在东北上学的时候春季经常会停水,洗浴场所也不允许营业,我现在生活的城市还好吧,没以前那种缺水的感觉了。 现在的城市自来水水质不好,经常有水垢,我现在饮用水都使用农夫山泉桶装水了。	水资源丰富度
我生活的是小城市,人们的视野都很狭窄,对新事物的认识和采纳都比较滞后。 发达地区的人观念确实新一点,经济落后往往是理念的落后,不仅仅是区位的原因吧,现在大城市电动汽车很多了,我这个城市还是很少见。	城市创新度
我现在购买商品房会考虑到安静舒适,这样晚上的睡眠质量会好一点。 以前的领导为了孩子期间高考可以休息好,还去过媒体机构投诉过一处建筑工地扰民,不过很多部门都推诿。	城市噪声污染
虽然国内外从政府到个人都采取了一些措施来寻求修复破损的大自然,但是我认为生态恶化的趋势没有得到根本好转。 我并不赞同环境危机得到改善的观点,我们面临的环境危机不是那么轻易就能克服的,每当遇到雾霾天,我就担忧自己的生存质量。 我觉得现在国际上对中国环境质量的指责不公平,一是我们确实想发展,二是他们借此把高污染和高能耗产业转移到我们这里,他们的蓝天白云是污染转移的结果。到现在我还记得北京奥运会中国在环境问题上受到的非议,有的运动员还戴着口罩进入中国。 我最失望的旅游经历就是去北京的中央电视台电视塔,还要排队,结果上去都看不到500米远,环境污染太严重了,不是很愉快的经历。	环境问题严重性感知
我认为人类有自私的本性,特别是发达国家就没履行相应的责任,每当看到发达国家将垃圾出口到落后国家,我就很气愤,他们为什么不从我做起?人类的每一个体只要都出一份力,环境问题是会得到缓解的。 我在公交车上经常能看到节能环保的移动媒体公益广告,广告鼓励我们每一个人只要随手关灯、拔掉不在充电的插头就会大大减少温室气体排放,看完后我挺认可的,也认识到我们每一个人的力量汇聚到一起就不容忽视。 当今的生态危机是由我们人类的贪婪造成的,反过来说,只要人类真正行动起来,环境问题肯定能得到扭转,说实话现在都是说得多,做得少。	环保行为有效性感知

续表

访谈资料中的代表性原始语句	范畴
我家商品基本上都是爱人购买，我平时太忙了，关于绿色产品，她关注的应该多一些，女同志日常生活中还是显得更加细腻一些，也会仔细加以比较。 我觉得男性平时对绿色消费关注并不是很多吧，一是工作、事业太忙碌；二是男性都更爱面子，讲排场，你看看男性都喜欢开大排量汽车。 我认为女性更富同情心，她们更喜爱动物，反对虐杀它们。	性别
绿色产品相对而言还是昂贵一些，我现在刚大学毕业，经济压力挺大的，有时候真的力不从心。 我们人到中年的群体，每天有大量的工作任务需要完成，节省时间和便利性是我们购物首要考虑的因素。 绿色消费教育应该从娃娃抓起，这是一个循序渐进的过程，本来环境知识的积累就需要一个相当长的时期。	年龄
说实话，绿色消费主要还是看个人素质，现在人们受教育年限提升了，素质也相应提高了，购买绿色产品应该会越来越多。 我们这边有很多外来务工者，他们的文化水平普遍不高，受生活压力所迫，我平时看到他们都不怎么关注自身健康，你让他们关注环境健康，我觉得不大可能。 绿色产品消费最终还是要靠国民的综合素质，我觉得现在人的素质比我小时候那会强多了。比如，公交车让座已成常态，我相信未来绿色产品消费也会常态化，因为我们的国民教育水平已经不可同日而语了。	受教育程度
我出生在农村，父母没有什么退休金，只有为数不多的农村退休养老金，所以平时喜欢购买一些节能电器，这样可以节省一些电费。 我所在的城市有许多共享单车，公交系统也比以前进步了很多，我们夫妻收入还可以，但我平时上下班不怎么喜欢开车了，有车一族的那股兴奋劲已经过了，我更喜欢骑共享单车，绿色出行，感觉也挺方便的。 我觉得收入高的家庭不大可能购买绿色产品，我们小区属于高档社区，那些高收入家庭都是大排量豪车，感觉有钱很任性的样子，他们根本不在乎油钱和维护保养成本。 总的来看，现在的高收入人群整体上素质还是要高一些的，他们更加关注环境问题，也有那个精力，低收入人群都忙着生计，有点顾此失彼。 我认为个人收入制约了绿色产品购买，因为它们采用了新工艺、新材料，所以价格相对较高。	收入水平
我在一所高校上班，作为一名老师，我经常向学生灌输绿色低碳理念，所以潜意识里面还是十分注重为人师表的，日常生活中，我会有意识的购买一些绿色产品，这样显得言行一致吧，也感到自己不虚伪。 我在政府部门上班，日常的政治学习强调的是以身作则，"金山银山就是绿水青山"，祁连山生态的破坏案例我仍然历历在目，所以，我主张绿色生活方式，也是这么做的。 我在一家民营企业上班，企业文化强调一种节约意识，我们打印一张纸都要求正反页，对浪费行为还是非常排斥的，所以我赞成绿色消费。 我在一家外资汽车企业上班，企业管理非常严格，节约文化深入人心，我十分支持环保事业。如果有人发给我环保方面的问卷，我都是积极回答，而且还愿意帮忙转发。	单位性质

续表

访谈资料中的代表性原始语句	范畴
我是政府机关的一名科级干部，我挺注重平时的言行举止的，现在干部选拔强调德行一致，所以有利于社会的事情我都是举双手支持的，环保事业当然也不例外。 我是一家科技企业的高管，绿色产品确实能够节省一定的企业成本，比如空调、节能灯具，我们平时采购都会偏向这些绿色节能产品。	职位等级
我觉得是城市原因吧，小城市宣传不到位，接触到的绿色产品不及时。 我2015年去北京时，竟然可以与太阳直视，那个雾霾太吓人了，我看到好多人都戴了口罩，人们都积极购买绿色产品，保护自己，也爱护了环境。 我觉得大城市人的素质更高一些吧，掌握的环境知识也更多。我到苏州就看到很多人买电动汽车，我们这边很少。	城市规模
我生活的城市在江南，环境很好啊，对环境危机的感受不是那么深。 我认为自然环境恶劣的地区环保意识强一点吧，比如以色列的节水农业就很发达。	城市地理区域

②主轴编码。通过开放性编码实现了范畴的发掘，而主轴编码（Axial Coding）的目的则是进一步发展出主范畴及范畴之间的潜在关联。具体做法是将开放式编码阶段发展出的范畴进行聚类，分析这些范畴之间是否存在潜在的关联，发展和建立起独立范畴之间可能存在的逻辑关系。通过主轴编码，本文最终整理出七个主范畴。其中，文中挖掘出的三个动机因素集基本契合于目标框架理论中的三个维度，即功利目标框架、享乐目标框架和规范目标框架；外部刺激因素则契合于社会影响理论，文中共发现三大社会影响力量。这些主范畴的意涵及其对应的开放式编码子范畴，如表3-3所示。

表3-3　　　　　　　　主轴编码形成的主范畴

主范畴	相应子范畴	范畴关系的内涵
内部刺激因素	环境意识	城市居民的绿色购买动机和行为是出于个人对人与自然和谐与可持续发展的认识水平和认识程度。
	自我认同	城市居民的绿色购买动机和行为是出于个人为了获得某种象征性的身份和自我形象而采取的行动，期望以此完成自我定位和建构自我。
外部刺激因素	媒体绿色形塑	居民的绿色购买动机和行为受到媒体环保主张的影响，它属于影响居民绿色购买态度和行为的外部因素。
	家庭影响	居民的绿色购买动机和行为受到家庭成员的影响，家庭成员不但分享环境知识，而且是个体环境价值观形成的关键力量之一。
	同辈影响	居民的绿色购买动机和行为是与同辈互动的结果，相似的年龄、兴趣爱好、价值观和生活习惯，使得个体容易受到同辈成员的感染和影响。

续表

主范畴	相应子范畴	范畴关系的内涵
购买动机（目标框架）	功利购买动机（功利目标框架）	居民的绿色购买行为受到个体功利目标的直接影响，绿色购买行为是个人理性选择的结果。
	享乐购买动机（享乐目标框架）	居民的绿色购买行为受到个体享乐目标的直接影响，当绿色购买行为能为个人带来愉悦体验和满意感时，个人就会采取更多的绿色购买行为。
	规范购买动机（规范目标框架）	居民的绿色购买行为受到个体规范目标的直接影响，绿色购买行为是人们为遵循社会期望和道德准则而做出的恰当行为。
绿色购买行为	绝对绿色购买行为	个人采取的绿色购买行为是在内外部刺激因素影响下做出的完全自愿行动。
	条件绿色购买行为	个人采取的绿色购买行为是在内外部刺激因素影响下做出的有条件行动，只有当必要的条件具备时，居民才会真正的采取行动。
	随机绿色购买行为	个人采取的绿色购买行为是在内外部刺激因素影响下做出的偶发性行动，多数情况下是无意识的。
社会心理情境因素	转换成本	转换成本反映的金钱、时间和精力耗费是影响城市居民绿色购买行为形成的重要社会情境因素。
	面子（文化）意识	面子文化意识反映的传统社会文化是影响城市居民绿色购买行为形成的重要心理情境因素。
	环境问题严重性感知	环境问题严重性感知会影响居民绿色购买动机向绿色购买行为的转化效率，是影响城市居民动机向行为转化的心理因素。
	环保行为有效性感知	环保行为有效性感知会影响居民绿色购买动机向绿色购买行为的转化效率，是影响城市居民动机向行为转化的心理因素。
城市情境因素	经济发展水平、政府环保投入、空气质量、水资源丰富度、城市创新度、噪声污染	城市情境因素反映了居民工作和居住的外部环境，是影响居民诸多主观感知的外部生活场景因素。
购买者属性	人口统计变量	性别、年龄、婚姻状况、受教育程度、收入水平、职业类别。
	组织统计变量	组织性质和职位等级。
	城市统计变量	城市规模和地区分布。

③选择性编码。选择性编码（Selective Coding）的主要任务是将主轴编码阶段逐渐清晰化的范畴与范畴之间的关系进一步关联。借助已经发展好的主范畴挖掘出核心范畴（Core Category），并以阐明"故事线"（Story Line）

形式描绘核心范畴与其他范畴之间的关系和各种脉络条件，完成故事线后也就发展出了新的理论框架。根据前文理论综述和文献回顾，我们确定"城市居民绿色购买行为驱动机理"这一核心范畴，围绕核心范畴的"故事线"可以描述为环境意识、自我认同、媒体绿色形塑、家庭影响、同辈影响、功利购买动机、享乐购买动机、规范购买动机、环保行为有效性感知、环境问题严重性感知、转换成本、面子意识、城市情境因素和购买者属性等子范畴对城市居民绿色购买行为存在的潜在影响机制。环境意识、自我认同（内部刺激因素）、媒体绿色形塑、家庭影响、同辈影响（外部刺激因素，即社会影响）和购买者属性是预测变量，直接决定着居民绿色购买内容和模式；功利购买动机、享乐购买动机和规范购买动机（对应于目标框架理论的三个维度）是中介变量，直接预测绿色购买行为；环保行为有效性感知、环境问题严重性感知、面子意识、转换成本和城市情境因素是调节变量，在购买动机（目标框架）和城市居民绿色购买行为之间的关系中发挥着潜在的调节作用。基于这一"故事线"，本文构建出具有涵盖性的实质理论架构，即绿色购买行为驱动机理理论模型。本文主范畴的典型关系结构，如表3-4所示。

表3-4　　　　　　　　　　主范畴的典型关系结构

典型关系结构	关系结构的内涵
内外部刺激力量→绿色购买行为	内部和外部刺激因素是驱动居民绿色购买行为的重要力量，内外部刺激因素对绿色购买行为产生显著影响。
目标框架→绿色购买行为	居民的功利、享乐和规范三维目标框架（动机）是绿色购买行为的"中介"过程，动机是行为的动力，居民的三维目标动机直接推动和引导居民的绿色购买行为。
内部刺激力量→目标框架	作为内部刺激因素，环境意识和自我认同能够有效激活个体的功利、享乐和规范目标框架，相应地生成了兼顾利己诉求和利他诉求的三维目标动机。
外部刺激力量（社会影响）→目标框架	社会影响中的媒体绿色形塑、家庭影响和同辈影响会有效激活个体的功利、享乐和规范目标框架，相应地生成了兼顾利己诉求和利他诉求的三维目标动机。
内部刺激力量→目标框架→绿色购买行为	作为内部刺激因素，环境意识和自我认同能够通过有效激活功利、享乐和规范目标框架进而积极推动居民实践绿色购买行为，兼顾居民的利己诉求和利他诉求更加有利于绿色购买行为的达成，从而有助于克服动机—行为偏差。
外部刺激力量→目标框架→绿色购买行为	社会影响中的媒体绿色形塑、家庭影响、同辈影响等力量通过有效激活居民的功利、享乐和规范目标框架进而积极推动居民践行绿色购买行为，兼顾居民的利己诉求和利他诉求更加有利于绿色购买行为的达成，从而有助于克服动机—行为偏差。

续表

典型关系结构	关系结构的内涵
社会心理情境因素 ↓ 三维目标框架—— 绿色购买行为	面子文化意识、转换成本、环境问题严重性感知和环保行为有效性感知作为城市居民绿色购买行为达成的重要社会心理情境因素,影响着三维目标框架与城市居民绿色购买行为之间的关系强度和方向。
城市情境因素 ↓ 三维目标框架—— 绿色购买行为	城市情境变量作为城市居民绿色购买行为达成的重要外部情境因素,影响着三维目标框架与城市居民绿色购买行为之间的关系强度和方向。
购买者属性→绿色购买行为	购买者属性变量中的性别、年龄、婚姻状况、受教育程度、收入水平、职业类别、单位性质、职位层级、城市规模和城市地理区域对居民绿色购买行为存在显著的直接影响。

④饱和度检验。本研究将随机抽取后剩下的 12 份样本进行饱和度检验。结果显示,模型中的范畴已经得到充分挖掘和凝练,关于驱动因素的主范畴已经无法提炼新的范畴和关联,主范畴内部也没有新的因子出现。因此,前文的扎根理论分析结果已经达到饱和度检验的要求[41]。此外,本文在约 6 个月后,再次筛选了 13 位有效城市居民开展网络访谈,二次理论饱和度检验中依然没有发现新的范畴和关系,事后检验继续证实了文中扎根分析在理论上已经达到饱和。

3.1.2 城市居民绿色购买行为驱动机理研究变量界定

绿色购买行为是一种典型的亲环境行为,也是绿色消费行为的核心组成部分,更是后续环保行为的前置条件。通过文献回顾可知,以绿色购买行为为研究主题的文献在国内外都广泛存在,但是研究的系统性仍存在一定的改进空间,特别是有些研究议题还是空白,部分研究结论缺乏绿色消费情境中的普适性验证,而一些突出的矛盾性结果需要在绿色购买行为框架内进一步深入探究。为此,本研究将结合文献回顾和质性分析结果,对城市居民绿色购买行为影响因素的相关变量进行界定。

(1) 绿色购买行为 (Green Purchasing Behavior, GPB)。在第二章中,本文对绿色购买行为进行了内涵界定和结构划分,即不同等级的环境关心和生态价值观导向会产生三种绿色购买行为:绝对绿色购买行为、条件绿色购买行为和随机绿色购买行为,这三类绿色购买行为具有明显的进阶式特征,最高级别为无条件的绝对绿色购买行为。结合文献回顾和前文的深度访谈，本文判断三种绿色购买行为的产生是多种目标动机权衡后的结果，人既是"经济人"，又是"社会人"，人的行为是由主要动机决定的，但也受到其他动机的制约和调节。相应地，个体的三类绿色购买行为分别多大程度上受到潜在多元动机的共同驱动，我们将通过后续的实证研究来加以验证和明确。

（2）目标框架（又称为目标动机）（Goal Frames，GF）。本书第二章中已经系统阐释了目标框架理论及其包含的功利、享乐和规范三个维度的内涵。而本章的扎根理论分析结果再次证实该理论框架的合理性和稳健性，特别是概念结构清晰地表现在访谈记录中。目标框架理论充分整合了理性行为理论、计划行为理论和规范激活理论的精髓，很好地兼顾了个体的利己诉求和利他诉求，构建出了一个更加符合环保行为实际的理论框架[62]。其中利己诉求中包含功利目标框架和享乐目标框架；利他诉求则主要通过规范目标框架来刻画。Lindenberg 和 Steg（2007，2013）[96,97]认为不同的消费场景中，三维目标框架并不是同等重要的，可能是某一种目标动机占据主导，但它的作用发挥同样受制于其他目标动机。因此，根据对城市居民的访谈结果，本文判断三维目标动机对绿色购买行为的共同影响机制更加符合绿色购买实际[71]，也更加有助于建立促进绿色购买活动的长效机制。

（3）内部刺激因素。

①环境意识（Environmental Consciousness，EC）。环境意识反映了个体对最小化环境伤害所持有的认知、价值判断和信念[191]。一个持有强环境意识的个体通常对亲环境行为持有更加积极的态度，作为一个心源性研究变量，环境意识对环境行为具有良好的预测效果。Cheung 和 To（2019）[191]研究发现环境意识通过正向影响消费者的环境议题的关注度和利生态社会态度进而促进绿色购买行为。当然，也有研究将环境意识作为调节变量，试图揭开其对绿色购买行为形成过程中的干扰机制[192]。同样，深度访谈中也发现个体现有的环境意识程度会形成多样的环境认知，因此，本文将环境意识作为刺激因素中的内源性变量。

②自我认同（Self-identity，SID）。美国心理学家 James 眼中的自我由主我和客我构成，人类就是将自己视作特殊的客体来认识自我，在塑造自身对世界的理解中形成个人独特的行为方式[193]。本质上，认同就是个体对他人或群体的模仿和内化，而逐渐与其趋于一致的心理状态，认同的思考就是对

"我是谁"的回答。因此，自我与认同之间存在着紧密的联系，并由此产生了自我认同的概念。自我认同概念最早由美国精神分析学家Erikson提出，又称为自我同一性。自我认同在人类理解自我中产生，是人类对自身的深层次追问和反思。Erikson给出的自我认同概念是描述性的，其定义的核心可以凝练为个人在职业、价值观等方面的自我评价与自我定位。Erikson（1968）在《同一性：青少年与危机》一书中将自我同一性归结为一种自我意识，这是一种区别于他人的"独具风格"的自我。这种自我意识源自自我探索和重要他人的影响[194]，根据个人探索的充分性和身边重要他人的影响时期不同，可以将自我同一性分为过早自认状态（Foreclosure）、同一性混乱状态（Diffusion）、同一性延期偿付（Moratorium）和自我同一性获得状态（Achieved）。可见，自我认同是指行事者通过特定行为凸显出的多重自我[29]。此外，Giddens（1998）[195]认为自我认同是个体与外界互动过程中反思性理解的自我。崔宏静等（2018）[196]认为自我认同是个体对自身某种特质、属性、能力或群体归属感的感知状态，反映了个体如何看待自己。结合具体情境，自我认同就表现为以自我为主体在不同领域中建构身份的活动过程[74]。前文质性分析虽然证实绿色消费情境中的自我认同是绿色购买行为重要的内部驱动力量，但是具体的影响机制如何，尚需要通过后续的实证研究来揭示。

（4）外部刺激因素（社会影响，Social Influence，SI）。

①媒体绿色形塑（Media Shaping Power，MSP）。借鉴王建明和贺爱忠（2011）[146]基于扎根理论的探索出的"低碳传播沟通"主范畴的内涵和维度结构，本文的媒体绿色形塑指媒体运用环境问题曝光度和媒体影响力两种策略，通过涉及环境问题的信息/议题/话题对公众亲环境态度和行为产生影响，期望受众接受自己的绿色主张，进而引导公众的态度和行为朝着预设的方向发生转变[21,40,59]。通过对现有文献的梳理，本文判断媒体绿色形塑效果可能会通过三种机制对公众亲环境态度和行为产生影响，第一是媒体曝光度（Media Exposure Frequency，MEF），又可称媒体说服频率，具体指媒体传播的有关环境危机的话题、新闻消息及各类媒体广告活动对环境严重危机进行曝光的频率，媒体期望通过反复呈现环境危机信息说服受众[21,98]。曝光频率会加深受众的印象，增加媒体说服效力[197]，即使有学者进一步区分了单面信息和双面信息可能存在的说服效果差异[198]，但增加传播频率对劝导效果的积极影响已经得到一定认同。同时，部分学者也指出媒体信息重复效应尚

不明确[197]，Cacioppo 和 Petty（1979）[199]研究发现中度重复时的效果最佳，高度信息重复将出现疲劳情绪，降低了说服效果。第二是媒体自身的影响力，媒体绿色主张被公众从接收到接受的转化率，除了媒体曝光度可能带来的绿色形塑效果，还受制于媒体自身的公信力[200]。第三，参考葛岩等（2016）[201]的研究，本文认为媒体曝光度和媒体影响力（Media Strength，MES）之间可能存在协同/互斥机制，从而使媒体绿色形塑效果产生潜在的协同/互斥效应，进而继续通过动机激活对城市居民绿色购买行为产生潜在影响。因此，后文中将以此概念框架为依据完成量表开发和实证检验。

②家庭影响（Family Influence，FAI）。根据前文深度访谈可知，家庭是与个体有直接互动基础的群体，也是参照群体（Reference Group）的重要组成部分[202]。家庭成员通常在个体态度、观念和信任形成阶段给其他成员施以重要影响。通过质性研究可以推断，与其他参照群体一样，家庭影响对个体的消费态度和行为的影响主要通过信息性、规范性和价值表达三种机制来达成[203]。其中信息性影响是家庭成员的行为、观念或意见被个体视作有用的信息作为参考，并由此对其行为产生影响。信息从家庭成员传递到个体可能是有意识的主动搜寻或耳濡目染，也有可能是目的驱动下的耐心劝导。规范性影响是由于家庭规范性的作用而对消费行为产生的影响[204]。为了获得奖赏或规避惩罚，个体会依从于家庭的期待行事。最后，价值表达上的影响是指个体认同或内化家庭所具有的共同价值观，从而在行为上与之保持一致。Kelman（1961）[186]认为价值表达的影响可以通过"认同过程"得到很好诠释，在这个过程中，个体使自己从属于家庭来更好地向社会表达自我和实现家庭情感依附。因此，本文根据扎根理论研究结果，将家庭影响作为一种重要的外部驱动力量，通过实证研究验证其可能对城市居民三维目标动机和绿色购买行为产生的潜在影响机制。

③同辈影响（Peer Influence，PI）。在深度访谈中可以发现，同辈影响通常被视为同辈鼓励其他成员采取某些行动[176]。同辈对个体态度和行为的显著影响在众多文献中已经得到证实[74]，这种影响效应正面和负面混杂，不同的研究情境下会存在不同的影响结果。Lee（2009）[74]进一步将同辈的影响机制归纳为：强化和惩罚的原动力、示范者、社会比较的对象和作为一个特定想法或行为的价值塑造者等。同辈间存在的趋同效应（Convergent Effect）会通过系统演化使得人与人或群体之间相互影响，进行相同或相近

的适应性学习活动。同辈群体价值观和行为的趋同现象广泛存在于吸烟、酗酒和吸毒等情境中[205]。类似现象也存在于绿色消费领域，例如 Persaud 和 Schillo（2017）[28]研究发现同辈影响可以通过引导居民对生态有机产品的感知利得和感知利失进行重新评估（绿色感知价值），进而积极影响购买意愿。Chen 和 Tung（2014）[206]在研究同辈对消费者绿色酒店入住意愿的影响机制时也得到了类似结果。Tsarenko 等（2013）[207]则指出同辈是通过理性地说服他人深刻认识到环境问题严重性来推动他们购买绿色产品。但是，在同辈影响的范围界定上，现有文献存在一定分歧。其中 Lee（2008）[58]和 Persaud 和 Schillo（2017）[28]将社会影响与同辈影响等同；Ivanova 等（2019）[204]和 Lee（2010）[59]则是将社会影响因素进行进一步分解，同辈影响只是作为社会影响的一个维度，并据此对同辈的范围进行了界定（Friends）[176]。结合质性分析，本研究更加认同（Suki 和 Suki，2019）[176]和 Lee（2010）[59]等的观点，即同辈影响只是复杂社会影响的一个重要维度。

（5）社会心理情境因素。

①面子意识（Face Consciousness，FC）。经过深度访谈证实了面子文化对中国人日常生活的超强渗透力，儒家文化博大精深，形塑了中国社会的价值观和伦理体系，深刻影响着人们的处世态度、价值取向和生活方式。儒家文化秉承人本主义、理性主义、理想主义和整体思维等特征[208]。在"仁"为核心，"礼"为形式，"中庸"为处世准则的思想导引下，人们十分重视遵守社会道德规范，对重义轻利行为愿意给予褒奖，这也造成过度夸大道德规范对社会的约束和引导作用[209]。同时，儒家尊崇"仁爱"原则，提倡人与人之间应该相互尊重和体恤。为此，在处理内外部关系上，儒家文化倡导整体思维模式，人们在用辩证方法观察世界时，追求整体平衡，表现为"天人合一""知行合一""不偏不倚""和为贵""过犹不及"等价值取向。在具体消费情境中，儒家文化会浸润出具有显著特征的消费行为模式，即儒家文化会深刻影响着人们的日常消费活动。从1947年费孝通先生提出"差序格局"开始，学者们对中国价值观问题就开始了深入研究。其中，儒家价值观是此项研究的重要组成部分，而面子意识又居于儒家价值观中最为核心的位置。为了开展实证研究，学者们结合具体的研究情境和对象开发了多套面子意识量表。例如，潘煜等（2009）[210]在儒家文化框架内开发的面子意识量表包含了3个测量指标："如果我失业了，我觉得会丢家人的面子""当着同

事的面,我几乎不会购买降价的商品""在工作中,我不希望别人批评我"。探索性因子分析证明该量表具有良好的结构效度和信度。后续的研究证实面子意识越强的消费者,更加注重生活的时尚品位与完美主义。Wang 等(2017)[32]认为面子是儒家文化的三个重要组成部分之一,此外,东方人对面子会给予更多关注,以期获得他人的尊重与赞赏。Bao 等(2003)[33]基于中美两国样本对消费者决策风格进行了比较研究,他认为受儒家文化影响,中国人非常关注个人在群体中的自我社会形象,面子代表着个人甚至所属家庭和朋友的社会声望,实证分析结果证实了先前文献的研究结论,即面子意识深刻影响着中国消费者的决策风格。同时,Bao 等(2003)[33]开发了面子意识量表,该量表包含4个测量指标:"别人欣赏、喜欢我购买的产品和品牌,对我来说很重要""因为我的朋友们都已经购买了某一产品,所以我也会去购买它""购买名牌产品是与他人(普通人)相区分的一个好方法""消费名牌产品和品牌能给我带来社会声望"。

虽然现有文献对面子意识与消费行为之间的关系给予了一定关注[32],然而在绿色消费情境下,已有的研究结论是否同样成立尚需要深入研究。同时,脱离绿色消费情境的测量指标甚至导致理论上应该存在的影响关系变得不显著[32];尽管 Qi 和 Ploeger(2019)[126]基于绿色消费情境开发了面子意识量表,只包含2个测量指标的单维度量表尚需进一步修改和完善。

②转换成本(Switching Cost,SC)。Porter(1980)[211]最早将转换成本引入到管理学领域,目前已经成为消费领域的一个重要研究变量。学者们对转换成本的定义侧重点有所不同,这也对转换成本的维度划分和变量测量产生了直接影响。Porter(1980)[211]最早对转换成本的概念进行了界定,即顾客的消费对象从一个供应商转向另一个供应商时所产生的一次性成本总和。Jones 等(2000)[212]从顾客感知视角将转换成本定义为:对消费者变更产品或服务供应商造成障碍的所有因素,并开发出包含3个题项的单维度量表,Yang 和 Peterson(2004)[213]在研究中采用了这份量表。Burnham 等(2003)[214]指出定义转换成本时必须联系到转换过程,为此他们将转换成本界定为:顾客更换产品或服务提供者过程中所产生的一次性成本,并以此为依据开发出涵盖程序转换成本、财务转换成本和关系转换成本等三维度量表。结合研究对象的特点,本文将转换成本定义为:消费者从传统产品或服务(非绿色)供应商转向绿色产品或服务供应商过程中所产生的一次性成本[212,213]。

转换成本在帮助企业进行利润攫取、设置行业进入障碍、塑造企业竞争优势等方面意义重大[214],而在实证研究中则需要结合具体行业情境。现有实证研究中,转换成本主要发挥着两种角色,一是作为顾客满意、顾客忠诚和顾客保留的预测变量[215];二是作为调节因素影响变量之间的关系强度[212,213,216]。例如,转换成本会调节感知价值与顾客满意或顾客忠诚之间的关系。本文在对典型城市居民的深度访谈中发现,转换成本在个体行为的演化中表现出更为明显的调节机制,它影响到了绿色购买行为的形成强度和方向。

③环境问题严重性感知(Perceived Seriousness of Environmental Problems, PSEP)。环境问题严重性感知是指居民对环境危机现状进行的总体评价,反映了公众对环境问题的主观认知[22,54,58,74]。劝导者通过展示环境问题的恐惧信息使公众意识到自身正处于环境恶化可能带来的潜在伤害之中,这些负面环境事件诉求使公众产生了不愉快的情绪状态,增强了对环境问题的恐惧感[53,71,183]。针对环境问题严重性感知的现有文献主要侧重于研究居民对环境问题的主观感受,生存环境的持续恶化,对居民自身健康的损害以及国家声誉的受损,都会强化居民的环境问题严重性感知[98]。特别是自身所处的生存环境如果存在持续恶化的趋势,居民就会产生生存质量担忧[217]。相对于西方发达国家,发展中国家面临的环境问题更为严重[74]。部分研究认为女性对环境问题的严重性感知要强于男生[5,74];女性对废弃物危险性以及全球变暖带来的风险感知要强于男性[218]。上述研究结论与前文的深度访谈结果一致,即环境问题严重性感知强化了居民的绿色购买动机和行为,但是 Lee(2008)[58]的研究却发现感知环境问题严重性负向影响绿色购买行为,这一定程度上揭示了过度的恐惧信源可能会对环境问题形成免疫力[56],因此,环境问题严重性感知的运用策略是否得当对扩大城市居民绿色消费而言具有重要意义。

④环保行为有效性感知(Perceived Effectiveness of Environmental Behavior, PEEB)。经过前文深度访谈可知,在绿色消费领域,环保行为有效感知是知觉行为控制的衍生表现形式,但与知觉行为控制不同的是,环保行为有效性感知并不是指消费者自身所拥有的与亲环境行为有关的资源和能力,而是指消费者对依靠自己的能力和资源践行绿色消费行为所产生的正面环境效果和社会效应的主观评价[5,21]。鉴于此,本研究将环保行为有效性感知定义为:消费者对自我实施的绿色消费活动对生态环境改善效力与效率的主观评价[22,58]。以个体自我感知的强度差异为标准,可以分为低环保行为有效性感

知和高环保行为有效性感知,本文将高环保行为有效性感知称为环保行为"过度自信"。低环保行为有效性感知可以使个体认为自己虽有能力胜任环保活动[219],但短期效果有限,需要不断实施亲环境行为才可以逐步改善生态环境,由此对环保事业持有持之以恒的态度,并会在未来采取更多的绿色消费行为[220]。而由利己归因偏好等原因引发的过度环保行为有效性感知(过度自信)会如何影响绿色消费行为尚不明确。质性分析结果已经显示环保行为有效性感知是绿色购买行为的一个重要影响变量,不同等级环保行为有效性感知的城市居民对环境问题和绿色购买行为的看法确实存在明显差异。就目前的理论研究而言,研究环保行为有效性感知对绿色购买行为的直接影响较为多见,但是探讨其调节作用的文献还很少见。因此,本文依据扎根理论研究结果将其作为一个重要的调节变量加以探讨。

(6)城市情境因素。中国城市大体可以分为东、中、西和南北方,不同区域城市在经济、社会和地理层面都存在巨大差异。这种差异首先表现在经济上,改革开放40多年来,中国区域发展不平衡问题一直存在,并且快速传导至省际和省内城市间的发展差距。其次,经济成熟度差异又会衍生出不同城市间显著的收入差异、消费结构差异、财政支出能力差异、创新氛围营造差异、创新能力培育差异以及不同的城市产业升级步伐[221,222],这种差异效应不可避免地将会传染至微观层面的居民行为,例如居民创新意识[10,223]。同样,自然资源禀赋也是影响城市产业结构、环境认知及生态效率的重要因素。现有文献更多关注的是区域能源和矿产资源对绿色创新动力和生态效率的影响[224,225],而对区域生态资源禀赋的关注不足。通过扎根理论研究结果,本文萃取出了经济发展水平、城市环保投入、城市空气质量、水资源丰富度、城市创新度和城市噪声污染等城市情境因素,这些因素在动机向绿色购买行为转化过程中发挥了潜在的调节作用。

3.2 城市居民绿色购买行为驱动机理理论模型构建与假设提出

3.2.1 研究模型构建

基于前文的文献回顾和质性分析结果,本文总结出了城市居民绿色购买行为的关键驱动因素及相互之间的典型关系结构，探讨了引导城市居民实施绿色购买行为的驱动机理和由此衍生出的绿色动机—行为偏差。根据消费者购买行为的一般模式，在 S-O-R 模型中[43]，S（Stimulus）包括环境意识、自我认同、媒体（绿色）形塑、家庭影响和同辈影响；O（Organism）表现为三维目标动机（功利目标框架、享乐目标框架和规范目标框架），反映了个体接受刺激因素影响后的心理活动；R（Response）表现为三类绿色购买行为。同时，本文还将探索社会心理情境和城市情境因素在理论模型中可能存在的调节机制。具体的研究框架，如图 3-2 所示。

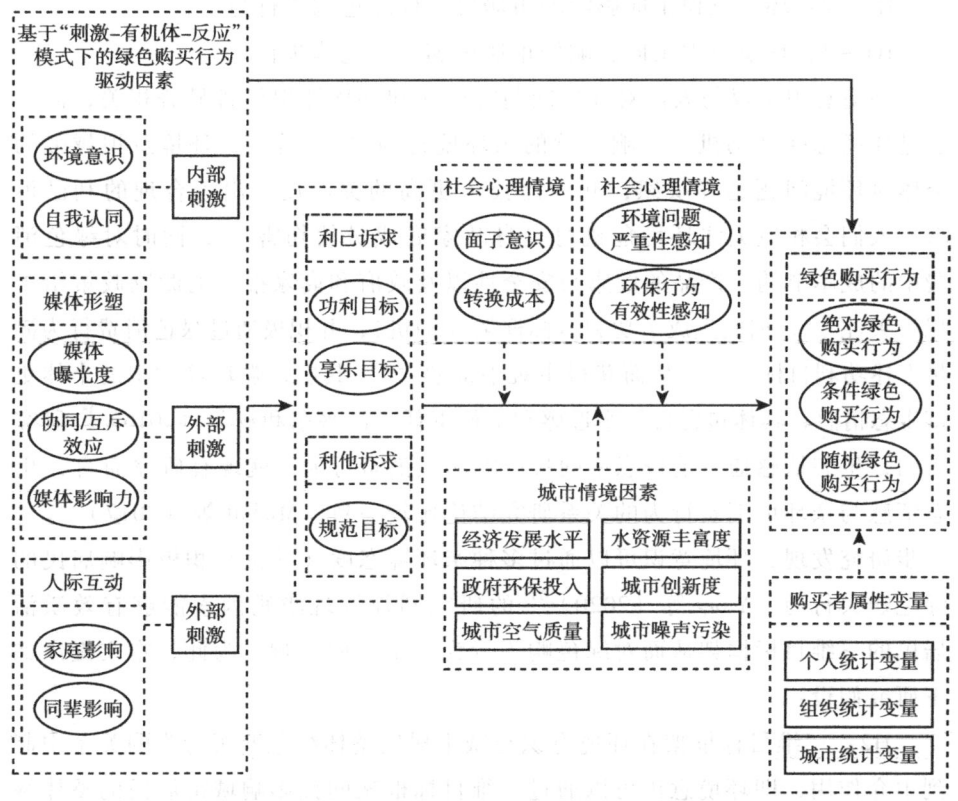

图 3-2　基于 S-O-R 范式的城市居民绿色购买行为驱动机理理论模型

3.2.2　研究假设的提出

（1）环境意识对目标框架及城市居民绿色购买行为的影响关系假设。环境意识反映了居民对环保的认知水平和认知程度，体现出个人具备的生态人格特质[161,226]。而 Milfont 和 Sibley（2012）[181]研究发现人格特质是个体亲环境行为的重要预测变量，环境意识引发的环境责任心与个体的亲环境行为高度相关。Cheung 和 To（2019）[191]进一步指出当个体的环境意识越强，他们对环保事业就越发关注，并更加愿意对环境持有正面信念（Positive Belief），减少环境伤害行为。结合质性分析，本文提出如下研究假设：

H1：环境意识正向影响城市居民整体绿色购买行为。

H1-1：环境意识正向影响城市居民绝对绿色购买行为。

H1-2：环境意识正向影响城市居民条件绿色购买行为。

H1-3：环境意识正向影响城市居民随机绿色购买行为。

环境意识不仅与人们对环境问题的认知和环境知识储备显著相关，而且通过环境态度（动机）影响后续的亲环境行为[227]。首先，环境意识越强的个体对环境问题越发敏感，并为此投入更高的关注度。出于合理的利己诉求，人们会相应关注环境危机对自身及家庭成员的伤害[21]，同时对绿色消费中的成本节约、产品的健康与安全性以及政府和商家推出的激励政策给予积极关注[62]，据此生成了功利目标框架（动机），并积极通过绿色消费行为满足上述功利目标动机，从而获得主观幸福感[227]。其次，强环境意识的个体更富生态情感，具体包含自然亲近感和道德责任。汪兴东和杨蓉（2016）[35]研究表明，生态情感通过消费意愿间接影响居民消费行为，就现有研究而言，生态情感与亲环境消费行为的关系研究结论比较一致。Mishal 等（2017）[228]进一步研究发现，环境意识可以通过多种亲环境态度（动机）积极影响居民的绿色购买行为。Yang 等（2020）[71]的研究同样发现激励因素能够有效激活居民的三维目标框架从而对绿色购买行为产生正向影响。为此，本文提出如下研究假设：

H2：三维目标框架在环境意识与城市居民整体绿色购买行为的关系中起到中介作用，即环境意识可以通过三维目标框架间接影响城市居民的整体绿色购买行为。

H2-1：三维目标框架在环境意识与城市居民绝对绿色购买行为的关系中起到中介作用，即环境意识可以通过三维目标框架间接影响城市居民的绝对绿色购买行为。

H2-2：三维目标框架在环境意识与城市居民条件绿色购买行为的关系

中起到中介作用，即环境意识可以通过三维目标框架间接影响城市居民的条件绿色购买行为。

H2-3：三维目标框架在环境意识与城市居民随机绿色购买行为的关系中起到中介作用，即环境意识可以通过三维目标框架间接影响城市居民的随机绿色购买行为。

H3：功利目标框架在环境意识与城市居民整体绿色购买行为的关系中起到中介作用，即环境意识可以通过功利目标框架间接影响城市居民的整体绿色购买行为。

H3-1：功利目标框架在环境意识与城市居民绝对绿色购买行为的关系中起到中介作用，即环境意识可以通过功利目标框架间接影响城市居民的绝对绿色购买行为。

H3-2：功利目标框架在环境意识与城市居民条件绿色购买行为的关系中起到中介作用，即环境意识可以通过功利目标框架间接影响居民的条件绿色购买行为。

H3-3：功利目标框架在环境意识与城市居民随机绿色购买行为的关系中起到中介作用，即环境意识可以通过功利目标框架间接影响城市居民的随机绿色购买行为。

H4：享乐目标框架在环境意识与城市居民整体绿色购买行为的关系中起到中介作用，即环境意识可以通过享乐目标框架间接影响城市居民的整体绿色购买行为。

H4-1：享乐目标框架在环境意识与城市居民绝对绿色购买行为的关系中起到中介作用，即环境意识可以通过享乐目标框架间接影响城市居民的绝对绿色购买行为。

H4-2：享乐目标框架在环境意识与城市居民条件绿色购买行为的关系中起到中介作用，即环境意识可以通过享乐目标框架间接影响城市居民的条件绿色购买行为。

H4-3：享乐目标框架在环境意识与居民随机绿色购买行为的正向关系中起到中介作用，即环境意识的影响效应可以通过享乐目标框架积极影响居民的随机绿色购买行为。

H5：规范目标框架在环境意识与城市居民整体绿色购买行为的关系中起到中介作用，即环境意识可以通过规范目标框架间接影响城市居民的整体绿色购买行为。

H5-1：规范目标框架在环境意识与城市居民绝对绿色购买行为的关系中起到中介作用，即环境意识可以通过规范目标框架间接影响城市居民的绝对绿色购买行为。

H5-2：规范目标框架在环境意识与城市居民条件绿色购买行为的关系中起到中介作用，即环境意识可以通过规范目标框架间接影响城市居民的条件绿色购买行为。

H5-3：规范目标框架在环境意识与城市居民随机绿色购买行为的关系中起到中介作用，即环境意识可以通过规范目标框架间接影响城市居民的随机绿色购买行为。

（2）自我认同对目标框架及城市居民绿色购买行为的影响关系假设。自我认同理论对个体行为具有有效解释和预测能力，使得其广泛应用在消费者行为领域[229]。Lee（2009）[74]指出行为本身对行事者而言具有特定的表征功能和象征性意义，出于获得认同的社会身份、良好的社会形象或赢得期望的社会地位，个体会主动采取与之相关联的具体行为。作为一种典型的利他性行为[96,107]，绿色购买行为具有的象征性价值常被用来展示自我形象[22,58,176]，从而达成自我认同[230]。因此，自我认同可以驱动消费者践行绿色购买行为[74,176]。结合前文的深度访谈，本文提出如下研究假设：

H6：自我认同正向影响城市居民整体绿色购买行为。

H6-1：自我认同正向影响城市居民绝对绿色购买行为。

H6-2：自我认同正向影响居民城市条件绿色购买行为。

H6-3：自我认同正向影响居民城市随机绿色购买行为。

李颖灏和朱立（2013）[229]认为个体是由多重自我所组成，那些相对重要类型的"自我"更加容易被情境暗示所激活。Mannetti等（2004）[231]认为自我认同可以用来解释环境行为动机的生成，即绿色自我认同可以激活个体的亲环境动机。相应地，购买绿色产品就成为形塑个人环保消费者形象的有效手段[232]，据此完成个人对环境的承诺，并与非环保消费者形成区辨。因此，绿色自我认同可以同时激活个体的利己诉求[46,62]和利他诉求[233]，从而更加稳定地促进人们践行绿色购买行为[62,98]。Khare和Pandey（2017）[51]指出绿色自我认同会促使人们人格特质的生态化，通过激活不同的"自我"来支持环保事业，并最终完成绿色消费者身份建构。据此，本文提出如下研究假设：

H7：三维目标框架在自我认同与城市居民整体绿色购买行为的关系中起到中介作用，即自我认同可以通过三维目标框架间接影响城市居民的整体绿色购买行为。

H7-1：三维目标框架在自我认同与城市居民绝对绿色购买行为的关系中起到中介作用，即自我认同可以通过三维目标框架间接影响城市居民的绝对绿色购买行为。

H7-2：三维目标框架在自我认同与城市居民条件绿色购买行为的关系中起到中介作用，即自我认同可以通过三维目标框架间接影响城市居民的条件绿色购买行为。

H7-3：三维目标框架在自我认同与城市居民随机绿色购买行为的关系中起到中介作用，即环境意识可以通过三维目标框架间接影响城市居民的随机绿色购买行为。

H8：功利目标框架在自我认同与城市居民整体绿色购买行为的关系中起到中介作用，即自我认同可以通过功利目标框架间接影响城市居民的整体绿色购买行为。

H8-1：功利目标框架在自我认同与城市居民绝对绿色购买行为的关系中起到中介作用，即自我认同可以通过功利目标框架间接影响城市居民的绝对绿色购买行为。

H8-2：功利目标框架在自我认同与城市居民条件绿色购买行为的关系中起到中介作用，即自我认同可以通过功利目标框架间接影响城市居民的条件绿色购买行为。

H8-3：功利目标框架在自我认同与城市居民随机绿色购买行为的关系中起到中介作用，即自我认同可以通过功利目标框架间接影响城市居民的随机绿色购买行为。

H9：享乐目标框架在自我认同与城市居民整体绿色购买行为的关系中起到中介作用，即自我认同可以通过享乐目标框架间接影响城市居民的整体绿色购买行为。

H9-1：享乐目标框架在自我认同与城市居民绝对绿色购买行为的关系中起到中介作用，即自我认同可以通过享乐目标框架间接影响城市居民的绝对绿色购买行为。

H9-2：享乐目标框架在自我认同与城市居民条件绿色购买行为的关系

中起到中介作用,即自我认同可以通过享乐目标框架间接影响城市居民的条件绿色购买行为。

H9-3:享乐目标框架在自我认同与城市居民随机绿色购买行为的关系中起到中介作用,即自我认同可以通过享乐目标框架间接影响城市居民的随机绿色购买行为。

H10:规范目标框架在自我认同与城市居民整体绿色购买行为的关系中起到中介作用,即自我认同可以通过规范目标框架间接影响城市居民的整体绿色购买行为。

H10-1:规范目标框架在自我认同与城市居民绝对绿色购买行为的关系中起到中介作用,即自我认同可以通过规范目标框架间接影响城市居民的绝对绿色购买行为。

H10-2:规范目标框架在自我认同与城市居民条件绿色购买行为的关系中起到中介作用,即自我认同可以通过规范目标框架间接影响城市居民的条件绿色购买行为。

H10-3:规范目标框架在自我认同与城市居民随机绿色购买行为的关系中起到中介作用,即自我认同可以通过规范目标框架间接影响城市居民的随机绿色购买行为。

(3)媒体(绿色)形塑对城市居民目标框架及绿色购买行为的影响关系假设。社会媒体通过对受众频繁施加影响,有效进行"环境危机"诉求的沟通[234],从而向受众重复展示环境破坏的信息,寄希望通过外力来改变个体态度,诱导他们的行为与环保态度保持一致[31]。媒体作为人类社会生活中的"第四权力部门",是环保中的参与者、行动者、引导者和监督者。现有文献已经证明媒体通过设定环境议程可以引导公众关注环境议题[235],受众会因为媒体传播的环境信息激活其环境关注和环境价值观[11,40],绿色消费中的集体价值诉求(利他诉求)和个人价值诉求(利己诉求)随之产生,从而引导出积极的绿色购买行为[96,97]。一项针对成人样本的研究显示:有影响力的媒体对环境信息的曝光度与环境关注正相关,并可以积极影响亲环境行为[236];杨贤传和张磊(2018)[31]也证实了来自各种媒体的环保宣传活动可以对消费者的环保回收行为产生积极影响。消费者已经认识到绿色消费行为可以实现个人利益与社会利益的双赢,并可以从绿色消费中获得经济、社会、功能、环境和认知价值[6,14]。特别是企业也认识到绿色营销行为可以形成商誉,增强产品竞争力,从而扩大市场份额和销售额,因而努力通过媒体绿色形塑大力推动绿色产品消费[217]。

结合前文的质性分析,以及王建明和贺爱忠(2011)[146]、杨贤传和张磊(2020)[98]、Lee(2011)[40]、Trivedi等(2018)[11]和葛岩(2016)[201]等人的研究可知,媒体绿色形塑源自媒体曝光度和媒体影响力两个方面,媒体曝光度对绿色购买行为的影响效果需要媒体本身的影响力来支撑,权威和可信的媒体更加有助于释放媒体曝光度的影响力;同时,媒体影响力的效果又会受到媒体曝光频率的激发,即媒体曝光度和媒体形塑力之间会产生协同效应(媒体曝光度和媒体影响力的交互项)。

综上所述,本文提出如下研究假设:

H11:媒体曝光度正向影响城市居民整体绿色购买行为。

H11-1:媒体曝光度正向影响城市居民绝对绿色购买行为。

H11-2:媒体曝光度正向影响城市居民的条件绿色购买行为。

H11-3:媒体曝光度正向影响城市居民的随机绿色购买行为。

H12:媒体影响力正向影响城市居民整体绿色购买行为。

H12-1:媒体影响力正向影响城市居民绝对绿色购买行为。

H12-2:媒体影响力正向影响城市居民条件绿色购买行为。

H12-3:媒体影响力正向影响城市居民随机绿色购买行为。

H13:媒体曝光度与媒体影响力的交互项正向影响城市居民整体绿色购买行为。

H13-1:媒体曝光度与媒体影响力的交互项正向影响城市居民绝对绿色购买行为。

H13-2:媒体曝光度与媒体影响力的交互项正向影响城市居民条件绿色购买行为。

H13-3:媒体曝光度与媒体影响力的交互项正向影响城市居民随机绿色购买行为。

①功利目标框架的中介。根据议程设置理论[237],媒体可以通过曝光环境信息和设置环境议题来引导公众关注环境问题。面对媒体反复呈现的环境信息和话题,受众会分配更多的注意力关注环境问题,并引发公众担忧环境危机对自身生存质量造成的危害[11,21]。同时,媒体还通过传播环境知识、倡导环保运动和绿色产品消费构建自身在生态社会中的影响力,提高了自身对公众行为的

劝导能力[204]。基于利己诉求，居民会积极购买绿色产品来规避环境危机对于自身及家庭的危害，从而实现功利目标框架[150,183]。Ivanova 等（2019）[204]指出媒体致力于丰富消费者的环境知识和环境道德认知，可以成功引导他们购买绿色产品。更为重要的是，媒体绿色形塑会重塑居民对绿色产品的价值评估并形成偏好，绿色感知利得较成本支出变得更为重要，此时以之前的价格购买绿色产品会使消费者感到物有所值[46]。同时，媒体影响会激活居民对条件价值的关注[17]，诸如"以旧换新""税收优惠"等刺激政策会加速居民选择购买绿色产品[71]。综上所述，并结合深度访谈结果，本研究提出如下研究假设：

H14：功利目标框架在媒体曝光度与城市居民整体绿色购买行为的关系中起到中介作用，即媒体曝光度可以通过功利目标框架间接影响城市居民的整体绿色购买行为。

H14-1：功利目标框架在媒体曝光度与城市居民绝对绿色购买行为的关系中起到中介作用，即媒体曝光度可以通过功利目标框架间接影响城市居民的绝对绿色购买行为。

H14-2：功利目标框架在媒体曝光度与城市居民条件绿色购买行为的关系中起到中介作用，即媒体曝光度可以通过功利目标框架间接影响城市居民的条件绿色购买行为。

H14-3：功利目标框架在媒体曝光度与城市居民随机绿色购买行为的关系中起到中介作用，即媒体曝光度可以通过功利目标框架间接影响城市居民的随机绿色购买行为。

H15：功利目标框架在媒体影响力与城市居民整体绿色购买行为的关系中起到中介作用，即媒体影响力可以通过功利目标框架间接影响城市居民的整体绿色购买行为。

H15-1：功利目标框架在媒体影响力与城市居民绝对绿色购买行为的关系中起到中介作用，即媒体影响力可以通过功利目标框架间接影响城市居民的绝对绿色购买行为。

H15-2：功利目标框架在媒体影响力与城市居民条件绿色购买行为的关系中起到中介作用，即媒体影响力可以通过功利目标框架间接影响城市居民的条件绿色购买行为。

H15-3：功利目标框架在媒体影响力与城市居民随机绿色购买行为的关

系中起到中介作用,即媒体影响力可以通过功利目标框架间接影响城市居民的随机绿色购买行为。

H16:功利目标框架在交互项与城市居民整体绿色购买行为的关系中起到中介作用,即交互项可以通过功利目标框架正向间接影响城市居民的整体绿色购买行为。

H16-1:功利目标框架在交互项与城市居民绝对绿色购买行为的关系中起到中介作用,即交互项可以通过功利目标框架正向间接影响城市居民的绝对绿色购买行为。

H16-2:功利目标框架在交互项与城市居民条件绿色购买行为的关系中起到中介作用,即交互项可以通过功利目标框架正向间接影响城市居民的条件绿色购买行为。

H16-3:功利目标框架在交互项与城市居民随机绿色购买行为的关系中起到中介作用,即交互项可以通过功利目标框架正向间接影响城市居民的随机绿色购买行为。

②享乐目标框架的中介。利己诉求中包含实用利益和情感利益,因而除功利价值以外,人们在消费体验中同样渴望获得享乐价值[149]。媒体反复呈现的环境危机信息引发了公众的焦虑情绪[5,21],由此形成的两种内生动力会激活个体的享乐目标框架,并相应采取绿色购买行为[71]。一是媒体影响会加快重塑居民的环境价值观[40],人与自然和谐共生将成为主流的生活理念,为了阻止生态恶化给自身及他人的产生的危害,人们会对绿色生活方式产生更为正面的情感,并产生享乐动机,而绿色购买活动就成为正面情感的实现和体验过程[37,62]。二是媒体曝光度和媒体影响力产生的媒体绿色形塑会驱动居民寻求建构环保自我形象,并渴望与非环保群体比较后产生心理区辨效应,以获取独特的社会地位[52,176]。由此个体将会产生自豪、愉悦和被赞赏等享乐动机,并积极通过购买绿色产品来满足上述享乐动机。结合质性分析结果,本文提出如下研究假设:

H17:享乐目标框架在媒体曝光度与城市居民整体绿色购买行为的关系中起到中介作用,即媒体曝光度可以通过享乐目标框架间接影响城市居民的整体绿色购买行为。

H17-1:享乐目标框架在媒体曝光度与城市居民绝对绿色购买行为的关系中起到中介作用,即媒体曝光度可以通过享乐目标框架间接影响城市居民的绝对绿色购买行为。

H17-2：享乐目标框架在媒体曝光度与城市居民条件绿色购买行为的关系中起到中介作用，即媒体曝光度可以通过享乐目标框架间接影响城市居民的条件绿色购买行为。

H17-3：享乐目标框架在媒体曝光度与城市居民随机绿色购买行为的关系中起到中介作用，即媒体曝光度可以通过享乐目标框架间接影响城市居民的随机绿色购买行为。

H18：享乐目标框架在媒体影响力与城市居民整体绿色购买行为的关系中起到中介作用，即媒体影响力可以通过享乐目标框架间接影响城市居民的整体绿色购买行为。

H18-1：享乐目标框架在媒体影响力与城市居民绝对绿色购买行为的关系中起到中介作用，即媒体影响力可以通过享乐目标框架间接影响城市居民的绝对绿色购买行为。

H18-2：享乐目标框架在媒体影响力与城市居民条件绿色购买行为的关系中起到中介作用，即媒体影响力可以通过享乐目标框架间接影响城市居民的条件绿色购买行为。

H18-3：享乐目标框架在媒体影响力与城市居民随机绿色购买行为的关系中起到中介作用，即媒体影响力可以通过享乐目标框架间接影响城市居民的随机绿色购买行为。

H19：享乐目标框架在交互项与城市居民整体绿色购买行为的关系中起到中介作用，即交互项可以通过享乐目标框架正向间接影响城市居民的整体绿色购买行为。

H19-1：享乐目标框架在交互项与城市居民绝对绿色购买行为的关系中起到中介作用，即交互项可以通过享乐目标框架正向间接影响城市居民的绝对绿色购买行为。

H19-2：享乐目标框架在交互项与城市居民条件绿色购买行为的关系中起到中介作用，即交互项可以通过享乐目标框架正向间接影响城市居民的条件绿色购买行为。

H19-3：享乐目标框架在交互项与城市居民随机绿色购买行为的关系中起到中介作用，即交互项可以通过享乐目标框架正向间接影响城市居民的随机绿色购买行为。

③规范目标框架的中介。媒体通过设置环境议程引导全社会聚焦环境问题，从而加速了亲环境社会规范的形成[40]。根据规范激活理论，个体对未实施环保行为的结果意识和环境责任归属感会激活个人规范，并构建出规范目标框架，个体的规范目标动机将驱动人们更加关注环境问题，并实施亲环境行为以履行个人的环境责任[62]。Lindenberg 和 Steg（2007）[96]则认为规范目标框架更加关注他人和下一代的环境权利，体现了个体遵从环境正义、环境道德和环境责任等绿色社会规范，并自愿采取绿色购买行为来完成环境道德公民身份建构[176]和绿色社会认同[126]。与功利目标框架和享乐目标框架相反，规范目标框架反映了个体的利他性动机[62]，在日常行为中遵循集体价值导向，寻求行为的集体理性[238]，并实施绿色购买行为履行个人的社会责任。因此，媒体影响可以基于对环境问题的曝光频率、媒体影响力及它们的协同效应三种机制，通过环境责任感知积极影响城市居民绿色购买行为[71]。本研究通过文献推演和质性分析，提出如下研究假设：

H20：规范目标框架在媒体曝光度与城市居民整体绿色购买行为的关系中起到中介作用，即媒体曝光度可以通过规范目标框架间接影响城市居民的整体绿色购买行为。

H20-1：规范目标框架在媒体曝光度与城市居民绝对绿色购买行为的关系中起到中介作用，即媒体曝光度可以通过规范目标框架间接影响城市居民的绝对绿色购买行为。

H20-2：规范目标框架在媒体曝光度与城市居民条件绿色购买行为的关系中起到中介作用，即媒体曝光度可以通过规范目标框架间接影响城市居民的条件绿色购买行为。

H20-3：规范目标框架在媒体曝光度与城市居民随机绿色购买行为的关系中起到中介作用，即媒体曝光度可以通过规范目标框架间接影响城市居民的随机绿色购买行为。

H21：规范目标框架在媒体影响力与城市居民整体绿色购买行为的关系中起到中介作用，即媒体影响力可以通过规范目标框架间接影响城市居民的整体绿色购买行为。

H21-1：规范目标框架在媒体影响力与城市居民绝对绿色购买行为的关系中起到中介作用，即媒体影响力的影响效应可以通过规范目标框架间接影响城市居民的绝对绿色购买行为。

H21－2：规范目标框架在媒体影响力与城市居民条件绿色购买行为的关系中起到中介作用，即媒体影响力可以通过规范目标框架间接影响城市居民的条件绿色购买行为。

H21－3：规范目标框架在媒体影响力与城市居民随机绿色购买行为的关系中起到中介作用，即媒体影响力可以通过规范目标框架间接影响城市居民的随机绿色购买行为。

H22：规范目标框架在交互项与城市居民整体绿色购买行为的关系中起到中介作用，即交互项可以通过规范目标框架正向间接影响城市居民的整体绿色购买行为。

H22－1：规范目标框架在交互项与城市居民绝对绿色购买行为的关系中起到中介作用，即交互项可以通过规范目标框架正向间接影响城市居民的绝对绿色购买行为。

H22－2：规范目标框架在交互项与城市居民条件绿色购买行为的关系中起到中介作用，即交互项可以通过规范目标框架正向间接影响城市居民的条件绿色购买行为。

H22－3：规范目标框架在交互项与城市居民随机绿色购买行为的关系中起到中介作用，即交互项可以通过规范目标框架正向间接影响城市居民的随机绿色购买行为。

此外，根据功利目标、享乐目标和规范目标框架中介作用的理论推演，本文继续提出如下研究假设：

H23：三维目标框架在媒体曝光度与城市居民整体绿色购买行为的关系中起到中介作用，即媒体曝光度可以通过三维规范目标框架间接影响城市居民的整体绿色购买行为。

H23－1：三维目标框架在媒体曝光度与城市居民绝对绿色购买行为的关系中起到中介作用，即媒体曝光度可以通过三维目标框架间接影响城市居民的绝对绿色购买行为。

H23－2：三维目标框架在媒体曝光度与城市居民条件绿色购买行为的关系中起到中介作用，即媒体曝光度可以通过三维目标框架间接影响城市居民的条件绿色购买行为。

H23－3：三维目标框架在媒体曝光度与城市居民随机绿色购买行为的关系中起到中介作用，即媒体曝光度可以通过三维目标框架间接影响城市居民的随机绿色购买行为。

H24：三维目标框架在媒体影响力与城市居民整体绿色购买行为的关系中起到中介作用，即媒体影响力可以通过三维规范目标框架间接影响城市居民的整体绿色购买行为。

H24-1：三维目标框架在媒体影响力与城市居民绝对绿色购买行为的关系中起到中介作用，即媒体影响力可以通过三维目标框架间接影响城市居民的绝对绿色购买行为。

H24-2：三维目标框架在媒体影响力与城市居民条件绿色购买行为的关系中起到中介作用，即媒体影响力可以通过三维目标框架间接影响城市居民的条件绿色购买行为。

H24-3：三维目标框架在媒体影响力与城市居民随机绿色购买行为的关系中起到中介作用，即媒体形塑力可以通过三维目标框架间接影响城市居民的随机绿色购买行为。

H25：三维目标框架在交互项与城市居民整体绿色购买行为的关系中起到中介作用，即交互项可以通过三维目标框架正向间接影响城市居民的整体绿色购买行为。

H25-1：三维目标框架在交互项与城市居民绝对绿色购买行为的关系中起到中介作用，即交互项可以通过三维目标框架正向间接影响城市居民的绝对绿色购买行为。

H25-2：三维目标框架在交互项与城市居民条件绿色购买行为的关系中起到中介作用，即交互项可以通过三维目标框架正向间接影响城市居民的条件绿色购买行为。

H25-3：三维目标框架在交互项与城市居民随机绿色购买行为的关系中起到中介作用，即交互项可以通过三维目标框架正向间接影响城市居民的随机绿色购买行为。

同时，部分学者指出媒体信息重复效应尚不明确[197]；Cacioppo & Petty (1979)[199]同样认为过高的媒体信息重复会导致受众尽辇回避接受媒体的绿色诉求；贾佳等（2017）[239]证实单调的信息重复并不总是有效的，理想的信息重复效果是多种因素交互作用的结果。为此，借鉴张骁等（2013）[240]和葛岩（2016）[201]的研究设计，并在原有假设推演的基础上提出相反的竞争性假设：

H13-b：媒体曝光度与媒体影响力的交互项负向影响城市居民整体绿色购买行为。

H13-1-a：媒体曝光度与媒体影响力的交互项负向影响城市居民绝对绿色购买行为。

H13-2-a：媒体曝光度与媒体影响力的交互项负向影响城市居民条件绿色购买行为。

H13-3-a：媒体曝光度与媒体影响力的交互项负向影响城市居民随机绿色购买行为。

H16-a：交互项通过功利目标负向间接影响城市居民的整体绿色购买行为。

H16-1-a：交互项通过功利目标框架负向间接影响城市居民的绝对绿色购买行为。

H16-2-a：交互项通过功利目标框架负向间接影响城市居民的条件绿色购买行为。

H16-3-a：交互项通过功利目标框架负向间接影响城市居民的随机绿色购买行为。

H19-a：交互项通过享乐目标负向间接影响城市居民的整体绿色购买行为。

H19-1-a：交互项通过享乐目标框架负向间接影响城市居民的绝对绿色购买行为。

H19-2-a：交互项通过享乐目标框架负向间接影响城市居民的条件绿色购买行为。

H19-3-a：交互项通过享乐目标框架负向间接影响城市居民的随机绿色购买行为。

H22-a：交互项通过规范目标负向间接影响城市居民的整体绿色购买行为。

H22-1-a：交互项通过规范目标框架负向间接影响城市居民的绝对绿色购买行为。

H22-2-a：交互项通过规范目标框架负向间接影响城市居民的条件绿色购买行为。

H22-3-a：交互项通过规范目标框架负向间接影响城市居民的随机绿

色购买行为。

H25-a：交互项通过三维目标负向间接影响城市居民的整体绿色购买行为。

H25-1-a：交互项通过三维目标框架负向间接影响城市居民的绝对绿色购买行为。

H25-2-a：交互项通过三维目标框架负向间接影响城市居民的条件绿色购买行为。

H25-3-a：交互项通过三维目标框架负向间接影响城市居民的随机绿色购买行为。

（4）家庭影响对目标框架及城市居民绿色购买行为的影响关系假设。

家庭是形塑个体价值观和行为方式的主要社会力量之一[40]。Palmer 等（1999）[241]基于英国、澳大利亚和加拿大的成年人样本的研究证实父母是影响个体环境价值观的关键力量，父母的行为模式对子女将产生重要的榜样示范效应。Lee（2011）[40]的研究发现父母影响显著正向影响子女的绿色消费行为，进一步证实了上述论断。更进一步地，Lee（2014）[242]证实家庭影响是影响个体责任行为的首要因素。

基于有限自利和有限道德[7,21,95]，家庭成员会同时向个体灌输利己诉求和利他诉求。首先，家庭成员会积极向个体传播环境知识，加速了环境觉醒，劝说采取更为健康的绿色生活方式，以避免环境危机对自身造成伤害[204]。相应地，个体也会积极搜寻绿色产品信息，不断提高绿色自身的绿色消费技能。Cheung 和 To（2019）[191]指出绿色产品知识积极影响个体的购买决策效率，从而可以充分激活功利目标框架。同时，Wang 等（2019）[47]认为如果消费者发现购买绿色产品契合利己期望，他们通常会购买绿色产品，绿色消费中的功利诉求是消费者选择购买绿色产品的首要动因。通过调研，Wang 等（2019）[47]发现绿色产品的安全性和健康（59.91%）、质量可靠性（49.47%）和成本节约（33.14%）是影响购买的三个主要动因。Chen（2013）[18]研究证实绿色感知价值通过赢得顾客满意和顾客信任达成顾客对绿色产品的忠诚，从而实现了重复购买行为。

作为一种主要相关群体，家庭成员的亲环境理念和行为具有示范效应，个体会相应产生仿效绿色生活方式的动机，以此实现对家庭的情感依附，而对积极情感的追求同样可以使个体得到愉悦体验和满意感[96,97]。因此，绿色产品的符号消费表达体现了个体对理想家庭生活的期盼,并以此完成家庭身份认同建构[52]。同时,绿色产品如果使家庭成员节约生活成本并免遭环境污染的伤害,个体就会对绿色产品产生正性情感和愉悦的消费体验,从而进一步强化享乐目标动机[238]。因此,除理性诉求以外,情感诉求也是影响个体亲环境行为的一个重要因素[243]。在情感动机驱动下,个体将十分注重提升环保行为中的个人体验和感觉。同时,情绪和情感对行为的显著影响作用已经在先前的文献中得到广泛证实[96]。Wang 等(2017)[32]研究证实正面的情感诉求更能有效地促进绿色产品购买意愿。实际上,使用绿色产品过程中产生的积极情感(如满意、自豪)是驱动居民购买和使用绿色产品的重要心理动因[62]。

社会群体是形塑环境社会规范的重要力量[244]。Ivanova 等(2019)[204]进一步指出在个体的童年时期,家庭成员对环境价值观的形成会产生最强影响。Lee(2011)[40]同样证实家庭成员是个体环境价值观和社会规范形成的重要力量,特别是父母的榜样力量和以身作则,对子女产生了行为示范效应,加速了绿色社会规范的形成,并内化为个人规范[69]。相应地,个体在日常生活中会自觉地将社会规范作为自身行为的准则,从而产生规范目标框架动机。规范目标框架反映了个体的环境道德和环境责任感知[62,147]。根据规范激活理论,环境道德感和责任感越强的居民,个体规范就越容易被激活,并自愿采取更多的亲环境行为[69]。Hafner 等(2019)[245]在其实验研究中发现规范性信息在驱动个体的亲环境行为中更具说服效力。环境责任感知越强,居民会表现更高的环境关注[21],而 Lindenberg 和 Steg(2007)[96]指出环境关注越高,居民会采取更多的亲环境行为。本研究通过上述文献分析和前文的质性分析,提出如下研究假设:

H26:家庭影响正向影响城市居民整体绿色购买行为。

H26-1:家庭影响正向影响城市居民的绝对绿色购买行为。

H26-2:家庭影响正向影响城市居民的条件绿色购买行为。

H26-3:家庭影响正向影响城市居民的随机绿色购买行为。

H27:三维目标框架在家庭影响与城市居民整体绿色购买行为的关系中起到中介作用,即家庭影响可以通过三维目标框架间接影响城市居民的整体绿色购买行为。

H27-1:三维目标框架在家庭影响与城市居民绝对绿色购买行为的关系

中起到中介作用，即家庭影响可以通过三维目标框架间接影响城市居民的绝对绿色购买行为。

H27-2：三维目标框架在家庭影响与城市居民条件绿色购买行为的关系中起到中介作用，即家庭影响可以通过三维目标框架间接影响城市居民的条件绿色购买行为。

H27-3：三维目标框架在家庭影响与城市居民随机绿色购买行为的关系中起到中介作用，即家庭影响可以通过三维目标框架间接影响城市居民的随机绿色购买行为。

H28：功利目标框架在家庭影响与城市居民整体绿色购买行为的关系中起到中介作用，即家庭影响可以通过功利目标框架间接影响城市居民的整体绿色购买行为。

H28-1：功利目标框架在家庭影响与城市居民绝对绿色购买行为的关系中起到中介作用，即家庭影响可以通过功利目标框架间接影响城市居民的绝对绿色购买行为。

H28-2：功利目标框架在家庭影响与城市居民条件绿色购买行为的关系中起到中介作用，即家庭影响可以通过功利目标框架间接影响城市居民的条件绿色购买行为。

H28-3：功利目标框架在家庭影响与城市居民随机绿色购买行为的关系中起到中介作用，即家庭影响可以通过功利目标框架间接影响城市居民的随机绿色购买行为。

H29：享乐目标框架在家庭影响与城市居民整体绿色购买行为的关系中起到中介作用，即家庭影响可以通过享乐目标框架间接影响城市居民的整体绿色购买行为。

H29-1：享乐目标框架在家庭影响与城市居民绝对绿色购买行为的关系中起到中介作用，即家庭影响可以通过享乐目标框架间接影响城市居民的绝对绿色购买行为。

H29-2：享乐目标框架在家庭影响与城市居民条件绿色购买行为的关系中起到中介作用，即家庭影响可以通过享乐目标框架间接影响城市居民的条件绿色购买行为。

H29-3：享乐目标框架在家庭影响与城市居民随机绿色购买行为的关系中起到中介作用，即家庭影响可以通过享乐目标框架间接影响城市居民的随机绿色购买行为。

H30：规范目标框架在家庭影响与城市居民整体绿色购买行为的关系中起到中介作用，即家庭影响可以通过规范目标框架间接影响城市居民的整体绿色购买行为。

H30-1：规范目标框架在家庭影响与城市居民绝对绿色购买行为的关系中起到中介作用，即家庭影响可以通过规范目标框架间接影响城市居民的绝对绿色购买行为。

H30-2：规范目标框架在家庭影响与城市居民条件绿色购买行为的关系中起到中介作用，即家庭影响可以通过规范目标框架间接影响城市居民的条件绿色购买行为。

H30-3：规范目标框架在家庭影响与城市居民随机绿色购买行为的关系中起到中介作用，即家庭影响可以通过规范目标框架间接影响城市居民的随机绿色购买行为。

（5）同辈影响对目标框架及城市居民绿色购买行为的影响关系假设。同辈影响指社会中的个体行为受到周围与自身具有相似文化背景、社会风俗、价值观及受教育程度等特征的其他个体的影响程度[176,246]。Kelman（1974）[122]指出个体的行为受到服从（Compliance）、认同（Identification）和内化（Internalization）三种机制的影响，同辈群体也正是通过这三种机制说服个体遵守群体规范[176]。此前的研究已经多次证实同辈影响与绿色产品消费之间存在显著的正向影响关系。例如，Persaud 和 Schillo（2017）[28]研究发现同辈影响积极影响居民有机产品购买行为；Suki 和 Suki（2019）[176]研究证实同辈影响、环境关注、环境问题严重性感知、环境责任感知和自我形象共同积极影响了居民绿色产品购买行为。

同辈群体中的意见领袖具有较高的社会地位和被认同感[28]，他们观念开放，能够将接收和接纳的新消费理念，经过自己再加工后，通过信息编码传播给他人[246]，从而影响他人动机。根据扎根理论分析可知，多元动机主要包括功利动享乐动机和规范动机，消费者的绿色购买行为并不总是由功利动机和享乐动机驱动的，遵从社会规范和凸显性需求，即规范动机同样重要[247]。Suki 和 Suki（2019）[176]也证实同辈对绿色议程的赞同态度将使个体倾向于遵从群体规范，并接收群体普遍认同的绿色准则。Ivanova 等（2019）[204]指出消费者的购买决策受到朋友和知名人士的深远影响，并以此积极寻求同辈认可。论文通过上述文献分析和前文的质性研究，提出如下研究假设：

H31：同辈影响正向影响城市居民整体绿色购买行为。

H31-1：同辈影响正向影响城市居民的绝对绿色购买行为。

H31-2：同辈影响正向影响城市居民的条件绿色购买行为。

H31-3：同辈影响正向影响城市居民的随机绿色购买行为。

H32：三维目标框架在同辈影响与城市居民整体绿色购买行为的关系中起到中介作用，即同辈影响可以通过三维目标框架间接影响城市居民的整体绿色购买行为。

H32-1：三维目标框架在同辈影响与城市居民绝对绿色购买行为的关系中起到中介作用，即同辈影响可以通过三维目标框架间接影响城市居民的绝对绿色购买行为。

H32-2：三维目标框架在同辈影响与城市居民条件绿色购买行为的关系中起到中介作用，即同辈影响可以通过三维目标框架间接影响城市居民的条件绿色购买行为。

H32-3：三维目标框架在同辈影响与城市居民随机绿色购买行为的关系中起到中介作用，即同辈影响可以通过三维目标框架间接影响城市居民的随机绿色购买行为。

H33：功利目标框架在同辈影响与城市居民整体绿色购买行为的关系中起到中介作用，即同辈影响可以通过功利目标框架间接影响城市居民的整体绿色购买行为。

H33-1：功利目标框架在同辈影响与城市居民绝对绿色购买行为的关系中起到中介作用，即同辈影响可以通过功利目标框架间接影响城市居民的绝对绿色购买行为。

H33-2：功利目标框架在同辈影响与城市居民条件绿色购买行为的关系中起到中介作用，即同辈影响可以通过功利目标框架间接影响城市居民的条件绿色购买行为。

H33-3：功利目标框架在同辈影响与城市居民随机绿色购买行为的关系中起到中介作用，即同辈影响可以通过功利目标框架间接影响城市居民的随机绿色购买行为。

H34：享乐目标框架在同辈影响与城市居民整体绿色购买行为的关系中起到中介作用，即同辈影响可以通过享乐目标框架间接影响城市居民的整体绿色购买行为。

H34-1：享乐目标框架在同辈影响与城市居民绝对绿色购买行为的关系中起到中介作用，即同辈影响可以通过享乐目标框架间接影响城市居民的绝对绿色购买行为。

H34-2：享乐目标框架在同辈影响与城市居民条件绿色购买行为的关系中起到中介作用，即同辈影响可以通过享乐目标框架间接影响城市居民的条件绿色购买行为。

H34-3：享乐目标框架在同辈影响与城市居民随机绿色购买行为的关系中起到中介作用，即同辈影响可以通过享乐目标框架间接影响城市居民的随机绿色购买行为。

H35：规范目标框架在同辈影响与城市居民整体绿色购买行为的关系中起到中介作用，即同辈影响可以通过规范目标框架间接影响城市居民的整体绿色购买行为。

H35-1：规范目标框架在同辈影响与城市居民绝对绿色购买行为的关系中起到中介作用，即同辈影响可以通过规范目标框架间接影响城市居民的绝对绿色购买行为。

H35-2：规范目标框架在同辈影响与城市居民条件绿色购买行为的关系中起到中介作用，即同辈影响可以通过规范目标框架间接影响城市居民的条件绿色购买行为。

H35-3：规范目标框架在同辈影响与城市居民随机绿色购买行为的关系中起到中介作用，即同辈影响可以通过规范目标框架间接影响城市居民的随机绿色购买行为。

（6）面子意识的调节作用假设。"面子"文化浸润下的中国消费者对炫耀性消费情有独钟[126]，人们热衷于通过传统品牌消费建构社会身份，实现社会分层[33]，而这些传统品牌产品多是非绿色的。Qi和Ploeger（2019）[126]认为如果绿色食品消费无法为消费者赢得面子，将会阻碍其扩散与采用，消费者会对传统品牌表现出更高的忠诚度[248]，导致消费者放弃环境伦理诉求（规范目标框架），对绿色产品的功能价值（功利目标框架）也会采取漠视态度，更无法从绿色消费中获取享乐主义价值（享乐目标框架），从而对环境觉醒和生态人格培育产生负面影响[7,71]。Lee（2008，2009）[58,74]认为如果绿色消费能塑造环保中的个人形象，绿色购买动机越易于向真实购买行为转化[21]。

结合质性分析，本文认为主打节能、环保属性的绿色产品尚不能契合炫耀性消费主导下的居民面子意识，因而负向调节了高阶绿色购买行为的形成。据此提出如下研究假设：

H36：面子意识对功利目标框架与城市居民整体绿色购买行为之间的关系存在负向调节作用，即面子意识越强，功利目标框架对城市居民整体绿色购买行为的影响就越弱，反之就越强。

H36-1：面子意识对功利目标框架与城市居民绝对绿色购买行为之间的关系存在负向调节作用，即面子意识越强，功利目标框架对城市居民绝对绿色购买行为的影响就越弱，反之就越强。

H36-2：面子意识对功利目标框架与城市居民条件绿色购买行为之间的关系存在负向调节作用，即面子意识越强，享乐目标框架对城市居民条件绿色购买行为的影响就越弱，反之就越强。

H36-3：面子意识对功利目标框架与城市居民随机绿色购买行为之间的关系存在正向调节作用，即面子意识越强，功利目标框架对城市居民随机绿色购买行为的影响就越弱，反之就越强。

H37：面子意识对享乐目标框架与城市居民整体绿色购买行为之间的关系存在负向调节作用，即面子意识越强，享乐目标框架对城市居民整体绿色购买行为的影响就越弱，反之就越强。

H37-1：面子意识对享乐目标框架与城市居民绝对绿色购买行为之间的关系存在负向调节作用，即面子意识越强，享乐目标框架对城市居民绝对绿色购买行为的影响就越弱，反之就越强。

H37-2：面子意识对享乐目标框架与城市居民条件绿色购买行为之间的关系存在负向调节作用，即面子意识越强，功利目标框架对城市居民条件绿色购买行为的影响就越弱，反之就越强。

H37-3：面子意识对享乐目标框架与城市居民随机绿色购买行为之间的关系存在正向调节作用，即面子意识越强，享乐目标框架对城市居民随机绿色购买行为的影响就越弱，反之就越强。

H38：面子意识对规范目标框架与城市居民整体绿色购买行为之间的关系存在负向调节作用，即面子意识越强，规范目标框架对城市居民整体绿色购买行为的影响就越弱，反之就越强。

H38-1：面子意识对规范目标框架与城市居民绝对绿色购买行为之间的

关系存在负向调节作用,即面子意识越强,规范目标框架对城市居民绝对绿色购买行为的影响就越弱,反之就越强。

H38-2:面子意识对规范目标框架与城市居民条件绿色购买行为之间的关系存在负向调节作用,即面子意识越强,规范目标框架对城市居民条件绿色购买行为的影响就越弱,反之就越强。

H38-3:面子意识对规范目标框架与城市居民随机绿色购买行为之间的关系存在正向调节作用,即面子意识越强,规范目标框架对城市居民随机绿色购买行为的影响就越弱,反之就越强。

(7)转换成本的调节作用假设。消费者从传统产品或服务(非绿色)转向绿色环保产品或服务消费过程中会付出一次性成本,即转换成本[212]。转换成本在消费领域的调节作用已经在多项研究中得到证实[75,213,249],当消费者感知到的转换成本较低时,进行绿色消费转换带来的效用增量可以补偿付出的转换成本,个体的功利目标更加容易得到实现,消费者转而进行绿色消费所付出的货币和非货币成本(如时间、不舒适感、情感体验和额外努力等)将得到进一步降低[147],感知利得相对于感知利失的获得感将变得更强[98],利己动机驱动下,居民的功利目标动机和享乐目标动机向绿色购买行为的转化率将变得更高。同时,低转换成本条件下,消费者环境道德动机更容易得到释放,环境道德消费者形象将获得更多的社会赞许[28]。对环境问题的关切除了出于对自我生存环境的担忧外,还可以用来构建自我概念,以实现个人的绿色社会认同和群体归类,"亲环境自我"容易被低转换成本这一具体的消费情境所激发,从而凸显出对"环保道德消费者"群体的认同感[28],使消费者更主动地去关心环境问题,对环境危机的敏感性也会更高[13],并愿意付诸更多的绿色消费行为来完成道德消费者的社会身份建构[24]。本质上来说,低转换成本实现了有限道德假设和有限自利假设的完美匹配,兼顾了消费者的利己诉求和利他诉求,有效唤醒了消费者对绿色产品的理性认知和环境道德感[21],对环境危机表现出了更高的准备度和责任感,并自觉自愿践行更多绿色购买行为来兼顾自身的双重诉求[2,39]。

高转换成本时,首先,绿色购买行为就演变为高环境伦理诉求或低利己诉求,这容易产生公共利益与个人利益的对立,造成居民双重诉求的割裂,导致绿色态度和行为偏差[2,64,81,83]。其次,绿色产品市场本身鱼龙混杂,部分企业的绿色主张模棱两可甚至带有欺骗性,高转换成本加重了绿色产品的购买心理风险[250]。可见，当消费者面对高转换成本时，有限道德假设和有限自利假设的平衡就会被打破，高转换成本意味着消费者的绿色转换行为将会付出更多的利己主义效用损失，因而对环境危机表现出逃避和漠视的态度，相应的功能、享乐和规范目标动机也被弱化，并通过减少绿色消费活动来避免经济、情感和心理上的损失[213]。同样，本文推断转换成本负向调节了高阶绿色购买行为的形成。为此，本研究通过上述文献分析和前文的深度访谈，提出如下研究假设：

H39：转换成本对功利目标框架与城市居民整体绿色购买行为之间的关系存在负向调节作用，即转化成本越高，功利目标框架对城市居民整体绿色购买行为的影响就越弱，反之就越强。

H39-1：转换成本对功利目标框架与城市居民绝对绿色购买行为之间的关系存在负向调节作用，即转换成本越高，功利目标框架对城市居民绝对绿色购买行为的影响就越弱，反之就越强。

H39-2：转换成本对功利目标框架与城市居民条件绿色购买行为之间的关系存在负向调节作用，即转换成本越高，功利目标框架对城市居民条件绿色购买行为的影响就越弱，反之就越强。

H39-3：转换成本对功利目标框架与城市居民随机绿色购买行为之间的关系存在正向调节作用，即转换成本越高，功利目标框架对城市居民随机绿色购买行为的影响就越弱，反之就越强。

H40：转换成本对享乐目标框架与城市居民整体绿色购买行为之间的关系存在负向调节作用，即转换成本越高，享乐目标框架对城市居民整体绿色购买行为的影响就越弱，反之就越强。

H40-1：转换成本对享乐目标框架与城市居民绝对绿色购买行为之间的关系存在负向调节作用，即转换成本越高，享乐目标框架对城市居民绝对绿色购买行为的影响就越弱，反之就越强。

H40-2：转换成本对享乐目标框架与城市居民条件绿色购买行为之间的关系存在负向调节作用，即转换成本越高，功利目标框架对城市居民条件绿色购买行为的影响就越弱，反之就越强。

H40-3：转换成本对享乐目标框架与城市居民随机绿色购买行为之间的关系存在正向调节作用，即转换成本越高，享乐目标框架对城市居民随机绿色购买行为的影响就越弱，反之就越强。

H41：转换成本对规范目标框架与城市居民整体绿色购买行为之间的关系存在负向调节作用，即转换成本越高，规范目标框架对城市居民整体绿色购买行为的影响就越弱，反之就越强。

H41-1：转换成本对规范目标框架与城市居民绝对绿色购买行为之间的关系存在负向调节作用，即转换成本越高，规范目标框架对城市居民绝对绿色购买行为的影响就越弱，反之就越强。

H41-2：转换成本对规范目标框架与城市居民条件绿色购买行为之间的关系存在负向调节作用，即转换成本越高，规范目标框架对城市居民条件绿色购买行为的影响就越弱，反之就越强。

H41-3：转换成本对规范目标框架与城市居民随机绿色购买行为之间的关系存在正向调节作用，即转换成本越高，规范目标框架对城市居民随机绿色购买行为的影响就越弱，反之就越强。

(8) 环境问题严重性感知的调节作用假设。对于功利目标框架，相较低环境问题严重性感知组，高环境问题严重性感知组居民的环境敏感度更高，并由此对绿色产品的实用价值更加认同[22]。为了实现功利目标，居民会更加积极购买绿色产品，避免环境恶化对自身的危害[96]。相反，低环境问题严重性感知组的居民会对环境问题形成免疫力，加上绿色产品的高价格、低可得性和漂绿（Greenwashing）感知等因素的消极影响，容易造成居民对绿色产品有用性和购买紧迫性持消极态度[250]，从而推迟甚至减少绿色产品购买。

对于享乐目标框架，相对于低环境问题严重性感知组，高环境问题感知组的居民面对环境危机会加速向生态人格演进[161,226]，其中高生态神经质会使个体对环境危机产生更多的焦虑和易怒等情绪[160]。这些生态负性情感会迅速驱动个体对绿色产品形成喜爱、认同和赞赏等正性情感，最终更有效激活了居民的享乐目标框架，并通过践行更多的绿色购买行为来获取上述享乐价值（情感利益）[251]。相反，低环境问题严重性感知组的居民表现为低生态神经质，面对环境危机，他们情绪平静、放松[161]，对环境危机信息产生了"脱敏"现象，即对环境危机由过敏状态转变为正常心理反应[71]。因此，低环境问题严重性感知组的居民对媒体曝光的环境危机信息采取漠视态度，也很少对环境产生情感诉求（享乐动机），相应地也无法从绿色产品购买活动中体验享乐价值。

对于规范目标框架，相对于低环境问题严重性感知组，高环境问题严重性感知组的居民具有更高的环境关注度，他们淡化成本和享乐主义，更加关心日常行为对环境的影响，即表现为更高的环境责任感[96,183]。根据规范激活理论，环境责任归属越强烈，个人规范就越能反映个体的道德义务感，并努力通过采取亲环境行为来与其个人规范相一致。相反，低环境问题严重性感知的居民会轻视环境危机，表现为行为结果意识淡薄，而结果意识淡薄会导致个体弱化行为选择时的道德义务感或环境责任，从而阻碍了亲环境行为的达成[69,104,134]。同时，低环境问题严重性感知的居民表现为较低的绿色卷入度[40,58,98]，Wang 等（2017）[32]研究证实受访者绿色消费的影响过程受到绿色卷入度的调节。因此，与低环境问题严重性感知组相比，高环境问题严重性感知组的居民对环境危机更加敏感，他们更加赞美自然，愿意承担更多的环境责任并采取亲环境行为实现人与自然的和谐共处[252]。Hungerford 和 Volk（1990）[253]进一步解释说，环境敏感性是个体对环境的同理心，是建构负责任环境公民身份的重要驱动力量[98]。因此，高环境问题严重性感知组流露出的高环境敏感性会形塑出更高的环境责任感，并为此采取更多的绿色购买行为。与上文相反，本文推断环境问题严重性感知正向调节了高阶绿色购买行为的形成。据此，提出如下研究假设：

H42：环境问题严重性感知对功利目标框架与城市居民整体绿色购买行为之间的关系存在正向调节作用，即环境问题严重性感知越高，功利目标框架对城市居民整体绿色购买行为的影响就越强，反之就越弱。

H42-1：环境问题严重性感知对功利目标框架与城市居民绝对绿色购买行为之间的关系存在正向调节作用，即环境问题严重性感知越高，功利目标框架对城市居民绝对绿色购买行为的影响就越强，反之就越弱。

H42-2：环境问题严重性感知对功利目标框架与城市居民条件绿色购买行为之间的关系存在正向调节作用，即环境问题严重性感知越高，功利目标框架对城市居民条件绿色购买行为的影响就越强，反之就越弱。

H42-3：环境问题严重性感知对功利目标框架与城市居民随机绿色购买行为之间的关系存在负向调节作用，即环境问题严重性感知越高，功利目标框架对城市居民随机绿色购买行为的影响就越强，反之就越弱。

H43：环境问题严重性感知对享乐目标框架与城市居民整体绿色购买行为之间的关系存在正向调节作用，即环境问题严重性感知越高，享乐目标框架对城市居民整体绿色购买行为的影响就越强,反之就越弱。

H43-1:环境问题严重性感知对享乐目标框架与城市居民绝对绿色购买行为之间的关系存在正向调节作用,即环境问题严重性感知越高,享乐目标框架对城市居民绝对绿色购买行为的影响就越强,反之就越弱。

H43-2:环境问题严重性感知对享乐目标框架与城市居民条件绿色购买行为之间的关系存在正向调节作用,即环境问题严重性感知越高,功利目标框架对城市居民条件绿色购买行为的影响就越强,反之就越弱。

H43-3:环境问题严重性感知对享乐目标框架与城市居民随机绿色购买行为之间的关系存在负向调节作用,即环境问题严重性感知越高,享乐目标框架对城市居民随机绿色购买行为的影响就越强,反之就越弱。

H44:环境问题严重性感知对规范目标框架与城市居民绿色整体购买行为之间的关系存在正向调节作用,即环境问题严重性感知越高,规范目标框架对城市居民整体绿色购买行为的影响就越强,反之就越弱。

H44-1:环境问题严重性感知对规范目标框架与城市居民绝对绿色购买行为之间的关系存在正向调节作用,即环境问题严重性感知越高,规范目标框架对城市居民绝对绿色购买行为的影响就越强,反之就越弱。

H44-2:环境问题严重性感知对规范目标框架与城市居民条件绿色购买行为之间的关系存在正向调节作用,即环境问题严重性感知越高,规范目标框架对城市居民条件绿色购买行为的影响就越强,反之就越弱。

H44-3:环境问题严重性感知对规范目标框架与城市居民随机绿色购买行为之间的关系存在负向调节作用,即环境问题严重性感知越高,规范目标框架对城市居民随机绿色购买行为的影响就越强,反之就越弱。

(9)环保行为有效性感知的调节作用假设。面对日益恶化的自然环境,环保倡导者积极倡导居民采用绿色低碳生活方式[62],为了提高个体的感知效力(Perceived Consumer Effectiveness,PCE),环保倡导者极力暗示个人日常生活的每一个亲环境行为都会给环境改善作出巨大贡献[5,21,58]。实践中,为了吸引更多居民加入环保事业中来,政府、环保组织和企业会刻意强调居民在日常生活中践行的每一次亲环境行为都会给环境改善做出应有的贡献[58],增强了居民的环保行为有效性感知,但过强的环保行为有效性感知可能会造成过度自信。过度自信本质上是一种认知与行为偏差,一次类似于环境质量改善的随机事件就可能产生难以置信的乐观[21],并归因于亲环境行为带来的必然结果,盲目夸大现有的亲环境行为在环境质量改善当中的作用,认为日常曝光的环境危机故意夸大其词,环境质量可以很快得到改善,对环保事业的长远性和复杂型认识不足,产生了轻视情绪,降低了环境问题严重性感知,结果就会在未来减少绿色消费行为[98]。环保行为有效性感知具有"累积效应",过度自信者会认为自己、其他社会成员和组织采取的类似亲环境行为会产生"相乘效应",日常面对的环境问题可控,亲环境行为并不十分紧迫;低环保行为有效性感知者认为当前的亲环境行为对环境改善作出了一定贡献,但环境问题十分严重,需要重复实施才能产生"叠加效果"[21]。可见,不同强度的环保行为有效性感知会造成个体的认知出现差异,从而对居民目标动机向绿色购买行为过程产生不同影响。

此外,亲环境动机与行为的不一致已经在之前的多项研究中被证实[11],尽管消费者广泛认同环保的重要性,但是日常生活中的真实行为却无法完全反映他们的信念和动机[21,62]。环保行为有效性感知(感知效力)被发现是一个影响这一缺口的重要调节变量[254],不同组别的环保行为有效性感知者的双重动机对绿色购买行为的预测能力存在差异。为此,本文推测:低环保行为有效性感知组,居民的感知效力较低,会衍生出较高的环境关心和环境情感[21],他们认为每个人采取的亲环境行为作用有限,环保事业任重道远,为了实现个人的功利目标、享乐目标和规范目标,居民会更加认同绿色产品的消费价值,为此更加积极地购买绿色产品,避免环境恶化可能对自身及家人可能带来的潜在危害[98,150]。同时,较低的感知效力使得居民对环境事业的持久性和复杂性认识更加全面,相应地会衍生出更高的环境道德义务感(个人规范)[22,74,104],愿意承担更多环境责任,而高环境情感可以使其获得更高的享乐主义价值,从而推动他们更为积极的购买绿色产品[145,176,184]。高环保行为有效性感知组,居民会认为当前采取的亲环境行为可以快速而有效地改善环境质量,环保倡导者曝光的生态危机故意夸大其词,相对于感知利得,居民对绿色产品的高价格、易得性差及可能存在的漂绿现象更为关注[9,12]。同时,过高的感知效力容易导致消费者轻视当前存在的环境问题,从而削弱了个体的环境情感和环境责任感知,他们可能认为未来可以减少过多的绿色消费活动。上述消极因素会削弱功利目标、享乐目标和规范目标对绿色购买行为的正向影响力。结合文献分析和质性研究结果,本研究提出如下研究假设:

H45：环保行为有效性感知对功利目标框架与城市居民整体绿色购买行为之间的关系存在负向调节作用，即环保行为有效性感知越高，功利目标框架对城市居民整体绿色购买行为的影响就越弱，反之就越强。

H45-1：环保行为有效性感知对功利目标框架与城市居民绝对绿色购买行为之间的关系存在负向调节作用，即环保行为有效性感知越高，功利目标框架对城市居民绝对绿色购买行为的影响就越弱，反之就越强。

H45-2：环保行为有效性感知对功利目标框架与城市居民条件绿色购买行为之间的关系存在正向调节作用，即环保行为有效性感知越高，功利目标框架对城市居民条件绿色购买行为的影响就越强，反之就越弱。

H45-3：环保行为有效性感知对功利目标框架与城市居民随机绿色购买行为之间的关系存在负向调节作用，即环保行为有效性感知越高，功利目标框架对城市居民随机绿色购买行为的影响就越强，反之就越弱。

H46：环保行为有效性感知对享乐目标框架与城市居民整体绿色购买行为之间的关系存在负向调节作用，即环保行为有效性感知越高，享乐目标框架对城市居民整体绿色购买行为的影响就越弱，反之就越强。

H46-1：环保行为有效性感知对享乐目标框架与城市居民绝对绿色购买行为之间的关系存在负向调节作用，即环保行为有效性感知越高，享乐目标框架对城市居民绝对绿色购买行为的影响就越弱，反之就越强。

H46-2：环保行为有效性感知对享乐目标框架与城市居民条件绿色购买行为之间的关系存在负向调节作用，即环保行为有效性感知越高，功利目标框架对城市居民条件绿色购买行为的影响就越弱，反之就越强。

H46-3：环保行为有效性感知对享乐目标框架与城市居民随机绿色购买行为之间的关系存在正向调节作用，即环保行为有效性感知越高，享乐目标框架对城市居民随机绿色购买行为的影响就越弱，反之就越强。

H47：环保行为有效性感知对规范目标框架与城市居民整体绿色购买行为之间的关系存在负向调节作用，即环保行为有效性感知越高，规范目标框架对城市居民整体绿色购买行为的影响就越弱，反之就越强。

H47-1：环保行为有效性感知对规范目标框架与城市居民绝对绿色购买行为之间的关系存在负向调节作用，即环保行为有效性感知越高，规范目标框架对城市居民绝对绿色购买行为的影响就越弱，反之就越强。

H47-2：环保行为有效性感知对规范目标框架与城市居民条件绿色购买

行为之间的关系存在负向调节作用，即环保行为有效性感知越高，规范目标框架对城市居民条件绿色购买行为的影响就越弱，反之就越强。

H47-3：环保行为有效性感知对规范目标框架与城市居民随机绿色购买行为之间的关系存在负向调节作用，即环保行为有效性感知越高，规范目标框架对城市居民随机绿色购买行为的影响就越弱，反之就越强。

（10）城市情境因素的调节作用假设。已有大量研究表明，城市情境因素显著影响政府和居民亲环境行为。例如，冯斐等（2020）[255]认为经济增长带来的环境污染是由市场失灵造成的，城市采用的环境规制工具差异将对该地区的生态环境状况产生不同影响。同样，王晓楠（2018）[256]、杨贤传和张磊（2020）[98]、Le等（2019）[238]均指出地方政府的表率作用会对居民的绿色行为产生显著正向影响，因此，充分体现地方政府环保责任的环保投入将对居民环保行为产生重要的示范引领作用。同理，依据行为场景理论，经济发展水平、城市环保投入、城市空气质量、水资源丰富度、城市创新度和城市噪声污染等城市情境因素共同构造了生动具体的城市生活和消费场景，将对居民日常消费、新产品采用、创新意识和思维培养等方面产生重要作用[257]，并会显著影响居民多元目标动机向环保行为转化的方向和强度。结合前文深度访谈结果，本文提出如下研究假设：

H48：经济发展水平对功利目标框架与城市居民整体绿色购买行为之间的关系存在显著调节作用。

H48-1：经济发展水平对功利目标框架与城市居民绝对绿色购买行为之间的关系存在显著调节作用。

H48-2：经济发展水平对功利目标框架与城市居民条件绿色购买行为之间的关系存在显著调节作用。

H48-3：经济发展水平对功利目标框架与城市居民随机绿色购买行为之间的关系存在显著调节作用。

H49：经济发展水平对享乐目标框架与城市居民整体绿色购买行为之间的关系存在显著调节作用。

H49-1：经济发展水平对享乐目标框架与城市居民绝对绿色购买行为之间的关系存在显著调节作用。

H49-2：经济发展水平对享乐目标框架与城市居民条件绿色购买行为之间的关系存在显著调节作用。

H49-3：经济发展水平对享乐目标框架与城市居民随机绿色购买行为之间的关系存在显著调节作用。

H50：经济发展水平对规范目标框架与城市居民整体绿色购买行为之间的关系存在显著调节作用。

H50-1：经济发展水平对规范目标框架与城市居民绝对绿色购买行为之间的关系存在显著调节作用。

H50-2：经济发展水平对规范目标框架与城市居民条件绿色购买行为之间的关系存在显著调节作用。

H50-3：经济发展水平对规范目标框架与城市居民随机绿色购买行为之间的关系存在显著调节作用。

H51：政府环保投入对功利目标框架与城市居民整体绿色购买行为之间的关系存在显著调节作用。

H51-1：政府环保投入对功利目标框架与城市居民绝对绿色购买行为之间的关系存在显著调节作用。

H51-2：政府环保投入对功利目标框架与城市居民条件绿色购买行为之间的关系存在显著调节作用。

H51-3：政府环保投入对功利目标框架与城市居民随机绿色购买行为之间的关系存在显著调节作用。

H52：政府环保投入对享乐目标框架与城市居民整体绿色购买行为之间的关系存在显著调节作用。

H52-1：政府环保投入对享乐目标框架与城市居民绝对绿色购买行为之间的关系存在显著调节作用。

H52-2：政府环保投入对享乐目标框架与城市居民条件绿色购买行为之间的关系存在显著调节作用。

H52-3：政府环保投入对享乐目标框架与城市居民随机绿色购买行为之间的关系存在显著调节作用。

H53：政府环保投入对规范目标框架与城市居民整体绿色购买行为之间的关系存在显著调节作用。

H53-1：政府环保投入对规范目标框架与城市居民绝对绿色购买行为之间的关系存在显著调节作用。

H53-2：政府环保投入对规范目标框架与城市居民条件绿色购买行为之

间的关系存在显著调节作用。

H53－3：政府环保投入对规范目标框架与城市居民随机绿色购买行为之间的关系存在显著调节作用。

H54：城市空气质量对功利目标框架与城市居民整体绿色购买行为之间的关系存在显著调节作用。

H54－1：城市空气质量对功利目标框架与城市居民绝对绿色购买行为之间的关系存在显著调节作用。

H54－2：城市空气质量对功利目标框架与城市居民条件绿色购买行为之间的关系存在显著调节作用。

H54－3：城市空气质量对功利目标框架与城市居民随机绿色购买行为之间的关系存在显著调节作用。

H55：城市空气质量对享乐目标框架与城市居民整体绿色购买行为之间的关系存在显著调节作用。

H55－1：城市空气质量对享乐目标框架与城市居民绝对绿色购买行为之间的关系存在显著调节作用。

H55－2：城市空气质量对享乐目标框架与城市居民条件绿色购买行为之间的关系存在显著调节作用。

H55－3：城市空气质量对享乐目标框架与城市居民随机绿色购买行为之间的关系存在显著调节作用。

H56：城市空气质量对规范目标框架与城市居民整体绿色购买行为之间的关系存在显著调节作用。

H56－1：城市空气质量对规范目标框架与城市居民绝对绿色购买行为之间的关系存在显著调节作用。

H56－2：城市空气质量对规范目标框架与城市居民条件绿色购买行为之间的关系存在显著调节作用。

H56－3：城市空气质量对规范目标框架与城市居民随机绿色购买行为之间的关系存在显著调节作用。

H57：水资源丰富度对功利目标框架与城市居民整体绿色购买行为之间的关系存在显著调节作用。

H57－1：水资源丰富度对功利目标框架与城市居民绝对绿色购买行为之间的关系存在显著调节作用。

H57-2：水资源丰富度对功利目标框架与城市居民条件绿色购买行为之间的关系存在显著调节作用。

H57-3：水资源丰富度对功利目标框架与城市居民随机绿色购买行为之间的关系存在显著调节作用。

H58：水资源丰富度对享乐目标框架与城市居民整体绿色购买行为之间的关系存在显著调节作用。

H58-1：水资源丰富度对享乐目标框架与城市居民绝对绿色购买行为之间的关系存在显著调节作用。

H58-2：水资源丰富度对享乐目标框架与城市居民条件绿色购买行为之间的关系存在显著调节作用。

H58-3：水资源丰富度对享乐目标框架与城市居民随机绿色购买行为之间的关系存在显著调节作用。

H59：水资源丰富度对规范目标框架与城市居民整体绿色购买行为之间的关系存在显著调节作用。

H59-1：水资源丰富度对规范目标框架与城市居民绝对绿色购买行为之间的关系存在显著调节作用。

H59-2：水资源丰富度对规范目标框架与城市居民条件绿色购买行为之间的关系存在显著调节作用。

H59-3：水资源丰富度对规范目标框架与城市居民随机绿色购买行为之间的关系存在显著调节作用。

H60：城市创新度对功利目标框架与城市居民整体绿色购买行为之间的关系存在显著调节作用。

H60-1：城市创新度对功利目标框架与城市居民绝对绿色购买行为之间的关系存在显著调节作用。

H60-2：城市创新度对功利目标框架与城市居民条件绿色购买行为之间的关系存在显著调节作用。

H60-3：城市创新度对功利目标框架与城市居民随机绿色购买行为之间的关系存在显著调节作用。

H61：城市创新度对享乐目标框架与城市居民整体绿色购买行为之间的关系存在显著调节作用。

H61-1：城市创新度对享乐目标框架与城市居民绝对绿色购买行为之间

的关系存在显著调节作用。

H61-2：城市创新度对享乐目标框架与城市居民条件绿色购买行为之间的关系存在显著调节作用。

H61-3：城市创新度对享乐目标框架与城市居民随机绿色购买行为之间的关系存在显著调节作用。

H62：城市创新度对规范目标框架与城市居民整体绿色购买行为之间的关系存在显著调节作用。

H62-1：城市创新度对规范目标框架与城市居民绝对绿色购买行为之间的关系存在显著调节作用。

H62-2：城市创新度对规范目标框架与城市居民条件绿色购买行为之间的关系存在显著调节作用。

H62-3：城市创新度对规范目标框架与城市居民随机绿色购买行为之间的关系存在显著调节作用。

H63：城市噪声污染对功利目标框架与城市居民整体绿色购买行为之间的关系存在显著调节作用。

H63-1：城市噪声污染对功利目标框架与城市居民绝对绿色购买行为之间的关系存在显著调节作用。

H63-2：城市噪声污染对功利目标框架与城市居民条件绿色购买行为之间的关系存在显著调节作用。

H63-3：城市噪声污染对功利目标框架与城市居民随机绿色购买行为之间的关系存在显著调节作用。

H64：城市噪声污染对享乐目标框架与城市居民整体绿色购买行为之间的关系存在显著调节作用。

H64-1：城市噪声污染对享乐目标框架与城市居民绝对绿色购买行为之间的关系存在显著调节作用。

H64-2：城市噪声污染对享乐目标框架与城市居民条件绿色购买行为之间的关系存在显著调节作用。

H64-3：城市噪声污染对享乐目标框架与城市居民随机绿色购买行为之间的关系存在显著调节作用。

H65：城市噪声污染对规范目标框架与城市居民整体绿色购买行为之间的关系存在显著调节作用。

H65-1：城市噪声污染对规范目标框架与城市居民绝对绿色购买行为之间的关系存在显著调节作用。

H65-2：城市噪声污染对规范目标框架与城市居民条件绿色购买行为之间的关系存在显著调节作用。

H65-3：城市噪声污染对规范目标框架与城市居民随机绿色购买行为之间的关系存在显著调节作用。

(11) 购买者属性变量对城市居民绿色购买行为的影响关系假设。根据质性分析结果，本研究萃取出性别、年龄、婚姻状况、受教育程度、收入等级、职业类别、组织性质、职位等级、城市规模和城市地理区域 10 个变量作为样本的购买者属性特征。之前有关绿色消费及相近的文献中已经广泛证实绿色购买行为在上述 10 个变量上存在显著差异（例如，王晓楠等，2019[258]；魏佳等，2017[94]；王毅杰等，2019[259]；洪大用等，2011[260]；卢春天等，2018[261]；王建明和吴龙昌，2015[262]；贺爱忠等，2011[4]；Pinto 等，2014[52]；孙瑾和王永贵，2016[263]）。为此，根据文献回顾和质性分析结果，提出如下研究假设：

H66：城市居民整体绿色购买行为及各维度在不同个体属性变量上具有显著差异。

H66-1：城市居民整体绿色购买行为及各维度在个体性别上具有显著差异。

H66-2：城市居民整体绿色购买行为及各维度在个体年龄上具有显著差异。

H66-3：城市居民整体绿色购买行为及各维度在婚姻状况上具有显著差异。

H66-4：城市居民整体绿色购买行为及各维度在教育程度上具有显著差异。

H66-5：城市居民整体绿色购买行为及各维度在收入等级上具有显著差异。

H66-6：城市居民整体绿色购买行为及各维度在职业类别上具有显著差异。

H67：城市居民整体绿色购买行为及各维度在不同个体所属组织统计特征上具有显著差异。

H67-1：城市居民整体绿色购买行为及各维度在组织性质上具有显著差异。

H67-2：城市居民整体绿色购买行为及各维度在职位等级上具有显著差异。

H68：城市居民整体绿色购买行为及各维度在城市统计特征上有显著差异。

H68-1：城市居民整体绿色购买行为及各维度在个体所属城市规模上具有显著差异。

H68-2：城市居民整体绿色购买行为及各维度在个体所属城市地理区域上具有显著差异。

3.3 本章小结

根据设定的研究目标和研究内容，本章基于质性分析研究探索出了城市居民绿色购买行为的驱动因素，依次对研究变量进行了界定。进一步根据质性研究结果，引入成熟的理论框架和文献研究基础，构建出了城市居民绿色购买行为驱动机理的综合理论模型，并提出系列研究假设。

4

城市居民绿色购买行为及其驱动因素的量表修订开发与数据收集

4.1 研究量表的设计与开发

本文主要运用探索性因子分析（Exploratory Factor Analysis，EFA）、验证性因子分析（Confirmatory Factor Analysis，CFA）、信度分析（Reliability Analysis）和项目区分度（鉴别力）分析（Item Discrimination Analysis）等方法进行量表开发和后续阶段验证。同时，论文将根据模型设定、数据分析要求和样本数据分布特点灵活选用 Excel 2016、SPSS 25.0、AMOS 23.0 等统计软件进行研究。

4.1.1 量表开发过程

（1）量表的开发构想。本研究的所有量表题项的选用和设计均来源于对已有文献的精读和梳理比较，然后交由专家审阅，提出修改意见。接着根据中国的文化背景和语言习惯对条目的表述方式进行二次修订，形成初始问卷后，进行预试，并最终形成正式调查问卷。遵照这样的开发流程，本文开发或修订完善了《绿色购买行为量表》《目标框架量表》《环境意识量表》《自我认同量表》《媒体（绿色）形塑量表》《家庭影响量表》《同辈影响量表》《面子意识量表》《转换成本量表》《环境问题严重性感知量表》和《环保行为有效性感知量表》。

（2）量表的开发思路。目前，学术界并没有形成一个统一的量表开发程序[264,265],其中 Churchill(1979)[266]建议的量表开发程序被视为管理学领域的权威流程。Churchill(1979)[266]的量表开发流程主要分为八个步骤,大体如下:确定构念边界、题项生成、收集样本数据、题项筛选、收集数据、信度评估、效度评估、编制规范题项。

本文参考该流程,首先,通过文献研究、典型城市居民深度访谈和专家咨询,采用扎根理论分析完成研究变量选择及模型构建,确定构念的边界。其次,通过文献检索和深度访谈,参考已有的成熟量表或自行开发确定题项,生成量表题项,然后在专家意见、焦点小组讨论和城市居民深度访谈的基础上进行本土化设计与修订。再次,收集数据,进行预试;主要采用信度检验、鉴别力检验和探索性因子分析,并结合专家意见精练测量项目。最后,生成正式研究量表。本文量表开发的具体流程,如图4-1所示。

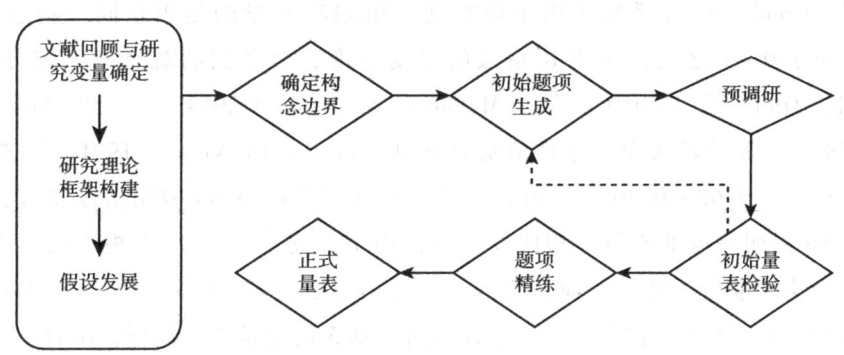

图4-1 量表开发的具体流程

(3)量表的开发原则。Churchill(1979)[266]认为单一测量题项通常具有特殊性,无法有效完成构面的测量目的。同时,单一测量指标的潜在误差让人生畏,因此,单一指标的测量结果缺乏信度。侯杰泰等(2004)[267]建议每个量表至少包含3个题项;Bollen(1989)[268]认为单一构面至少包含3个测量指标,以5~7个题项为佳。Marsh等(1998)[269]同样建议单一构面的测量题项至少为3个,4个为最佳。在量表尺度的选取上,学者们的观点不尽一致,部分学者支持五点李克特(Likert)量表,理由是五点量表的辨识度较好,具有较高的稳定性[41,94]。Bollen(1989)[268]则认为李克特7点量表效果最佳,理由是结构方程模型进行分析时,先是将数据资料转换成协方差矩阵,理论上量表尺度越大,越趋于常态,但在实务上,考虑到语义的准确辨识,7点为最佳,5点为最低要求。为此,考虑到后文中可能会使用测量模型和结构方程模型进行验证性因子分析和中介效应检验,本文在预试和正式调查阶段均使用7点李克特量表。最后,在量表预试和正式调查阶段,题头将强调调查的学术性目的,减少受访者的疑虑,但会隐藏构面或题项的真实测量目的,从而克服变量之间人为的共变[238],减小变量间的相关系数膨胀,预防共同方法偏误问题(Common Method Bias,CMB)。

(4)量表的评价方法。

①信度检验(Reliability Testing)。信度是对测量结果一致性和稳定性的评价方法,信度越高表示测量结果越可靠。信度分析的常用方法主要有Cronbach's α 系数法、重测信度、复本信度和折半信度等四种方法。在问卷调查研究中,Cronbach's α 系数法和组合信度法(Composite Reliability)较为常用。Cronbach's α 系数法用于检验某一组题项测量的是否是同一构念,α 系数介于0~1之间,至于α系数的接受标准,学者们的观点有一定分歧。例如,Hair 等 (2010)[270],Malhotra & Dash (2014)[271] 和 Nunnally (1978)[272]等学者认为α系数值最好在0.7以上;De Vellis (1991)[273]提出α系数介于0.65~0.70仍然可以接受,介于0.70~0.80表明信度良好,高于0.80说明信度非常好。相比较而言,Henson等(2001)[274]提出的内部一致性检验标准更为宽松,他们指出在对正式量表进行信度检验时,α系数最好在0.7以上,但在预试阶段,α系数值高于0.5仍可接受。同样,组合信度也表示的是同一构念指标的一致性程度,组合信度越高,显示这些指标的内部一致性越好,即测量指标测得的因素构念具有良好的一致性。Hair 等 (2010)[270]建议组合信度系数应在0.7以上,Fornell 和 Larcker(1981)[275]建议值较为宽松,他们建议0.6以上即可。

②效度检验(Validity Testing)。效度表示测量工具能够准确测量所需事物的程度,效度越高,说明问卷的调查结果越能映射问卷调查的目的。效度只有程度上的差异,并不是"有"与"无"的差异。目前,测量效度的方法较多,在问卷调查研究中,内容效度、收敛效度和区别效度是主要的效度考察指标。内容效度(Content Validity)又称逻辑效度(Logical Validity),指的是量表题项内容能否反映所要测量的心理特质,以及刻画到了什么程度[276],即测量工具所选定的题项是否完全符合调查的目的和要求。实务中,内容效度的评估方法主要有专家判断法、经验法和复本法等。聚合效度

(Convergent Validity)又称收敛效度，反映了量表的每个指标是否共同测量了同一个构念，聚合效度越高，表明每个题项有效反映了构念内涵，测量相同特质的题项分布在共同因素上。区分效度（Discriminant Validity）又称判别效度，指的是两个潜变量所代表的潜在特质之间呈现低度相关，即使使用相同的方法进行测量，它们之间也呈现低相关。预试阶段检验构念结构效度一般使用的是探索性因子分析法（Exploratory Factor Analysis，EFA）。

首先，探索性因子分析经常运用在数据分析的初期阶段，其是在萃取公共因子的基础上达到降维的目的，用于探索公共因子与测量题项之间的对应关系，以及公因子与各个观测变量之间的相关程度，力图揭示出变量内部的因子结构。在探索性因子分析中，测量指标和它们潜在的构念无须预设具体指标与构念的对应关系，所以测量题项和所有公共因子（背后的构念）之间都有载荷（Factor Loading）关系[264]。研究者根据估计出的载荷值探索测量题项和它们背后所代表构念之间的对应关系，如果其中的指标在公因子上的载荷值均明显高于其在其他公因子上的载荷值，那么这些题项真的是在测量同一个构念。换句话说，如果其他测量题项不是测量对应的构念，那么其在这一构念上的因子载荷值就较低，甚至接近于0，至于这种较低载荷值的标准，一般采用学者建议的经验值。

在执行探索性因子分析前需要进行KMO检验和Bartlett球形检验。KMO检验用于验证变量间的相关性，KMO系数越接近于1（0≤KMO≤1），说明变量间的相关性越强，因子分析效果越好。Kaiser认为KMO>0.9时，最适合做因子分析，KMO系数的临界值为0.5，KMO<0.5认为不适合采用因子分析法。Bartlett球形检验用于检验相关阵是否是单位阵，该检验统计量服从χ^2分布，如果检验结果没有拒绝原假设（$P>0.05$），则不太适合进行因子分析。

验证性因子分析（Confirmatory Factor Analysis，CFA）是在探索性因子分析基础上进行的，旨在明确潜在因子之间的关联性。作为结构方程模型的重要组成部分，验证性因子分析与探索性因子分析的最大区别是观测指标与潜在因子之间的关系是事先确定的，验证性因子分析充分利用了先验性信息，在分析之前已经明确了观测题项与潜在因子之间的结构关系，因而具有假设检验的特点，因此，又被称为理论驱动型分析（Theory-driven Analysis）[277]。CFA中的假设模型与样本数据是否契合的适配度检验指标主要分为绝对适配度指标、比较适配度指标和简约适配度指标。本文在模型诊断时主要采用 χ^2/df、CFI、GFI、NFI、RFI、TLI、RMSEA 和 SRMR 等拟合优度指标。具体的判定标准,如表 4-1 所示。

表 4-1 模型拟合优度指标参考标准

拟合优度指标		适配度建议标准
简约拟合优度指标	χ^2/df	$\chi^2/df<2$ 表示模型拟合情况很好;$\chi^2/df<5$ 表示模型拟合情况尚可。
绝对拟合优度指标	GFI	>0.9,数值越接近于 1 模型拟合情况越好。
	RMSEA	<0.05 表明拟合度较好;<0.08 表明拟合情况可以接受。
	AGFI	>0.9,数值越接近于 1 模型拟合情况越好。
	SRMR	<0.05 表明拟合度较好;<0.08 表明拟合情况可以接受。
比较拟合优度指标	CFI	>0.9,数值越接近于 1 模型拟合情况越好。
	NFI	>0.9,数值越接近于 1 模型拟合情况越好。
	TLI	>0.9,数值越接近于 1 模型拟合情况越好。
	IFI	>0.9,数值越接近于 1 模型拟合情况越好。

4.1.2 初始量表的形成与修订

初始量表题项的生成与筛选。本文按照上述原则和流程编制和修订设定的量表开发任务。首先,通过研读国内外相关文献,整理出上述研究变量的概念结构和操作化定义,生成可用的测量语句。本文量表题项的第二个来源是根据对城市居民深度访谈内容的提炼,并作为对文献中原始题项进行本土化修改的重要依据。初始题项中源自外文文献的,由两位硕士以上学历的英语老师翻译完成,并采取翻译—回译技术,确保原始指标含义的精确表达。为了实现量表契合本土绿色消费情境,在咨询专家和典型城市居民的基础上,本文对原始题项的表述方式进行了针对性修订。

通过文献回顾和前文的质性研究可以发现,在绿色消费情境中,社会影响因素具有多样性和时代性,因而是多维度的,且与其他研究情境和研究对象存在一定差异。为此,本研究中绿色购买行为及其驱动因素测量工具中的原始指标主要通过两种方式获得,如表 4-2 所示。第一,本文广泛参考国内外相关研究文献,充分把握变量的定义、内容、边界和测量水平,整理出备选的测量条目,再结合本土化语境和绿色研究情境,参照前文城市居民深度访谈资料进行修改。第二,根据变量的内容和结构进行操作化定义,结合深度访谈内容和专家建议,对量表题项进行自行开发[94,278]。为了确保生成的测量题项的内容效度和语言表述的精确性与通俗易懂,在借鉴相关研究的基础上,我们通过专家咨询和城市居民访谈对量表题项与欲测内容的契合度进行系统的比较判断。完成初始题项的首轮修改后,我们再次邀请2名消费者行为领域的专家从理论和实践意义层面对测量工具的内容效度和结构效度进行评估检验,最终完成初始量表设计[41]。

表 4-2　　　　　　　初始量表的测量题项与文献来源

研究变量	维度或类别	测量题项	数据来源	题项参考文献
购买者属性	性别	Q1	问卷调查	Cheung 和 To (2019)[191],Chiu 等 (2019)[279],Joshi 和 Rahman (2019)[280],贺爱忠等 (2011)[4],陈飞宇 (2018)[41],自行开发
	月均收入	Q2	问卷调查	
	婚姻状况	Q3	问卷调查	
	受教育程度	Q4	问卷调查	
	职业状况	Q5	问卷调查	
	年龄	Q6	问卷调查	
	组织性质	Q7	问卷调查	
	职位层级	Q8	问卷调查	
	常住城市	Q9		
	城市等级	手工完成赋值	根据《2020城市商业魅力排行榜》手工进行分为五类城市	
	城市地理区域	手工完成赋值	以秦岭-淮河线分布手工赋值(1=南方,2=北方)	
绿色购买行为	绝对绿色购买行为	Q12-1 ~ Q12-4	问卷调查	Lee (2008)[58],Yang 和 Zhang (2020)[21],Suki 和 Suki (2019)[176],Moon 等 (2019)[22],Hosta 和 Zabkar (2020)[184],Jaiswal 和 Kant (2018)[88],Sharma 和 Foropon (2019)[93],Sharma 和 Joshi (2017)[92],自行开发
	条件绿色购买行为	Q12-5 ~ Q12-8	问卷调查	
	随机绿色购买行为	Q12-9 ~ Q12-11	问卷调查	

续表

研究变量	维度或类别	测量题项	数据来源	题项参考文献
目标框架	功利目标框架	Q13-1 ~ Q13-6	问卷调查	Tang 等（2020）[62]，Lindenberg 和 Steg（2007, 2013）[96, 97]，Wang 等（2017）[32]，Chen 等（2014）[14]，Bias 和 Roy（2015）[46]，Lin 和 Niu（2018）[227]，杨贤传和张磊（2020）[98]，Yang 等（2020）[71]，自行开发
	享乐目标框架	Q13-7 ~ Q13-12	问卷调查	
	规范目标框架	Q13-13 ~ Q13-18	问卷调查	
内部刺激因素	环境意识	Q14-1 ~ Q14-5	问卷调查	Cheung 和 To（2019）[191]，Mishal 等（2017）[228]，Kautish 等（2019）[192]，Abu-Elsamen 等（2019）[281]，Xu 等（2020）[282]，自行开发
	自我认同	Q14-6 ~ Q14-12	问卷调查	Lee（2009）[74]，Whitmarsh 和 O'Neill（2010）[283]，Judge 等（2019）[29]，Ivanova 等（2019）[204]，Khare 和 Pandey（2017）[51]，Confente 等（2020）[284]，Werff 等（2013）[285]，自行开发
外部刺激因素	媒体曝光度	Q15-1 ~ Q15-4	问卷调查	王建明和贺爱忠（2011）[146]，Ivanova 等（2019）[204]，Lee（2010）[59]，Lee（2011）[40]，Yang 和 Zhang（2020）[21]，Trivedi 等（2018）[11]，Rahbar 和 Wahid（2011）[286]，Holbert 和 Stephenson（2003）[287]，自行开发
	媒体影响力	Q15-5 ~ Q15-8	问卷调查	
	家庭影响	Q15-9 ~ Q15-12	问卷调查	Lee（2010）[59]，Ivanova 等（2019）[204]，Strizhakova 等（2008）[288]，自行开发
	同辈影响	Q15-13 ~ Q15-17	问卷调查	Lee（2011）[40]，Suki 和 Suki（2019）[176]，Persaud 和 Schillo（2017）[28]，Lee（2009）[74]，Ivanova 等（2019）[204]，自行开发
社会心理情境因素	面子意识	Q16-1 ~ Q16-5	问卷调查	Wang 等（2019）[54]，Wang 等（2017）[32]，Qi 和 Ploeger（2019）[126]，Bao 等（2003）[33]，Zhang 等（2011）[289]，潘煜等（2009）[210]，自行开发
	转换成本	Q16-6 ~ Q16-9	问卷调查	Yang 和 Zhang（2020）[21]，Jones 等（2000）[212]，Yang 和 Peterson（2004）[213]，张初兵等（2011）[290]，自行开发

续表

研究变量	维度或类别	测量题项	数据来源	题项参考文献
社会心理情境因素	环境问题严重性感知	Q16-10 ~ Q16-14	问卷调查	Lee (2008, 2009)[58, 74], Moon 等 (2019)[22], Yang 和 Zhang (2020)[21], Wang 等 (2019)[54], Rahimah 等 (2020)[53], 自行开发
	环保行为有效性感知	Q16-15 ~ Q16-19	问卷调查	Trivedi 等(2018)[11], Lee(2008)[58], Lee 等(2014)[291], Joshi 和 Rahman (2019)[280], Jaiswal 和 Kant(2018)[88], Kautish 等(2019)[192], Andersch 等(2019)[150], Hosta 和 Zabkar(2020)[184], Yang 等(2020)[71], 自行开发
城市情境因素	经济发展水平	手工收集数据	2020 年对应省市《统计年鉴》和《生态环境状况公报》	杨思涵等（2020）[292]
	政府环保投入	手工收集数据		金殿臣等（2020）[293]
	空气质量	手工收集数据		盛光华等（2020）[294]
	水资源丰富度	手工收集数据		统计年鉴指标
	城市创新度	手工收集数据		凌华等（2020）[295]
	城市噪声污染	手工收集数据		统计年鉴指标

本研究是对我国城市居民绿色购买行为驱动机理进行系统研究，同时探索绿色购买动机—行为偏差的复杂成因。文中构建的理论模型涵盖的研究变量较多，对应的题项总数也较多，为此，研究问卷将分为 6 个部分，做到结构合理。问卷第一部分对调研目的做出解释，强调数据的学术性；考虑到部分居民由于环境知识匮乏可能造成对问卷部分问项在理解上存在偏差，本文对部分问项做出了简要的介绍和描述[191]。第二至第五部分为研究变量对应的测量题项。第六部分为购买者属性问项，分别为人口统计特征、组织统计特征和城市统计特征。初始问卷共计近 100 项。本文研究变量对应的测量题项及测量方式如下：

①绿色购买行为题项设计。绿色购买行为主要参考和比较了表 4-2 所列的研究文献，以及自行设计与修订。同时，借鉴 Sharma 和 Joshi (2017) 对绿色购买行为的多维度重构和内涵界定，将其划分为绝对绿色购买行为、条件绿色购买行为和随机绿色购买行为。绿色购买行为共计 11 个指标，其中绝对绿色购买行为包含 4 个题项；4 个题项测量条件绿色购买行为；3 个题项测量随机绿色购买行为。该变量的三个维度均使用 Likert 7 级量表法，1 = 非常不同意或从来没有，7 = 非常同意或总是，要求受访者根据自己的亲身经历和真实体会进行评价和判断。

②目标框架题项设计。目标框架主要参考了和比较了表4-2所列的研究文献，以及自行开发；同时，根据部分文献对目标框架的内涵界定设计了21个测量题项。其中功利目标框架8个测量指标，享乐目标框架7个测量指标，规范目标框架6个测量指标。所有测量题项均采用Likert7级量表法，1=非常不同意，7=非常同意，要求受访者根据自己的亲身经历和真实体会进行评价和判断，得分越高说明受访者的相应目标动机就越强烈。

③内部刺激因素。

A. 环境意识题项设计。环境意识参考了表4-2中所列的研究文献，以及自行开发。通过研究对象和研究情境的契合度审视，一共设计了5个测量题项。该变量所有题项均采用Likert7级量表法，1=非常不同意，7=非常同意，要求受访者根据自己的实际感受和体会进行评价和判断，得分越高说明受访者自我感知的环境意识就强烈。

B. 自我认同题项设计。自我认同参考了表4-2中所列研究文献中学者使用的相关测量指标，以及自行设计。绿色消费情境化后，一共设计了7个测量题项。该变量所有题项均采用Likert7级量表法，1=非常不同意，7=非常同意，要求受访者根据自己的实际感受和体会进行评价和判断，得分越高说明受访者自我认同感越强烈。

④外部刺激因素——社会影响题项设计。根据扎根理论分析结果，本文认为绿色消费情境中的社会影响主要包含媒体形塑（媒体曝光度形塑和媒体影响力）、家庭影响和同辈影响等变量。其中媒体形塑量表设计时参考了表4-2中所列的研究文献，以及自行开发，初步保留了6个测量题项。家庭影响初始量表设计主要参考了学者使用的研究量表，一共选取出4个测量题项。同辈影响参考了学者使用的研究量表，一共设计了5个测量题项。该变量三个维度均使用Likert7级量表法，1=非常不同意或从来没有，7=非常同意或总是，要求受访者根据自己的亲身经历和真实体会进行评价和判断。

⑤社会心理情境因素。

A. 面子意识题项设计。面子意识参考了表4-2中所列学者的研究量表，以及自行开发，共设计出5个测量题项。该变量采用了Likert7级量表法，1=非常不同意，7=非常同意，要求受访者根据自己的实际感受和体会进行评价和判断，得分越高说明受访者自我感知的面子意识越强烈。

B. 转换成本题项设计。同理，转换成本参考了表4-2中所列中外学者使用的相关研究量表,以及自行开发,共设计出 4 个测量题项。该变量采用了 Likert7 级量表法,1 = 非常不同意,7 = 非常同意,要求受访者根据自己的实际感受和体会进行评价和判断,得分越高说明受访者自我感知的转换成本越高。

C. 环境问题严重性感知题项设计。环境问题严重性感知主要参考表 4 - 2 中所列学者使用的成熟量表,以及自行修订,共设计出 5 个测量题项。所有测量题项均采用 Likert7 级量表法,1 = 非常不同意,7 = 非常同意,要求受访者根据自己的亲身经历和真实体会进行评价和判断,得分越高说明受访者对环境问题严重性的感知越强烈。

D. 环保行为有效性感知题项设计。环保行为有效性感知对比和参考了表 4 - 2 中使用的"环境行为有效性感知"和"感知效力"量表,结合专家咨询和城市居民深度访谈的结果,本文对环保行为有效性感知的题项进行了本土化和绿色消费情境下的二次修订,设计出了 5 个测量题项。该变量采用 Likert7 级量表法,1 = 非常不同意,7 = 非常同意,要求受访者根据自己的实际感受和体会进行评价和判断,得分越高说明受访者自我感知的环保行为有效性就越强。

⑥城市情境因素。本文根据城市居民深度访谈和扎根理论研究结果,共萃取出了 6 个城市情境变量,分别是受访者所在城市的经济发展水平、政府环保投入、空气质量、水资源丰富度、城市创新度和噪声污染。城市经济发展水平参考杨思涵等(2020)[292]的研究,用城市人均 GDP 度量;政府环保投入参考金殿臣等(2020)[293]的研究,用地方政府节能环保支出加以度量;空气质量参考了盛光华等(2020)[294]的变量选取,综合考虑评价空气质量的评价体系,选取空气质量二级和好于二级的天数直接反映城市的实际空气状况;水资源丰富度直接采用《中国统计年鉴》和各省市《统计年鉴》中的人均水资源拥有量加以度量;城市创新度参考凌华等(2020)[295]的研究,选取专利授权量衡量区域创新能力;噪声污染直接采用《中国统计年鉴》和各省市《统计年鉴》中的道路噪声均值加以度量。

⑦购买者属性变量设计。购买者属性变量是针对受访者个人基本特征的调查,包括个人的人口统计特征、组织统计特征和所在城市统计特征三个方面。这三个方面的问项设计均参考了相关研究,并契合了本文的研究目的和研究情境。其中人口统计特征包括年龄、性别、受教育程度、婚姻、个人月收入和职业类型 6 个变量;组织统计特征包括组织性质和职位等级 2 个变量;城市统计特征主要是指城市等级和城市所属地理区域,本研究将城市分为五个等级,即

一线城市、新一线城市、二线城市、三线城市和四线及以下地级城市。

4.1.3 预调研与量表检验

相对于农村居民，城市居民面临的环境形势更为严峻，对环境恶化带来的伤害更为感同身受；城市居民拥有更为发达的信息网络，受教育程度相对较高，能够更易接受并准确理解问卷调查的内容；更为重要的是，截至2020年，城镇消费品零售额为 351 317 亿元，同期的乡村消费品零售额为 60 332 亿元，城镇消费规模是农村地区的 5.82 倍，城市绿色消费将是影响环境质量的主导力量，其行为也将对农村居民产生很强的示范引领作用。因此，本文将研究对象确定为城市居民。

初始量表设计完成后，我们将问卷发放给来自中东部城市的 30 名潜在受访者，根据填写结果和反馈的意见，对问卷题项的表述方式和语言精确性进行了再次验证和相应修改。绿色购买行为是一种典型的利他性行为，采用自陈报告测量容易产生社会赞许偏差，从而污染问卷答案[7,9,71,81,226]，为了克服这一偏差，本文在问卷末尾了设置 2 道筛选题项：一是要求受访者填写近 3 个月以来购买的一件或以上绿色产品的名称；二是要求受访者填写近 3 个月以来购买绿色产品所花费的金额[21]，用于侦测可疑样本[35,37]。如果受访者填写的购买金额为 0 或者接近 0，而自我报告积极践行了绿色购买行为（构面得分大于或等于 5，本文采用 7 点计分法），可以认定为典型的社会赞许偏差，该样本予以删除；相反，如果受访者填写的购买金额为 0 或者接近 0，同时，受访者自我报告消极应对绿色购买活动（构面得分小于 4）或者呈模棱两可状态（构面得分大于 4，小于 5），那么这正好说明受访者言行基本一致，没有明显的社会赞许偏差，此为有效样本；另外，如果受访者填写的产品不是绿色产品而且填写的购买金额不为 0，而自我报告积极践行了绿色购买行为（构面得分大于或等于 5），那么这属于受访者对绿色消费活动存在主观认知偏差或者是社会赞许偏差，这些样本将予以删除（包括两个筛选题项回答内容自身存在矛盾等其他逻辑错误的情况）。通过问卷甄别，一定程度上改进了部分研究完全听信受访者自我报告绿色购买行为的缺陷。本研究在预试和正式调查阶段均将采取此过程控制策略。最后，本文将在条件允许的情况下，通过微信、电话或者 QQ 对部分受访者进行二次回访，要求对方出示或回答直接的绿色购买证据。

本文将问卷放置在"问卷网"平台,通过 Wechat 和 QQ 进行发放。在预调查和随后的正式调查阶段,在线问卷发放都不搞随意"滚雪球",而是在确认对方真实身份的前提下再将电子问卷发送给受访者,并鼓励其将链接发送到单位工作群。预调查于 2020 年 6 月底完成,共收回样本 504 份。本文预调查和正式调查阶段的问卷筛选标准是:第一,根据绿色购买行为构面的均值和受访者填写的绿色消费产品与金额进行判断,甄别出存在社会赞许偏差和绿色认知偏差的样本;第二,如果受访者不是城市居民;第三,问卷答案明显无变异,只要满足其中任何一条标准,就删除该样本。其中,对回答无变异的样本,部分学者采用连续 8 题无变异即删除的策略[41, 94],考虑到本研究的问卷没有设置反向题,对 8 题以上回答无变异的样本,将交由邀请的专家进行研判,最终决定删除或者保留。最终,预调查共收回有效样本 419 份,有效率 81.04%。根据吴明隆(2016)[296]的建议,预试样本人数若为量表题项总数的 5~10 倍,则探索性因子分析结构的因子结构会较为稳定,并且样本量越大越有利于量表检验[41];Hair et al.(2010)[270]则认为预试样本应该以问卷中最大构念题项数的 5~20 倍为参照标准进行抽样。本文初始量表中的目标框架量表为最大分量表,包含 21 个题项。本文预试获取的有效样本量为 419 份,约等于最大分量表所含题项数(21 项)的 20 倍,因此,本研究预试的样本量符合科学研究要求。

初始量表检验阶段,本研究将运用 SPSS 25.0 进行两项工作,第一,进行量表项目的鉴别力(区分度)分析,删除不具有鉴别力的题项。为此,将每一个潜变量对应的所有题项分别加总或平均,找出 27 和 73 分位数的临界值,据此将数据分为低分组和高分组两群,然后分别进行每一潜变量对应题项高低两组的独立样本 T 检验,如果结果显示均值差异显著($P<0.05$)则表示题项具有鉴别度。第二,进行初始量表的信度和效度检验。考虑到本研究所有分量表均是通过多个问项测量对应的构面,将采用内部一致性信度(Internal Consistency Reliability)来评估量表内部指标之间的同质性。

从实务上来看,受访者、调查时机、调研人员、测量工具以及测量环境都会影响到量表的信度检验结果,研究者通常会根据信度和效度检验的结果进行综合判断,最终确定题项的保留与删除。就信度和效度的关系来看,信度低则效度不可能高;信度高效度未必高。信度是效度的必要而非充分条件,效度则是信度的充分条件而非必要条件。因此,本文初始量表的题项将根据信效度检验结果和专家意见进行取舍。此外，效度检验方面，本文预试阶段将根据探索性因子分析结果检验建构效度，具体分为收敛效度和区分效度。

（1）初始量表的区别度检验。

①绿色购买行为初始量表的区分度检验。本文将绿色购买行为三个维度的 11 个题项分别取总和，然后找出 27 和 73 分位数临界点的观察值，再根据总和将排名最高的前 27% 作为高分组，总分最低的后 27% 作为低分组[297]，然后对高分组和低分组进行独立样本 T 检验，最后对未达显著性水平的题项予以删除。如表 4 - 3 所示，检验结果显示所有题项的高低两组均值都具有显著差异，表明所有题项区分度通过检验，初始量表的所有题项均可以进入后续的信度分析和探索性因子分析。

表 4 - 3　城市居民绿色购买行为初始量表题项区分度检验结果（N = 419，下同）

题项	平均值相等性的 T 检验				描述性统计			
	T 值	自由度	P 值	平均值差值	组别	个数	平均值	标准偏差
APB1	-9.745	234	0.000	-1.645	低分组	114	3.789	1.392
	-9.696	223.627	0.000	-1.645	高分组	122	5.434	1.199
APB2	-14.370	234	0.000	-1.872	低分组	114	4.079	1.256
	-14.104	171.138	0.000	-1.872	高分组	122	5.951	0.679
APB3	-12.576	234	0.000	-1.709	低分组	114	4.193	1.261
	-12.389	186.962	0.000	-1.709	高分组	122	5.902	0.786
APB4	-13.801	234	0.000	-1.827	低分组	114	4.140	1.240
	-13.584	183.277	0.000	-1.827	高分组	122	5.967	0.749
CPB1	-10.958	234	0.000	-1.533	低分组	114	4.877	1.390
	-10.722	158.070	0.000	-1.533	高分组	122	6.410	0.652
CPB2	-13.841	234	0.000	-2.031	低分组	114	4.395	1.479
	-13.523	151.862	0.000	-2.031	高分组	122	6.426	0.642
CPB3	-14.432	234	0.000	-1.619	低分组	114	4.807	1.096
	-14.146	165.508	0.000	-1.619	高分组	122	6.426	0.559
CPB4	-11.653	234	0.000	-1.489	低分组	114	5.044	1.272
	-11.400	157.327	0.000	-1.489	高分组	122	6.533	0.592
OPB1	-13.273	234	0.000	-1.789	低分组	114	4.219	1.267
	-13.059	181.721	0.000	-1.789	高分组	122	6.008	0.755
OPB2	-6.325	234	0.000	-1.109	低分组	114	3.956	1.313
	-6.335	233.903	0.000	-1.109	高分组	122	5.066	1.377
OPB3	-8.156	234	0.000	-1.462	低分组	114	3.711	1.355
	-8.164	233.642	0.000	-1.462	高分组	122	5.172	1.395

②目标框架初始量表的区分度检验。具体检验流程同上,本文对包含 21 个题项的目标框架量表进行区分度检验。结果如表 4-4 所示,所有题项的高分组和低分组独立样本 T 检验均达到了显著性差异水平,通过了区分度检验。因此,所有题项均可予以保留,并进行后续的信度分析和探索性因子分析。

表 4-4　　目标框架初始量表题项区分度检验结果

题项	平均值相等性的 T 检验				描述性统计			
	T 值	自由度	P 值	平均值差值	组别	个数	平均值	标准偏差
GGF1	-18.220	227	0.000	-2.346	低分组	118	3.483	1.036
	-18.296	225.734	0.000	-2.346	高分组	111	5.829	0.903
GGF2	-14.351	227	0.000	-2.405	低分组	118	3.000	1.125
	-14.255	210.719	0.000	-2.405	高分组	111	5.405	1.404
GGF3	-18.617	227	0.000	-2.269	低分组	118	3.695	0.983
	-18.698	225.522	0.000	-2.269	高分组	111	5.964	0.852
GGF4	-15.332	227	0.000	-2.088	低分组	118	3.831	1.179
	-15.485	212.167	0.000	-2.088	高分组	111	5.919	0.844
GGF5	-17.397	227	0.000	-2.269	低分组	118	3.695	1.121
	-17.560	214.169	0.000	-2.269	高分组	111	5.964	0.819
GGF6	-12.939	227	0.000	-2.108	低分组	118	3.576	1.243
	-12.946	226.574	0.000	-2.108	高分组	111	5.685	1.221
GGF7	-17.016	227	0.000	-2.074	低分组	118	4.025	1.066
	-17.200	208.924	0.000	-2.074	高分组	111	6.099	0.738
GGF8	-14.812	227	0.000	-1.747	低分组	118	4.280	1.061
	-15.011	198.617	0.000	-1.747	高分组	111	6.027	0.667
HGF1	-14.606	227	0.000	-1.908	低分组	118	4.110	1.160
	-14.785	203.463	0.000	-1.908	高分组	111	6.018	0.763
HGF2	-15.303	227	0.000	-1.964	低分组	118	4.136	1.109
	-15.454	212.632	0.000	-1.964	高分组	111	6.099	0.797
HGF3	-14.163	227	0.000	-1.737	低分组	118	4.398	1.079
	-14.325	206.837	0.000	-1.737	高分组	111	6.135	0.732
HGF4	-19.983	227	0.000	-2.212	低分组	118	4.076	0.988
	-20.238	201.537	0.000	-2.212	高分组	111	6.288	0.638

续表

题项	平均值相等性的 T 检验				描述性统计			
	T 值	自由度	P 值	平均值差值	组别	个数	平均值	标准偏差
HGF5	-13.400	227	0.000	-1.959	低分组	118	3.915	1.166
	-13.448	226.287	0.000	-1.959	高分组	111	5.874	1.037
HGF6	-17.212	227	0.000	-2.038	低分组	118	4.178	1.099
	-17.494	184.934	0.000	-2.038	高分组	111	6.216	0.609
HGF7	-14.676	227	0.000	-2.443	低分组	118	3.314	1.238
	-14.661	224.966	0.000	-2.443	高分组	111	5.757	1.281
NGF1	-11.986	227	0.000	-1.323	低分组	118	4.975	1.050
	-12.214	172.544	0.000	-1.323	高分组	111	6.297	0.515
NGF2	-14.811	227	0.000	-1.781	低分组	118	4.390	1.133
	-15.076	177.726	0.000	-1.781	高分组	111	6.171	0.586
NGF3	-12.364	227	0.000	-1.564	低分组	118	4.661	1.186
	-12.579	180.147	0.000	-1.564	高分组	111	6.225	0.628
NGF4	-17.749	227	0.000	-2.058	低分组	118	4.203	1.106
	-18.091	171.088	0.000	-2.058	高分组	111	6.261	0.534
NGF5	-18.077	227	0.000	-2.202	低分组	118	3.915	1.059
	-18.264	210.881	0.000	-2.202	高分组	111	6.117	0.748
NGF6	-8.185	227	0.000	-1.163	低分组	118	5.161	1.307
	-8.312	189.033	0.000	-1.163	高分组	111	6.324	0.753

③环境意识初始量表的区别度检验。继续对包含 5 个题项的环境意识量表进行区分度检验。结果如表 4-5 所示，所有题项的高分组（后 73%）和低分组（前 27%）独立样本 T 检验均达到了显著性差异水平，通过了区分度检验。因此，所有题项均予以保留，并以此进行后续的信度分析和探索性因子分析。

表 4-5　环境意识初始量表题项区分度检验结果

题项	平均值相等性的 T 检验				描述性统计			
	T 值	自由度	P 值	平均值差值	组别	个数	平均值	标准偏差
EC1	-16.672	226	0.000	-1.915	低分组	112	4.714	1.110
	-16.490	158.834	0.000	-1.915	高分组	116	6.629	0.536
EC2	-18.384	226	0.000	-1.898	低分组	112	4.955	1.043
	-18.137	138.905	0.000	-1.898	高分组	116	6.853	0.379

续表

题项	平均值相等性的 T 检验				描述性统计			
	T 值	自由度	P 值	平均值差值	组别	个数	平均值	标准偏差
EC3	-15.530	226	0.000	-1.907	低分组	112	4.946	1.265
	-15.303	130.113	0.000	-1.907	高分组	116	6.853	0.379
EC4	-14.490	226	0.000	-1.251	低分组	112	5.732	0.920
	-14.247	115.328	0.000	-1.251	高分组	116	6.983	0.131
EC5	-13.691	226	0.000	-1.552	低分组	112	5.250	1.135
	-13.514	142.890	0.000	-1.552	高分组	116	6.802	0.442

④自我认同初始量表的区别度检验。本文对包含 7 个题项的自我认同量表进行区分度检验。结果如表 4-6 所示，对所有题项的高分组和低分组进行独立样本 T 检验后，显示均达到了显著性差异水平，通过了区分度检验。因此，保留所有题项，并以此进行后续的信度分析和探索性因子分析。

表 4-6　　自我认同初始量表题项区分度检验结果

题项	平均值相等性的 T 检验				描述性统计			
	T 值	自由度	P 值	平均值差值	组别	个数	平均值	标准偏差
SID1	-15.282	242	0.000	-1.767	低分组	123	4.390	1.106
	-15.346	194.721	0.000	-1.767	高分组	121	6.157	0.633
SID2	-19.378	242	0.000	-2.280	低分组	123	3.967	1.108
	-19.451	202.003	0.000	-2.280	高分组	121	6.248	0.674
SID3	-14.435	242	0.000	-1.616	低分组	123	4.756	1.111
	-14.510	176.187	0.000	-1.616	高分组	121	6.372	0.534
SID4	-14.929	242	0.000	-1.957	低分组	123	4.407	1.317
	-15.011	169.901	0.000	-1.957	高分组	121	6.364	0.592
SID5	-18.788	242	0.000	-2.006	低分组	123	4.358	1.065
	-18.887	173.957	0.000	-2.006	高分组	121	6.364	0.500
SID6	-20.110	242	0.000	-2.739	低分组	123	3.220	1.184
	-20.150	230.284	0.000	-2.739	高分组	121	5.959	0.926
SID7	-16.138	242	0.000	-1.810	低分组	123	4.528	1.104
	-16.217	180.832	0.000	-1.810	高分组	121	6.339	0.556

⑤社会影响初始量表的区分度检验。本文对包含 15 个题项的社会影响量表进行区分度检验，结果如表 4-7 所示。对 15 个题项的高分组和低分组

进行独立样本 T 检验后，显示均达到了显著性差异水平，区分度检验通过。因此，保留所有题项，并以此进行后续的信度分析和探索性因子分析。

表 4-7　社会影响初始量表题项区分度检验结果

题项	平均值相等性的 T 检验				描述性统计			
	T 值	自由度	P 值	平均值差值	组别	数字	平均值	标准偏差
MEF1	-10.753	221	0.000	-1.484	1.00	112	3.723	1.006
	-10.751	220.325	0.000	-1.484	2.00	111	5.207	1.054
MEF2	-11.995	221	0.000	-1.608	1.00	112	3.509	1.048
	-12.000	219.294	0.000	-1.608	2.00	111	5.117	0.951
MEF3	-13.238	221	0.000	-1.874	1.00	112	3.036	1.013
	-13.233	219.169	0.000	-1.874	2.00	111	4.910	1.100
MEF4	-11.061	221	0.000	-1.555	1.00	112	3.652	1.054
	-11.061	221.000	0.000	-1.555	2.00	111	5.207	1.045
MES1	-11.299	221	0.000	-1.454	1.00	112	4.411	1.053
	-11.309	213.040	0.000	-1.454	2.00	111	5.865	0.858
MES2	-11.834	221	0.000	-1.465	1.00	112	4.652	1.113
	-11.858	184.707	0.000	-1.465	2.00	111	6.117	0.684
FAI1	-12.511	221	0.000	-1.836	1.00	112	3.839	1.197
	-12.522	213.636	0.000	-1.836	2.00	111	5.676	0.983
FAI2	-12.304	221	0.000	-1.818	1.00	112	3.830	1.215
	-12.316	212.153	0.000	-1.818	2.00	111	5.649	0.978
FAI3	-11.481	221	0.000	-1.922	1.00	112	3.348	1.176
	-11.475	217.609	0.000	-1.922	2.00	111	5.270	1.321
FAI4	-16.324	221	0.000	-2.222	1.00	112	3.679	1.202
	-16.354	191.420	0.000	-2.222	2.00	111	5.901	0.786
PI1	-15.957	221	0.000	-1.946	1.00	112	3.973	1.044
	-15.979	201.905	0.000	-1.946	2.00	111	5.919	0.752
PI2	-17.579	221	0.000	-2.178	1.00	112	3.795	1.015
	-17.595	212.915	0.000	-2.178	2.00	111	5.973	0.825
PI3	-19.349	221	0.000	-2.125	1.00	112	3.830	0.889
	-19.364	214.897	0.000	-2.125	2.00	111	5.955	0.743
PI4	-12.174	221	0.000	-1.599	1.00	112	4.446	1.097
	-12.188	208.440	0.000	-1.599	2.00	111	6.045	0.846
PI5	-16.096	221	0.000	-2.143	1.00	112	3.821	1.076
	-16.109	215.250	0.000	-2.143	2.00	111	5.964	0.904

⑥面子意识初始量表的区分度检验。在进行探索性因子分析之前,本文对包含5个题项的面子意识量表进行区分度检验,结果如表4-8所示。对5个题项的高分组和低分组分别进行独立样本T检验后,显示它们均达到了显著性差异水平,区分度检验通过。因此,保留所有题项,并以此进行后续的信度分析和探索性因子分析。

表4-8　　　　面子意识初始量表题项区分度检验结果

题项	平均值相等性的 T 检验				描述性统计			
	T值	自由度	P值	平均值差值	组别	个数	平均值	标准偏差
FC1	-13.763	242	0.000	-2.373	低分组	126	3.746	1.683
	-14.035	187.412	0.000	-2.373	高分组	118	6.119	0.849
FC2	-30.815	242	0.000	-3.491	低分组	126	2.373	0.961
	-31.007	238.367	0.000	-3.491	高分组	118	5.864	0.794
FC3	-28.978	242	0.000	-3.401	低分组	126	2.294	0.904
	-28.952	239.907	0.000	-3.401	高分组	118	5.695	0.929
FC4	-25.415	242	0.000	-3.092	低分组	126	2.484	1.002
	-25.513	241.357	0.000	-3.092	高分组	118	5.576	0.891
FC5	-19.010	242	0.000	-2.677	低分组	126	1.984	0.800
	-18.712	187.811	0.000	-2.677	高分组	118	4.661	1.347

⑦转换成本初始量表的区分度检验。本文对包含4个题项的转换成本量表进行区分度检验,结果如表4-9所示。对4个题项的高分组和低分组分别进行独立样本T检验后,显示它们均达到了显著性差异水平,区分度检验通过。因此,保留所有题项。

表4-9　　　　转换成本初始量表题项区分度检验结果

题项	平均值相等性的 T 检验				描述性统计			
	T值	自由度	P值	平均值差值	组别	个数	平均值	标准偏差
SC1	-18.141	243	0.000	-2.738	低分组	132	2.598	1.158
	-18.092	234.422	0.000	-2.738	高分组	113	5.336	1.200
SC2	-27.874	243	0.000	-3.152	低分组	132	2.379	0.861
	-27.760	232.909	0.000	-3.152	高分组	113	5.531	0.907
SC3	-16.823	243	0.000	-2.537	低分组	132	2.932	1.326
	-17.220	237.677	0.000	-2.537	高分组	113	5.469	0.973
SC4	-25.057	243	0.000	-2.935	低分组	132	2.402	0.923
	-25.102	238.761	0.000	-2.935	高分组	113	5.336	0.902

⑧环境问题严重性感知初始量表的区分度检验。在进行探索性因子分析之前,本文对包含5个题项的环境问题严重性感知量表进行区分度检验,结果如表4-10所示。对5个题项的高分组和低分组分别进行独立样本T检验后,显示它们均达到了显著性差异水平,区分度检验通过。因此,保留所有题项。

表4-10　环保问题严重性感知初始题项区分度检验结果

题项	平均值相等性的T检验				描述性统计			
	T值	自由度	P值	平均值差值	组别	个数	平均值（E）	标准偏差
PSEP1	-17.360	242	0.000	-2.223	低分组	131	4.511	1.297
	-18.408	164.133	0.000	-2.223	高分组	113	6.735	0.444
PSEP2	-16.582	242	0.000	-1.691	低分组	131	5.008	0.981
	-17.323	198.731	0.000	-1.691	高分组	113	6.699	0.498
PSEP3	-21.266	242	0.000	-2.739	低分组	131	3.695	1.189
	-21.991	219.798	0.000	-2.739	高分组	113	6.434	0.730
PSEP4	-17.250	242	0.000	-2.002	低分组	131	4.733	1.149
	-18.170	179.788	0.000	-2.002	高分组	113	6.735	0.482
PSEP5	-18.929	242	0.000	-2.449	低分组	131	3.985	1.209
	-19.632	214.180	0.000	-2.449	高分组	113	6.434	0.706

⑨环保行为有效性感知初始量表的区分度检验。本文对包含5个题项的环保行为有效性感知量表进行区分度检验,结果如表4-11所示。对5个题项的高分组和低分组分别进行独立样本T检验后,显示它们均达到了显著性差异水平,区分度检验通过。因此,保留所有题项。

表4-11　环保行为有效性感知初始量表题项区分度检验结果

题项	平均值相等性的T检验				描述性统计			
	T值	自由度	P值	平均值差值	组别	个数	平均值	标准偏差
PEEB1	-11.104	235	0.000	-1.249	低分组	113	5.283	1.138
	-10.760	150.799	0.000	-1.249	高分组	124	6.532	0.501
PEEB2	-12.558	235	0.000	-1.517	低分组	113	4.805	1.156
	-12.262	173.905	0.000	-1.517	高分组	124	6.323	0.657
PEEB3	-17.507	235	0.000	-2.002	低分组	113	4.345	1.132
	-17.015	159.702	0.000	-2.002	高分组	124	6.347	0.556
PEEB4	-22.242	235	0.000	-2.566	低分组	113	3.442	1.085
	-21.765	180.835	0.000	-2.566	高分组	124	6.008	0.656
PEEB5	-20.748	235	0.000	-2.697	低分组	113	3.593	1.293
	-20.153	157.787	0.000	-2.697	高分组	124	6.290	0.622

(2) 初始量表的信度检验。吴明隆（2016）[296]指出，开发者在进行信度检验时，除了检验各维度的内部一致性系数外，还应该报告分量表全部指标的内部一致性系数。其中绿色购买行为初始量表包含 11 个测量题项（三个维度），运用 SPSS25.0 进行信度检验后的结果如表 4-12 所示，量表的总体信度系数 Cronbach's α 值达到 0.764 的良好水平，其中绝对绿色购买行为和条件购买行为的 Cronbach's α 系数分别为 0.750 和 0.846，各题项对总体的相关系数（Corrected Item - Total Correlation，简称 CITC）均大于 0.3，删除任一题项后的 Cronbach's α 系数值均无明显提高。随机绿色购买行为的 Cronbach's α 值为 0.663，仍处于一般探索性研究中的较好水平，明显高于构念先导性测量建议的 0.5 阈值[298]，但是没有超过 0.7；校正项与总体的相关系数也处于可接受的水平，删除任一题项后的 Cronbach's α 系数值均无明显提高。由于绿色购买行为部分量表题项修订与开发参考了外文文献的操作性定义，其施测环境和对象均与国内存在一定差异，为此，本文将根据后续的效度检验结果，再次检查和完善题项的表述方式和翻译的精确性；同时，还将根据绿色消费领域的专家意见做出进一步改进、判断和取舍。

表 4-12　　　　　　　初始量表的信度分析结果

维度	题项数	删除题项后的 α 系数	题项与总体的相关系数	各维度的 α 系数
绝对绿色购买行为（APB）	4	0.655 ~ 0.779	0.413 ~ 0.612	0.750
条件绿色购买行为（CPB）	4	0.799 ~ 0.811	0.670 ~ 0.707	0.846
随机绿色购买行为（OPB）	3	0.461 ~ 0.694	0.369 ~ 0.547	0.663
功利目标框架（GGF）	8	0.874 ~ 0.891	0.583 ~ 0.773	0.896
享乐目标框架（HGF）	7	0.860 ~ 0.894	0.528 ~ 0.748	0.885
规范目标框架（NGF）	6	0.841 ~ 0.876	0.575 ~ 0.782	0.879
环境意识（EC）	5	0.722 ~ 0.775	0.495 ~ 0.588	0.791
自我认同（SID）	7	0.813 ~ 0.840	0.577 ~ 0.704	0.847
媒体曝光度（MEF）	4	0.784 ~ 0.858	0.602 ~ 0.785	0.858
媒体影响力（MES）	2	—	—	0.701
家庭影响（FAI）	4	0.756 ~ 0.850	0.562 ~ 0.772	0.841
同辈影响（PI）	5	0.815 ~ 0.871	0.529 ~ 0.764	0.864
面子意识（FC）	5	0.793 ~ 0.859	0.496 ~ 0.746	0.849

续表

维度	题项数	删除题项后的α系数	题项与总体的相关系数	各维度的α系数
转换成本（SC）	4	0.731~0.841	0.530~0.768	0.828
环境问题严重性感知（PSEP）	5	0.788~0.817	0.614~0.715	0.838
环保行为有效性感知（PEEB）	5	0.695~0.775	0.386~0.644	0.771

目标框架量表共计21个题项（三个维度），信度分析结果显示，量表的总体信度系数Cronbach's α值达到0.942的极佳水平，功利目标框架、享乐目标框架和规范目标框架的Cronbach's α系数分别为0.896、0.885和0.879，各题项对总体的相关系数（Corrected Item-Total Correlation，简称CITC）均大于0.3，删除任一题项后的Cronbach's α系数值均无明显改善。说明目标框架初始量表的内部一致性较好。

环境意识初始量表包含5个题项，信度系数Cronbach's α系数值为0.791，删除任何题项后的Cronbach's α系数值均无明显改善；各题项对总体的相关系数CITC值大于0.3，说明该测量工具具有良好的稳定性和一致性。

自我认同初始量表包含7个题项，它的Cronbach's α值为0.847，删除任何题项后的Cronbach's α系数值均无明显改善；各题项对总体的相关系数CITC值大于0.3，表明该量表通过信度检验。

社会影响中的媒体（绿色）形塑包含6个题项（媒体曝光度4题，媒体影响力2题），家庭影响4个题项，同辈影响5个题项。媒体绿色形塑分量表总体信度系数Cronbach's α系数值为0.817，媒体曝光度、媒体影响力、家庭影响和同辈影响的Cronbach's α系数值分别为0.858、0.701、0.841和0.864；删除任何题项后的Cronbach's α系数值均无明显改善；各题项对总体的相关系数CITC值大于0.3，说明该测量工具具有良好的稳定性和一致性。

量表测量的调节变量包含面子意识、转换成本、环境问题严重性感知和环保行为有效性感知，共计19个测量指标。面子意识、转换成本、环境问题严重性感知和环保行为有效性感知四个初始量表的信度系数Cronbach's α系数值分别为0.849、0.828、0.838和0.771，删除任何题项后的Cronbach's α系数值均无明显改善；各题项对总体的相关系数CITC值大于0.3，说明该测量工具具有良好的稳定性和一致性。

(3) 初始量表的效度检验。

①绿色购买行为量表。在进行探索性因子分析之前,在执行探索性因子分析先进行因子分析的适合度检验,结果如表 4-13 和表 4-14 所示。取样足够度的 KMO(Kaiser - Meyer - Olkin)系数为 0.794,Bartlett 球形检验的卡方值为 1 515.518,球度检验的 $P < 0.001$,拒绝相关矩阵为单位阵的原假设,证实该量表适合进行因子分析。对绿色购买行为量表进行探索性因子分析,运用主成分法进行最大方差法正交旋转提取了特征根大于 1 的公共因子 3 个,该公共因子对总方差变异量的解释率达到了 64.738%,因子探索的结果与预期的理论和维度划分吻合,体现了较好的建构效度。

表 4-13 绿色购买行为初始量表的 KMO 和巴特利特检验

取样适切性量数的 Kaiser - Meyer - Olkin 度量		0.794
Bartlett 的球形度检验	上次读取的卡方	1 515.518
	自由度	55
	显著性	0.000

表 4-14 绿色购买行为初始量表因子解释的总方差

成分	初始特征值			提取载荷平方和			旋转载荷平方和		
	总计	方差百分比	累积 %	总计	方差百分比	累积 %	总计	方差百分比	累积 %
1	3.734	33.947	33.947	3.734	33.947	33.947	2.962	26.930	26.930
2	1.766	16.050	49.997	1.766	16.050	49.997	2.355	21.413	48.342
3	1.621	14.741	64.738	1.621	14.741	64.738	1.804	16.395	64.738
4	0.783	7.114	71.852						
5	0.608	5.528	77.380						
6	0.525	4.777	82.157						
7	0.478	4.343	86.500						
8	0.453	4.116	90.616						
9	0.393	3.570	94.186						
10	0.354	3.221	97.407						
11	0.285	2.593	100.000						

如表 4-15 所示,转轴后的成分矩阵中,所有测量题项均分布在所属的 3 个潜变量代表的因子内,且所有题项在各自潜在构面的标准化因子载荷值

均大于 0.6，表明潜在构面具有良好的聚合效度。同时，所有测量指标在其他潜在构面上的交叉载荷值均小于 0.4，说明构面间的区别效度良好。因此，初始量表的结构效度通过检验。

表 4-15　绿色购买行为初始量表正交旋转后的因子载荷矩阵

题项	1	2	3
CPB2	0.829	0.075	0.112
CPB4	0.816	0.068	0.055
CPB3	0.808	0.192	-0.037
CPB1	0.780	0.258	-0.016
APB2	0.205	0.776	0.054
APB3	0.193	0.772	-0.020
APB4	0.304	0.758	-0.032
APB1	-0.095	0.673	0.161
OPB3	-0.094	0.094	0.842
OPB2	-0.008	-0.007	0.818
OPB1	0.396	0.080	0.616

②目标框架量表。如表 4-16 和表 4-17 所示，目标框架量表因子分析的适合度检验结果显示，取样足够度的 KMO（Kaiser - Meyer - Olkin）系数为 0.941，Bartlett 球形检验的卡方值为 5 476.264，球度检验的 $P < 0.001$，拒绝相关矩阵为单位阵的原假设，证实该量表适合进行因子分析。对目标框架量表进行探索性因子分析，运用主成分法进行最大方差法正交旋转提取了特征根大于 1 的公共因子 3 个，该公共因子对总方差变异量的解释率达到了 63.750%，因子探索的结果与预期的理论和维度划分吻合，初步体现了较好的建构效度。

表 4-16　目标框架初始量表的 KMO 和巴特利特检验

取样适切性量数的 Kaiser - Meyer - Olkin 度量		0.941
Bartlett 的球形度检验	上次读取的卡方	5 476.264
	自由度	210
	显著性	0.000

表 4-17　　目标框架初始量表因子解释的总方差

成分	初始特征值			提取载荷平方和			旋转载荷平方和		
	总计	方差百分比	累积 %	总计	方差百分比	累积 %	总计	方差百分比	累积 %
1	9.945	47.358	47.358	9.945	47.358	47.358	4.914	23.402	23.402
2	2.225	10.593	57.951	2.225	10.593	57.951	4.412	21.011	44.413
3	1.218	5.799	63.750	1.218	5.799	63.750	4.061	19.337	63.750
4	0.989	4.711	68.462						
5	0.646	3.078	71.540						
6	0.568	2.707	74.247						
7	0.555	2.642	76.889						
8	0.505	2.406	79.295						
9	0.483	2.300	81.595						
10	0.460	2.190	83.785						
11	0.439	2.091	85.876						
12	0.396	1.887	87.762						
13	0.377	1.793	89.556						
14	0.366	1.741	91.297						
15	0.334	1.590	92.887						
16	0.322	1.532	94.419						
17	0.282	1.344	95.763						
18	0.248	1.182	96.945						
19	0.237	1.128	98.073						
20	0.212	1.011	99.084						
21	0.192	0.916	100.000						

如表 4-18 所示，目标框架初始量表转轴后的成分矩阵中，三个维度的部分题项存在交叉载荷问题。功利目标框架中的指标 GGF7 和 GGF8 在所属因子上的载荷值小于 0.5，而在公因子 2 上的载荷值大于 0.4，因此，予以删除。享乐目标框架中的指标 HGF7 在所属因子上的载荷值小于 0.5，而在公因子 1 上的载荷值为 0.639，在此予以删除。规范目标框架初始量表中的所有题项在所属因子上的载荷值均大于 0.5，同时在其他因子上的载荷值小于或约等于 0.4，因此，均予以保留。

表4-18 目标框架初始量表题项删除前正交旋转后的因子载荷矩阵

题项	1	2	3
GGF1	0.751	0.101	0.306
GGF2	0.776	-0.035	0.241
GGF3	0.781	0.196	0.231
GGF4	0.784	0.217	0.122
GGF5	0.673	0.316	0.246
GGF6	0.725	0.220	0.065
GGF7	0.494	0.446	0.306
GGF8	0.386	0.549	0.359
HGF1	0.231	0.388	0.677
HGF2	0.255	0.186	0.789
HGF3	0.215	0.300	0.729
HGF4	0.295	0.389	0.674
HGF5	0.223	0.195	0.719
HGF6	0.285	0.415	0.604
HGF7	0.639	0.049	0.404
NGF1	0.057	0.779	0.217
NGF2	0.243	0.722	0.273
NGF3	0.171	0.728	0.294
NGF4	0.320	0.720	0.285
NGF5	0.408	0.523	0.375
NGF6	-0.019	0.761	0.113

删除上述题项后,重新进行探索性因子分析,结果如表4-19和表4-20所示。修正后的初始量表提取了特征值大于1的公因子3个,累计解释的方差变异量达到65.755%,解释率较高。此外,改进后的目标框架三个维度中的题项均较好地分布在各自的潜在因子上,所有题项在所属因子上的载荷值超过0.5,在其他因子上的载荷值小于0.4(其中NGF5在公因子1、HGF6在公因子2上的载荷值略大于0.4),可见,经过修订后的目标框架量表具有良好的建构效度。

表 4-19　修订后目标框架初始量表因子解释的总方差

成分	初始特征值			提取载荷平方和			旋转载荷平方和		
	总计	方差百分比	累积 %	总计	方差百分比	累积 %	总计	方差百分比	累积 %
1	8.537	47.430	47.430	8.537	47.430	47.430	4.171	23.173	23.173
2	2.094	11.633	59.063	2.094	11.633	59.063	3.840	21.334	44.507
3	1.205	6.692	65.755	1.205	6.692	65.755	3.825	21.248	65.755

表 4-20　修订后目标框架初始量表正交旋转后的因子载荷矩阵

题项	1	2	3
GGF3	0.795	0.164	0.255
GGF4	0.790	0.177	0.157
GGF2	0.766	0.011	0.207
GGF1	0.754	0.103	0.303
GGF6	0.729	0.161	0.117
GGF5	0.686	0.278	0.277
NGF1	0.063	0.783	0.222
NGF6	-0.009	0.762	0.126
NGF2	0.255	0.738	0.272
NGF4	0.331	0.733	0.285
NGF3	0.181	0.729	0.306
NGF5	0.418	0.531	0.373
HGF2	0.256	0.154	0.808
HGF3	0.206	0.242	0.768
HGF5	0.220	0.200	0.710
HGF1	0.233	0.371	0.692
HGF4	0.298	0.371	0.692
HGF6	0.269	0.427	0.594

③内部刺激因素（环境意识和自我认同）。如表 4-21 和表 4-22 所示，内部刺激变量因子分析的适合度检验结果显示，取样足够度 KMO 系数为 0.851，Bartlett 球形检验的卡方值为 1 801.606，球度检验的 $P<0.001$，拒绝相关矩阵为单位阵的原假设，证实该量表适合进行因子分析。对内部刺激

因素量表进行探索性因子分析，运用主成分法进行最大方差法正交旋转提取了特征根大于 1 的公共因子 2 个，该公共因子对总方差变异量的解释率达到了 70.896%，解释能力较高。

表 4-21　内部刺激变量初始量表的 KMO 和巴特利特检验

取样适切性量数的 Kaiser – Meyer – Olkin 度量		0.883
Bartlett 的球形度检验	上次读取的卡方	1 801.606
	自由度	66
	显著性	0.000

表 4-22　内部刺激变量初始量表因子解释的总方差

成分	初始特征值			提取载荷平方和			旋转载荷平方和		
	总计	方差百分比	累积 %	总计	方差百分比	累积 %	总计	方差百分比	累积 %
1	4.834	40.283	40.283	4.834	40.283	40.283	3.797	31.645	31.645
2	1.820	15.164	55.447	1.820	15.164	55.447	2.856	23.802	55.447
3	0.820	6.834	62.281						
4	0.680	5.664	67.946						
5	0.672	5.601	73.547						
6	0.600	5.000	78.547						
7	0.536	4.465	83.011						
8	0.521	4.338	87.349						
9	0.437	3.639	90.988						
10	0.388	3.237	94.225						
11	0.361	3.011	97.235						
12	0.332	2.765	100.000						

如表 4-23 所示，内部刺激因素初始量表转轴后的成分矩阵中，2 个维度的题项均较好地聚合在潜在因子上，所有维度对应的题项在各自因子上的标准化因子载荷值均大于 0.5，而在其他潜在因子上的载荷值小于或略大于 0.4，不存在交叉载荷问题。因此，可以证实内部刺激因素量表初步体现了较好的建构效度。

表4-23　内部刺激变量初始量表正交旋转后的因子载荷矩阵

题项	1	2
SID5	0.773	0.204
SID2	0.767	0.184
SID6	0.717	-0.029
SID7	0.696	0.287
SID1	0.684	0.137
SID4	0.679	0.107
SID3	0.646	0.273
EC2	0.008	0.843
EC4	0.111	0.754
EC3	0.172	0.721
EC1	0.240	0.690
EC5	0.411	0.564

④外部刺激因素（社会影响）量表。社会影响量表因子分析的适合度检验结果如表4-24所示，取样足够度KMO系数为0.851，Bartlett球形检验的卡方值为3 257.699，球度检验的 $P<0.001$，拒绝相关矩阵为单位阵的原假设，证实该量表适合进行因子分析。如表4-25所示，对社会影响量表进行探索性因子分析，运用主成分法进行最大方差法正交旋转提取了特征根大于1的公共因子4个，该公共因子对总方差变异量的解释率达到了70.896%，解释能力较高。

表4-24　社会影响初始量表的KMO和巴特利特检验

取样适切性量数的 Kaiser-Meyer-Olkin 度量		0.851
Bartlett 的球形度检验	上次读取的卡方	3 257.699
	自由度	105
	显著性	0.000

因子探索的结果与预期的理论和维度划分基本吻合，其中媒体绿色形塑抽取出2个维度，其中ME1、ME2、ME3和ME4聚合于公因子2上，公因子2集中体现了各类媒体的对环境危机问题的曝光频率，这与质性分析的理论建构基本吻合；ME5和ME6较好地分布在公因子4上，公因子主要反映出媒体公信力对个体行为的影响能力，故命名为媒体影响力。此外，家庭影响和同辈影响的测量题项均较好地分布在各自所属的维度上。

表 4-25　　　　社会影响初始量表因子解释的总方差

成分	初始特征值			提取载荷平方和			旋转载荷平方和		
	总计	方差百分比	累积 %	总计	方差百分比	累积 %	总计	方差百分比	累积 %
1	5.731	38.207	38.207	5.731	38.207	38.207	3.251	21.673	21.673
2	2.214	14.758	52.966	2.214	14.758	52.966	2.874	19.163	40.835
3	1.657	11.045	64.011	1.657	11.045	64.011	2.699	17.993	58.829
4	1.033	6.885	70.896	1.033	6.885	70.896	1.810	12.068	70.896
5	0.670	4.467	75.364						
6	0.588	3.921	79.285						
7	0.542	3.615	82.900						
8	0.502	3.346	86.246						
9	0.437	2.911	89.157						
10	0.385	2.569	91.726						
11	0.348	2.321	94.047						
12	0.316	2.105	96.152						
13	0.228	1.523	97.675						
14	0.203	1.350	99.025						
15	0.146	0.975	100.000						

如表 4-26 所示，社会影响初始量表转轴后的成分矩阵中，四个维度的题项均较好地聚合在潜在因子上，所有维度对应的题项在各自因子上的标准化因子载荷值均大于 0.5，而在其他潜在因子上的载荷值小于或略大于 0.4，不存在交叉载荷问题。因此，可以证实社会影响量表初步体现了较好的建构效度。

表 4-26　　　　社会影响初始量表正交旋转后的因子载荷矩阵

题项	1	2	3	4
PI2	0.819	0.155	0.187	0.171
PI3	0.817	0.174	0.232	0.140
PI1	0.757	0.149	0.153	0.194
PI5	0.740	0.138	0.196	0.181
PI4	0.524	0.117	0.011	0.492

续表

题项	1	2	3	4
MEF2	0.139	0.884	0.078	0.044
MEF1	0.074	0.847	0.104	0.142
MEF3	0.207	0.807	0.097	0.049
MEF4	0.165	0.717	0.017	0.282
FAI1	0.095	0.053	0.906	0.156
FAI2	0.088	0.057	0.904	0.143
FAI3	0.354	0.109	0.717	-0.187
FAI4	0.413	0.130	0.589	0.056
MES6	0.270	0.208	0.013	0.801
MES5	0.188	0.147	0.151	0.787

⑤调节变量的探索性因子分析。根据前文的理论分析，反映社会心理情境的调节变量包括面子意识、转换成本、环境问题严重性感知和环保行为有效性感知4个变量。调节变量因子分析的适合度检验结果，如表4-27和表4-28所示。KMO系数为0.810，Bartlett球形检验的卡方值为3 343.301，球度检验的 $P<0.001$，拒绝相关矩阵为单位阵的原假设，证实该量表适合进行因子分析。对4个调节变量进行探索性因子分析，运用主成分法进行最大方差法正交旋转提取了特征根大于1的公共因子5个。由于抽取出的因素数量与前文的初始量表编制有所出入，为此，借鉴吴明隆（2016）[296]建议的限定抽取共同因素法。吴明隆（2016）[296]认为限定萃取因子法也是一种事前准则法，因而在进行探索性因子分析前，可以固定欲抽取的因子个数。遵照这一建议，本文在SPSS25.0抽取对话框中的"因子的固定数量"选项中输入"4"。输出结果显示4特征根大于1的公共因子共解释了62.404%的方差变异，解释率较高。

表4-27　　调节变量初始量表的KMO和巴特利特检验

取样适切性量数的 Kaiser - Meyer - Olkin 度量		0.810
Bartlett 的球形度检验	上次读取的卡方	3 343.301
	自由度	171
	显著性	0.000

表4-28　　　调节变量初始量表因子解释的总方差

成分	初始特征值			提取载荷平方和			旋转载荷平方和		
	总计	方差百分比	累积%	总计	方差百分比	累积%	总计	方差百分比	累积%
1	4.526	23.821	23.821	4.526	23.821	23.821	3.329	17.521	17.521
2	2.866	15.086	38.907	2.866	15.086	38.907	3.116	16.400	33.922
3	2.422	12.746	51.653	2.422	12.746	51.653	2.751	14.481	48.403
4	2.043	10.751	62.404	2.043	10.751	62.404	2.660	14.002	62.404
5	1.132	5.955	68.360						
6	0.769	4.049	72.409						
7	0.654	3.442	75.851						
8	0.594	3.128	78.979						
9	0.546	2.875	81.854						
10	0.457	2.407	84.261						
11	0.432	2.274	86.535						
12	0.402	2.116	88.652						
13	0.377	1.986	90.638						
14	0.374	1.967	92.605						
15	0.319	1.681	94.286						
16	0.293	1.540	95.826						
17	0.279	1.466	97.292						
18	0.266	1.400	98.692						
19	0.249	1.308	100.000						

如表4-29所示，因子载荷结果显示，调节变量初始量表的19个题项较好地聚合在4个潜在因子上，并且题项在各自因子上的标准化因子载荷值高于0.5，而在其他因子上的载荷值低于0.4，不存在交叉载荷问题。因此，可以表明调节变量初始量表体现了较好的建构效度。

（4）初始量表修订与正式研究量表生成。根据上文对初始量表的信效度检验结果，本文再次邀请了消费者行为领域的专家学者（3位教授，3位博士

表4-29 调节变量初始量表正交旋转后的因子载荷矩阵

题项	1	2	3	4
FC3	0.842	0.052	0.099	0.058
FC4	0.829	0.072	0.135	0.143
FC2	0.806	0.080	0.062	0.093
FC5	0.745	0.038	0.159	0.013
FC1	0.641	0.021	-0.161	0.092
PSEP1	0.014	0.829	-0.027	0.059
PSEP4	0.034	0.816	0.041	0.153
PSEP3	0.026	0.774	0.042	-0.050
PSEP2	0.074	0.744	-0.035	0.199
PSEP5	0.107	0.729	0.192	0.072
SC2	0.092	0.061	0.882	-0.012
SC4	-0.008	0.012	0.875	0.003
SC3	-0.056	0.118	0.775	0.094
SC1	0.344	-0.016	0.663	0.084
PEEB3	0.144	0.068	0.015	0.791
PEEB2	-0.003	0.092	0.007	0.731
PEEB4	0.299	0.015	0.134	0.695
PEEB5	0.190	0.044	0.129	0.692
PEEB1	-0.150	0.175	-0.087	0.638

或博士生）结合检验结果对初始量表进行二次讨论，提出了很多专业的修改建议，保证修改后量表的建构效度和内容效度。现将量表的修正意见整理如下：

①信度检验中，在对绿色购买行为量表进行内部一致性检验时，本研究发现随机绿色购买行为的Cronbach's α系数没有超过0.7，删除OPB2或OPB3后，该构面的Cronbach's α值有一定改善，有必要继续提高该维度的内部一致性水平。鉴于部分题项的信度检验没有完全满足主要指标的情况，专家建议根据探索性因子分析结果来全面考虑，重新设计修改部分题项，特别是英文量表翻译的准确性和跨文化理解方式差异可能带来的测量误差。由于绿色购买行为是一种典型的利他行为，出于获得社会赞许，涉及随机绿色购买行为的题项，受访者可能会做出违心回答，从而造成量表内部一致性下降。为此，专家建议执行问卷调查时，要继续优化过程控制策略，克服社会

赞许偏差带来的潜在影响。同时，在后续的探索性因子分析中，证实了绿色购买行为三个维度的因子结构清晰，OPB1、OPB2 和 OPB3 在随机绿色购买行为上的标准化因子载荷分别达到 0.616、0.818 和 0.842，而在其他因子上的载荷值低于 0.4。为此，依然保留 OPB2 和 OPB3 这两个题项，后续将根据专家的建议进一步修改题项和完善语句的表达方式。

②在对目标框架初始量表进行探索性因子分析时，本文发现 GGF7、GGF8、HGF7 等三个题项存在明显的交叉因子载荷，在与专家组进行研讨时，发现这 3 个题项确实存在操作性定义层面上的交叉和重叠问题，因此，予以删除。删除后目标框架量表的三个维度各自有 6 个题项，符合变量测量的基本要求。

③媒体（绿色）形塑量表的探索性因子分析结果与最初的理论建构预期基本吻合，但量表存在主观上的考虑欠妥。为此，采纳了专家意见，将对媒体影响力做出小幅修改，对媒体影响力增加 2 个题项，以便在协同/互斥效应分析阶段更好地进行指标的配对相乘，从而避免在后续实证研究中采取 Marsh 等（2004）[269]建议的指标配对策略时需要删除指标，从而可以更好地依据标准化载荷值，遵照"大配大，小配小"的原则进行指标配对相乘，形成四个新的测量指标。

④被受访者反馈部分题项的题干较为冗长，在回答时，阅读和理解花费的时间过多，容易造成情绪波动和较高的拒访率。因此，本研究在保证意思表达精确的基础上，将对现有的题项文字表述进行进一步精简和优化。值得注意的是，部分受访者强烈建议减少问卷题项，题目过多容易造成回答精力分散或者不认真回答等情况。鉴于此，本研究在严格保证研究需要的前提下，严格控制问卷篇幅，提高受访者回答的精度和访问成功率。

上述量表的最终修改结果，如表 4-30 所示。经过预试后的删减与调整之后，生成了本研究的正式调研问卷。

表 4-30　　　　　　　　初始量表修订与正式量表生成

维度	原有题项数	删除题项	增加题项	现有题项数	对应编号
无条件绿色购买行为	4	0	0	4	
有条件绿色购买行为	4	0	0	4	
偶然性绿色购买行为	3	0	0	3	

续表

维度	原有题项数	删除题项	增加题项	现有题项数	对应编号
功利目标框架	8	2	0	6	
享乐目标框架	7	1	0	6	
规范目标框架	6	0	0	6	
环境意识	5	0	0	5	
自我认同	7	0	0	7	
媒体形塑	6	0	2	8	
家庭影响	4	0	0	4	
同辈影响	5	0	0	5	
面子意识	5	0	0	5	
转换成本	4	0	0	4	
环境问题严重性感知	5	0	0	5	
环境行为有效性感知	5	0	0	5	

4.2 正式调研与样本结构

样本数据收集

（1）样本量大小确定。正式调研中，一般来说抽样样本数目与推论效度正相关，但样本性质必须能够有效反应总体特征，吴明隆（2016）[296]建议研究者优先考虑随机抽样方式，以便尽可能使得抽取样本映射所属总体特征。至于样本量大小的确定，目前更多依靠的是经验法则。Hair 等（1998）[299]建议样本量的确定要以问卷中最多分量表题项数目的 5~20 倍来抽取样本。吴明隆（2016）[296]对于有限总体，提出了一个样本量的确定公式。

$$n \geqslant \frac{N}{\left(\frac{\alpha}{k}\right)\frac{N-1}{P(1-P)}+1} \tag{1}$$

式中的 N 表示样本总体，P 通常取值0.5，经验表明 P 取值0.05 时可以得出最可信的样本量。若是样本总体无限大，则样本量的确定公式为：

$$n \geqslant \left(\frac{k}{\alpha}\right)P(1-P) \tag{2}$$

通过查阅《中华人民共和国2019年国民经济和社会发展统计公报》，2019年末我国城镇常住人口为84 843万人（高于市区总人口）。经过近似计算得出我国城市居民的理论抽样样本数最低为384人，按照Mitchell和Carson（1989）[300]的建议，为了克服问卷调查中存在的多重偏差问题，并将估计值和真实值之间的偏差降到15%以内，本文最终将抽取700人以上的样本用于后续研究。在调查中，将做好过程控制，努力抽取有代表性的样本来推断样本总体。

（2）正式调研与样本结构。正式问卷调查采取分层随机抽样方式，使得样本在性别、年龄、月均收入、婚姻、单位性质和职位层级上分布尽量合理，从而保证获得样本的代表性。正式调查于2020年7月至2020年10月底开展，事先通过面对面交流、电话、QQ和微信等方式与潜在受访者沟通好，阐明调查的目的和数据用途，最大可能争取到受访者的支持，然后再将电子问卷的地址发给这些受访者（https://www.wenjuan.com/），在线填写，在线提交，充分发挥出网络问卷调查的优势，有效降低了无效问卷。特别是本次调查题项数目较多，采用网上调查充分利用了受访者的碎片化时间，保证了填写者有足够的时间仔细阅读题干。同时，我们在调研过程中，采用发红包等激励手段，感谢受访者的配合与支持，提高了调研质量。整个调查活动共计回收问卷1 663份，回收有效问卷1 345份，有效率为80.88%。有效样本的购买者属性统计特征，如表4-31所示。

表4-31　　有效样本的描述性统计（N=1 345）

变量	类别	频数	百分比	变量	类别	频数	百分比
性别	女	531	39.5	月均收入	3 000元及以下	514	38.2
	男	814	60.5		3 000.01－6 000元	514	38.2
婚姻	未婚	526	39.1		6 000.01－9 000元	168	12.5
	已婚	765	56.9		9 000.01－12 000元	80	5.9
	其他	54	4.0		12 000元以上	69	5.1
年龄	20周岁以下	225	16.7	组织性质	政府部门	31	2.3
	20～25周岁	215	16.0		事业单位	64	4.8
	26～30周岁	241	17.9		国有企业	81	6.0
	31～35周岁	309	23.0		集体所有制企业	6	0.4
	36～40周岁	198	14.7		私营企业	150	11.2

续表

变量	类别	频数	百分比	变量	类别	频数	百分比
年龄	41~45 周岁	59	4.4	组织性质	中外合资经营企业	541	40.2
	46~50 周岁	31	2.3		中外合作经营企业	19	1.4
	51~55 周岁	29	2.2		外资企业	21	1.6
	56 周岁以上	38	2.8		其他	432	32.1
学历	初中及以下	16	1.2	职位层级	基层员工	649	48.3
	高中或中专	126	9.4		基层管理人员	77	5.7
	大专	637	47.4		中层管理人员	176	13.1
	本科	513	38.1		高层管理人员	24	1.8
	硕士	45	3.3		其他	419	31.2
	博士	8	0.6	城市等级	一线城市	45	3.3
职业类型	政府部门工作人员	31	2.3		新一线城市	726	54.0
	科研、教育和环境卫生领域的人员	71	5.3		二线城市	178	13.2
	工程技术人员	108	8.0		三线城市	185	13.8
	私营业主	21	1.6		四线及以下城市	211	15.7
	企业管理人员	114	8.5	城市区域	南方城市	672	50.0
	一般工人或服务人员	469	34.9		北方城市	673	50.0
	退休及家庭妇女	25	1.9				
	其他	506	37.6				

4.3 正式量表的检验

4.3.1 样本数据的正态性检验

基于协方差的结构方程模型（Covariance Based – Structural Equation Modeling）在分析变量之间的因果关系时需要三个基本理论前提：一是线性关系；二是观察值独立；三是样本数据必须服从近似正态分布[301]。然而，多元正态分布是一个较为严苛的条件[267]，故在实务中，一般只需要满足样本的近似正态分布就可以进行后续的参数估计。吴明隆（2016）[296]则认为在大样本下，即使样本数据并不满足多元正态分布，只要数据偏离正态分布的情况不是特别严重，采用极大似然估计法进行参数估计依然是稳健的。样本数据的正态分布检验中，Skewness（偏态系数）和 Kurtosis（峰度系数）是最为重要的两个判断指标。吴明隆（2016）[296]进一步给出了两个指标的建议值：偏差系数绝对值小于 3，峰度系数值小于 10。

表 4-32 给出了样本数据的正态性检验结果，SPSS25.0 统计的单变量 Skewness（偏态系数）绝对值最大为 2.309，小于 3；单变量 Kurtosis（峰度系数）绝对值最大为 7.515，其余均小于 3，初步证明样本数据服从近似正态分布。运用 AMOS 23.0 检验样本数据经检验无 Outlier（离群值），Multivariate's C. R. 值略大于 70。可见，本文运用 ML 法进行参数估计仍然是无偏和稳健的[302]。

表 4-32　样本数据的正态性检验结果（N=1345，下同）

变量	偏度		变量	峰度	
	统计量	标准误差		统计量	标准误差
EC1	-1.218	0.067	EC1	1.786	0.133
EC2	-1.535	0.067	EC2	2.956	0.133
EC3	-1.655	0.067	EC3	3.157	0.133
EC4	-2.309	0.067	EC4	7.515	0.133
EC5	-1.828	0.067	EC5	4.854	0.133
SID1	-0.907	0.067	SID1	0.957	0.133
SID2	-1.000	0.067	SID2	0.908	0.133
SID3	-1.317	0.067	SID3	2.117	0.133
SID4	-1.241	0.067	SID4	1.560	0.133
SID5	-1.235	0.067	SID5	1.746	0.133
SID6	-0.568	0.067	SID6	-0.547	0.133
SID7	-1.268	0.067	SID7	2.051	0.133
MEF1	0.014	0.067	MEF1	-0.035	0.133
MEF2	0.076	0.067	MEF2	-0.070	0.133
MEF3	0.084	0.067	MEF3	-0.329	0.133
MEF4	-0.015	0.067	MPF4	-0.141	0.133

续表

变量	偏度		变量	峰度	
	统计量	标准误差		统计量	标准误差
MES1	-0.796	0.067	MES1	0.671	0.133
MES2	-1.158	0.067	MES2	1.755	0.133
MES3	-1.024	0.067	MES3	1.327	0.133
MES4	-0.917	0.067	MES4	1.039	0.133
FAI1	-0.744	0.067	FAI1	0.072	0.133
FAI2	-0.747	0.067	FAI2	0.136	0.133
FAI3	-0.354	0.067	FAI3	-0.623	0.133
FAI4	-0.780	0.067	FAI4	0.122	0.133
PI1	-0.589	0.067	PI1	0.000	0.133
PI2	-0.545	0.067	PI2	-0.097	0.133
PI3	-0.475	0.067	PI3	-0.131	0.133
PI4	-0.813	0.067	PI4	0.499	0.133
PI5	-0.735	0.067	PI5	0.286	0.133
HGF1	-0.824	0.067	HGF1	0.645	0.133
HGF2	-0.680	0.067	HGF2	0.278	0.133
HGF3	-0.875	0.067	HGF3	0.853	0.133
HGF4	-0.724	0.067	HGF4	0.436	0.133
HGF5	-0.764	0.067	HGF5	0.585	0.133
HGF6	-0.825	0.067	HGF6	0.657	0.133
GGF1	-0.374	0.067	GGF1	-0.441	0.133
GGF2	-0.252	0.067	GGF2	-0.797	0.133
GGF3	-0.383	0.067	GGF3	-0.145	0.133
GGF4	-0.351	0.067	GGF4	-0.236	0.133
GGF5	-0.390	0.067	GGF5	-0.216	0.133
GGF6	-0.480	0.067	GGF6	-0.069	0.133
NGF1	-0.942	0.067	NGF1	1.177	0.133
NGF2	-0.900	0.067	NGF2	0.943	0.133
NGF3	-0.885	0.067	NGF3	0.870	0.133
NGF4	-0.704	0.067	NGF4	0.403	0.133
NGF5	-0.566	0.067	NGF5	0.018	0.133

续表

变量	偏度		变量	峰度	
	统计量	标准误差		统计量	标准误差
NGF6	-1.317	0.067	NGF6	2.367	0.133
APB1	-0.553	0.067	APB1	-0.369	0.133
APB2	-0.990	0.067	APB2	0.968	0.133
APB3	-0.786	0.067	APB3	0.443	0.133
APB4	-0.857	0.067	APB4	0.726	0.133
CPB1	-1.309	0.067	CPB1	1.799	0.133
CPB2	-1.241	0.067	CPB2	1.548	0.133
CPB3	-1.145	0.067	CPB3	1.521	0.133
CPB4	-1.285	0.067	CPB4	1.837	0.133
OPB1	-0.573	0.067	OPB1	-0.172	0.133
OPB2	-0.304	0.067	OPB2	-0.587	0.133
OPB3	-0.393	0.067	OPB3	-0.408	0.133
FC1	-0.939	0.067	FC1	-0.014	0.133
FC2	-0.319	0.067	FC2	-1.052	0.133
FC3	-0.296	0.067	FC3	-1.037	0.133
FC4	-0.295	0.067	FC4	-0.878	0.133
FC5	0.248	0.067	FC5	-0.982	0.133
SC1	0.018	0.067	SC1	-1.017	0.133
SC2	-0.006	0.067	SC2	-1.026	0.133
SC3	-0.299	0.067	SC3	-0.764	0.133
SC4	0.032	0.067	SC4	-0.885	0.133
PSEP1	-1.367	0.067	PSEP1	1.876	0.133
PSEP2	-1.268	0.067	PSEP2	1.741	0.133
PSEP3	-0.776	0.067	PSEP3	-0.152	0.133
PSEP4	-1.342	0.067	PSEP4	1.998	0.133
PSEP5	-0.902	0.067	PSEP5	0.224	0.133
PEEB1	-1.496	0.067	PEEB1	2.692	0.133
PEEB2	-1.139	0.067	PEEB2	1.444	0.133
PEEB3	-1.056	0.067	PEEB3	1.025	0.133
PEEB4	-0.622	0.067	PEEB4	-0.012	0.133
PEEB5	-0.976	0.067	PEEB5	0.711	0.133

4.3.2 正式量表的信效度检验

经过预试阶段的分析与改进,绿色购买行为及其驱动因素量表已经初步形成,为了继续验证正式量表测量的稳定性和有效性,本文将继续对信度和效度进行检验。

(1) 正式量表的信度检验。运用 SPSS25.0 对样本数据进行检验,得到了所有变量及所属维度的 Cronbach's α 系数,具体结果如表 4-33 所示。所有构念和维度的内部一致性系数均大于 0.7 的建议标准[270,299],删除任意题项后的 Cronbach's α 系数均没有出现明显变化,表明测量工具具有良好的内部一致性,所有题项与其所属量表其他题项具有很高的同质性。

表 4-33 正式量表的信度检验结果

变量	题项数	Cronbach'α 值
绝对绿色购买行为	4	0.841
条件绿色购买行为	4	0.869
随机绿色购买行为	3	0.744
功利目标框架	6	0.904
享乐目标框架	6	0.919
规范目标框架	6	0.908
环境意识	5	0.874
自我认同	7	0.913
媒体曝光度	4	0.885
媒体影响力	4	0.910
家庭影响	4	0.864
同辈影响	5	0.920
面子意识	5	0.872
转换成本	4	0.861
环境问题严重性感知	5	0.858
环保行为有效性感知	5	0.835

(2) 正式量表的效度检验。本研究的效度分析主要从内容效度 (Content Validity) 和建构效度 (Structural Validity) 两个方面来执行。本研

究所有量表及其题项均选取自权威文献,结合访谈内容做出了第一轮修改,初步确保了初始量表的内容效度,接着采用了逻辑分析法和专家判断法对每一测量指标的有效性进行主观判断,特别是对争议点进行逐一讨论,直至形成一致意见[264]。内部结构效度则主要采用因子分析法,与预试采用的探索性因子分析不同,在构念的结构已经符合理论预期后,本文直接采用验证性因子分析完成聚合效度和区别效度检验。在进行验证性因子分析前,通过取样适切性量数 KMO 值和 Bartlett 球形度检验结果来确定变量是否适合进行因子分析。

SPSS25.0 检验结果如表 4-34 所示,各量表的 KMO 值均在 0.5 最低标准之上;同时,Bartlett 球性度检验的显著性水平均小于 0.001,表明各量表适合进行因子分析。

表 4-34　正式研究量表的 KMO 和 Bartlett 球性检验结果

量表		取样足够度的 KMO 值	Bartlett 球性检验		
			近似卡方	自由度 (df)	显著性
内部刺激因素	环境意识	0.942	10 201.951	66	0.000
	自我认同				
外部刺激因素	媒体曝光度	0.935	17 408.018	136	0.000
	媒体影响力				
	家庭影响				
	同辈影响				
目标框架	功利目标框架	0.965	17 914.794	153	0.000
	享乐目标框架				
	规范目标框架				
绿色购买行为	绝对绿色购买行为	0.855	6 713.458	55	0.000
	条件绿色购买行为				
	随机绿色购买行为				
调节变量	面子意识	0.869	12 750.005	171	0.000
	转换成本				
	环境问题严重性感知				
	环保行为有效性感知				

(3) 正式量表的验证性因子分析。通过预试阶段不断尝试,建立起了初始量表最佳的因子结构,已经初步形成有一定理论预期的构念结构,此时量表

的因素与所属的测量题项均以成形。接下来将运用验证性因子分析确认变量潜在的因素结构与样本数据的契合度,以进一步验证构建出的结构效度的真实性。本研究运用 AMOS23.0(极大似然估计法)完成所有量表的验证性因子分析。

①绿色购买行为的验证性因子分析。绿色购买行为包括绝对绿色购买行为、条件绿色购买行为和随机绿色购买行为,我们构建一阶三因素测量模型进行验证性因子分析,结果如表 4-35 所示,测量模型与样本数据的拟合优度指标均达到了建议标准。

表 4-35   绿色购买行为正式量表验证性因子分析评价指标

指标名称	绝对拟合指标				
	CMDN	DF	RMSEA	GFI	AGFI
数值	400.617	41	0.081	0.949	0.917
指标名称	增值拟合指标				
	SRMR	NFI	RFI	IFI	TLI	CFI
数值	0.068	0.941	0.920	0.946	0.928	0.946

验证性因子分析结果如表 4-36 所示,所有构念对应题项的标准化因子载荷都在 0.58 以上[270]($P<0.001$);每个构念的组合信度 CR 值均在 0.8 以上,大于建议的 0.7 标准;所有构念的 AVE 值大于 0.5[275],说明构念的收敛效度良好。目前对构面间区别效度的检验主要有三种方法,第一种方法是 Fornell 和 Larcker (1981)[275]推荐的 AVE 法,也是文献中最为常用的检验方法,也是最为严格的检验策略,即要求每一个构面的 AVE 值的算术平方根大于相应构面与其他构面之间的相关系数;第二种方法是 Anderson 和 Gerbing (1988)[303]建议的 SEM 系数检验法,将构念之间的相关系数设定为 1,比较构念间未受限模型与限制模型之间的卡方值差异量是否达到显著性水平,如果显著,表示构念之间具有良好的区别效度;第三种方法是 Torkzadeh 等 (2003)[304]推荐的 Bootstrapping 法检验构念之间相关系数 95% 的取值区间,如果不包含 1,说明潜变量之间具有良好的区别效度。如表 4-37、表 4-38 和表 4-39 所示,利用 Bootstrapping 计算构面之间的相关系数 95% 置信区间,没有包含 1;同时,配对的模型卡方值差异量明显大于临界值 10.827($P<0.001$);而构念的 AVE 值的算术平方根均也大于其与其他构念的相关系数。因此,绿色购买行为维度间的区别效度良好。

表 4-36　　　绿色购买行为正式量表的验证性因子分析结果

潜变量与对应题项			参数估计				聚合效度		
			非标准化值	标准误差	T值	P	标准化值	CR值	AVE
APB1	<---	APB	1				0.605	0.849	0.589
APB2	<---	APB	1.089	0.051	21.537	0.000	0.761		
APB3	<---	APB	1.171	0.052	22.420	0.000	0.813		
APB4	<---	APB	1.211	0.052	23.093	0.000	0.865		
CPB1	<---	CPB	1				0.770	0.871	0.627
CPB2	<---	CPB	1.075	0.036	29.589	0.000	0.806		
CPB3	<---	CPB	0.941	0.033	28.674	0.000	0.782		
CPB4	<---	CPB	0.946	0.032	29.725	0.000	0.809		
OPB1	<---	OPB	1				0.582	0.754	0.511
OPB2	<---	OPB	1.271	0.071	17.893	0.000	0.698		
OPB3	<---	OPB	1.455	0.084	17.248	0.000	0.841		

表 4-37　　　AVE法的绿色购买行为的区别效度检验

变量	均值	标准差	MAPB	MCPB	MOPB
APB	5.242	1.087	0.767		
CPB	5.894	0.959	0.499**	0.792	
OPB	4.731	1.201	0.206**	0.271**	0.715

注：*P<0.05，**P<0.01，对角线上的黑体为AVE值的算术平方根。

表 4-38　　　SEM系数法的构念间区别效度检验

变量间关系			限制模型		预设模型		模型比较		
			CMIN	DF	CMIN	DF	ΔDF	ΔCMIN	P
APB	<-->	CPB	1665.368	42	400.617	41	1	1264.752	0.000
APB	<-->	OPB	1240.879	42	400.617	41	1	840.262	0.000
CPB	<-->	OPB	1176.520	42	400.617	41	1	775.903	0.000

表 4-39　　　Bootstrapping法的构念间区别效度检验

变量间关系			Bias-corrected		Percentile		点估计值	标准误	Φ±2δ	
			下限	上限	下限	上限			下限	上限
APB	<-->	CPB	0.519	0.642	0.518	0.642	0.584	0.031	0.522	0.646
APB	<-->	OPB	0.119	0.283	0.115	0.278	0.197	0.041	0.115	0.279
CPB	<-->	OPB	0.236	0.38	0.233	0.377	0.305	0.037	0.231	0.379

②三维目标框架的验证性因子分析。目标框架包括功利目标框架、享乐目标框架和规范目标框架,对一阶三因子测量模型进行验证性因子分析,如表4-40所示,测量模型与样本数据的拟合优度指标均达到了建议标准。

表4-40　目标框架正式量表验证性因子分析评价指标

指标名称	绝对拟合指标				
	CMDN	DF	RMSEA	GFI	AGFI
数值	1054.458	132	0.072	0.913	0.887
指标名称	增值拟合指标				
	SRMR	NFI	RFI	IFI	TLI	CFI
数值	0.045	0.941	0.932	0.948	0.940	0.948

验证性因子分析结果如表4-41所示,所有变量对应题项的标准化因子载荷都在0.6以上($P<0.001$);每个构念的组合信度CR值均在0.8以上,大于建议的0.7标准;所有构念的AVE值大于0.6[275],说明变量的收敛效度良好,量表的结构效度通过检验。量表的区别效度检验结果如表4-42、表4-43和表4-44所示,结果显示了三种方法对潜变量的区别效度检验均良好,区别效度通过检验。

表4-41　目标框架正式量表的验证性因子分析结果

潜变量与相应题项			非标准化值	标准误	T值	P	标准化值	CR值	AVE
GGF1	<---	GGF	1				0.779	0.906	0.617
GGF2	<---	GGF	1.078	0.036	29.904	0.000	0.767		
GGF3	<---	GGF	1.008	0.029	34.315	0.000	0.858		
GGF4	<---	GGF	0.93	0.03	30.959	0.000	0.789		
GGF5	<---	GGF	0.859	0.03	29.072	0.000	0.750		
GGF6	<---	GGF	0.939	0.031	29.914	0.000	0.767		
HGF1	<---	HGF	1			0.000	0.831	0.920	0.657
HGF2	<---	HGF	0.973	0.026	36.785	0.000	0.829		
HGF3	<---	HGF	0.908	0.026	35.495	0.000	0.810		
HGF4	<---	HGF	0.883	0.024	36.524	0.000	0.825		
HGF5	<---	HGF	0.883	0.027	32.222	0.000	0.758		

续表

潜变量与相应题项			非标准化值	标准误	T值	P	标准化值	CR值	AVE
HGF6	<---	HGF	0.935	0.027	35.238	0.000	0.806		
NGF1	<---	NGF	1			0.000	0.751	0.909	0.625
NGF2	<---	NGF	1.319	0.041	32.005	0.000	0.841		
NGF3	<---	NGF	1.197	0.04	30.129	0.000	0.797		
NGF4	<---	NGF	1.322	0.04	33.13	0.000	0.867		
NGF5	<---	NGF	1.278	0.043	29.685	0.000	0.787		
NGF6	<---	NGF	1.027	0.04	25.564	0.000	0.688		

表 4-42 AVE 法的目标框架区别效度检验

变量	均值	标准差	MGGF	MHGF	MNGF
MGGF	4.851	1.180	0.785		
MHGF	5.345	1.047	0.731**	0.811	
MNGF	5.578	0.941	0.633**	0.766**	0.791

注：*$P<0.05$，**$P<0.01$，对角线上的黑体为 AVE 值的算术平方根。

表 4-43 SEM 系数法的构念间区别效度检验

变量间关系			限制模型		预设模型		模型比较		
			CMIN	DF	CMIN	DF	ΔDF	ΔCMIN	P
GGF	<-->	HGF	2 136.929	133	1 054.458	132	1	1 082.47	0
GGF	<-->	NGF	2 712.743	133	1 054.458	132	1	1 658.285	0
HGF	<-->	NGF	1 896.78	133	1 054.458	132	1	842.321	0

表 4-44 Bootstrapping 法的构念间区别效度检验

变量间关系			Bias-corrected		Percentile		点估计值	标准误	Φ±2S	
			下限	上限	下限	上限			下限	上限
GGF	<-->	HGF	0.763	0.828	0.763	0.827	0.797	0.017	0.763	0.831
GGF	<-->	NGF	0.66	0.744	0.66	0.744	0.703	0.022	0.659	0.747
HGF	<-->	NGF	0.798	0.869	0.799	0.869	0.837	0.018	0.801	0.873

③内部刺激因素的验证性因子分析。如表 4-45 所示，除了卡方值受到样本量的影响有一定膨胀之外，内部刺激因素正式量表的验证性因素分析结果基本达到检验指标建议标准的要求。

表4-45　内部刺激因素正式量表验证性因子分析指标评价

指标名称	绝对拟合指标				
	CMDN	DF	RMSEA	GFI	AGFI
数值	537.326	53	0.082	0.938	0.909

指标名称	增值拟合指标					
	SRMR	NFI	RFI	IFI	TLI	CFI
数值	0.049	0.948	0.935	0.952	0.941	0.952

验证性因子分析结果，如表4-46所示。所有变量对应题项的标准化因子载荷值都在0.6以上[270]（$P<0.001$）；每个构念的组合信度CR值均在0.8以上，大于建议的0.7标准；所有构念的AVE值大于0.5[275]，说明变量的收敛效度良好，量表的结构效度通过检验。量表的区别效度检验结果，如表4-47和表4-48所示，结果显示了三种方法对潜变量的区别效度检验均表现良好，区别效度通过检验。

表4-46　内部刺激因素正式量表的验证性因子分析结果

潜变量与题项			参数估计				聚合效度		
			非标准化值	S.E.	T值	P	标准化值	CR值	AVE
EC1	<---	EC	1				0.750	0.878	0.590
EC2	<---	EC	0.997	0.034	29.375	0.000	0.810		
EC3	<---	EC	1.013	0.037	27.11	0.000	0.750		
EC4	<---	EC	0.829	0.030	27.686	0.000	0.765		
EC5	<---	EC	0.917	0.033	27.622	0.000	0.764		
SID1	<---	SID	1			0.000	0.765	0.918	0.617
SID2	<---	SID	1.172	0.037	31.469	0.000	0.810		
SID3	<---	SID	1.072	0.033	32.022	0.000	0.822		
SID4	<---	SID	1.157	0.036	32.487	0.000	0.832		
SID5	<---	SID	1.143	0.036	32.077	0.000	0.823		
SID6	<---	SID	1.155	0.048	24.077	0.000	0.643		
SID7	<---	SID	1.056	0.035	30.370	0.000	0.786		

表4-47　SEM系数法的构念间区别效度检验

模型比较			限制模型		预设模型		ΔCMIN P值
			CMIN	DF	CMIN	DF	
EC	<-->	SID	1 706.507	54	537.326	53	1 169.182　0

表4-48　　　　Bootstrapping 法的构念间区别效度检验

变量间关系			Bias-corrected		Percentile		点估计值	标准误	Φ±2δ	
			下限	上限	下限	上限			下限	上限
EC	<-->	SID	0.664	0.762	0.664	0.762	0.716	0.025	0.666	0.766

注：Φ 指变量间相关的点估计值，δ 为标准误差。

④外部刺激因素（社会影响）的验证性因子分析。社会影响主要包括媒体曝光度、媒体影响力、家庭影响和同辈影响四个单维变量。对一阶四因素测量模型进行验证性因子分析，假设模型与样本数据的拟合优度指标均达到了建议标准，具体结果见表4-49。

表4-49　　　外部刺激因素正式量表验证性因子分析评价指标

指标名称	绝对拟合指标				
	CMDN	DF	RMSEA	GFI	AGFI
数值	1 067.291	113	0.079	0.913	0.882
指标名称	增值拟合指标					
	SRMR	NFI	RFI	IFI	TLI	CFI
数值	0.064	0.939	0.927	0.945	0.934	0.945

验证性因子分析结果，如表4-50所示，所有变量对应题项的标准化因子载荷都在 0.6 以上[270]（$P<0.001$）；每个构念的组合信度 CR 值均在 0.8 以上，大于建议的 0.7 标准；所有构念的 AVE 值大于 0.6[275]，说明变量的收敛效度良好，量表的结构效度通过检验。同理，表4-51、表4-52 和表4-53 显示了三种方法对潜变量的区别效度检验结果，结果通过了区别效度检验。

表4-50　　　外部刺激因素正式量表的验证性因子分析结果

潜变量与对应题项			参数估计				聚合效度		
			非标准化	S.E.	T值	P	标准化	CR 值	AVE
MEF1	<---	MEF	1				0.793	0.889	0.667
MEF2	<---	MEF	1.166	0.032	36.109	***	0.900		
MEF3	<---	MEF	1.156	0.037	31.407	***	0.794		
MEF4	<---	MEF	1.023	0.034	30.402	***	0.774		

续表

潜变量与对应题项			参数估计				聚合效度		
			非标准化	S.E.	T值	P	标准化	CR值	AVE
MES1	<---	MES	1				0.787		
MES2	<---	MES	1.01	0.029	34.999	***	0.858	0.912	0.721
MES3	<---	MES	1.062	0.029	36.373	***	0.885		
MES4	<---	MES	1.058	0.03	35.283	***	0.863		
FAI1	<---	FAI	1				0.872	0.872	0.633
FAI2	<---	FAI	1.027	0.024	42.117	***	0.900		
FAI3	<---	FAI	0.914	0.031	29.93	***	0.710		
FAI4	<---	FAI	0.793	0.028	27.921	***	0.676		
PI1	<---	PI	1				0.855	0.922	0.704
PI2	<---	PI	1.151	0.025	45.278	***	0.905		
PI3	<---	PI	1.12	0.025	44.666	***	0.898		
PI4	<---	PI	0.855	0.028	30.832	***	0.718		
PI5	<---	PI	1.037	0.028	36.928	***	0.806		

表 4-51 AVE 法的外部刺激因素的区别效度检验

变量	均值	标准差	MEF	MES	FAI	PI
MEF	4.373	1.163	0.817	0.000		
MES	5.415	1.089	0.520**	0.849		
FAI	4.983	1.189	0.422**	0.559**	0.796	
PI	5.247	1.114	0.523**	0.697**	0.652**	0.839

注：*$P<0.05$，**$P<0.01$，对角线上的黑体为 AVE 值的算术平方根。

表 4-52 SEM 系数法的构念间区别效度检验

变量间关系			限制模型		预设模型		模型比较		
			CMIN	DF	CMIN	DF	ΔDF	ΔCMIN	P
MES	<-->	FAI	2 545.280	114	1 067.291	113	1	1 477.989	0.000
MEF	<-->	MES	3 018.979	114	1 067.291	113	1	1 951.688	0.000
MES	<-->	PI	2 555.967	114	1 067.291	113	1	1 488.676	0.000

续表

变量间关系			限制模型		预设模型		模型比较		
			CMIN	DF	CMIN	DF	ΔDF	ΔCMIN	P
MEF	<-->	FAI	2 987.150	114	1 067.291	113	1	1 919.859	0.000
FAI	<-->	PI	2 172.425	114	1 067.291	113	1	1 105.134	0.000
MEF	<-->	PI	3 097.351	114	1 067.291	113	1	2 030.060	0.000

表 4-53　　Bootstrapping 法的构念间区别效度检验

变量间关心			Bias - corrected		Percentile		点估计值	标准误	$\Phi \pm 2\delta$	
			下限	上限	下限	上限			下限	上限
MES	<-->	FAI	0.517	0.631	0.516	0.631	0.576	0.030	0.516	0.636
MEF	<-->	MES	0.510	0.602	0.510	0.602	0.558	0.024	0.51	0.606
MES	<-->	PI	0.693	0.774	0.693	0.773	0.735	0.020	0.695	0.775
MEF	<-->	FAI	0.369	0.482	0.368	0.481	0.426	0.029	0.368	0.484
FAI	<-->	PI	0.599	0.713	0.596	0.711	0.655	0.029	0.597	0.713
MEF	<-->	PI	0.508	0.602	0.508	0.602	0.556	0.024	0.508	0.604

⑤调节变量的验证性因子分析。本研究共有4个反映社会心理情境的调节变量，分别为面子意识、转换成本、环境问题严重性感知和环保行为有效性感知。构建一阶四因素测量模型进行验证性因子分析，结果如表 4-54 所示，测量模型与样本数据的拟合优度指标均达到了建议标准。

表 4-54　　调节变量正式量表验证性因子分析评价指标

指标名称	绝对拟合指标				
	CMDN	DF	RMSEA	GFI	AGFI
数值	1 178.584	146	0.072	0.906	0.877

指标名称	增值拟合指标				
	SRMR	NFI	RFI	IFI	TLI	CFI
数值	0.058	0.908	0.892	0.919	0.904	0.918

验证性因子分析结果，如表 4-55 所示。所有变量对应题项的标准化因子载荷值都在 0.6 以上[270]（$P < 0.001$）；每个构念的组合信度 CR 值均在 0.8 以上，大于建议的 0.7 标准；所有构念的 AVE 值大于 0.5[275]，说明变量的收敛效度良好，量表的结构效度通过检验。量表的区别效度检验结果如

表 4-56、表 4-57 和表 4-58 所示,结果显示了三种方法对潜变量的区别效度检验均表现良好,区别效度通过检验。

表 4-55　　　调节变量正式量表的验证性因子分析结果

潜变量与对应题项			参数估计				聚合效度		
			非标准化值	标准误	T 值	P	标准化值	CR 值	AVE
FC1	<---	FC	1				0.616	0.875	0.586
FC2	<---	FC	1.268	0.058	21.734	0.000	0.736		
FC3	<---	FC	1.454	0.061	23.905	0.000	0.851		
FC4	<---	FC	1.381	0.058	23.778	0.000	0.843		
FC5	<---	FC	1.291	0.058	22.184	0.000	0.758		
SC1	<---	SC	1				0.652	0.867	0.621
SC2	<---	SC	1.33	0.052	25.582	0.000	0.866		
SC3	<---	SC	1.177	0.049	23.989	0.000	0.784		
SC4	<---	SC	1.26	0.05	25.056	0.000	0.834		
PSEP1	<---	PSEP	1				0.728	0.863	0.559
PSEP2	<---	PSEP	0.895	0.036	24.738	0.000	0.721		
PSEP3	<---	PSEP	1.141	0.048	23.864	0.000	0.695		
PSEP4	<---	PSEP	1.092	0.039	28.035	0.000	0.827		
PSEP5	<---	PSEP	1.186	0.046	25.997	0.000	0.759		
PEEB1	<---	PEEB	1				0.649	0.840	0.515
PEEB2	<---	PEEB	1.18	0.052	22.885	0.000	0.767		
PEEB3	<---	PEEB	1.288	0.054	23.89	0.000	0.820		
PEEB4	<---	PEEB	1.141	0.057	19.906	0.000	0.641		
PEEB5	<---	PEEB	1.195	0.056	21.235	0.000	0.694		

表 4-56　　　AVE 法的调节变量区别效度检验

变量	均值	标准差	MFC	MSC	MPSEP	MPEEB
MFC	4.416	1.419	0.766			
MSC	4.079	1.387	0.241**	0.788		
MPSEP	5.624	1.055	0.230**	0.109**	0.748	
MPEEB	5.554	0.977	0.360**	0.098**	0.410**	0.718

注:*$P<0.05$,**$P<0.01$,对角线上的黑体为 AVE 值的算术平方根。

表 4–57 Bootstrapping 法的构念间区别效度检验

变量间关系			Bias - corrected		Percentile		点估计值	标准误	Φ±2δ	
			下限	上限	下限	上限			下限	上限
FC	<-->	PSEP	0.190	0.317	0.190	0.316	0.254	0.032	0.190	0.318
FC	<-->	PEEB	0.328	0.452	0.328	0.453	0.392	0.032	0.328	0.456
FC	<-->	SC	0.172	0.310	0.171	0.309	0.241	0.035	0.171	0.311
PSEP	<-->	PEEB	0.422	0.552	0.421	0.550	0.488	0.034	0.420	0.556
SC	<-->	PSEP	0.041	0.160	0.041	0.160	0.102	0.030	0.042	0.162
SC	<-->	PEEB	0.009	0.146	0.008	0.145	0.076	0.035	0.006	0.146

表 4–58 SEM 系数法的构念间区别效度检验

变量间关系			限制模型		预设模型		模型比较		
			CMIN	DF	CMIN	DF	ΔDF	ΔCMIN	P
FC	<-->	PSEP	3 761.007	147	1 178.584	146	1	2 582.423	0.000
FC	<-->	PEEB	3 077.425	147	1 178.584	146	1	1 898.841	0.000
FC	<-->	SC	3 506.48	147	1 178.584	146	1	2 327.896	0.000
PSEP	<-->	PEEB	2 759.951	147	1 178.584	146	1	1 581.367	0.000
SC	<-->	PSEP	3 673.399	147	1 178.584	146	1	2 494.815	0.000
SC	<-->	PEEB	3 672.017	147	1 178.584	146	1	2 493.434	0.000

4.4 本章小结

本章参考了较为成熟的量表开发流程，严格遵守相关领域著名学者推荐的量表开发标准和开发原则进行量表的开发与修订工作。在大量借鉴成熟量表的基础上，结合质性分析资料，灵活运用演绎法和归纳法修订和开发量表条目，并按照严格的预试流程对初始量表进行修订，最后形成正式问卷用于正式调研。本文根据受访者的反馈，尽量保证问卷的简洁和语义表达清晰，减少不必要的问卷题项。最后，一共收集到 1 345 份有效样本用于后续的正式量表检验和实证研究。

5

城市居民绿色购买行为驱动机理实证分析

5.1 城市居民绿色购买行为及其驱动因素的描述性分析

5.1.1 因变量的描述性统计分析

正式问卷中,本文对三类绿色购买行为一共采用了 11 个题项进行测量,其中绝对绿色购买行为包含 4 个题项:APB1(对环境的关心深刻影响了我的日常购买习惯)、APB2(出于环保的原因,我摒弃了过去的消费习惯,无条件转向购买绿色产品)、APB3(我一直坚持避免购买给环境带来潜在危害的产品)和 APB4(我十分关心环境,在日常生活中一直有意购买绿色产品);条件绿色购买行为同样采用 4 个题项进行测量:CPB1(如果绿色产品的价格下降,我就会购买更多的绿色产品)、CPB2(如果绿色产品的性价比高,我就会坚持购买它们)、CPB3(如果绿色产品确实节能环保,我就会坚持购买它们)、CPB4(如果绿色产品在价格、质量和性能方面与非绿色产品等同,我就会坚持购买它们);随机性绿色购买行为则采用 3 个题项进行测量:OPB1(我无意中购买了一件绿色产品,是因为它与非绿色产品基本功能属性相同,难以区分)、OPB2(我没有意识到自己购买的产品是一件绿色产品)、OPB3〔我会意外地购买到绿色产品,是因为它们看起来与非绿色产品(外观、式样等)相似,难以区分〕。

如表 5-1 所示,对正式调查的样本数据进行统计分析后发现,城市居民三类绿色购买行为的均值（Mean Score，MS）分别为 5.242、5.894 和 4.731，整体上处于较高水平，其中条件绿色购买行为的得分最高，随机绿色购买行为得分最低，表明日常生活中，城市居民购买绿色产品时常会兼顾双重诉求（利己诉求和利他诉求），但是随机绿色购买行为也一定程度上存在。值得关注的是，随机绿色购买行为得分超过 4，接近有点同意区间，再次证实绿色购买活动尚存在较大的提升空间。可喜的是，经过多年的环保宣传和教育，受访者对绿色购买活动总体上表现出积极的态度，即使是反映居民环境道德义务的绝对绿色购买行为，总体上也处于优等值区间（>5）。如表 5-1 所示，通过对三类绿色购买行为各题项的得分情况进行分析可知，多数回答者对自身实施绿色购买行为状况的评价值等于或高于 4，但是具体测量题项上的得分尚存在一定差异。其中 OPB2 和 OPB3 得分虽然最低，均值（MS=4.521，4.704），但仍处于较高位，反映了城市居民具备的环境知识（Environmental Knowledge）和消费技能知识尚待优化，绿色产品的可得性和辨识度低的顽疾一定程度上仍然阻碍了高阶绿色购买活动。得益于环保倡导者的大力宣传和提倡，加上公众获取信息和知识的渠道日益丰富，绝对绿色购买行为和条件绿色购买行为由此正呈现增长趋势。

表 5-1　　　　三类绿色购买行为各题项的得分统计结果

变量	均值	标准差	题项	N	均值	标准差
APB	5.242	1.087	APB1	1345	4.961	1.470
			APB2	1345	5.335	1.273
			APB3	1345	5.316	1.282
			APB4	1345	5.356	1.246
CPB	5.894	0.959	CPB1	1345	5.898	1.174
			CPB2	1345	5.810	1.206
			CPB3	1345	5.854	1.088
			CPB4	1345	6.013	1.056
OPB	4.731	1.201	OPB1	1345	4.967	1.445
			OPB2	1345	4.521	1.530
			OPB3	1345	4.704	1.456

5.1.2 中介变量的描述性统计分析

正式问卷中的城市居民功利目标框架使用 6 个题项进行测量：GGF1（购买绿色产品能够帮助我节省日常生活开支）、GGF2 [绿色产品的环保功能使我受益匪浅（即给我带来了很受用的价值）]、GGF3（跟传统非绿色产品相比，绿色产品的售后服务更加完善）、GGF4（绿色产品使用后能够"以旧换新"）、GGF5（除了绿色产品以外，市场上没有更好的替代产品能够减轻环境污染对我的侵害）、GGF6 [绿色产品消费能够使我享受到政府提供的诸多优惠政策（如税收优惠和价格补贴等）]；享乐目标框架使用了 6 个题项进行测量 HGF1（我从绿色消费过程中获得了快乐和满足）、HGF2（跟传统非绿色产品相比，绿色产品更加让人赏心悦目）、HGF3（绿色产品性能良好，我使用起来感到安心和舒心）、HGF4（我喜欢购买和使用绿色产品）、HGF4（我容易被绿色产品的宣传广告所打动）、HGF6 [践行绿色消费活动（如购买绿色产品）使我感到心情愉悦]；同样，本文使用了 6 个题项用来测量规范目标框架 NGF1（我具有环境保护理念）、NGF2（践行绿色消费是我个人的日常道德准则）、NGF3 [践行绿色产品消费，能够减少个人"碳足迹"（个人日常活动引发的温室气体排放量）并缓解气候变暖问题]、NGF4（我之所以选择消费绿色产品，是因为我具有很强的社会责任感）、NGF5（我珍视的亲朋好友认为我应该进行绿色产品消费）、NGF6（保护生态环境不仅是中国各级政府的事，也与我息息相关）。

样本数据统计结果表明，功利目标框架、享乐目标框架和规范目标框架的总体均值分别为 4.851、5.345 和 5.578，表明在内外部刺激因素的作用下，城市居民的三类目标动机均得到了有效激活，整体上处于中等水平。其中，功利目标框架的得分最低，说明绿色产品相对于非绿色产品对消费者的价值让渡能力仍显不足，这抑制了功利目标动机的生成，提高绿色产品的功能价值仍是当前绿色实践者面临的紧迫任务。而规范目标动机的得分最高再次证明当前各类社会力量仍然通过强调个人的环境道德和环境责任来鼓励公民支持环保事业，短期来看，会取得较好的即期效果，长期来看，双重诉求的割裂势必导致长效机制缺失，从而有可能带来更多的象征性环保行为。如表 5-2 所示，从具体题项来看，NGF6 得分最高（MS = 5.823），体现出城市居民对自身肩负的环境责任有一个非常清晰的认知,也表达出了积极的环境责任意识。HGF3(MS=5.448)和 HGF4(MS=5.479)的得分也相对较高,证实了城市居民乐于享受购买绿色产品给予自身带来的环境情感(Environmental Affective)体验和舒适感受,而基本需求的满足强化了人们的满足感。三个维度的所有题项中,功利目标框架的第二题 GGF2(MS=4.506)得分最低,反映出当前的绿色产品环保功能尚未得到普遍认可,而与环保自我形象相关联的社会价值目前尚无法有效表征,也无法据此产生社会心理区辨效应(Psychological Distinctive Effects)。

表 5-2　　城市居民目标框架各题项的得分统计结果

变量	均值	标准差	题项	N	均值	标准差
GGF	4.851	1.180	GGF1	1345	4.807	1.488
			GGF2	1345	4.506	1.629
			GGF3	1345	4.933	1.362
			GGF4	1345	4.936	1.366
			GGF5	1345	5.017	1.328
			GGF6	1345	4.908	1.418
HGF	5.345	1.047	HGF1	1345	5.225	1.299
			HGF2	1345	5.239	1.268
			HGF3	1345	5.448	1.210
			HGF4	1345	5.479	1.155
			HGF5	1345	5.306	1.257
			HGF6	1345	5.373	1.252
NGF	5.578	0.941	NGF1	1345	5.752	1.003
			NGF2	1345	5.497	1.182
			NGF3	1345	5.594	1.131
			NGF4	1345	5.481	1.149
			NGF5	1345	5.323	1.224
			NGF6	1345	5.823	1.124

5.1.3 自变量的描述性统计分析

本研究的自变量包括内部刺激因素和外部刺激因素。内部刺激中的环境意识采用了 5 个指标来进行测量：EC1（我非常担忧全球环境问题）、EC2（如果人类一直这样我行我素，漠视环境问题，我们会在不久的将来面临一场生态灾难）、EC3（大自然的生态平衡非常脆弱，很容易遭到破坏）、EC4（为了实现可持续发展，我认为人类应该与自然和谐共处）、EC5（我愿意调节自己的日常消费行为，以实现人类的可持续发展）；自我认同包含 7 个题项 SID1（我认为自己是一个环保型消费者）、SID2（使用的绿色产品有效彰显出了我是一个负责任的消费者）、SID3（我为自己是一个环保主义者而感到自豪）、SID4（我渴望家人和朋友将自己视作一个关心环境的人）、SID5（如果购买了绿色产品，我会对自己感到十分满意）、SID6（我之所以购买和使用绿色产品，是因为它们（绿色产品）能够凸显出我的亲环境人格）、SID7（积极参与环保活动是我人生中很重要的一部分）。

外部刺激共包含四个变量，其中媒体曝光度包含 4 个测量题项 MEF1［我（ ）在电视上看到有关环境危机问题的话题/议题］、MEF2［我（ ）在广告上看到有关环境危机问题的信息］、MEF3［我（ ）在广播上听到有关环境危机问题的话题/议题］、MEF4［我（ ）在互联网上看到有关环境危机问题的信息/议题］；媒体影响力包含 4 个题项，MES1（媒体对绿色产品的宣传和倡导对我的日常购买行为产生了重要影响）、MES2（媒体的绿色环保宣传丰富了我的环境知识）、MES3（媒体的绿色环保宣传唤醒了我的环境责任）、MES4（媒体发起的环保运动使我更加在意自己购买的产品是否为绿色的）；家庭影响采用了 4 个题项进行测量 FAI1（我之所以使用绿色产品是因为我的家人使用或曾经使用过绿色产品）、FAI2（我之所以购买绿色产品是因为我的家人购买或曾经购买过绿色产品）、FAI3［我之所以使用绿色产品是因为它们（绿色产品）让我想起了我的家人］、FAI4（我从家人那里学到了很多有关环境方面的知识）；同辈影响量表包含 5 个题项 PI1（我珍视的同辈朋友们都关心环境）、PI2（我珍视的同辈朋友们在做出购买决策时，都会考虑这种决策对环境的潜在影响）、PI3（我珍视的同辈朋友们会积极购买绿色产品）、PI4（我珍视的同辈朋友们认为全球变暖是一个现实威胁）、PI5

(我从朋友们那里学到了很多有关环境方面的知识)。

对内外部刺激因素各题项进行描述性统计后发现,环境意识的整体均值最高,达到 6.054,表明城市居民普遍具有较高的环境意识,这与规范目标框架和绝对绿色购买行为的整体表现相一致,三者互相印证。媒体曝光度(MS = 4.373)和家庭影响(MS = 4.983)的总体得分较低(<5),证明当前社会信息过载,加上城市居民面对巨大的生活和工作压力,环境信息的有效接受率整体上并不高;中国改革开放前后社会差异巨大,不同年代的城市居民家庭成员背景迥异,新生代城市居民的家庭学历层次较高,拥有较为丰富的环境知识,富有更为积极的环境情感和环境责任感,而中年城市居民家庭成员背景构成较为复杂,难以形成较强的交互影响,这可能是家庭影响整体得分不高的主要原因。

从具体题项来看,表 5-3 和表 5-4 显示,EC4 得分最高,其次是 EC2 和 EC5,表明大多数城市居民不但具有很强的环境意识,而且懂得如何实现人与自然的和谐共生,这种普遍良好的环境素养是建立在对非环保行为带来潜在生态恶果的正确认识基础上。绿色自我认同方面,除 SID6 以外,各题项的得分分布较为均衡,表明城市居民普遍具有较为积极的亲环境诉求,内心渴望成为环保型消费者,他们对自身在当前生态条件下的角色认知较为合理,愿意通过模仿、顺从和服从他人和社会期望来实现自我。SID6 得分较低反映出绿色产品对消费者生态人格的社会表征(Social Representation)能力不足。

表 5-3　　　　　　内部刺激因素各题项的得分统计结果

变量	均值	标准差	题项	N	均值	标准差
EC	6.054	0.874	EC1	1345	5.803	1.148
			EC2	1345	6.092	1.060
			EC3	1345	5.969	1.163
			EC4	1345	6.356	0.933
			EC5	1345	6.052	1.034
SID	5.513	1.035	SID1	1345	5.537	1.164
			SID2	1345	5.419	1.289
			SID3	1345	5.757	1.162
			SID4	1345	5.681	1.239
			SID5	1345	5.633	1.236
			SID6	1345	4.900	1.601
			SID7	1345	5.663	1.197

表 5-4　外部刺激因素各题项的得分统计结果

变量	均值	标准差	题项	N	均值	标准差
MEF	4.373	1.163	MEF1	1345	4.518	1.273
			MEF2	1345	4.400	1.307
			MEF3	1345	4.045	1.469
			MEF4	1345	4.530	1.334
MES	5.415	1.089	MES1	1345	5.273	1.281
			MES2	1345	5.517	1.186
			MES3	1345	5.469	1.210
			MES4	1345	5.399	1.234
FAI	4.983	1.189	FAI1	1345	5.080	1.362
			FAI2	1345	5.077	1.355
			FAI3	1345	4.656	1.529
			FAI4	1345	5.120	1.393
PI	5.247	1.114	PI1	1345	5.312	1.213
			PI2	1345	5.148	1.319
			PI3	1345	5.130	1.293
			PI4	1345	5.467	1.235
			PI5	1345	5.178	1.333

外部刺激因素方面，媒体曝光度和媒体影响力在四个题项上的得分分布均衡，表明几种主流媒体以及媒体信息类型对城市居民的曝光度和绿色影响力大体相当。但是，与媒体影响力相比，媒体曝光度的得分普遍较低，这与现实情况完全符合，城市居民面对信息过载普遍感到无所适从，无意注意已经成为人们接受信息的主要方式，这直接导致有效的接受率下降，产生了信息雾霾。除 FAI3 以外，家庭影响得分同样均衡，这验证了 Ivanova 等（2019）[204]的论断：家庭是个体成长阶段价值观形塑的最主要力量，并会对他们后续的行为方式产生深刻影响。FAI3 得分相对较低（FAI3 < 5）表明绿色产品和绿色消费活动并不能有效表达出个体对家庭的情感依恋。与媒体影响力一致，同辈影响各题项上的得分非常均衡且较为

正面,这印证了 Lee(2010,2011)[40,59]和 Suki 和 Suki(2019)[176]等人的研究结论,即同辈是个体一生中影响最为持久的力量,这也是社会互动的结果。

5.1.4　调节变量的描述性统计分析

如表5-5所示,本研究由量表测量的调节变量共有4个,其中转换成本包含4个测量题项 SC1[若放弃经常购买的普通(非绿色)产品,转而购买和适应同类的绿色产品,我将失去与普通(非绿色)产品卖家建立起的良好合作关系与友谊]、SC2[放弃经常购买的普通(非绿色)产品,转而购买和适应同类的绿色产品会消耗我大量的时间和精力]、SC3[放弃经常购买的普通(非绿色)产品,转而购买同类的绿色产品会花费我很多金钱]、SC4[总体来说,放弃经常购买的普通(非绿色)产品,转而购买同类的绿色产品会产生很多麻烦];5个题项用来测量面子意识 FC1(别人欣赏我购买的绿色产品对我来说很重要)、FC2(购买绿色产品是与非环保人士相区分的一个好方法)、FC3(购买绿色产品、支持绿色品牌能给我带来社会声望)、FC4(我身边的人认为购买绿色产品符合我的身份和品味)、FC5(购买绿色产品让我挣到了面子);环境问题严重性感知(恐惧诉求)包含5个题项 PSEP1(我认为中国目前面临的环境问题很严重)、PSEP2(我认为我们当前所面临的环境问题需要得到紧急应对和处理)、PSEP3(我认为我们所面临的环境问题正在持续恶化)、PSEP4(目前存在的环境问题正在威胁着我们的健康)、PSEP5(目前存在的环境问题正在损害着国家的正面形象);环境行为有效性感知也包含5个题项 PEEB1(我认为,如果在日常生活中能够多践行一些亲环境行为(如随手关灯、购买绿色产品、采用绿色低碳的出行方式等),就会为我们的环境改善做出很大贡献)、PEEB2(我认为自己经常参与环保活动会积极影响我的家人和朋友也一起参与进来)、PEEB3(如果我切实践行亲环境行为如随手关灯、购买绿色产品、采用绿色低碳的出行方式等,我们的环境质量就会发生明显好转)、PEEB4(我觉得自己有能力去帮助解决环境问题)、PEEB5(我觉得自己有能力通过节水和节能去帮助解决资源短缺问题)。

表 5-5　　调节变量各题项的得分统计结果

变量	均值	标准差	题项	N	均值	标准差
FC	4.416	1.419	FC1	1345	5.114	1.685
			FC2	1345	4.429	1.788
			FC3	1345	4.457	1.774
			FC4	1345	4.409	1.700
			FC5	1345	3.669	1.768
SC	4.079	1.387	SC1	1345	3.987	1.666
			SC2	1345	3.999	1.668
			SC3	1345	4.404	1.631
			SC4	1345	3.926	1.641
PSEP	5.624	1.055	PSEP1	1345	5.799	1.265
			PSEP2	1345	5.874	1.142
			PSEP3	1345	5.251	1.510
			PSEP4	1345	5.798	1.215
			PSEP5	1345	5.399	1.438
PEEB	5.554	0.977	PEEB1	1345	5.866	1.186
			PEEB2	1345	5.684	1.185
			PEEB3	1345	5.645	1.210
			PEEB4	1345	5.097	1.371
			PEEB5	1345	5.476	1.326

对 4 个调节变量中的各题项进行描述性统计后发现，面子意识（MS = 4.416, SD = 1.419）和转换成本（MS = 4.079, SD = 1.387）得分较低。首先，就面子意识而言，只有 FC1 得分超过 5，表明城市居民潜意识中较为爱面子，绿色产品需要能表征出人格和尊严，才能自我感知到体面。面子意识中的其他题项得分普遍不高又反映出绿色购买活动尚不具备人们期望的符号象征功能，即荣耀、社会地位和社会声望，这从 FC5 的最低得分得到了进一步证实。其次，转换成本方面，四个题项得分普遍偏低（<5），说明绿色消费的实施条件得到明显改善，与绿色购买活动相关的产品设施、政策标准和实施壁垒都得到了改进和优化。最后，环境行为有效性感知的得分普遍较高

(>5),体现出我国城市居民具有较高的感知效力,这可能有助于提高居民实施亲环境行为的知觉行为控制或自我效能感,但是该变量得分过高是否会导致"过度自信"值得后续进行深入研究。

5.2 城市居民目标框架、绿色购买行为及其驱动因素的相关分析

5.2.1 内部刺激因素与城市居民目标框架的相关性分析

本研究运用 Pearson 相关系数(Pearson Correlation Coefficient)反映内部刺激因素与城市居民三维目标框架之间的线性关联性。内部刺激因素包含环境意识(EC)和自我认同(SID),三维目标框架包括功利主义目标框架(GGC)、享乐主义目标框架(HGF)和规范目标框架(NGF)。各变量之间的相关系数统计结果如表 5-6 所示,环境意识、自我认同均与城市居民的功利目标框架、享乐目标框架和规范目标框架之间呈现正相关关系($P < 0.01$),初步证实个体的内部刺激因素能够有效激活自身的三维目标动机。

表 5-6 内部刺激因素与三维目标框架的 Pearson 相关系数矩阵

变量	平均值	标准差	MEC	MSID	MGGF	MHGF	MNGF
MEC	6.054	0.874	1				
MSID	5.513	1.035	0.634**	1			
MGGF	4.851	1.180	0.337**	0.569**	1		
MHGF	5.345	1.047	0.493**	0.671**	0.731**	1	
MNGF	5.578	0.941	0.557**	0.690**	0.633**	0.766**	1

注:** $P < 0.01$(双尾)。MEC 表示环境意识的构面平均分,MSID 表示自我认同的构面平均分,MGGF 表示功利目标框架的构面平均分,MHGF 表示享乐目标框架的构面平均分,MNGF 表示规范目标框架的构面平均分。

5.2.2 外部刺激因素与城市居民目标框架的相关性分析

同样,本研究运用 Pearson 相关系数检验了外部刺激因素与居民三维目

标框架之间的线性关联性。外部刺激因素包含媒体曝光度（MEF）、媒体影响力（MES）、家庭影响（FAI）和同辈影响（PI）。各变量之间的相关系数统计结果，如表 5-7 所示，媒体曝光度、媒体影响力、家庭影响和同辈影响与三维目标框架之间显著正相关，其中同辈影响与三维目标框架之间的相关性最强，初步表明其对城市居民目标动机具有更强的激活能力。

表 5-7　外部刺激因素与三维目标框架的 Pearson 相关系数矩阵

变量	平均值	标准差	MMEF	MMES	MFAI	MPI	MGGF	MHGF	MNGF
MMEF	4.373	1.163	1						
MMES	5.415	1.089	0.520**	1					
MFAI	4.983	1.189	0.422**	0.559**	1				
MPI	5.247	1.114	0.523**	0.697**	0.652**	1			
MGGF	4.851	1.180	0.443**	0.573**	0.649**	0.672**	1		
MHGF	5.345	1.047	0.454**	0.706**	0.619**	0.753**	0.731**	1	
MNGF	5.578	0.941	0.453**	0.660**	0.540**	0.704**	0.633**	0.766**	1

注：**$P<0.01$（双尾）。MMEF 表示媒体曝光度的构面得分均值，MMES 表示媒体影响力的构面得分均值，MFAI 表示家庭影响的构面得分均值，MPI 表示同辈影响的构面得分均值，MGGF 表示功利目标框架的构面得分均值，MHGF 表示享乐目标框架的构面得分均值，MNGF 表示规范目标框架的构面得分均值。

5.2.3　目标框架与城市居民绿色购买行为的相关性分析

同理，绿色购买行为包含整体绿色购买行为（MTGPB）、绝对绿色购买行为（APB）、条件绿色购买行为（CPB）和随机性绿色购买行为（OPB）。各变量之间的相关系数统计结果，如表 5-8 所示，三维目标框架对四种绿色购买行为相关性具有明显差异，首先，变量之间均呈现正相关性（$P<0.01$），功利目标框架与条件性绿色购买行为的相关性最弱；其次，享乐目标框架与绝对绿色购买行为的相关性最强，但是与随机绿色购买行为的相关性最弱；最后，规范目标框架与绝对绿色购买行为的相关性最强，而与随机绿色购买行为的相关性最弱，表明规范动机抑制了低阶绿色购买行为，扩大了高阶绿色购买行为。

表 5-8 目标框架与城市居民三种绿色购买行为的 Pearson 相关系数矩阵

变量	MGGF	MHGF	MNGF	MTGPB	MAPB	MCPB	MOPB
MGGF	1						
MHGF	0.731**	1					
MNGF	0.633**	0.766**	1				
MTGPB	0.568**	0.610**	0.601**	1			
MAPB	0.581**	0.667**	0.648**	0.797**	1		
MCPB	0.305**	0.477**	0.508**	0.795**	0.499**	1	
MOPB	0.358**	0.174**	0.142**	0.630**	0.206**	0.271**	1
均值	4.851	5.345	5.578	5.340	5.242	5.894	4.731
标准差	1.180	1.047	0.941	0.799	1.087	0.959	1.201

注：**$P<0.01$（双尾）。MGGF 表示功利目标框架的构面得分均值，MHGF 表示享乐目标框架的构面得分均值，MNGF 表示规范目标框架的构面得分均值，MTGPB 表示整体绿色购买行为的构面得分均值，MAPB 表示绝对绿色购买行为的构面得分均值，MCPB 表示条件绿色购买行为的构面得分均值，MOPB 表示随机绿色购买行为的构面得分均值。

5.2.4 内部刺激因素与城市居民绿色购买行为的相关性分析

本研究继续运用 Pearson 相关系数检验环境意识和自我认同与四类绿色购买行为之间的线性关联性。各变量之间的相关系数统计结果，如表 5-9 所示，所有变量之间均呈正相关关系。值得关注的是，环境意识和自我认同与绝对绿色购买行为的相关性最强，而与随机绿色购买行为的相关性最弱。

表 5-9 内部刺激因素与城市居民绿色购买行为的 Pearson 相关系数矩阵

变量	MEC	MSID	MTGPB	MAPB	MCPB	MOPB
MEC	1					
MSID	0.634**	1				
MTGPB	0.534**	0.635**	1			
MAPB	0.501**	0.693**	0.797**	1		
MCPB	0.543**	0.498**	0.795**	0.499**	1	
MOPB	0.119**	0.183**	0.630**	0.206**	0.271**	1
均值	6.054	5.513	5.340	5.242	5.894	4.731
标准差	0.874	1.035	0.799	1.087	0.959	1.201

注：**$P<0.01$（双尾）。MEC 表示环境意识的构面平均分，MSID 表示自我认同的构面平均分，MTGPB 表示整体绿色购买行为的构面得分均值，MAPB 表示绝对绿色购买行为的构面得分均值，MCPB 表示条件绿色购买行为的构面得分均值，MOPB 表示随机绿色购买行为的构面得分均值。

5.2.5 外部刺激因素与城市居民绿色购买行为的相关性分析

同样，本研究继续运用 Pearson 相关系数检验媒体曝光度、媒体影响力、家庭影响和同辈影响与四类绿色购买行为之间的线性关联性。如表 5-10 所示，各变量之间呈正相关关系（$P<0.01$）。其中，媒体曝光度、媒体影响力、家庭影响和同辈影响与绝对绿色购买行为的相关性总体上最强，同时它们与随机绿色购买行为相关最弱。

表 5-10　外部刺激因素与城市居民绿色购买行为的 Pearson 相关系数矩阵

变量	MMEF	MMES	MFAI	MPI	MTGPB	MAPB	MCPB	MOPB
MMEF	1							
MMES	0.520**	1						
MFAI	0.422**	0.559**	1					
MPI	0.523**	0.697**	0.652**	1				
MTGPB	0.376**	0.548**	0.580**	0.579**	1			
MAPB	0.404**	0.544**	0.576**	0.629**	0.797**	1		
MCPB	0.277**	0.465**	0.345**	0.418**	0.795**	0.499**	1	
MOPB	0.135**	0.186**	0.352**	0.207**	0.630**	0.206**	0.271**	1
均值	4.373	5.415	4.983	5.247	5.340	5.242	5.894	4.731
标准差	1.163	1.089	1.189	1.114	0.799	1.087	0.959	1.201

注：** $P<0.01$（双尾）。MMEF 表示媒体说服频率的构面得分均值，MMES 表示媒体说服强度的构面得分均值，MFAI 表示家庭影响的构面得分均值，MPI 表示同辈影响的构面得分均值，MTGPB 表示整体绿色购买行为的构面得分均值，MAPB 表示绝对绿色购买行为的构面得分均值，MCPB 表示条件绿色购买行为的构面得分均值，MOPB 表示随机绿色购买行为的构面得分均值。

5.2.6 调节变量与城市居民绿色购买行为的相关性分析

本研究运用 Pearson 相关系数检验调节变量与三类绿色购买行为之间的线性关联性。分析前先将 6 个非量表形式的变量数据统一转换成 1~7 区间分布的连续数据。10 个调节变量与四类绿色购买行为的统计结果，如表 5-11 所示，调节变量与结果变量以及调节变量之间总体上呈现显著的中低度相关或相关不显著。

表 5-11 调节变量与城市居民绿色购买行为的 Pearson 相关系数矩阵

变量	MFC	MSC	MPSEP	MPEEB	MGDP	MFEOE	MAQP	MWRP	MINNOV	MNOISE	MTGPB	MAPB	MCPB	MOPB
MFC	1	0.241**	0.230**	0.360**	-0.033	-0.063*	0.096**	-0.049	-0.039	0.183**	0.409**	0.410**	0.274**	0.211**
MSC	0.241**	1	0.109**	0.098**	-0.043	-0.039	0.062*	-0.029	-0.039	0.099**	0.287**	0.139**	0.061*	0.468**
MPSEP	0.230**	0.109**	1	0.410**	0.015	0.000	0.034	-0.036	0.015	0.030	0.421**	0.351**	0.373**	0.205**
MPEEB	0.360**	0.098**	0.410**	1	-0.026	-0.060*	0.050	-0.038	-0.036	0.095**	0.645**	0.675**	0.548**	0.175**
MGDP	-0.033	-0.043	0.015	-0.026	1	0.689**	-0.114**	-0.263**	0.958**	-0.044	-0.029	-0.026	-0.033	-0.003
MFEOE	-0.063*	-0.039	0.000	-0.060*	0.689**	1	-0.059*	0.006	0.749**	-0.199**	-0.036	-0.031	-0.052	0.007
MAQP	0.096**	0.062*	0.034	0.050	-0.114**	-0.059*	1	0.378**	-0.130**	0.197**	0.028	0.043	0.031	-0.016
MWRP	-0.049	-0.029	-0.036	-0.038	-0.263**	0.006	0.378**	1	-0.239**	-0.360**	-0.026	-0.049	-0.018	0.015
MINNOV	-0.039	-0.039	0.015	-0.036	0.958**	0.749**	-0.130**	-0.239**	1	-0.086**	-0.034	-0.032	-0.042	0.000
MNOISE	0.183**	0.099**	0.030	0.095**	-0.044	-0.199**	0.197**	-0.360**	-0.086**	1	0.095**	0.121**	0.102**	-0.023
MTGPB	0.409**	0.287**	0.421**	0.645**	-0.029	-0.036	0.028	-0.026	-0.034	0.095**	1	0.797**	0.795**	0.630**
MAPB	0.410**	0.139**	0.351**	0.675**	-0.026	-0.031	0.043	-0.049	-0.032	0.121**	0.797**	1	0.499**	0.206**
MCPB	0.274**	0.061*	0.373**	0.548**	-0.033	-0.052	0.031	-0.018	-0.042	0.102**	0.795**	0.499**	1	0.271**
MOPB	0.211**	0.468**	0.205**	0.175**	-0.003	0.007	-0.016	0.015	0.000	-0.023	0.630**	0.206**	0.271**	1
均值	4.416	4.079	5.624	5.554	3.201	2.061	4.651	1.359	2.147	6.167	5.340	5.242	5.894	4.731
标准差	1.419	1.387	1.055	0.977	1.502	0.633	0.651	0.450	0.954	0.944	0.799	1.087	0.959	1.201

注：** $P<0.01$（双尾）。MFC 表示面子意识的构面得分均值，MSC 表示行为有效性感知的构面得分均值，MPSEP 表示绝对绿色购买行为的构面得分均值，MPEEB 表示环保投入变量均值，MAQP 表示城市空气质量变量均值，MINNOV 表示城市创新度变量均值，MNOISE 表示城市噪声污染变量均值。MPEEB 表示环境行为有效性感知的构面得分均值，MGDP 表示城市经济发展水平变量均值，MFEOE 表示环境问题严重性感知的构面得分均值，MAPB 表示整体绿色购买行为的构面得分均值，MCPB 表示条件绿色购买行为的构面得分均值，MOPB 表示随机绿色购买行为的构面得分均值，MTGPB 表示转换成本的构面得分均值，MWRP 表示城市水资源丰富度变量均值，MINNOV 表示城市创新度变量均值。

5.3 城市居民绿色购买行为的差异性检验

本研究主要采用独立样本 T 检验和单因素方差分析探讨城市居民绿色购买行为在购买者属性上的差异性表现。

5.3.1 绿色购买行为在个体特征上的差异检验

(1) 性别。将城市居民整体绿色购买行为及其三个维度分别作为自变量,性别作为分组变量,运用独立样本 T 检验检定整体绿色购买行为及其各维度上存在的性别表现差异。均值差异检验的基本假设之一就是方差同质性,SPSS 中采用 Levene 检验方差同质性。采用独立样本 T 检验法时,如果检验出的两组方差同质,则 T 检验数据以输出表格中的第一行(假设方差相等)为准,如果方差不同质,则需要以第二行中的 T 值(不假设方差相等)为判定标准。本研究的独立样本 T 检验结果,如表 5-12 所示,整体绿色购买行为、绝对绿色购买行为、条件绿色购买行为和随机绿色购买行为在男女两群人中具有显著差异,且男性的表现普遍好于女性,这与 Lee(2009)[74]、Mostafa(2007)[87]等的结果存在差异,但却与 Yang 和 Zhang(2020)[21]、洪大用(2011)[260]的研究结果一致。孙瑾和王永贵(2016)[263]的研究结果能够部分解释造成这种差异的成因,即男性通常是任务导向者,容易受到非情感的、动因性的目标影响;女性多是社会导向者,容易受到情感性、社群性目标影响。面对绿色社会规范带来的外部压力,男性更愿意顺从和服从主流的消费模式,以达成社会认同和自我形象建构;女性倾向进行深思熟虑后,做出更为理性选择。

表 5-12 城市居民绿色购买行为在性别上的 T 检验结果

性别		Levene 方差等同性检验		平均值等同性 T 检验				
		F	Sig.	T	自由度	Sig.(双尾)	平均值差值	标准误差差值
TGPB	假定等方差	0.123	0.726	-2.735	1 343.000	0.006	-0.122	0.044
	不假定等方差			-2.747	1 148.583	0.006	-0.122	0.044

续表

性别		Levene 方差等同性检验		平均值等同性 T 检验				
		F	Sig.	T	自由度	Sig.（双尾）	平均值差值	标准误差差值
APB	假定等方差	0.240	0.624	-3.046	1 343.000	0.002	-0.184	0.060
	不假定等方差			-3.065	1 156.092	0.002	-0.184	0.060
CPB	假定等方差	0.162	0.688	-2.959	1 343.000	0.003	-0.158	0.053
	不假定等方差			-2.972	1 149.995	0.003	-0.158	0.053
OPB	假定等方差	10.394	0.001	0.151	1 343.000	0.880	0.010	0.067
	不假定等方差			0.155	1 233.383	0.877	0.010	0.065

（2）年龄。考虑到分组变量的水平数值在3个以上，本研究采用单因子方差分析法，将整体绿色购买行为及其各维度作为因变量，年龄作为自变量，同时检验出不同年龄组在整体绿色购买行为及其各维度上的表现是否具有显著差异。统计结果如表5-13所示，整体绿色购买行为、绝对绿色购买行为和条件绿色购买行为在不同年龄段上至少有一组具有显著差异，具体年龄组之间的显著差异结果可以选择 Scheffe 法、Tukey 法或 Duncan 法进行多重比较后加以确定。同时，随机绿色购买行为在不同年龄段上均有所分布，没有显著差异。中年组和41-50年龄段在高阶绿色购买行为上表现好于其他年龄组（MS = 5.448）。这项研究成果进一步丰富了 Lee（2008）[58]、杨贤传和张磊（2020）[98]等基于年龄对绿色消费"脱敏"现象的研究，即年轻城市居民对绿色购买行为上的表现不稳定，容易受到多种因素的干扰。

表5-13 城市居民绿色购买行为在年龄上的单因素方差分析结果

		平方和	自由度	均方	F	显著性
TGPB	组间	18.075	8	2.259	3.595	0.000
	组内	839.589	1 336	0.628		
	总计	857.664	1 344			
APB	组间	25.474	8	3.184	2.724	0.006
	组内	1 561.561	1 336	1.169		
	总计	1 587.035	1 344			

续表

		平方和	自由度	均方	F	显著性
CPB	组间	44.085	8	5.511	6.171	0.000
	组内	1 192.942	1 336	0.893		
	总计	1 237.027	1 344			
OPB	组间	15.325	8	1.916	1.330	0.224
	组内	1 923.689	1 336	1.440		
	总计	1 939.014	1 344			

（3）婚姻状况。同理，将整体绿色购买行为及其各维度作为因变量，婚姻状况作为分组变量，采用单因素方差分析检验城市居民四类绿色购买行为在婚姻状况上的潜在表现差异。统计结果如表5-14所示，城市居民的整体绿色购买行为、绝对绿色购买行为、条件绿色购买行为和随机绿色购买行为在婚姻状况上均具有显著差异。同时，已婚人士在高阶绿色购买行为上表现好于未婚和其他人群（MS = 5.421）。这项研究结果证实了王毅杰等（2019）[259]的研究结论，婚姻状况显著影响了绿色购买行为，有配偶的城市居民表现好于无配偶的群体。单身或家庭变故容易产生负面传导效应，从而弱化个体的环境关怀主义情感。

表5-14 城市居民绿色购买行为在婚姻状况上的单因素方差检验结果

		平方和	自由度	均方	F	显著性
TGPB	组间	14.151	2	7.075	11.257	0.000
	组内	843.513	1 342	0.629		
	总计	857.664	1 344			
APB	组间	17.796	2	8.898	7.610	0.001
	组内	1 569.239	1 342	1.169		
	总计	1 587.035	1 344			
CPB	组间	27.859	2	13.929	15.459	0.000
	组内	1 209.169	1 342	0.901		
	总计	1 237.027	1 344			
OPB	组间	12.058	2	6.029	4.199	0.015
	组内	1 926.956	1 342	1.436		
	总计	1 939.014	1 344			

(4) 受教育程度。继续将整体绿色购买行为及其各维度作为因变量，受教育程度作为分组变量，采用单因素方差分析检验城市居民四类绿色购买行为在受到教育程度上的潜在表现差异。统计结果如表 5-15 所示，不同受教育程度的城市居民在整体绿色购买行为、绝对绿色购买行为、条件绿色购买行为和随机绿色购买行为的表现均有显著差异。通过均值比较发现，随着学历提高，城市居民的高阶绿色购买行为表现越好。该结论与王晓楠（2019）[258]的研究结论相同，即受教育程度越高，城市居民绿色购买行为表现得越积极。早在 40 年前，Gamba 和 Oskamp（1994）[305]就证实了教育程度越高，公民对亲环境行为越频繁，提高公民的受教育水平是加快建设环境友好型社会、构建生态文明的有效途径。

表 5-15　城市居民绿色购买行为在受教育程度上的单因素方差检验结果

		平方和	自由度	均方	F	显著性
TGPB	组间	16.513	5	3.303	5.257	0.000
	组内	841.151	1 339	0.628		
	总计	857.664	1 344			
APB	组间	14.739	5	2.948	2.510	0.028
	组内	1 572.296	1 339	1.174		
	总计	1 587.035	1 344			
CPB	组间	29.934	5	5.987	6.641	0.000
	组内	1 207.094	1 339	0.901		
	总计	1 237.027	1 344			
OPB	组间	21.421	5	4.284	2.992	0.011
	组内	1 917.593	1 339	1.432		
	总计	1 939.014	1 344			

(5) 收入等级。继续将整体绿色购买行为及其各维度作为因变量，月均收入作为分组变量，采用单因素方差分析检验城市居民四类绿色购买行为在不同收入等级上的潜在表现差异。统计结果如表 5-16 所示，不同收入等级的城市居民在整体绿色购买行为、绝对绿色购买行为、条件绿色购买行为上的表现具有显著差异。均值比较发现，中高等收入人群表现好于低收入人群，表明绿色购买活动需要一定收入作为支撑，低收入人群面对绿色产品的高价格和高品位显得力不从心。洪大用（2011）[260]、贺爱忠（2011）[4]等研

究同样发现收入与环境关心正相关；王毅杰等（2019）[259]证实公民社会经济地位正向影响绿色消费行为，这些研究成果支持了本文的结论。

表 5-16 城市居民绿色购买行为在收入等级上的单因素方差检验结果

		平方和	自由度	均方	F	显著性
TGPB	组间	13.400	4	3.350	5.317	0.000
	组内	844.263	1 340	0.630		
	总计	857.664	1 344			
APB	组间	15.696	4	3.924	3.346	0.010
	组内	1 571.339	1 340	1.173		
	总计	1 587.035	1 344			
CPB	组间	37.582	4	9.395	10.496	0.000
	组内	1 199.446	1 340	0.895		
	总计	1 237.027	1 344			
OPB	组间	11.608	4	2.902	2.018	0.090
	组内	1 927.406	1 340	1.438		
	总计	1 939.014	1 344			

（6）职业类别。继续将整体绿色购买行为及其各维度作为检验变量，受访者职业类别作为分组变量，采用单因素方差分析检验城市居民四类绿色购买行为在不同职业类别上的潜在表现差异。统计结果见表 5-17，整体绿色购买行为、绝对绿色购买行为和条件绿色购买行为在职业类别上至少有一组具有显著差异，但随机绿色购买行为在职业类别上没有显著差异。一般工人或服务人员在整体绿色购买行为上得分最高（MS=5.463），作为基层城市居民没有明显的社会角色压力和社会赞许期望，因而回答是可信的。同时，政府部门人员在条件绿色购买行为上的得分最高（MS=6.137），也从侧面证实本文的调研数据没有明显的社会赞许偏差[7,9,86]。

表 5-17 城市居民绿色购买行为在职业类别上的单因素方差检验结果

		平方和	自由度	均方	F	显著性
TGPB	组间	13.049	7	1.864	2.951	0.005
	组内	844.614	1 337	0.632		
	总计	857.664	1 344			

续表

		平方和	自由度	均方	F	显著性
APB	组间	25.817	7	3.688	3.158	0.003
	组内	1 561.218	1 337	1.168		
	总计	1 587.035	1 344			
CPB	组间	24.220	7	3.460	3.814	0.000
	组内	1 212.807	1 337	0.907		
	总计	1 237.027	1 344			
OPB	组间	7.094	7	1.013	0.701	0.671
	组内	1 931.920	1 337	1.445		
	总计	1 939.014	1 344			

5.3.2 绿色购买行为在组织特征上的差异检验

（1）组织性质。继续将整体绿色购买行为及其各维度作为检验变量，受访者所在单位的组织性质作为分组变量，采用单因素方差分析检验城市居民四类绿色购买行为在不同组织性质上的潜在表现差异。统计结果如表5-18所示，整体绿色购买行为、绝对绿色购买行为和条件绿色购买行为在组织性质上具有显著差异，但随机绿色购买行为在组织性质上没有表现出显著差异。

表5-18　城市居民绿色购买行为在组织性质上的单因素方差检验结果

		平方和	自由度	均方	F	显著性
TGPB	组间	25.429	8	3.179	5.103	0.000
	组内	832.235	1 336	0.623		
	总计	857.664	1 344			
APB	组间	37.714	8	4.714	4.065	0.000
	组内	1 549.321	1 336	1.160		
	总计	1 587.035	1 344			
CPB	组间	39.325	8	4.916	5.483	0.000
	组内	1 197.702	1 336	0.896		
	总计	1 237.027	1 344			

续表

		平方和	自由度	均方	F	显著性
OPB	组间	20.661	8	2.583	1.799	0.073
	组内	1 918.353	1 336	1.436		
	总计	1 939.014	1 344			

（2）职位等级。将整体绿色购买行为及其各维度作为检验变量，受访者所在单位的职位等级作为分组变量，采用单因素方差分析检验城市居民四类绿色购买行为在不同职位等级上的潜在表现差异。统计结果如表 5-19 所示，整体绿色购买行为、绝对绿色购买行为、条件绿色购买行为和随机绿色购买行为在职位等级上具有显著差异。通过观察均值发现，高层管理人员的整体绿色购买行为（MS = 5.511）和随机绿色购买行为（MS = 5.139）得分最高，表明高层管理人员体现出了较高水平的环境参与度。同时，高层管理者多是人到中年，繁忙的公务使得他们顾此失彼[98]，很多绿色购买行为都是随机性的，从而表现为无意识行为。

表 5-19　城市居民绿色购买行为在职位等级上的单因素方差检验结果

		平方和	自由度	均方	F	显著性
TGPB	组间	14.835	4	3.709	5.897	0.000
	组内	842.828	1 340	0.629		
	总计	857.664	1 344			
APB	组间	19.596	4	4.899	4.188	0.002
	组内	1 567.439	1 340	1.170		
	总计	1 587.035	1 344			
CPB	组间	25.729	4	6.432	7.116	0.000
	组内	1 211.298	1 340	0.904		
	总计	1 237.027	1 344			
OPB	组间	18.313	4	4.578	3.194	0.013
	组内	1 920.701	1 340	1.433		
	总计	1 939.014	1 344			

5.3.3 绿色购买行为在城市特征上的差异检验

(1) 城市规模。继续将整体绿色购买行为及其各维度作为检验变量,受访者所在城市规模等级作为分组变量,采用单因素方差分析检验城市居民四类绿色购买行为在城市规模上的潜在表现差异。统计结果如表 5-20 所示,整体绿色购买行为、绝对绿色购买行为和条件绿色购买行为在城市规模上具有显著差异,随机绿色购买行为在城市规模上差异不显著。通过对不同人群的得分均值进一步分析发现,四线及以下城市居民在绝对绿色购买行为 ($MS = 4.995$) 上表现最差,表明小城市环境问题没有大城市严重,居民参与亲环境行为的紧迫性意识不太高;高级别城市普遍发展迅速,人口众多,环境问题较为突出,居民对城市的认同感较高,因而参与亲环境活动也最为频繁。

表 5-20 城市居民绿色购买行为在城市规模上的单因素方差检验结果

		平方和	自由度	均方	F	显著性
TGPB	组间	10.073	4	2.518	3.981	0.003
	组内	847.591	1 340	0.633		
	总计	857.664	1 344			
APB	组间	28.939	4	7.235	6.222	0.000
	组内	1 558.096	1 340	1.163		
	总计	1 587.035	1 344			
CPB	组间	11.682	4	2.921	3.194	0.013
	组内	1 225.345	1 340	0.914		
	总计	1 237.027	1 344			
OPB	组间	0.932	4	0.233	0.161	0.958
	组内	1 938.082	1 340	1.446		
	总计	1 939.014	1 344			

(2) 城市地理区域。将城市居民整体绿色购买行为及其三个维度分别作为自变量,城市地理区域(以秦淮线分为南方和北方)作为分组变量,运用独立样本 T 检验检定整体绿色购买行为及其各维度上存在的性别表现差异。独立样本 T 检验结果,如表 5-21 所示,整体绿色购买行为、绝对绿色购买

行为和条件绿色购买行为在南方和北方两类城市居民中具有显著差异，且北方城市居民的表现普遍好于南方城市居民，表明城市居民的生存环境是影响绿色购买行为的一个重要情境因素，北方较为恶劣的自然生态环境加重了城市居民的忧虑感，相应地，他们也比南方居民更为积极地投身于环保事业。作为一种较为低层次的绿色购买活动，随机绿色购买行为在南方和北方两类城市居民中不具有显著差异。

表 5 – 21　城市居民绿色购买行为在城市地理区域上的 T 检验结果

城市地理区域		Levene 方差等同性检验		平均值等同性 T 检验				
		F	Sig.	T	自由度	Sig.（双尾）	平均值差值	标准误差差值
TGPB	假定等方差	0.888	0.346	-4.036	1 343	0.000	-0.175	0.043
	不假定等方差			-4.036	1 341.904	0.000	-0.175	0.043
APB	假定等方差	0.594	0.441	-4.486	1 343	0.000	-0.264	0.059
	不假定等方差			-4.486	1 337.924	0.000	-0.264	0.059
CPB	假定等方差	1.372	0.242	-4.207	1 343	0.000	-0.219	0.052
	不假定等方差			-4.207	1 342.992	0.000	-0.219	0.052
OPB	假定等方差	4.564	0.033	0.039	1 343	0.969	0.003	0.066
	不假定等方差			0.039	1 331.968	0.969	0.003	0.066

通过对绿色购买行为及其各维度在购买者性别、年龄、婚姻状况、受教育程度、收入等级、职业类别、组织性质、职位等级、城市规模和城市地理区域等 10 个特征变量上的差异性分析，H66，H66 – 1 ~ H66 – 6，H67，H67 – 1 ~ H67 – 2，H68，H68 – 1 和 H68 – 2 均得到有效证实，其中随机绿色购买行为在 10 个特征变量上的总体差异性不明显，只有在婚姻状况、受教育程度和职位等级上具有显著差异。

5.4　内外部刺激因素对城市居民绿色购买行为的影响效果分析

根据前文提出的研究框架，本文将分别验证内外部刺激因素对城市居民整体绿色购买行为、绝对绿色购买行为、条件绿色购买行为和随机绿色购买行为总的影响效果。

5.4.1 内外部驱动因素对整体绿色购买行为的预测效应分析

鉴于潜变量"显性化"过程中普遍采用的题项打包策略可能带来的信息量损失[264]（罗胜强和姜嬿，2014），本文采用潜变量结构进行总效应检验。同时，对三维度绿色购买行为采取二阶模型结构进行结构方程模型分析。如表5-22和图5-1所示，AMOS23.0统计结果显示，环境意识、自我认同、媒体曝光度与媒体影响力的交互项、家庭影响和同辈影响对整体绿色购买行为的总效应显著，且为正向影响；媒体曝光度和媒体影响力对整体绿色购买行为的总效果不显著。通过比较不同路径的标准化系数后可知，自我认同对整体绿色购买行为的影响最强，交互项对整体绿色购买行为的总效应虽显著，但是影响力较弱，这与环保倡导者给予的媒体厚望有一定差距，也对传统的媒体宣传策略提出了挑战。

表5-22　自变量对整体绿色购买行为影响总效应

路径	非标准化系数	S.E.	C.R.（T值）	P值
EC→TGPB	0.191 ***	0.032	6.024	0.000
SID→TGPB	0.373 ***	0.039	9.611	0.000
MEF→TGPB	0.031	0.022	1.415	0.157
MSS→TGPB	0.058 *	0.030	1.939	0.050
MES→TGPB	0.0001	0.018	-0.007	0.994
FAI→TGPB	0.144 ***	0.021	6.951	0.000
PI→TGPB	0.123 ***	0.030	4.120	0.000

主要拟合指标：CMIN/DF = 4209.339/871 = 4.83，RMSEA = 0.05，SRMR = 0.06，GFI = 0.86，CFI = 0.92，TLI = 0.91，IFI = 0.92，NFI = 0.90。

注：* $P<0.05$，** $P<0.01$，*** $P<0.001$。EC表示环境意识，SID表示自我认同，MEF表示媒体曝光度，MES表示媒体影响力，MSS表示媒体曝光度和媒体影响力交互项，FAI表示家庭影响，PI表示同辈影响，TGPB表示整体绿色购买行为。

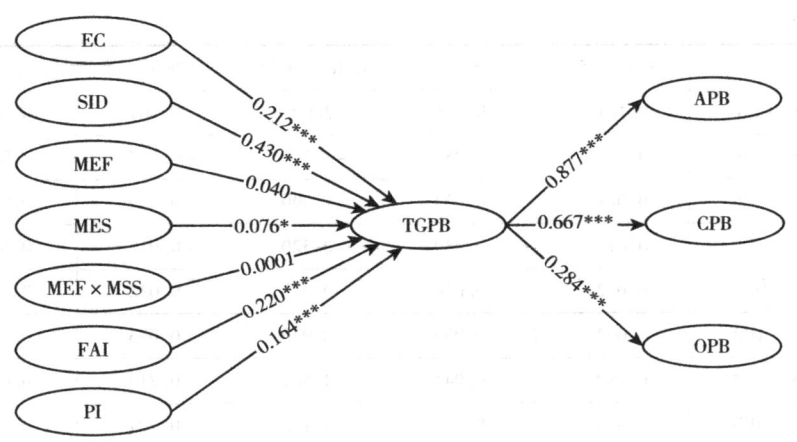

图 5-1　自变量对整体绿色购买行为影响总效应的标准化路径系数

5.4.2　内外部刺激因素对绝对绿色购买行为的预测效应分析

同理，本研究运用结构方程模型继续对内外部刺激因素对绝对绿色购买行为预测效果进行分析。本文为了体现结构方程模型同时处理多个因变量的优势，兼顾其他因变量的存在及其影响[276]，故将三个因变量作为一个整体结构方程模型进行检验[291]。如表 5-23 所示，环境意识、自我认同、媒体曝光度、家庭影响和同辈影响对绝对绿色购买行为的总效应显著，且均为正向影响。其中自我认同是驱动绝对绿色购买行为的最强因素，而媒体影响力和交互项没有产生显著影响，即现有的媒体绿色宣传策略并没有产生人们预期的效果，特别是对高阶的绝对绿色购买行为影响有限，环保实践者必须重新审视和调整媒体信息编码和说服策略，改善媒体对公众亲环境态度和行为的劝导能力。

表 5-23　自变量对三类绿色购买行为影响的总效应

路径	非标准化系数	S.E.	C.R.（T值）	标准化系数	P值
EC→APB	0.081*	0.034	2.394	0.079	0.017
EC→CPB	0.461***	0.045	10.314	0.444	0.000
EC→OPB	0.092†	0.048	1.930	0.096	0.054
SID→APB	0.465***	0.044	10.675	0.470	0.000

续表

路径	非标准化系数	S.E.	C.R.（T值）	标准化系数	P值
SID→CPB	0.101*	0.048	2.098	0.101	0.036
SID→OPB	-0.127*	0.055	-2.309	-0.137	0.021
MEF→APB	0.048*	0.024	1.990	0.055	0.047
MEF→CPB	-0.016	0.030	-0.520	-0.018	0.603
MEF→OPB	-0.032	0.034	-0.922	-0.038	0.357
MSS→APB	0.003	0.033	0.076	0.003	0.939
MSS→CPB	0.189***	0.041	4.562	0.213	0.000
MSS→OPB	0.006	0.047	0.125	0.007	0.900
MES→APB	-0.002	0.020	-0.082	-0.002	0.935
MES→CPB	0.000	0.025	0.011	0.000	0.991
MES→OPB	0.022	0.029	0.769	0.026	0.442
FAI→APB	0.123***	0.022	5.520	0.165	0.000
FAI→CPB	0.094***	0.027	3.433	0.124	0.000
FAI→OPB	0.360***	0.036	10.104	0.515	0.000
PI→APB	0.184***	0.033	5.534	0.215	0.000
PI→CPB	-0.056	0.040	-1.378	-0.064	0.168
PI→OPB	-0.035	0.046	-0.766	-0.044	0.443

主要拟合指标：CMIN/DF = 3989.767/860 = 4.64，RMSEA = 0.05，SRMR = 0.06，GFI = 0.87，CFI = 0.92，TLI = 0.91，IFI = 0.92，NFI = 0.90。

注：*$P<0.05$，**$P<0.01$，***$P<0.001$；APB表示绝对绿色购买行为，CPB表示条件绿色购买行为，OPB表示随机绿色购买行为。

5.4.3 内外部刺激因素对条件绿色购买行为的预测效应分析

继续运用结构方程模型验证自变量对条件绿色购买行为的总效应。结果如表5-23所示，环境意识对条件绿色购买行为的正向影响最强，其次是媒体曝光度和媒体影响力交互项的正向预测能力。表明无论是环境意识驱动还是媒体形塑的协同效应，兼顾利己诉求和利他诉求才能更好地激活居民的绿色购买行为，同时，还要不断完善绿色消费的硬件和软件设施，破除障碍因素，尽可能地扫清绿色消费壁垒，不断释放消费者的绿色购买潜力。

5.4.4 内外部刺激因素对随机绿色购买行为的预测效应分析

如表 5-23 所示,作为一种低阶的绿色购买行为,环境意识、媒体曝光度、媒体影响力、交互项和同辈影响没有对其产生显著影响。有趣的是,家庭影响对其具有显著的正向影响,而自我认同对其产生了显著的负向影响。依据自我形象一致性理论,家庭成员之间亲密无间,在内部互动中会毫无顾忌地展现真实自我,并将利己诉求有效传达给其他家庭成员,增加了个体在日常生活中会更多以性价比和实现内部经济作为准则,这无疑会增加随机绿色购买行为。相反,绿色自我认同高的个体具有较强的环保型公民身份认知,他们的自我意识中会自觉将环境信念和生态价值观融入自己的人格中,购买绿色产品是环境道德和环保责任的体现,是有意识和自觉的行为。因此,绿色自我认同感高的个体会自觉克服随机绿色购买行为。环境意识的正向影响仅在 10% 显著性水平上显著,证实了虽然部分随机绿色购买行为是由绿色购买技能低下和环境知识缺乏导致的,但是潜意识中已经认同环保行为的重要性,不排除部分随机绿色购买行为是强商业刺激下的潜意识行为。具体的假设检验结果,如表 5-24 所示。

表 5-24　　内外部刺激因素对因变量的总效应检验结果

序号	提出的研究假设	验证结果
H1	环境意识正向影响城市居民整体绿色购买行为。	成立
H1-1	环境意识正向影响城市居民绝对绿色购买行为。	成立
H1-2	环境意识正向影响城市居民条件绿色购买行为。	成立
H1-3	环境意识正向影响城市居民随机绿色购买行为。	不成立
H6	自我认同正向影响城市居民整体绿色购买行为。	成立
H6-1	自我认同正向影响城市居民绝对绿色购买行为。	成立
H6-2	自我认同正向影响城市居民条件绿色购买行为。	成立
H6-3	自我认同正向影响城市居民随机绿色购买行为。	部分成立
H11	媒体曝光度正向影响城市居民整体绿色购买行为。	不成立
H11-1	媒体曝光度正向影响城市居民绝对绿色购买行为。	成立
H11-2	媒体曝光度正向影响城市居民的条件绿色购买行为。	不成立
H11-3	媒体曝光度正向影响城市居民的随机绿色购买行为。	不成立

续表

序号	提出的研究假设	验证结果
H12	媒体影响力正向影响城市居民整体绿色购买行为。	成立
H12-1	媒体影响力正向影响城市居民绝对绿色购买行为。	不成立
H12-2	媒体影响力正向影响城市居民条件绿色购买行为。	成立
H12-3	媒体影响力正向影响城市居民随机绿色购买行为。	不成立
H13-a	媒体曝光度与媒体影响力的交互项正向影响城市居民整体绿色购买行为。	不成立
H13-1	媒体曝光度与媒体影响力的交互项正向影响城市居民绝对绿色购买行为。	不成立
H13-2	媒体曝光度与媒体影响力的交互项正向影响城市居民条件绿色购买行为。	不成立
H13-3	媒体曝光度与媒体影响力的交互项正向影响城市居民随机绿色购买行为。	不成立
H13-b	媒体曝光度与媒体影响力的交互项负向影响城市居民整体绿色购买行为。	不成立
H13-1-a	媒体曝光度与媒体影响力的交互项负向影响城市居民绝对绿色购买行为	不成立
H13-2-a	媒体曝光度与媒体影响力的交互项负向影响城市居民条件绿色购买行为	不成立
H13-3-a	媒体曝光度与媒体影响力的交互项负向影响城市居民随机绿色购买行为	不成立
H26	家庭影响正向影响城市居民整体绿色购买行为。	成立
H26-1	家庭影响正向影响城市居民的绝对绿色购买行为。	成立
H26-2	家庭影响正向影响城市居民的条件绿色购买行为。	成立
H26-3	家庭影响正向影响城市居民的随机绿色购买行为。	成立
H31	同辈影响正向影响城市居民整体绿色购买行为。	成立
H31-1	同辈影响正向影响城市居民的绝对绿色购买行为。	成立
H31-2	同辈影响正向影响城市居民的条件绿色购买行为。	不成立
H31-3	同辈影响正向影响城市居民的随机绿色购买行为。	不成立

5.5 目标框架的多重中介效应分析

在本研究提出的绿色购买行为驱动机理理论模型中，三维目标框架被假定为中介变量，内外部刺激因素为自变量，三种绿色购买行为作为因变量。这一影响机制可以被描述为内外部刺激因素通过激活城市居民的功利、享乐和规范目标动机从而对三种绿色购买行为的作用机制。为此，本文将设置 2 个结构方程模型，第一个结构方程模型中将整体绿色购买行为设置为二阶模型，同时检验 7 个自变量通过 3 个中介变量对整体绿色购买行为的影响机制；第二个结构方程模型将 7 个自变量、3 个中介变量和绝对绿色购买行为、条件绿色购买行为和随机绿色购买行为纳入一个整体结构方程模型中，检验整体模型中各变量之间存在的因果关系，以及三维目标框架可能起到的总中介作用（Total Indirect Effects）。2 个结构方程模型的拟合优度指标，如表 5-25 所示。

表 5-25　　　　　　结构方程模型的拟合优度指标

拟合指标	CMIN/DF	GFI	CFI	TLI	IFI	NFI	RMSEA	SRMR
模型一	4.43	0.82	0.90	0.90	0.90	0.88	0.05	0.06
模型二	4.27	0.83	0.91	0.90	0.91	0.88	0.05	0.07

此前，中介效应检验较为常用的是 Baron & Kenny（1986）[306]提出的中介效应检验流程，即逐步法（Causal Steps Approach）。逐步法主要分为三步来检验潜在的中介效应，第一步检验自变量对因变量的总效应；第二步检验自变量对中介变量的效应是否显著（系数 a），同时检验在控制自变量的影响后，中介变量对因变量的影响是否显著（系数 b），如果两条路径都显著，中介效应存在；第三步，根据直接效应是否显著来判断是完全中介还是部分中介。

近些年来，Baron 和 Kenny（1986）[306]的依次检验法因为检验力低而饱受学者们的广泛诟病，容易得出中介效应不显著的结论[307,308]。同时，学者们一边倒地认为总效应存在不是中介效应成立的根本前提[309-312]。Sobel 法一定程度上可以弥补依次检验法检验力低的问题，但是其要求的系数乘积 a∗b 服从正态分布的前提条件往往很难满足，因而估计结果往往是有偏的[313-316]。因此，本文采用 Bootstrapping 方法直接检验系数乘积 a∗b 的显著性[309,312,317]。本文认同 Zhao 等（2010）[309]的观点，在具体检验流程上将参考温忠麟和叶宝娟（2014）[313]提出的改进后的中介效应检验方法。该流程主要分为五个步骤：第一步，检验自变量对因变量的总效应（系数 c）是否显著，如果显著，按照中介效应立论，如果不显著，按照遮掩效应立论（广义中介）。第二步，依次检验自变量对中介变量的影响效应（系数 a）和中介变量对因变量的影响效应（系数 b），如果系数 a 和 b 同时显著，中介效应存在，同时报告 a∗b 的置信区间。第三步，如果至少有一个不显著，使用 Bootstrapping 方法检验系数乘积，如果系数乘积显著，则中介效应存在，如果不显著，则中介效应不存在，中止检验。第四步，检验自变量对因变量的直接影响效应（系数 c′），如果系数 c′不显著，表明只有中介效应；如果显著，即存在直接效应。第五步，如果系数乘积 ab 与 c′同号，说明是部分中介；如果 ab 与 c′异号，则存在遮掩效应（Suppression Effects）。

5.5.1 三维目标框架在内外部刺激因素与整体绿色购买行为之间的总体中介效应

遵照温忠麟和叶宝娟（2014）[313]改进的中介检验流程，首先，本研究采用 Baron 和 Kenny（1986）[306]推荐的依次检验法，运用 SEM 进行检验。使用 AMOS23.0 运行结构方程模型，模型的主要适配度指标均满足建议的标准值，说明假设模型和样本数据拟合情况良好，检验结果见表 5-22（自变量对整体绿色购买行为影响总效应）。统计结果显示环境意识、自我认同、交互项、家庭影响和同辈影响对整体绿色购买行为的总效应均显著，按照中介效应立论，其余按遮掩效应立论。其次，在中介模型中（模型一）检验系数 a 和 b，模型的主要适配度指标见表 5-25，表明模型和样本数据适配度良好。统计结果见表 5-26，自变量对中介变量的影响方面（系数 a），环境意识负向影响城市居民的功利目标框架（$\beta = -0.135$，$P < 0.001$），正面激活了规范目标框架（$\beta = 0.069$，$P < 0.05$），但是对享乐目标框架没有产生显著影响（$\beta = -0.016$，$P > 0.1$）。自我认同对功利（$\beta = 0.214$，$P < 0.001$）、享乐（$\beta = 0.265$，$P < 0.001$）和规范目标框架（$\beta = 0.361$，$P < 0.001$）的正向影响显著。媒体曝光度对功利（$\beta = 0.051$，$P > 0.05$）、享乐（$\beta = -0.039$，$P > 0.05$）和规范目标框架（$\beta = 0.016$，$P > 0.1$）的影响不显著。媒体影响力对功利（$\beta = 0.019$，$P > 0.1$）影响不显著，对享乐（$\beta = 0.042$，$P < 0.05$）和规范目标框架（$\beta = 0.054$，$P < 0.01$）的正向影响显著。交互项对功利（$\beta = 0.121$，$P < 0.01$）、享乐（$\beta = 0.310$，$P < 0.001$）和规范目标框架（$\beta = $

0.242，$P < 0.001$）的正向影响均显著，即存在协同效应。家庭影响对功利目标框架（$\beta = 0.263$，$P < 0.001$）和享乐目标框架（$\beta = 0.092$，$P < 0.001$）的正向作用显著，但对规范目标框架影响不显著（$\beta = 0.010$，$P > 0.1$）。同辈影响对功利（$\beta = 0.376$，$P < 0.001$）、享乐（$\beta = 0.385$，$P < 0.001$）和规范目标框架（$\beta = 0.299$，$P < 0.001$）的正向影响显著。控制自变量的影响，中介变量对因变量的影响（系数b）如下：功利目标没有对整体绿色购买行为产生显著影响（$\beta = -0.023$，$P > 0.1$），享乐目标和规范目标对整体绿色购买行为的正向影响显著，标准化路径系数分别为 $\beta = 0.219$（$P < 0.001$），$\beta = 0.198$（$P < 0.001$）。控制中介变量的影响后，环境意识、自我认同和家庭影响对整体绿色购买行为的直接影响显著，标准化路径系数分别为 $\beta = 0.183$（$P < 0.001$），$\beta = 0.318$（$P < 0.001$），$\beta = 0.198$（$P < 0.001$），其余直接影响路径均不显著。

表5-26 基于依次检验法的目标框架总体中介效应（因变量=整体绿色购买行为）

路径	非标准化系数	标准化系数	S. E.	C. R.（T值）	P值
EC→GGF	-0.180	-0.135	0.045	-4.032	0.000
EC→HGF	-0.020	-0.016	0.035	-0.586	0.558
EC→NGF	0.060	0.069	0.026	2.341	0.019
SID→GGF	0.276	0.214	0.052	5.318	0.000
SID→HGF	0.322	0.265	0.041	7.868	0.000
SID→NGF	0.306	0.361	0.031	9.757	0.000
MEF→GGF	0.058	0.051	0.032	1.847	0.065
MEF→HGF	-0.042	-0.039	0.025	-1.690	0.091
MEF→NGF	0.012	0.016	0.018	0.631	0.528
MSS→GGF	0.137	0.121	0.044	3.146	0.002
MSS→HGF	0.332	0.310	0.035	9.447	0.000
MSS→NGF	0.181	0.242	0.026	6.980	0.000
MES→GGF	0.022	0.019	0.027	0.812	0.417
MES→HGF	0.046	0.042	0.021	2.196	0.028
MES→NGF	0.041	0.054	0.016	2.632	0.008
FAI→GGF	0.257	0.263	0.030	8.572	0.000
FAI→HGF	0.084	0.092	0.023	3.690	0.000

续表

路径	非标准化系数	标准化系数	S.E.	C.R. (T值)	P值
FAI→NGF	0.007	0.010	0.017	0.394	0.694
PI→GGF	0.420	0.376	0.045	9.392	0.000
PI→HGF	0.405	0.385	0.035	11.534	0.000
PI→NGF	0.220	0.299	0.026	8.485	0.000
GGF→TGPB	-0.016	-0.023	0.025	-0.633	0.527
HGF→TGPB	0.158	0.219	0.036	4.404	0.000
NGF→TGPB	0.205	0.198	0.046	4.464	0.000
EC→TGPB	0.165	0.183	0.031	5.317	0.000
SID→TGPB	0.279	0.318	0.042	6.574	0.000
MEF→TGPB	0.033	0.042	0.021	1.526	0.127
MSS→TGPB	-0.027	-0.034	0.033	-0.794	0.427
MES→TGPB	-0.013	-0.016	0.018	-0.696	0.486
FAI→TGPB	0.131	0.198	0.021	6.093	0.000
PI→TGPB	0.026	0.034	0.036	0.716	0.474

通过观察表5-26可知，部分中介路径的系数a和系数b没有完全显著，进入第三步检验。本研究将继续使用AMOS23.0分别运行第一个结构方程模型，将Perform Bootstrap设定为5000次，将偏差校正的非参数百分位法（Bias-corrected Bootstrap）和非参数百分位法（Percentile Bootstrap）两种方法的区间估计的置信水平均设定为95%。接下来将分别对三维目标框架在自变量与整体绿色购买行为中的总体中介效应进行分析。如表5-25所示，模型的主要适配度指标均满足建议的标准值。对系数乘积的检验结果见表5-27。三维目标框架在自我认同、媒体影响力、交互项、同辈影响与整体绿色购买行为关系中的总体中介效应显著，置信区间均不包含0。相反，三维目标框架在环境意识、媒体曝光度、家庭影响与整体绿色购买行为关系中的总体中介效应不显著，Bootstrapping检验法中偏差校正的非参数百分位法和非参数百分位法的间接效应的置信区间均包含0。表5-27还报告了直接效应的置信区间，可以得出三维目标框架在媒体影响力、交互项和同辈影响与整体绿色购买行为的关系中只有中介作用；而在自我认同与整体绿色购买行为的关系中起到了部分中介作用（a*b与c'同号）。

表 5-27 Bootstrapping 法的总体中介效应检验结果（因变量 = 整体绿色购买行为）

假设		点估计值	系数乘积		Bootstrap (5000 Bootstrap samples)			
					Bias - Corrected 95% CI		Percentile 95% CI	
			SE	Z	下限	上限	下限	上限
间接效应								
内部刺激→TGPB	EC	0.012	0.014	0.857	-0.016	0.042	-0.017	0.041
	SID	0.109	0.028	3.893	0.063	0.178	0.057	0.168
外部刺激→TGPB	MEF	-0.005	0.008	-0.625	-0.022	0.010	-0.022	0.010
	MSS	0.087	0.024	3.625	0.049	0.144	0.044	0.136
	MES	0.015	0.008	1.875	0.002	0.035	0.001	0.033
	FAI	0.011	0.011	1.000	-0.008	0.038	-0.010	0.034
	PI	0.102	0.028	3.643	0.055	0.167	0.051	0.159
直接效应								
内部刺激→TGPB	EC	0.165	0.038	4.342	0.093	0.243	0.090	0.240
	SID	0.279	0.055	5.073	0.173	0.393	0.174	0.394
外部刺激→TGPB	MEF	0.033	0.023	1.435	-0.012	0.079	-0.015	0.076
	MSS	-0.027	0.043	-0.628	-0.111	0.057	-0.106	0.062
	MES	-0.013	0.023	-0.565	-0.057	0.033	-0.056	0.034
	FAI	0.131	0.031	4.226	0.074	0.197	0.073	0.194
	PI	0.026	0.043	0.605	-0.055	0.111	-0.055	0.111

同时，在总体中介模型中，通过计算 a*b 得到标准化的具体中介效应量（Specific indirect effects）分别为 0.0031（$\beta_{EC \to GGF \to TGPB}$），-0.0035（$\beta_{EC \to HGF \to TGPB}$），0.0137（$\beta_{EC \to NGF \to TGPB}$），-0.0049（$\beta_{SID \to GGF \to TGPB}$），0.0580（$\beta_{SID \to HGF \to TGPB}$），0.0715（$\beta_{SID \to NGF \to TGPB}$），-0.0012（$\beta_{MEF \to GGF \to TGPB}$），-0.0085（$\beta_{MEF \to HGF \to TGPB}$），0.0032（$\beta_{MEF \to NGF \to TGPB}$），-0.0028（$\beta_{MSS \to GGF \to TGPB}$），0.0679（$\beta_{MSS \to HGF \to TGPB}$），0.0479（$\beta_{MSS \to NGF \to TGPB}$），-0.0004（$\beta_{MES \to GGF \to TGPB}$），0.0092（$\beta_{MES \to HGF \to TGPB}$），0.0107（$\beta_{MES \to NGF \to TGPB}$），-0.0060（$\beta_{FAI \to GGF \to TGPB}$），0.0201（$\beta_{FAI \to HGF \to TGPB}$），0.0020（$\beta_{FAI \to NGF \to TGPB}$），-0.0086（$\beta_{PI \to GGF \to TGPB}$），0.0843（$\beta_{PI \to HGF \to TGPB}$），0.0592（$\beta_{PI \to NGF \to TGPB}$）。为了得出每一条具体中介路径的非标准化值及显著性，本研究接着运行 Mackinnon 等（2007）[318]编写的 PRODCLIN2 间接效果 95% 置信区间的计算程序，得到 Specific indirects（每一条具体中介效应）的置信区

间[287]。如表5-28所示，环境意识、自我认同、媒体曝光度、交互项、媒体影响力、家庭影响和同辈影响通过三维目标框架对整体绿色购买行为的具体影响路径的显著性差异较大。环境意识无法显著通过功利目标框架和享乐目标框架对城市居民整体绿色购买行为产生影响，但是可以通过规范目标框架对整体绿色购买行为产生影响。自我认同、媒体影响力、交互项和同辈影响无法有效通过激活功利目标框架对整体绿色购买行为产生显著影响，但是可以通过激活享乐目标和规范目标对整体绿色购买行为产生正向影响；对中介路径而言，媒体曝光度和媒体影响力依然表现为协同作用。家庭影响无法通过激活功利目标和规范目标对整体绿色购买行为产生积极影响，但是可以通过激活享乐目标来实现这一目标。

表5-28　具体路径的中介效应（因变量=整体绿色购买行为）

自变量	中介变量=GGF			中介变量=HGF			中介变量=NGF		
	效应量	下限	上限	效应量	下限	上限	效应量	下限	上限
EC	0.0029	-0.0053	0.0134	-0.0032	-0.0136	0.0082	0.0123	0.0017	0.0269
SID	-0.0044	-0.0158	0.0104	0.0509	0.0240	0.0848	0.0627	0.0312	0.1009
MEF	-0.0009	-0.0044	0.0019	-0.0066	-0.0156	0.0009	0.0025	-0.0046	0.0104
MSS	-0.0022	-0.0094	0.0046	0.0525	0.0275	0.0807	0.0371	0.0189	0.0589
MES	-0.0004	-0.0021	0.0009	0.0073	0.0008	0.0154	0.0084	0.0019	0.0167
FAI	-0.0041	-0.0162	0.0088	0.0133	0.0047	0.0249	0.0014	-0.0049	0.0093
PI	-0.0067	-0.0267	0.0143	0.0640	0.0336	0.0981	0.0451	0.0232	0.0709

注：表中列出的均为非标准化系数和对应的取值区间，文中表述的为间接效应的标准化系数值。

5.5.2　三维目标框架在内外部刺激因素与绝对绿色购买行为之间的中介效应

同理，三维目标框架在内外部刺激因素和城市居民绝对绿色购买行为关系中的中介效应依然分为总体中介效应（Total Indirect Effects）和每条路径上的具体中介效应（Specific Indirect Effects），主要运用SEM和Mackinnon等（2007）[318]编写的PRODCLIN2间接效果95%置信区间的计算程序完成。继续参考温忠麟和叶宝娟（2014）[313]改进的中介检验流程，首先，检验内外部刺激因素对绝对绿色购买行为的总效应结果见表5-23（自变量对三类绿色购买行为影响的总效应),除媒体影响力和交互项外,环境意识、自我认同、媒体曝光度、家庭影响和同辈影响对绝对绿色购买行为的总效应显著,按照中介效应立论;交互项和媒体影响力通过三维目标框架对绝对绿色购买行为的影响路径按照"遮掩效应"立论。

接着,同样采用依次检验法得到中介模型前后两条路径的系数值(a 和 b)。为此,在检验潜在的中介效应之前,本研究继续采用 AMOS23.0 运行第二个结构方程模型(整体模型),验证变量之间的因果关系。假设模型与样本数据的拟合情况如表 5-25 所示,整体模型的主要适配度指标符合检验标准。结构方程模型检验结果如表 5-29 所示。自变量对中介变量的影响方面(系数 a),环境意识抑制了城市居民的功利目标框架($\beta = -0.136$, $P < 0.001$),有效激活了规范目标框架($\beta = 0.070$, $P < 0.05$),但是无法激活享乐目标框架($\beta = -0.015$, $P > 0.1$);自我认同能同时激活城市居民的功利($\beta = 0.215$, $P < 0.001$)、享乐($\beta = 0.265$, $P < 0.001$)和规范目标框架($\beta = 0.361$, $P < 0.001$)。外部刺激因素方面,媒体曝光度无法激活城市居民的功利($\beta = 0.052$, $0.05 < P < 0.1$)、享乐($\beta = -0.039$, $0.05 < P < 0.1$)和规范目标框架($\beta = 0.015$, $P > 0.1$);媒体曝光度和媒体影响力的交互项能够同时激活城市居民的功利($\beta = 0.120$, $P < 0.01$)、享乐($\beta = 0.310$, $P < 0.001$)和规范目标框架($\beta = 0.242$, $P < 0.001$),即两者存在协同作用;媒体影响力无法激活城市居民的功利目标框架($\beta = 0.019$, $P > 0.1$),但是能成功激活了享乐($\beta = 0.042$, $P < 0.05$)和规范目标框架($\beta = 0.054$, $P < 0.01$);家庭影响能够激活城市居民的功利目标框架($\beta = 0.264$, $P < 0.001$)和享乐目标框架($\beta = 0.092$, $P < 0.001$),但对规范目标框架无能为力($\beta = 0.011$, $P > 0.1$);同辈影响能够同时激活城市居民的功利($\beta = 0.376$, $P < 0.001$)、享乐($\beta = 0.385$, $P < 0.001$)和规范目标框架($\beta = 0.299$, $P < 0.001$)。

表 5-29　基于依次检验法的变量之间的影响关系(因变量=三类绿色购买行为)

路径	非标准化系数	标准化系数	S.E.	C.R.(T 值)	P 值
EC→GGF	-0.183	-0.136	0.045	-4.065	0.000
EC→HGF	-0.019	-0.015	0.035	-0.551	0.581
EC→NGF	0.061	0.070	0.026	2.363	0.018

续表

路径	非标准化系数	标准化系数	S.E.	C.R.（T值）	P值
SID→GGF	0.277	0.215	0.052	5.336	0.000
SID→HGF	0.321	0.265	0.041	7.849	0.000
SID→NGF	0.306	0.361	0.031	9.744	0.000
MEF→GGF	0.059	0.052	0.032	1.852	0.064
MEF→HGF	-0.042	-0.039	0.025	-1.685	0.092
MEF→NGF	0.012	0.015	0.018	0.629	0.529
MSS→GGF	0.136	0.120	0.044	3.124	0.002
MSS→HGF	0.332	0.310	0.035	9.450	0.000
MSS→NGF	0.181	0.242	0.026	6.984	0.000
MES→GGF	0.022	0.019	0.027	0.811	0.417
MES→HGF	0.045	0.042	0.021	2.187	0.029
MES→NGF	0.041	0.054	0.016	2.634	0.008
FAI→GGF	0.257	0.264	0.030	8.580	0.000
FAI→HGF	0.084	0.092	0.023	3.689	0.000
FAI→NGF	0.007	0.011	0.017	0.398	0.691
PI→GGF	0.420	0.376	0.045	9.389	0.000
PI→HGF	0.405	0.385	0.035	11.530	0.000
PI→NGF	0.220	0.299	0.026	8.477	0.000
GGF→APB	-0.006	-0.008	0.027	-0.236	0.814
GGF→CPB	-0.131	-0.169	0.034	-3.821	0.000
GGF→OPB	0.381	0.515	0.043	8.814	0.000
HGF→APB	0.183	0.224	0.039	4.637	0.000
HGF→CPB	0.136	0.165	0.049	2.772	0.006
HGF→OPB	-0.284	-0.360	0.058	-4.911	0.000
NGF→APB	0.205	0.176	0.050	4.099	0.000
NGF→CPB	0.218	0.184	0.063	3.460	0.000
NGF→OPB	-0.138	-0.123	0.072	-1.924	0.054
EC→APB	0.059	0.057	0.033	1.761	0.078
EC→CPB	0.433	0.417	0.045	9.681	0.000
EC→OPB	0.174	0.176	0.049	3.553	0.000
SID→APB	0.354	0.358	0.047	7.519	0.000

续表

路径	非标准化系数	标准化系数	S.E.	C.R.（T值）	P值
SID→CPB	0.019	0.019	0.057	0.334	0.738
SID→OPB	-0.107	-0.112	0.065	-1.646	0.100
MEF→APB	0.050	0.057	0.024	2.111	0.035
MEF→CPB	-0.007	-0.008	0.030	-0.245	0.807
MEF→OPB	-0.067	-0.080	0.034	-1.966	0.049
MSS→APB	-0.091	-0.105	0.037	-2.473	0.013
MSS→CPB	0.124	0.140	0.047	2.654	0.008
MSS→OPB	0.075	0.089	0.053	1.403	0.160
MES→APB	-0.016	-0.018	0.020	-0.790	0.430
MES→CPB	-0.011	-0.012	0.025	-0.435	0.663
MES→OPB	0.033	0.039	0.029	1.157	0.247
FAI→APB	0.110	0.147	0.023	4.724	0.000
FAI→CPB	0.119	0.158	0.029	4.097	0.000
FAI→OPB	0.301	0.417	0.036	8.393	0.000
PI→APB	0.070	0.082	0.040	1.763	0.078
PI→CPB	-0.106	-0.122	0.051	-2.091	0.037
PI→OPB	-0.059	-0.071	0.058	-1.012	0.311

中介变量对因变量的影响方面（系数b），功利目标框架无法对绝对绿色购买行为产生显著影响（$\beta = -0.008$，$P > 0.1$），其对条件绿色购买行为负向影响显著（$\beta = -0.169$，$P < 0.001$），但对随机绿色购买行为产生了显著正向影响（$\beta = 0.515$，$P < 0.001$）。享乐目标框架正向影响城市居民的绝对绿色购买行为（$\beta = 0.224$，$P < 0.001$）和条件绿色购买行为（$\beta = 0.165$，$P < 0.01$），而对随机绿色购买行为产生了显著的负向影响（$\beta = -0.360$，$P < 0.001$）。其次，规范目标框架显著正向了影响城市居民的绝对绿色购买行为（$\beta = 0.176$，$P < 0.001$）和条件绿色购买行为（$\beta = 0.184$，$P < 0.001$），但对随机绿色购买行为起到了一定的抑制作用（$\beta = -0.123$，$0.05 < P < 0.06$）。

控制中介变量影响后，直接影响路径方面，环境意识对绝对绿色购买行为没有产生显著影响（$\beta = 0.057$，$P > 0.05$），但对条件绿色购买行为（$\beta = 0.417$，$P < 0.001$）和随机购买行为（$\beta = 0.176$，$P < 0.001$）的直接影响显著；

自我认同对绝对绿色购买行为直接影响显著（$\beta=0.358$，$P<0.001$），但对条件绿色购买行为（$\beta=0.019$，$P>0.1$）和随机绿色购买行为（$\beta=-0.112$，$P>0.05$）没有产生显著的直接影响。媒体曝光度对绝对绿色购买行为产生了直接影响（$\beta=0.057$，$P<0.05$），对条件绿色购买行为直接影响不显著（$\beta=-0.008$，$P>0.1$），对随机购买行为直接影响显著（$\beta=-0.080$，$P<0.05$）。媒体影响力对三类绿色购买行为直接影响均不显著（$\beta=-0.018$，$P>0.1$；$\beta=-0.012$，$P>0.1$；$\beta=0.039$，$P>0.1$）。媒体曝光度和媒体影响力的交互项对绝对绿色购买行为和条件绿色购买行为直接影响显著（$\beta=-0.105$，$P<0.05$；$\beta=0.140$，$P<0.01$），即对绝对绿色购买行为存在一定的互斥效应，而对随机绿色购买行为直接影响不显著（$\beta=0.089$，$P>0.1$）。家庭影响对绝对绿色购买行为（$\beta=0.147$，$P<0.001$）、条件绿色购买行为（$\beta=0.158$，$P<0.001$）和随机绿色购买行为（$\beta=0.417$，$P<0.001$）的直接影响均显著。最后，同辈影响对绝对绿色购买行为和随机绿色购买行为的直接影响不显著（$\beta=0.082$，$P>0.05$；$\beta=-0.071$，$P>0.1$），而对条件绿色购买行为的直接负向影响显著（$\beta=-0.122$，$P<0.05$）。

通过观察表5-29可知，部分中介路径的系数a和系数b没有同时显著，进入第三步检验。本研究继续在第二个结构方程模型中将Perform Bootstrap设定为5000次，将偏差校正的非参数百分位法（Bias-corrected Bootstrap）和非参数百分位法（Percentile Bootstrap）两种方法的区间估计的置信水平均设定为95%。接下来将分别对功利目标、享乐目标和规范目标在内外部刺激因素与绝对绿色购买行为之间的总体中介效应进行分析。系数乘积的检验结果，如表5-30所示。三维目标框架在自我认同、媒体影响力、交互项和同辈影响与绝对绿色购买行为关系中的总体中介效应显著，置信区间均不包含0。相反，三维目标框架在环境意识、媒体曝光度和家庭影响与绝对绿色购买行为关系中的总体中介效应不显著，Bootstrapping检验法中偏差校正的非参数百分位法和非参数百分位法的间接效应的置信区间均包含0。通过观察表5-30中的直接效应置信区间，自我认同和家庭影响对绝对绿色购买行为的直接影响显著，其余自变量对绝对绿色购买行为的直接影响不显著。因此，可以得出三维目标框架在媒体影响力、交互项和同辈影响与绝对绿色购买行为的关系中只有中介作用，而在自我认同与绝对绿色购买行为的关系中起到了部分中介作用（$a*b$与c'同号）。

表 5-30 **Bootstrapping 法的总体中介效应检验结果**
（因变量=绝对绿色购买行为）

假设		点估计值	系数乘积		Bootstrap (5000 Bootstrap samples)			
					Bias-Corrected 95% CI		Percentile 95% CI	
			SE	Z	下限	上限	下限	上限
					间接效应			
内部刺激→APB	EC	0.010	0.016	0.625	-0.021	0.044	-0.022	0.042
	SID	0.120	0.031	3.871	0.068	0.191	0.063	0.183
外部刺激→APB	MEF	-0.006	0.009	-0.667	-0.024	0.012	-0.025	0.012
	MSS	0.097	0.026	3.731	0.054	0.159	0.049	0.153
	MES	0.017	0.009	1.889	0.002	0.039	0.001	0.037
	FAI	0.015	0.013	1.154	-0.007	0.047	-0.009	0.044
	PI	0.116	0.031	3.742	0.063	0.185	0.058	0.178
					直接效应			
内部刺激→APB	EC	0.059	0.041	1.439	-0.019	0.145	-0.024	0.139
	SID	0.354	0.059	6.000	0.244	0.477	0.243	0.475
外部刺激→APB	MEF	0.050	0.026	1.923	0.001	0.102	-0.001	0.100
	MSS	-0.091	0.047	-1.936	-0.184	-0.003	-0.181	0.000
	MES	-0.016	0.024	-0.667	-0.062	0.032	-0.061	0.032
	FAI	0.110	0.033	3.333	0.049	0.180	0.048	0.180
	PI	0.070	0.050	1.400	-0.026	0.171	-0.026	0.170

同理，在以因变量为绝对绿色购买行为的总体中介模型中，通过计算系数乘积项 ab 得到标准化的具体路径的中介效应值（Specific Indirect Effects）分别为 0.0011（$\beta_{EC \to GGF \to APB}$），-0.0034（$\beta_{EC \to HGF \to APB}$），0.0123（$\beta_{EC \to NGF \to APB}$），-0.0017（$\beta_{SID \to GGF \to APB}$），0.0594（$\beta_{SID \to HGF \to APB}$），0.0635（$\beta_{SID \to NGF \to APB}$），-0.0004（$\beta_{MEF \to GGF \to APB}$），-0.0087（$\beta_{MEF \to HGF \to APB}$），0.0026（$\beta_{MEF \to NGF \to APB}$），-0.0010（$\beta_{MSS \to GGF \to APB}$），0.0694（$\beta_{MSS \to HGF \to APB}$），0.0426（$\beta_{MSS \to NGF \to APB}$），-0.0002（$\beta_{MES \to GGF \to APB}$），0.0094（$\beta_{MES \to HGF \to APB}$），0.0095（$\beta_{MES \to NGF \to APB}$），-0.0021（$\beta_{FAI \to GGF \to APB}$），0.0206（$\beta_{FAI \to HGF \to APB}$），0.0019（$\beta_{FAI \to NGF \to APB}$），-0.0030（$\beta_{PI \to GGF \to APB}$），0.0862（$\beta_{PI \to HGF \to APB}$），0.0526（$\beta_{PI \to NGF \to APB}$）。本研究接着运行 Mackinnon 等（2007）[318] 编写的 PRODCLIN2 间接效果 95% 置信区

间的统计程序计算出每一条具体中介路径（Specific Indirect Path）的置信区间，从而判断出相应中介效应的显著性。统计结果，如表5-31所示。环境意识、自我认同、媒体曝光度、媒体影响力、交互项、家庭影响和同辈影响通过三维目标框架对绝对绿色购买行为的21条具体中介路径显著性差异较大。环境意识无法通过激活城市居民的功利目标框架和享乐目标框架对城市居民绝对绿色购买行为产生显著影响，但是可以通过规范目标框架对绝对绿色购买行为产生正向影响；自我认同、媒体影响力、交互项和同辈影响均无法有效通过激活功利目标框架对整体绿色购买行为产生显著影响，但是可以通过激活享乐目标和规范目标对整体绿色购买行为产生正向影响；媒体曝光度无法通过三维目标框架对绝对绿色购买行为产生显著影响；家庭影响无法通过激活功利目标和规范目标对整体绿色购买行为产生显著影响，但是可以通过激活享乐目标来实现正向影响目标。

表5-31　具体路径的中介效应（因变量=绝对绿色购买行为）

自变量	中介变量=GGF			中介变量=HGF			中介变量=NGF		
	效应量	下限	上限	效应量	下限	上限	效应量	下限	上限
EC	0.0011	-0.0084	0.0115	-0.0035	-0.0164	0.0092	0.0125	0.0020	0.0266
SID	-0.0017	-0.0139	0.0152	0.0587	0.0288	0.0967	0.0627	0.0290	0.1039
MEF	-0.0004	-0.0038	0.0030	-0.0077	-0.0178	0.0011	0.0025	-0.0046	0.0105
MSS	-0.0008	-0.0085	0.0065	0.0608	0.0339	0.0907	0.0371	0.0181	0.0593
MES	-0.0001	-0.0016	0.0011	0.0082	0.0019	0.0174	0.0084	0.0019	0.0169
FAI	-0.0015	-0.0147	0.0125	0.0154	0.0058	0.0281	0.0014	-0.0050	0.0092
PI	-0.0025	-0.0238	0.0206	0.0741	0.0405	0.1122	0.0451	0.0215	0.0732

注：表中列出的均为非标准化系数和对应的取值区间，文中表述的为间接效应的标准化系数。GGF表示功利目标框架，HGF表示享乐目标框架，NGF表示规范目标框架。

5.5.3　三维目标框架在内外部刺激因素与条件绿色购买行为之间的中介效应

通过继续观察表5-29，可以发现部分中介路径的系数a和系数b没有完全显著，进入第三步检验。按照同样的SEM检验方法，分别对功利目标、享乐目标和规范目标在内外部刺激因素与条件绿色购买行为之间的总体中介效应进行分析。对系数乘积的检验结果，见表 5-32。三维目标框架在环境意识、自我认同、媒体影响力（边缘显著）和交互项与条件绿色购买行为关系的总体中介作用显著，而在媒体曝光度、家庭影响和同辈影响与条件绿色购买行为关系的总体中介作用不显著。同时，表 5-32 中还显示环境意识、交互项和家庭影响对条件绿色购买行为的直接效应显著；其余自变量对条件绿色购买行为的直接影响不显著。综上所述，三维目标框架在环境意识（直接影响显著）、自我认同（直接影响不显著）、媒体影响力（直接影响不显著）和交互项（直接影响显著）与条件绿色购买行为关系中的总体中介效应显著。其中三维目标框架在自我认同和媒体影响力与条件绿色购买行为的关系中只有中介效应，而在环境意识和交互项与条件绿色购买行为的关系中存在部分中介效应（a*b 与 c′同号）。

表 5-32 Bootstrapping 法的总体中介效应检验结果（因变量 = 条件绿色购买行为）

假设		点估计值	系数乘积		Bootstrap (5000 Bootstrap samples)			
					Bias - Corrected 95% CI		Percentile 95% CI	
			SE	Z	下限	上限	下限	上限
					间接效应			
内部刺激→CPB	EC	0.035	0.014	2.500	0.009	0.066	0.006	0.064
	SID	0.074	0.034	2.176	0.017	0.155	0.012	0.146
外部刺激→CPB	MEF	-0.011	0.008	-1.375	-0.030	0.003	-0.028	0.005
	MSS	0.067	0.027	2.481	0.021	0.132	0.017	0.126
	MES	0.012	0.008	1.500	0.000	0.033	-0.001	0.030
	FAI	-0.021	0.012	-1.750	-0.047	0.002	-0.048	0.002
	PI	0.048	0.034	1.412	-0.011	0.124	-0.015	0.118
					直接效应			
内部刺激→CPB	EC	0.433	0.057	7.596	0.324	0.549	0.324	0.549
	SID	0.019	0.075	0.253	-0.135	0.158	-0.131	0.162
外部刺激→CPB	MEF	-0.007	0.036	-0.194	-0.075	0.066	-0.079	0.063
	MSS	0.124	0.060	2.067	0.005	0.239	0.005	0.253
	MES	-0.011	0.037	-0.297	-0.082	0.062	-0.080	0.065
	FAI	0.119	0.044	2.705	0.044	0.218	0.040	0.213
	PI	-0.106	0.057	-1.860	-0.220	0.001	-0.221	0.001

同上，在以因变量为条件绿色购买行为的总体中介模型中，通过计算系数乘积项 a*b 得到标准化的具体中介效应值（Specific Indirect Effects）分

别为 0.0230（$\beta_{EC\to GGF\to CPB}$），-0.0025（$\beta_{EC\to HGF\to CPB}$），0.0129（$\beta_{EC\to NGF\to CPB}$），-0.0363（$\beta_{SID\to GGF\to CPB}$），0.0437（$\beta_{SID\to HGF\to CPB}$），0.0664（$\beta_{SID\to NGF\to CPB}$），-0.0088（$\beta_{MEF\to GGF\to CPB}$），-0.0064（$\beta_{MEF\to HGF\to CPB}$），0.0028（$\beta_{MEF\to NGF\to CPB}$），-0.0203（$\beta_{MSS\to GGF\to CPB}$），0.0512（$\beta_{MSS\to HGF\to CPB}$），0.0445（$\beta_{MSS\to NGF\to CPB}$），-0.0032（$\beta_{MES\to GGF\to CPB}$），0.0069（$\beta_{MES\to HGF\to CPB}$），0.0099（$\beta_{MES\to NGF\to CPB}$），-0.0446（$\beta_{FAI\to GGF\to CPB}$），0.0152（$\beta_{FAI\to HGF\to CPB}$），0.0020（$\beta_{FAI\to NGF\to CPB}$），-0.0635（$\beta_{PI\to GGF\to CPB}$），0.0635（$\beta_{PI\to HGF\to CPB}$），0.0550（$\beta_{PI\to NGF\to CPB}$）。本研究接着运行 Mackinnon 等（2007）[318]编写的 PRODCLIN2 间接效果 95% 置信区间的统计程序计算出每一条具体中介路径的置信区间。统计结果如表 5-33 所示，21 条中介路径的显著性反映了三维目标框架在内外部刺激因素与条件绿色购买行为关系中的中介角色的形成机制。具体如下：环境意识主要通过激活城市居民的功利目标和规范目标对条件绿色购买行为产生积极影响；功利目标框架在自我认同与条件绿色购买行为关系中起到了负向中介作用，而在享乐目标和规范目标在这一路径中起到了正向中介作用，值得注意的是三维目标框架这一路径中的总体中介作用最终为正向。媒体曝光度无法通过激活三维目标框架对条件绿色购买行为产生影响。媒体影响力主要通过激活享乐目标和规范目标对条件绿色购买行为产生积极影响。交互项通过功利目标框架对条件绿色购买行为产生负面影响，但是可以通过激活享乐目标和规范目标对条件绿色购买行为产生积极影响。家庭影响可以激活享乐目标促进条件绿色购买行为，但是激活的功利目标显著抑制了条件绿色购买行为的形成。同辈影响通过激活享乐目标和规范目标扩大了城市居民条件绿色购买行为的达成，而通过功利目标却抑制了条件绿色购买行为的形成过程。

表 5-33　具体路径的中介效应（因变量 = 条件绿色购买行为）

自变量	中介变量 = GGF			中介变量 = HGF			中介变量 = NGF		
	效应量	下限	上限	效应量	下限	上限	效应量	下限	上限
EC	0.0240	0.0075	0.0488	-0.0026	-0.0093	0.0089	0.0133	0.0015	0.0338
SID	-0.0363	-0.0579	-0.0173	0.0437	0.0120	0.0817	0.0667	0.0271	0.1125
MEF	-0.0077	-0.0176	0.0003	-0.0057	-0.0144	0.0007	0.0026	-0.0048	0.0115
MSS	-0.0178	-0.0304	-0.0065	0.0452	0.0123	0.0845	0.0395	0.0148	0.0709
MES	-0.0029	-0.0102	0.0041	0.0061	0.0005	0.0149	0.0089	0.0017	0.0192
FAI	-0.0337	-0.0510	-0.0169	0.0114	0.0025	0.0246	0.0015	-0.0050	0.0104
PI	-0.0550	-0.0863	-0.0265	0.0551	0.0160	0.0968	0.0480	0.0200	0.0795

5.5.4 三维目标框架在内外部刺激因素与随机绿色购买行为之间的中介效应

按照同样的 SEM 检验方法,分别对功利目标、享乐目标和规范目标在内外部刺激因素与随机绿色购买行为之间的总体中介效应进行分析。系数乘积的检验结果,见表 5-34。三维目标框架在环境意识、媒体曝光度、交互项和家庭影响与随机绿色购买行为关系中的总体中介作用显著,而在自我认同、媒体影响力和同辈影响与随机绿色购买行为关系中的总体中介作用不显著。同时,环境意识和家庭影响对随机绿色购买行为的直接效应显著(c'符号均为正),自我认同、媒体曝光度、媒体影响力、交互项和同辈影响的直接效应不显著。综上所述,三维目标框架在媒体曝光度和交互项与随机绿色购买行为关系中只有中介效应;三维目标框架在家庭影响与随机绿色购买行为关系中存在部分中介效应,在环境意识与随机绿色购买行为的关系中存在广义中介(遮掩效应)。

表 5-34 Bootstrapping 法的总体中介效应检验结果(因变量=随机绿色购买行为)

假设		点估计值	系数乘积		Bootstrap (5000 Bootstrap samples)			
					Bias - Corrected 95% CI		Percentile 95% CI	
			SE	Z	下限	上限	下限	上限
					间接效应			
内部刺激→OPB	EC	-0.073	0.022	-3.318	-0.120	-0.035	-0.120	-0.034
	SID	-0.028	0.039	-0.718	-0.106	0.048	-0.105	0.049
外部刺激→OPB	MEF	0.033	0.014	2.357	0.008	0.063	0.008	0.062
	MSS	-0.067	0.031	-2.161	-0.129	-0.007	-0.131	-0.010
	MES	-0.010	0.013	-0.769	-0.035	0.014	-0.036	0.013
	FAI	0.073	0.018	4.056	0.041	0.114	0.038	0.110
	PI	0.015	0.039	0.385	-0.058	0.095	-0.060	0.094
					直接效应			
内部刺激→OPB	EC	0.174	0.052	3.346	0.074	0.279	0.075	0.280
	SID	-0.107	0.067	-1.597	-0.237	0.023	-0.238	0.021
外部刺激→OPB	MEF	-0.067	0.037	-1.811	-0.141	0.002	-0.143	0.001
	MSS	0.075	0.063	1.190	-0.048	0.200	-0.041	0.205
	MES	0.033	0.038	0.868	-0.040	0.108	-0.037	0.111
	FAI	0.301	0.044	6.841	0.222	0.395	0.222	0.395
	PI	-0.059	0.063	-0.937	-0.189	0.060	-0.187	0.061

同上，在以因变量为随机绿色购买行为的总体中介模型中，通过计算系数乘积项 ab 的标准化系数得到标准化的具体中介效应值分别为 -0.0700（$\beta_{EC\to GGF\to OPB}$），0.0054（$\beta_{EC\to HGF\to OPB}$），-0.0086（$\beta_{EC\to NGF\to OPB}$），0.1107（$\beta_{SID\to GGF\to OPB}$），$-0.0954$（$\beta_{SID\to HGF\to OPB}$），$-0.0444$（$\beta_{SID\to NGF\to OPB}$），$0.0268$（$\beta_{MEF\to GGF\to OPB}$），$0.0140$（$\beta_{MEF\to HGF\to OPB}$），$-0.0018$（$\beta_{MEF\to NGF\to OPB}$），$0.0618$（$\beta_{MSS\to GGF\to OPB}$），$-0.1116$（$\beta_{MSS\to HGF\to OPB}$），$-0.0298$（$\beta_{MSS\to NGF\to OPB}$），$0.0098$（$\beta_{MES\to GGF\to OPB}$），$-0.0151$（$\beta_{MES\to HGF\to OPB}$），$-0.0066$（$\beta_{MES\to NGF\to OPB}$），$0.1360$（$\beta_{FAI\to GGF\to OPB}$），$-0.0331$（$\beta_{FAI\to HGF\to OPB}$），$-0.0014$（$\beta_{FAI\to NGF\to OPB}$），$0.1936$（$\beta_{PI\to GGF\to OPB}$），$-0.1386$（$\beta_{PI\to HGF\to OPB}$），$-0.0368$（$\beta_{PI\to NGF\to OPB}$）。本研究接着运行 Mackinnon 等（2007）[318]编写的 PRODCLIN2 间接效果95%置信区间的统计程序计算出21条具体中介路径的置信区间。统计结果，如表5-35所示，功利目标框架抑制了环境意识对随机绿色购买行为的影响，同时享乐目标和规范目标在环境意识与随机绿色购买行为中的中介效应不显著。自我认同通过功利目标框架促进了随机绿色购买行为的达成，但享乐目标框架却阻碍了随机绿色购买行为的形成，规范目标框架的中介作用不显著。媒体曝光度无法通过三维目标框架影响随机绿色购买行为。交互项能够通过功利目标框架促进随机绿色购买行为的达成，但享乐目标框架却抑制了随机绿色购买行为的形成，规范目标框架的中介作用则不显著。享乐和规范目标框架在媒体影响力与随机绿色购买行为的关系中扮演了抑制的角色，同时功利目标框架的中介作用不显著。家庭影响和同辈影响激活的功利目标动机促进了随机绿色购买行为的产生，但它们通过享乐目标却显著抑制了随机绿色购买行为，而激活的规范目标的中介效应不显著。

表5-35 具体路径的中介效应（因变量=随机绿色购买行为）

自变量	中介变量=GGF			中介变量=HGF			中介变量=NGF		
	效应量	下限	上限	效应量	下限	上限	效应量	下限	上限
EC	-0.0697	-0.1067	-0.0356	0.0054	-0.0134	0.0268	-0.0084	-0.0207	0.0002
SID	0.1055	0.0650	0.1499	-0.0912	-0.1406	-0.0495	-0.0422	-0.0897	0.0007
MEF	0.0225	-0.0013	0.0474	0.0119	-0.0017	0.0276	-0.0017	-0.0080	0.0029
MSS	0.0518	0.0186	0.0885	-0.0943	-0.1389	-0.0543	-0.0250	-0.0528	0.0003
MES	0.0084	-0.0117	0.0291	-0.0128	-0.0267	-0.0012	-0.0057	-0.0141	-0.0001
FAI	0.0979	0.0631	0.1396	-0.0239	-0.0353	-0.0122	-0.0010	-0.0043	0.0005
PI	0.1600	0.1151	0.2099	-0.1150	-0.1683	-0.0665	-0.0304	-0.0641	0.0005

5.5.5 三维目标框架中介效应的检验结果

本节通过对三维目标框架在内外部刺激因素与绿色购买行为之间的总体中介效应与具体中介效应的验证与分析,可以帮助绿色消费研究者和实践者更加清晰地了解不同种类绿色购买行为的复杂形成机制。表 5 - 36 汇总了所有中介路径的显著性及中介检验结果。

三维目标框架在内部刺激因素与绿色购买行为及其各维度间的中介效应的检验结果。

表 5 - 36   三维目标框架的中介效应检验结果汇总

作用路径	间接作用(ab)	下限	上限	直接作用(c')	中介检验结果	假设检验
EC→TGF→TGPB	0.0120	-0.0160	0.0420	0.165***	不存在	H2 不成立
EC→TGF→APB	0.0100	-0.0210	0.0440	0.0590	不存在	H2 - 1 不成立
EC→TGF→CPB	0.0350	0.0090	0.0660	0.433**	部分中介效应	H2 - 2 成立
EC→TGF→OPB	-0.0730	-0.1200	-0.0350	0.174**	遮掩效应（广义中介）	H2 - 3 成立
EC→GGF→TGPB	0.0029	-0.0053	0.0134	0.165***	不存在	H3 不成立
EC→GGF→APB	0.0011	-0.0084	0.0115	0.0590	不存在	H3 - 1 不成立
EC→GGF→CPB	0.0240	0.0075	0.0488	0.433**	部分中介效应	H3 - 2 成立
EC→GGF→OPB	-0.0697	-0.1067	-0.0356	0.174**	遮掩效应（广义中介）	H3 - 3 成立
EC→HGF→TGPB	-0.0032	-0.0136	0.0082	0.165***	不存在	H4 不成立
EC→HGF→APB	-0.0035	-0.0164	0.0092	0.0590	不存在	H4 - 1 不成立
EC→HGF→CPB	-0.0026	-0.0093	0.0089	0.433**	不存在	H4 - 2 不成立
EC→HGF→OPB	0.0054	-0.0134	0.0268	0.174**	不存在	H4 - 3 不成立
EC→NGF→TGPB	0.0123	0.0017	0.0269	0.165***	部分中介效应	H5 成立
EC→NGF→APB	0.0125	0.0020	0.0266	0.0590	只有中介效应	H5 - 1 成立
EC→NGF→CPB	0.0133	0.0015	0.0338	0.433**	部分中介效应	H5 - 2 成立
EC→NGF→OPB	-0.0084	-0.0207	0.0002	0.174**	不存在	H5 - 3 不成立
SID→TGF→TGPB	0.1090	0.0630	0.1780	0.279***	部分中介效应	H7 成立
SID→TGF→APB	0.1200	0.0680	0.1910	0.354**	部分中介效应	H7 - 1 成立
SID→TGF→CPB	0.0740	0.0170	0.1550	0.0190	只有中介效应	H7 - 2 成立

续表

作用路径	间接作用 (ab)	下限	上限	直接作用 (c')	中介检验结果	假设检验
SID→TGF→OPB	-0.0280	-0.1060	0.0480	-0.1070	不存在	H7-3 不成立
SID→GGF→TGPB	-0.0044	-0.0158	0.0104	0.279***	不存在	H8 不成立
SID→GGF→APB	-0.0017	-0.0139	0.0152	0.354**	不存在	H8-1 不成立
SID→GGF→CPB	-0.0363	-0.0579	-0.0173	0.0190	只有中介效应	H8-2 成立
SID→GGF→OPB	0.1055	0.0650	0.1499	-0.1070	只有中介效应	H8-3 成立
SID→HGF→TGPB	0.0509	0.0240	0.0848	0.279***	部分中介效应	H9 不成立
SID→HGF→APB	0.0587	0.0288	0.0967	0.354**	部分中介效应	H9-1 不成立
SID→HGF→CPB	0.0437	0.0120	0.0817	0.0190	只有中介效应	H9-2 不成立
SID→HGF→OPB	-0.0912	-0.1406	-0.0495	-0.1070	只有中介效应	H9-3 成立
SID→NGF→TGPB	0.0627	0.0312	0.1009	0.279***	部分中介效应	H10 成立
SID→NGF→APB	0.0627	0.0290	0.1039	0.354**	部分中介效应	H10-1 成立
SID→NGF→CPB	0.0667	0.0271	0.1125	0.0190	只有中介效应	H10-2 成立
SID→NGF→OPB	-0.0422	-0.0897	0.0007	-0.1070	不存在	H10-3 不成立
MEF→TGF→TGPB	-0.0050	-0.0220	0.0100	0.0330	不存在	H23 不成立
MEF→TGF→APB	-0.0060	-0.0240	0.0120	0.050*	不存在	H23-1 不成立
MEF→TGF→CPB	-0.0110	-0.0300	0.0030	-0.0070	不存在	H23-2 不成立
MEF→TGF→OPB	0.0330	0.0080	0.0630	-0.0670	只有中介效应	H23-3 成立
MEF→GGF→TGPB	-0.0009	-0.0044	0.0019	0.0330	不存在	H14 不成立
MEF→GGF→APB	-0.0004	-0.0038	0.0030	0.05*	不存在	H14-1 不成立
MEF→GGF→CPB	-0.0077	-0.0176	0.0003	-0.0070	不存在	H14-2 不成立
MEF→GGF→OPB	0.0225	-0.0013	0.0474	-0.0670	不存在	H14-3 不成立
MEF→HGF→TGPB	-0.0066	-0.0156	0.0009	0.0330	不存在	H17 不成立
MEF→HGF→APB	-0.0077	-0.0178	0.0011	0.05*	不存在	H17-1 不成立
MEF→HGF→CPB	-0.0057	-0.0144	0.0007	-0.0070	不存在	H17-2 不成立
MEF→HGF→OPB	0.0119	-0.0017	0.0276	-0.0670	不存在	H17-3 不成立
MEF→NGF→TGPB	0.0025	-0.0046	0.0104	0.0330	不存在	H20 不成立
MEF→NGF→APB	0.0025	-0.0046	0.0105	0.050*	不存在	H20-1 不成立
MEF→NGF→CPB	0.0026	-0.0048	0.0115	-0.0070	不存在	H20-2 不成立
MEF→NGF→OPB	-0.0017	-0.0080	0.0029	-0.0670	不存在	H20-3 不成立
MES→TGF→TGPB	0.0150	0.002	0.035	-0.0130	只有中介效应	H24 成立

续表

作用路径	间接作用 (ab)	下限	上限	直接作用 (c')	中介检验结果	假设检验
MES→TGF→APB	0.0170	0.0020	0.0390	-0.0160	只有中介效应	H24-1 成立
MES→TGF→CPB	0.0120	0.0000	0.0330	-0.0110	只有中介效应	H24-2 成立
MES→TGF→OPB	-0.0100	-0.0350	0.0140	0.0330	不存在	H24-3 不成立
MES→GGF→TGPB	-0.0004	-0.0021	0.0009	-0.0130	不存在	H15 不成立
MES→GGF→APB	-0.0001	-0.0016	0.0011	-0.0160	不存在	H15-1 不成立
MES→GGF→CPB	-0.0029	-0.0102	0.0041	-0.0110	不存在	H15-2 不成立
MES→GGF→OPB	0.0084	-0.0117	0.0291	0.0330	不存在	H15-3 不成立
MES→HGF→TGPB	0.0073	0.0008	0.0154	-0.0130	只有中介效应	H18 成立
MES→HGF→APB	0.0082	0.0008	0.0174	-0.0160	只有中介效应	H18-1 成立
MES→HGF→CPB	0.0061	0.0005	0.0149	-0.0110	只有中介效应	H18-2 成立
MES→HGF→OPB	-0.0128	-0.0267	-0.0012	0.0330	只有中介效应	H18-3 成立
MES→NGF→TGPB	0.0084	0.0019	0.0167	-0.0130	只有中介效应	H21 成立
MES→NGF→APB	0.0084	0.0019	0.0169	-0.0160	只有中介效应	H21-1 成立
MES→NGF→CPB	0.0089	0.0017	0.0192	-0.0110	只有中介效应	H21-2 成立
MES→NGF→OPB	-0.0057	-0.0141	-0.0001	0.0330	只有中介效应	H21-3 成立
MSS→TGF→TGPB	0.0870	0.049	0.144	-0.0270	只有中介效应	H25 成立 拒绝 H25-a
MSS→TGF→APB	0.0970	0.0540	0.1590	-0.091*	部分中介效应	H25-1 成立 拒绝 H25-1-a
MSS→TGF→CPB	0.0670	0.0210	0.1320	0.124**	部分中介效应	H25-2 成立 拒绝 H25-2-a
MSS→TGF→OPB	-0.0670	-0.1290	-0.0070	0.0750	只有中介效应	H25-3 不成立 接受 H25-3-a
MSS→GGF→TGPB	-0.0022	-0.0094	0.0046	-0.0270	不存在	H16 不成立 H16-a 不成立
MSS→GGF→APB	-0.0008	-0.0085	0.0065	-0.091*	不存在	H16-1 成立 H16-1-a 不成立
MSS→GGF→CPB	-0.0178	-0.0304	-0.0065	0.124**	遮掩效应（广义中介）	H16-2 不成立 接受 H16-2-a
MSS→GGF→OPB	0.0518	0.0186	0.0885	0.0750	只有中介效应	H16-3 成立 拒绝 H16-3-a
MSS→HGF→TGPB	0.0525	0.0275	0.0807	-0.0270	只有中介效应	H19 成立 拒绝 H19-a

续表

作用路径	间接作用 (ab)	下限	上限	直接作用 (c')	中介检验结果	假设检验
MSS→HGF→APB	0.0608	0.0339	0.0907	-0.091*	部分中介效应	H19-1 成立 拒绝 H19-1-a
MSS→HGF→CPB	0.0452	0.0123	0.0845	0.124**	部分中介效应	H19-2 成立 拒绝 H19-2-a
MSS→HGF→OPB	-0.0943	-0.1389	-0.0543	0.0750	只有中介效应	H19-3 不成立 接受 H19-3-a
MSS→NGF→TGPB	0.0371	0.0189	0.0589	-0.0270	只有中介效应	H22 成立 拒绝 H22-a
MSS→NGF→APB	0.0371	0.0181	0.0593	-0.091*	部分中介效应	H22-1 成立 H22-1-a 不成立
MSS→NGF→CPB	0.0395	0.0148	0.0709	0.124**	部分中介效应	H22-2 成立 H22-2-a 不成立
MSS→NGF→OPB	-0.0250	-0.0528	0.0003	0.0750	不存在	H22-3 不成立 H22-3-a 不成立
FAI→TGF→TGPB	0.0110	-0.0080	0.0380	0.131***	不存在	H27 不成立
FAI→TGF→APB	0.0150	-0.0070	0.0470	0.11***	不存在	H27-1 不成立
FAI→TGF→CPB	-0.0210	-0.0470	0.0020	0.119**	不存在	H27-2 不成立
FAI→TGF→OPB	0.0730	0.0410	0.1140	0.301***	部分中介效应	H27-3 成立
FAI→GGF→TGPB	-0.0041	-0.0162	0.0088	0.131***	不存在	H28 不成立
FAI→GGF→APB	-0.0015	-0.0147	0.0125	0.11***	不存在	H28-1 不成立
FAI→GGF→CPB	-0.0337	-0.0510	-0.0169	0.119**	遮掩效应 (广义中介)	H28-2 成立
FAI→GGF→OPB	0.0979	0.0631	0.1396	0.301***	部分中介效应	H28-3 成立
FAI→HGF→TGPB	0.0133	0.0047	0.0249	0.131***	部分中介效应	H29 成立
FAI→HGF→APB	0.0154	0.0058	0.0281	0.11***	部分中介效应	H29-1 成立
FAI→HGF→CPB	0.0114	0.0025	0.0246	0.119**	部分中介效应	H29-2 成立
FAI→HGF→OPB	-0.0239	-0.0353	-0.0122	0.301***	遮掩效应 (广义中介)	H29-3 成立
FAI→NGF→TGPB	0.0014	-0.0049	0.0093	0.131***	不存在	H30 不成立
FAI→NGF→APB	0.0014	-0.0050	0.0092	0.110***	不存在	H30-1 不成立
FAI→NGF→CPB	0.0015	-0.0050	0.0104	0.119**	不存在	H30-2 不成立
FAI→NGF→OPB	-0.0010	-0.0043	0.0005	0.301***	不存在	H30-3 不成立

续表

作用路径	间接作用 (ab)	下限	上限	直接作用 (c')	中介检验结果	假设检验
PI→TGF→TGPB	0.1020	0.0550	0.1670	0.0260	只有中介效应	H32 成立
PI→TGF→APB	0.1160	0.0630	0.1850	0.0700	只有中介效应	H32-1 成立
PI→TGF→CPB	0.0480	-0.0110	0.1240	-0.1060	不存在	H32-2 不成立
PI→TGF→OPB	0.0150	-0.0580	0.0950	-0.0590	不存在	H32-3 不成立
PI→GGF→TGPB	-0.0067	-0.0267	0.0143	0.0260	不存在	H33 不成立
PI→GGF→APB	-0.0025	-0.0238	0.0206	0.0700	不存在	H33-1 不成立
PI→GGF→CPB	-0.0550	-0.0863	-0.0265	-0.1060	只有中介效应	H33-2 成立
PI→GGF→OPB	0.1600	0.1151	0.2099	-0.0590	只有中介效应	H33-3 成立
PI→HGF→TGPB	0.0640	0.0336	0.0981	0.0260	只有中介效应	H34 成立
PI→HGF→APB	0.0741	0.0405	0.1122	0.0700	只有中介效应	H34-1 成立
PI→HGF→CPB	0.0551	0.0160	0.0968	-0.1060	只有中介效应	H34-2 成立
PI→HGF→OPB	-0.1150	-0.1683	-0.0665	-0.0590	只有中介效应	H34-3 成立
PI→NGF→TGPB	0.0451	0.0232	0.0709	0.0260	只有中介效应	H35 成立
PI→NGF→APB	0.0451	0.0215	0.0732	0.0700	只有中介效应	H35-1 成立
PI→NGF→CPB	0.0480	0.0200	0.0795	-0.1060	只有中介效应	H35-2 成立
PI→NGF→OPB	-0.0304	-0.0641	0.0005	-0.0590	不存在	H35-3 不成立

注：TGF 指总目标框架；表中总目标框架总体中介效应和直接效应是使用 Bootstrapping 方法估计的结果，具体中介路径的显著性使用的是 PRODCLIN2 间接效果 95% 置信区间统计程序进行估计，所有值均为非标准化系数，显著性则采用置信区间是否包含 0 进行判断。

5.6 情境因素的调节效应分析

根据文献研究和深度访谈资料分析可知，在绿色购买行为形成过程中受到一些潜在因素的调节，这些潜在因素会随着对象和情境的变化而有所不同，本研究在扎根理论分析的基础上，提炼出了 10 个调节因素。下面将运用 SPSS25.0 执行阶层回归，逐个检验这 10 个变量可能发挥的调节作用；同时，将使用 Process v3.3 配合进行边缘显著的调节效应的作图工作。阶层回归第一步放入自变量和因变量，第二步放入调节变量，第三步将单独放入调节项，以便更好地观察自变量和调节变量之外的，由调节项单独能够解释出因变量变异量的"独特贡献力"[278]，如果调节项系数显著，则调节效果存在。在做调节效应分析之前，本文参照刘军（2008）[278]、温忠麟等（2014）[319]的做法，将所有自变量和调节变量进行 Z 标准化处理（未必需要将所有变量都进行标准化或中心化处理），从而克服潜在的多重共线性。下面将分别检验社会心理情境和城市情境因素在三维目标框架与整体、绝对、条件和随机绿色购买行为之间关系中可能存在的调节机制。

5.6.1 社会心理情境因素的调节效应检验

（1）面子意识的调节作用。在不考虑其他变量的前提下，本文检验了面子意识在三维目标框架与绿色购买行为关系中的调节效应，自变量为功利目标、享乐目标和规范目标，因变量为绿色购买行为。阶层回归结果，如表 5-37 所示。

表 5-37　　　　　　　　面子意识的调节效应

变量	模型 1（因变量 = TGPB）			模型 2（因变量 = TGPB）			模型 3（因变量 = TGPB）		
	B	T 值	VIF	B	T 值	VIF	B	T 值	VIF
GGF	0.174	7.135	2.207	0.147	5.963	2.308	0.148	5.959	2.353
HGF	0.186	6.352	3.197	0.166	5.691	3.252	0.163	5.260	3.623
NGF	0.227	8.805	2.487	0.221	8.645	2.492	0.224	8.086	2.903
FC				0.096	5.154	1.325	0.096	5.084	1.349
GGF × FC							0.017	0.724	2.486
HGF × FC							-0.016	-0.537	4.045
NGF × FC							0.007	0.261	3.138
F 值	345.965***			271.061***			154.725***		
R²	0.436			0.447			0.448		
ΔR²	0.436			0.011			0.000		
变量	模型 1（因变量 = APB）			模型 2（因变量 = APB）			模型 3（因变量 = APB）		
	B	T 值	VIF	B	T 值	VIF	B	T 值	VIF
GGF	0.166***	(5.322)	2.207	0.136	4.315	2.308	0.147	4.618	2.353
HGF	0.351	9.377	3.197	0.330	8.790	3.252	0.305	7.734	3.623
NGF	0.330	9.990	2.487	0.324	9.847	2.492	0.323	9.143	2.903

续表

变量	模型1（因变量=APB）			模型2（因变量=APB）			模型3（因变量=APB）		
	B	T值	VIF	B	T值	VIF	B	T值	VIF
FC				0.106	4.412	1.325	0.115	4.785	1.349
GGF × FC							0.032	1.057	2.486
HGF × FC							**−0.078**	−2.048	4.045
NGF × FC							−0.009	−0.284	3.138
F值	449.224***			346.422***			200.711***		
R^2	0.501			0.508			0.512		
ΔR^2	0.501			0.007			0.004		

变量	模型1（因变量=CPB）			模型2（因变量=CPB）			模型3（因变量=CPB）		
	B	T值	VIF	B	T值	VIF	B	T值	VIF
GGF	−0.145	−4.416	2.207	−0.167	−4.977	2.308	−0.177	−5.253	2.353
HGF	0.291	7.352	3.197	0.275	6.914	3.252	0.263	6.268	3.623
NGF	0.356	10.207	2.487	0.351	10.089	2.492	0.384	10.249	2.903
FC				0.078	3.076	1.325	0.071	2.792	1.349
GGF × FC							−0.057	−1.768	2.486
HGF × FC							−0.014	−0.341	4.045
NGF × FC							**0.084**	2.374	3.138
F值	179.753***			138.031***			80.294***		
R^2	0.287			0.292			0.296		
ΔR^2	0.287			0.005			0.004		

变量	模型1（因变量=OPB）			模型2（因变量=OPB）			模型3（因变量=OPB）		
	B	T值	VIF	B	T值	VIF	B	T值	VIF
GGF	0.609	13.537	2.207	0.579	12.628	2.308	0.585	12.677	2.353
HGF	−0.174	−3.215	3.197	−0.196	−3.601	3.252	−0.161	−2.820	3.623
NGF	−0.081	−1.699	2.487	−0.088	−1.844	2.492	−0.123	−2.407	2.903
FC				0.108	3.104	1.325	0.103	2.936	1.349
GGF × FC							**0.096**	2.187	2.486
HGF × FC							0.063	1.155	4.045
NGF × FC							−0.075	−1.539	3.138
F值	77.017***			60.543***			36.866***		
R^2	0.147			0.153			0.162		
ΔR^2	0.147			0.006			0.009		

注：$*P<0.05$，$**P<0.01$，$***P<0.001$；B表示非标准化系数；APB表示绝对绿色购买行为，CPB表示条件绿色购买行为，OPB表示随机绿色购买行为；交互项系数显著性为加粗字体，并可通过T值判断。

①以整体绿色购买行为为因变量。模型1中，3个自变量共可解释整体绿色购买行为43.6%的变异量，此解释力具有统计上的显著性（$P<0.001$）；模型2中加入调节变量面子意识后，4个变量共解释出整体绿色购买行为44.7%的变异量，控制三维目标框架的影响后，面子意识对整体绿色购买行为的解释力为1.1%（通过ΔF得到$P<0.001$）；模型3加入3个交互项后，7个解释变量对整体绿色购买行为的解释力达到44.8%，控制其余4个解释变量的影响后，3个交互项对整体绿色购买行为的解释力为0%，对应的三个调节项系数均不显著，表明面子意识在三维目标动机与整体绿色购买行为关系中的调节作用不显著。

②以绝对绿色购买行为为因变量。模型1中，三维目标框架解释了因变量50.1%的变异量，模型的F值达到设定的显著性水平；模型2中加入调节变量后，自变量共解释了因变量50.8%的变异量，模型的ΔF值改变量在0.001水平上显著，排除其余3个变量的影响后，调节变量对因变量的解释力为0.7%（$P<0.001$）；模型3在模型2的基础上加入了3个交互项，7个自变量对因变量的解释力达到51.2%，其中面子意识对享乐目标框架与绝对绿色购买行为关系的调节作用显著，交互项系数为-0.078（$P<0.05$），随着面子意识越强，享乐目标框架对绝对绿色购买行为的影响越弱。

③以条件绿色购买行为为因变量。模型1中的3个自变量共可以解释条件绿色购买行为28.7%的变异量，模型整体解释变异量达到了设定的显著性水平；模型2加入调节变量后，4个自变量对因变量的解释力为29.2%，其中调节变量对因变量的单独解释力为0.5%（$P<0.01$）；模型3加入3个交互项后，所有自变量对因变量的解释力为29.6%，其中调节变量对规范目标框架与条件绿色购买行为关系存在显著的正向调节（$P<0.05$），调节项系数为0.084，表明面子意识越强，规范目标框架对条件绿色购买行为的影响越强。

④以随机绿色购买行为为因变量。模型1中的解释变量一共解释了因变量14.7%的变异量；当模型2中加入调节变量后，其单独解释了因变量0.6%的变异量；模型3中加入3个交互项后，整体模型的解释能力（16.2%）得到一定提高，其中面子意识对功利目标框架与随机绿色购买行为关系中的正向调节作用显著，调节项系数为0.096（$P<0.05$），表明面子意识越强烈，功利目标框架对随机绿色购买行为的影响也越强。相反，面子意识没有对享乐目

标框架和规范目标框架与随机绿色购买行为之间的关系起到显著调节作用（$P>0.05$）。调节效果图，如图 5-2 所示。

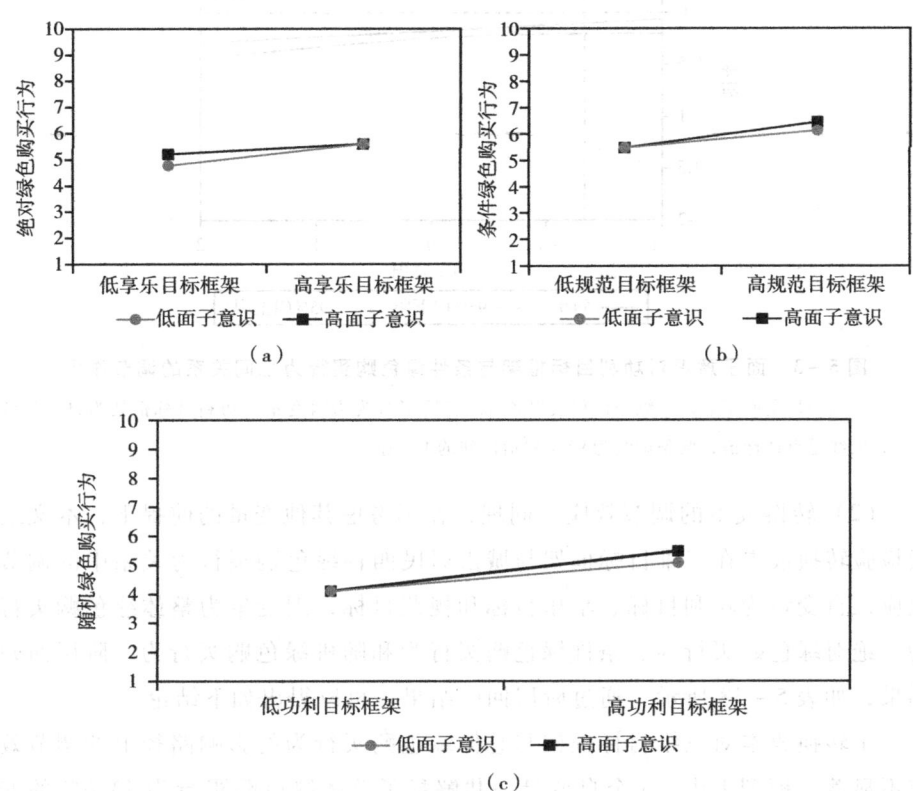

图 5-2　面子意识的调节效应

为了克服传统选点法检验简单斜率存在的不足，本研究采纳 Hayes（2013）[320]、黄彬彬等（2015）[321]、方杰等（2015）[322]的建议，在调节变量为连续变量时，采用 Johnson – Neyman 法（简写为 J – N 法）进行调节效应存在边缘显著时的简单斜率检验（调节项系数显著性为 $0.05<P<0.1$），从而确定简单斜率显著不为 0 时调节变量的取值范围。如表 5-37 所示，面子意识对功利目标框架与条件绿色购买行为的关系中的调节效应存在边缘显著，本文采用 J – N 法先固定 t 值为临界值，找到简单斜率显著不为 0 时面子意识的取值范围，如图 5-3 所示。图中表明面子意识越强，功利目标与条件绿色购买行为的关系小幅变弱。

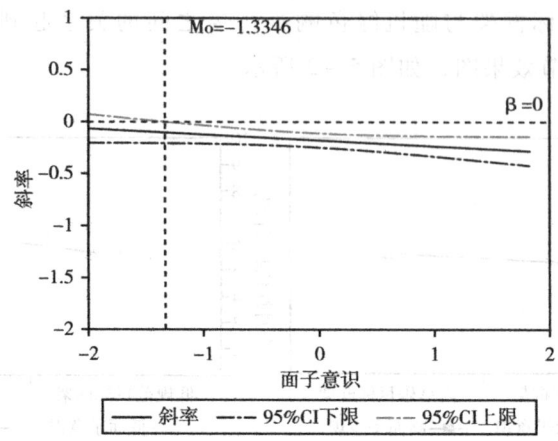

图 5-3 面子意识对功利目标框架与条件绿色购买行为之间关系的调节作用

注：横坐标是面子意识，纵坐标代表以条件绿色购买行为为因变量，功利目标框架为自变量的斜率，实线是点估计值，两条虚线为95%置信区间的上下限。

（2）转换成本的调节效应。同理，在不考虑其他变量的前提下，本文继续检验转换成本在三维目标框架与城市居民四种绿色购买行为关系中的调节效应，自变量为功利目标、享乐目标和规范目标，因变量为整体绿色购买行为、绝对绿色购买行为、条件绿色购买行为和随机绿色购买行为。阶层回归结果，如表 5-38 所示。通过阶层回归结果，可以得出如下结论：

①转换成本对三维目标框架与总体绿色购买行为的影响路径上的调节效应不显著。模型1中，3个自变量一共解释了总体绿色购买行为43.6%的变异量，此解释力达到统计上的显著性（$P<0.001$）；模型2中加入调节变量转换成本后，4个变量共解释了49.2%的变异量，排除三维目标框架的影响后，转换成本对整体绿色购买行为的解释力为5.6%，此解释力达到了统计上的显著性水平（通过 ΔF 得到 $P<0.001$）；模型3加入3个交互项后，7个解释变量对整体绿色购买行为的解释力达到49.3%，控制其余4个解释变量的影响后，3个交互项对整体绿色购买行为的解释力仅为0.1%，没有达到统计上的显著性要求，调节效应不存在。

②转换成本在功利目标框架与绝对绿色购买行为关系中的正向调节效应显著，交互项系数为0.068（$P<0.05$），表明转换成本越高，功利目标对绝对绿色购买行为的预测能力越强。此外，转换成本对享乐目标和规范目标与绝对绿色购买行为关系上的调节作用不显著。

表 5-38　　　　　　　　　转换成本的调节效应

变量	模型 1（因变量 = TGPB）			模型 2（因变量 = TGPB）			模型 3（因变量 = TGPB）		
	B	T 值	VIF	B	T 值	VIF	B	T 值	VIF
GGF	0.174	7.135	2.207	0.098	4.100	2.367	0.097	4.000	2.430
HGF	0.186	6.352	3.197	0.222	7.950	3.234	0.226	7.999	3.296
NGF	0.227	8.805	2.487	0.243	9.883	2.493	0.240	9.699	2.530
SC				0.196	12.132	1.074	0.201	11.711	1.221
GGF × SC							-0.006	-0.243	3.284
HGF × SC							0.020	0.668	4.482
NGF × SC							-0.029	-1.103	3.175
F 值	345.965***			324.554***			185.499***		
R²	0.436			0.492			0.493		
ΔR²	0.436			0.056			0.001		
变量	模型 1（因变量 = APB）			模型 2（因变量 = APB）			模型 3（因变量 = APB）		
	B	T 值	VIF	B	T 值	VIF	B	T 值	VIF
GGF	0.166	5.322	2.207	0.126	3.928	2.367	0.136	4.213	2.430
HGF	0.351	9.377	3.197	0.371	9.916	3.234	0.366	9.711	3.296
NGF	0.330	9.990	2.487	0.338	10.306	2.493	0.330	9.984	2.530
SC				0.104	4.817	1.074	0.107	4.645	1.221
GGF × SC							**0.068**	2.103	3.284
HGF × SC							-0.023	-0.577	4.482
NGF × SC							-0.056	-1.620	3.175
F 值	449.224***			348.299***			200.395***		
R²	0.501			0.510			0.512		
ΔR²	0.501			0.008			0.002		
变量	模型 1（因变量 = CPB）			模型 2（因变量 = CPB）			模型 3（因变量 = CPB）		
	B	T 值	VIF	B	T 值	VIF	B	T 值	VIF
GGF	-0.145	-4.416	2.207	-0.173	-5.112	2.367	-0.188	-5.481	2.430
HGF	0.291	7.352	3.197	0.304	7.677	3.234	0.322	8.076	3.296
NGF	0.356	10.207	2.487	0.362	10.393	2.493	0.365	10.470	2.530
SC				0.073	3.203	1.074	0.101	4.172	1.221
GGF × SC							**-0.094**	-2.732	3.284
HGF × SC							0.024	0.569	4.482

续表

变量	模型1（因变量=CPB）			模型2（因变量=CPB）			模型3（因变量=CPB）		
	B	T值	VIF	B	T值	VIF	B	T值	VIF
NGF×SC							-0.003	-0.091	3.175
F值	179.753***			138.310***			81.942***		
R^2	0.287			0.292			0.300		
ΔR^2	0.287			0.005			0.008		

变量	模型1（因变量=OPB）			模型2（因变量=OPB）			模型3（因变量=OPB）		
	B	T值	VIF	B	T值	VIF	B	T值	VIF
GGF	0.609	13.537	2.207	0.423	9.999	2.367	0.424	9.892	2.430
HGF	-0.174	-3.215	3.197	-0.085	-1.713	3.234	-0.088	-1.773	3.296
NGF	-0.081	-1.699	2.487	-0.044	-1.003	2.493	-0.047	-1.067	2.530
SC				0.481	16.863	1.074	0.461	15.185	1.221
GGF×SC							0.012	0.286	3.284
HGF×SC							0.071	1.360	4.482
NGF×SC							-0.026	-0.562	3.175
F值	77.017***			141.058***			81.642***		
R^2	0.147			0.296			0.299		
ΔR^2	0.147			0.149			0.003		

③转换成本在功利目标框架与条件绿色购买行为关系中的负向调节效应显著，交互项系数为 -0.094（$P<0.01$），表明转换成本越高，功利目标对条件绿色购买行为的预测能力越弱。此外，转换成本对享乐目标和规范目标与绝对绿色购买行为关系上的调节作用不显著。

④转换成本在三维目标框架与随机绿色购买行为关系中的负向调节效应不显著，排除其他4个自变量影响的前提下，3个交互项对随机绿色购买行为的解释力仅仅增加了0.3%（$\Delta F=2.0$，$P>0.1$），没有达到5%水平上的统计显著性标准。转换成本的调节效果图，如图5-4所示。

（3）环境问题严重性感知的调节效应。阶层回归结果，如表5-39所示。通过实证检验，可以得出如下结论：

①以整体绿色购买行为为因变量。模型1中，3个自变量共可解释总体绿色购买行为43.6%的变异量，此解释力具有统计上的显著性（$P<0.001$）；模型2中加入调节变量后，4个变量共解释出整体绿色购买行为49.2%的变异量，控制三维目标框架的影响后，环境问题严重性感知对整体绿色购买行

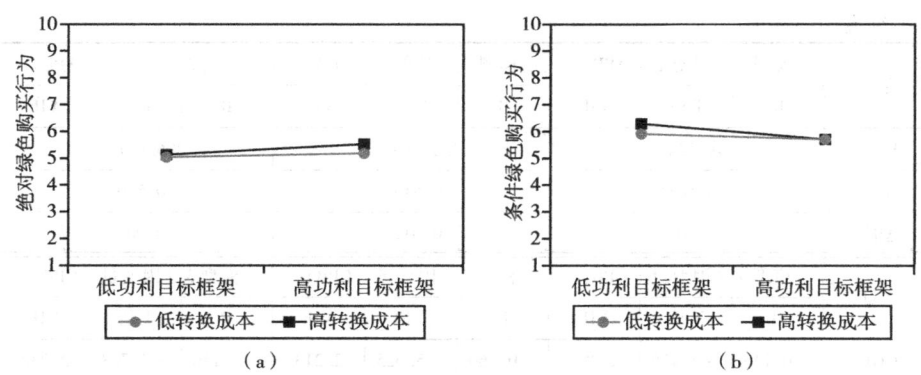

图 5-4 转换成本的调节效应

表 5-39　　　　环境问题严重性感知的调节效应

变量	模型1（因变量=TGPB）			模型2（因变量=TGPB）			模型3（因变量=TGPB）		
	B	T值	VIF	B	T值	VIF	B	T值	VIF
GGF	0.174	7.135	2.207	0.161	6.860	2.213	0.168	7.201	2.230
HGF	0.186	6.352	3.197	0.170	6.012	3.207	0.165	5.851	3.231
NGF	0.227	8.805	2.487	0.189	7.494	2.545	0.185	7.326	2.617
PSEP				0.171	10.127	1.147	0.162	9.557	1.169
GGF×PSEP							0.029	1.300	2.261
HGF×PSEP							**-0.095**	-3.580	3.534
NGF×PSEP							0.003	0.127	2.836
F值	345.965***			304.765***			181.256***		
R^2	0.436			0.476			0.487		
ΔR^2	0.436			0.040			0.011		
变量	模型1（因变量=APB）			模型2（因变量=APB）			模型3（因变量=APB）		
	B	T值	VIF	B	T值	VIF	B	T值	VIF
GGF	0.166	5.322	2.207	0.157	5.080	2.213	0.164	5.340	2.230
HGF	0.351	9.377	3.197	0.340	9.155	3.207	0.328	8.867	3.231
NGF	0.330	9.990	2.487	0.302	9.134	2.545	0.311	9.348	2.617
PSEP				0.125	5.635	1.147	0.114	5.121	1.169
GGF×PSEP							-0.009	-0.318	2.261
HGF×PSEP							**-0.124**	-3.560	3.534
NGF×PSEP							**0.074**	2.469	2.836

续表

变量	模型1（因变量=APB）			模型2（因变量=APB）			模型3（因变量=APB）		
	B	T值	VIF	B	T值	VIF	B	T值	VIF
F值	449.224***			352.585***			206.881***		
R^2	0.501			0.513			0.520		
ΔR^2	0.501			0.012			0.007		

变量	模型1（因变量=CPB）			模型2（因变量=CPB）			模型3（因变量=CPB）		
	B	T值	VIF	B	T值	VIF	B	T值	VIF
GGF	-0.145	-4.416	2.207	-0.160	-5.025	2.213	-0.150	-4.708	2.230
HGF	0.291	7.352	3.197	0.271	7.052	3.207	0.266	6.961	3.231
NGF	0.356	10.207	2.487	0.309	9.009	2.545	0.300	8.708	2.617
PSEP				0.211	9.168	1.147	0.197	8.573	1.169
GGF×PSEP							0.026	0.843	2.261
HGF×PSEP							**-0.101**	-2.793	3.534
NGF×PSEP							-0.019	-0.601	2.836
F值	128.486***			164.177***			65.650***		
R^2	0.287			0.329			0.342		
ΔR^2	0.287			0.042			0.013		

变量	模型1（因变量=OPB）			模型2（因变量=OPB）			模型3（因变量=OPB）		
	B	T值	VIF	B	T值	VIF	B	T值	VIF
GGF	0.609	13.537	2.207	0.596	13.377	2.213	0.598	13.383	2.230
HGF	-0.174	-3.215	3.197	-0.191	-3.561	3.207	-0.189	-3.520	3.231
NGF	-0.081	-1.699	2.487	-0.122	-2.549	2.545	-0.135	-2.790	2.617
PSEP				0.180	5.616	1.147	0.178	5.500	1.169
GGF×PSEP							**0.085**	1.985	2.261
HGF×PSEP							-0.048	-0.950	3.534
NGF×PSEP							-0.063	-1.453	2.836
F值	77.017***			66.964***			39.473***		
R^2	0.147			0.167			0.171		
ΔR^2	0.147			0.020			0.005		

为的解释力为4%（通过ΔF得到$P<0.001$）；模型3加入3个交互项后，7个解释变量对整体绿色购买行为的解释力达到48.7%，控制其余4个解释变

量的影响后，3 个交互项对整体绿色购买行为的解释力为 1.1%，其中环境问题严重性感知在享乐目标框架对整体绿色购买行为关系中调节作用显著（$P<0.001$），而其余路径的调节效应不显著。

②以绝对绿色购买行为为因变量。模型 1 中，三维目标框架解释了因变量 50.1% 的变异量，模型的 F 值达到设定的显著性水平；模型 2 中加入调节变量后，自变量共解释了因变量 51.3% 的变异量，模型的 F 值改变量在 0.001 水平上显著，排除其余 3 个变量的影响后，调节变量对因变量的解释力为 1.2%（$P<0.001$）；模型 3 在模型 2 的基础上加入了 3 个交互项，7 个自变量对因变量的解释力达到 52.0%，其中环境问题严重性感知对享乐目标框架和规范目标框架与绝对绿色购买行为关系的调节作用显著，交互项系数分别为 -0.114（$P<0.001$）、0.068（$P<0.05$），随着环境问题严重性感知越强，享乐目标框架对绝对绿色购买行为的影响越弱，而规范目标框架对绝对绿色购买行为的影响越强。

③以条件绿色购买行为为因变量。同理，模型 3 加入 3 个交互项后，所有自变量对因变量的解释力为 34.2%，其中调节变量对享乐目标框架与条件绿色购买行为关系存在显著的负向调节（$P<0.01$），调节项系数为 -0.105，表明环境问题严重性感知越强，享乐目标框架对条件绿色购买行为的影响越弱。此外，环境问题严重性感知对功利目标和规范目标与随机绿色购买行为关系中的调节作用没有通过显著性检验。

④以随机绿色购买行为为因变量。同理，模型 3 中加入 3 个交互项后，整体模型的解释能力得到一定提高，其中环境问题严重性感知对功利目标框架与随机绿色购买行为关系中的正向调节作用显著，调节项系数为 0.085（$P<0.05$），表明环境问题严重性感知越强烈，功利目标框架对随机绿色购买行为的影响越强。同时，环境问题严重性感知对享乐和规范目标框架与随机绿色购买行为关系中的调节作用不显著。环境问题严重性感知的调节效果，如图 5-5 所示。

（4）环保行为有效性感知的调节效应检验。同上，阶层回归结果，如表 5-40 所示。通过实证检验，可以得出如下结论：

A. 以整体绿色购买行为为因变量。模型 1 中三维目标框架解释整体绿色购买行为的变异量为 43.6%，此解释力在 5% 水平上显著（$\Delta F = 345.965$，$P < 0.001$）；模型 2 中控制其他变量的影响后，调节变量特定的解释力为 8.6%，

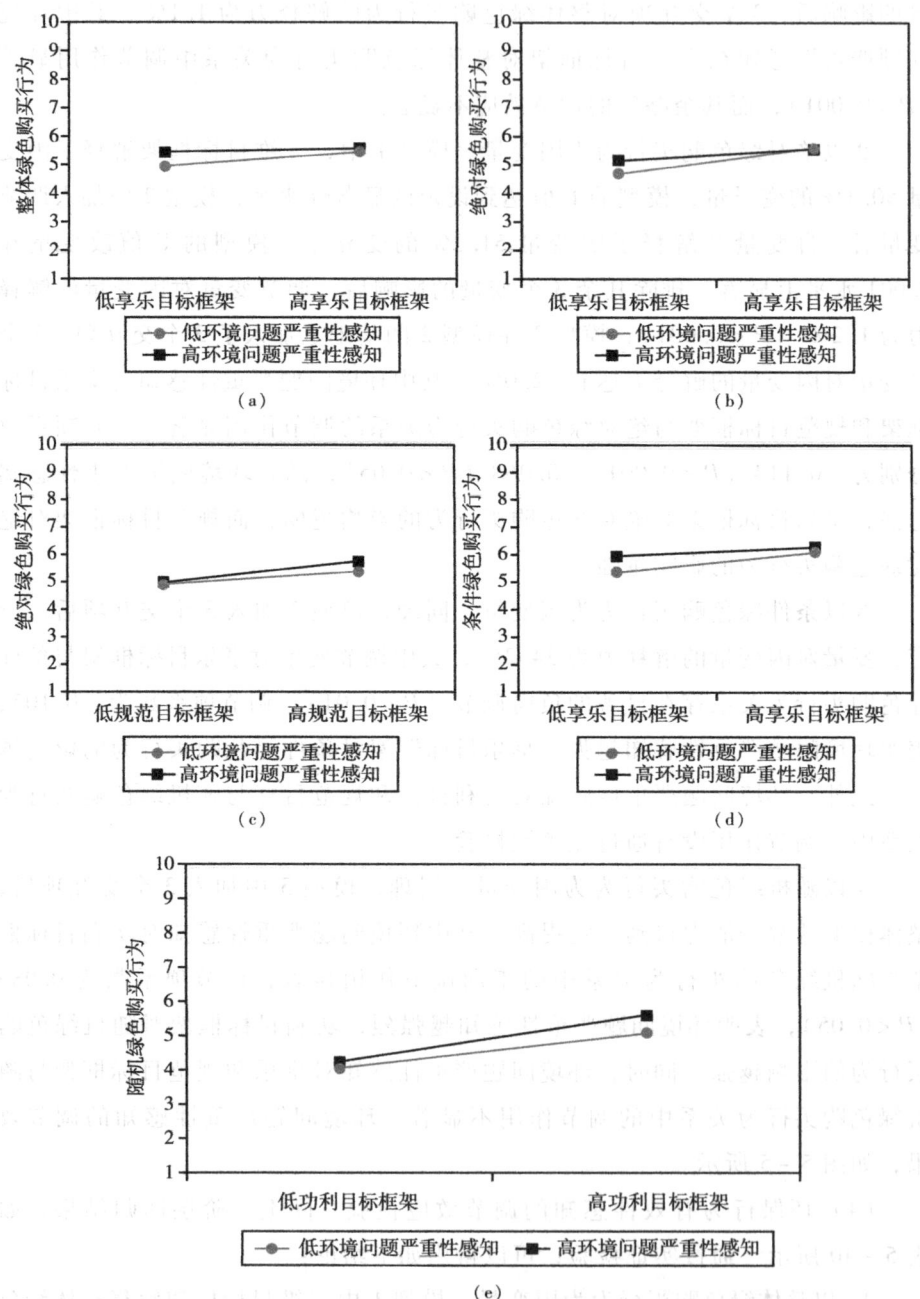

图 5-5 环境问题严重性感知的调节效应

表 5-40　　环保行为有效性感知的调节效应

变量	模型1（因变量=TGPB）			模型2（因变量=TGPB）			模型3（因变量=TGPB）		
	B	T值	VIF	B	T值	VIF	B	T值	VIF
GGF	0.174	7.135	2.207	0.164	7.336	2.208	0.164	7.364	2.240
HGF	0.186	6.352	3.197	0.107	3.886	3.312	0.098	3.562	3.436
NGF	0.227	8.805	2.487	0.097	3.848	2.798	0.083	3.232	2.980
PEEB				0.310	15.484	1.764	0.310	15.426	1.828
GGF×PEEB							**0.124**	5.512	3.273
HGF×PEEB							**−0.075**	−3.149	4.200
NGF×PEEB							**−0.065**	−3.242	2.852
F值	345.965***			365.603***			220.549***		
R^2	0.436			0.522			0.536		
ΔR^2	0.436			0.086			0.014		

变量	模型1（因变量=APB）			模型2（因变量=APB）			模型3（因变量=APB）		
	B	T值	VIF	B	T值	VIF	B	T值	VIF
GGF	0.166	5.322	2.207	0.154	5.390	2.208	0.154	5.375	2.240
HGF	0.351	9.377	3.197	0.246	7.052	3.312	0.240	6.737	3.436
NGF	0.330	9.990	2.487	0.157	4.900	2.798	0.161	4.854	2.980
PEEB				0.412	16.178	1.764	0.410	15.797	1.828
GGF×PEEB							0.024	0.827	3.273
HGF×PEEB							−0.033	−1.087	4.200
NGF×PEEB							0.006	0.249	2.852
F值	449.224***			467.856***			267.186***		
R^2	0.501			0.583			0.583		
ΔR^2	0.501			0.081			0.000		

变量	模型1（因变量=CPB）			模型2（因变量=CPB）			模型3（因变量=CPB）		
	B	T值	VIF	B	T值	VIF	B	T值	VIF
GGF	−0.145	−4.416	2.207	−0.155	−4.984	2.208	−0.154	−4.969	2.240
HGF	0.291	7.352	3.197	0.203	5.312	3.312	0.191	4.967	3.436
NGF	0.356	10.207	2.487	0.211	6.024	2.798	0.193	5.398	2.980
PEEB				0.345	12.391	1.764	0.343	12.238	1.828
GGF×PEEB							**0.152**	4.883	3.273
HGF×PEEB							**−0.098**	−2.964	4.200

续表

变量	模型1（因变量=CPB）			模型2（因变量=CPB）			模型3（因变量=CPB）		
	B	T值	VIF	B	T值	VIF	B	T值	VIF
NGF×PEEB							-0.084	-3.010	2.852
F值	179.753***			188.531***			115.259***		
R^2	0.287			0.360			0.376		
ΔR^2	0.287			0.073			0.016		

变量	模型1（因变量=OPB）			模型2（因变量=OPB）			模型3（因变量=OPB）		
	B	T值	VIF	B	T值	VIF	B	T值	VIF
GGF	0.609	13.537	2.207	0.605	13.495	2.208	0.601	13.442	2.240
HGF	-0.174	-3.215	3.197	-0.207	-3.767	3.312	-0.214	-3.856	3.436
NGF	-0.081	-1.699	2.487	-0.135	-2.676	2.798	-0.167	-3.245	2.980
PEEB				0.128	3.204	1.764	0.135	3.333	1.828
GGF×PEEB							0.218	4.845	3.273
HGF×PEEB							-0.099	-2.081	4.200
NGF×PEEB							-0.135	-3.351	2.852
F值	65.844			51.562			33.141		
R^2	0.147			0.153			0.173		
ΔR^2	0.147			0.006			0.019		

此解释力达到了设定的显著性水平检验；模型3中的3个交互项对因变量的解释力为1.4%，3个交互项系数均显著，其中环境行为有效性感知对功利目标框架与随机绿色购买行为关系中的正向调节效应不显著，调节项系数为0.124（$P<0.001$），同时，环境行为有效性感知对享乐目标框架和规范目标框架与随机绿色购买行为关系中的负向调节效应显著，调节项系数分别为-0.075（$P<0.01$）、-0.065（$P<0.01$）。检验结果表明，随着环境行为有效性感知越高，功利目标对随机绿色购买行为的影响越强，而享乐目标框架和规范目标对随机绿色购买行为的影响越弱。

B. 以绝对绿色购买行为为因变量。同理，模型3在模型2的基础上投入了3个交互项，3个交互项对因变量的单独解释力为0%。因而，环境行为有效性感知对三维目标框架与绝对绿色购买行为关系中的调节效应不显著。

C. 以条件绿色购买行为作为因变量。同上，模型3在模型2基础上投入

3个交互项后，自变量解释条件绿色购买行为的变异量达到37.6%，其中调节项的单独解释力为1.6%，此解释力在5%水平上显著（$\Delta F = 11.597$，$P < 0.001$）。通过调节项系数显著性可知，环境行为有效性感知在功利目标框架与条件绿色购买行为关系中存在显著的正向调节效应，调节项系数为0.152（$P < 0.001$）；而在享乐目标框架和规范框架与条件绿色购买行为关系中存在显著的负向调节效应，调节项系数分别为 -0.098（$P < 0.01$）和 -0.084（$P < 0.01$），即随着环境行为有效性感知增强，功利目标框架对条件绿色购买行为的影响增强，而享乐目标框架和规范目标框架对条件绿色购买行为的影响减弱。

D. 以随机绿色购买行为作为因变量。模型3在模型2的基础上加入3个调节项后，7个解释变量解释了因变量17.3%的变异量，模型3整体解释的变异量达到了显著性水平（$F = 33.141$，$P < 0.001$）。而3个交互项单独解释的变异量增加了1.9%（$\Delta F = 10.316$，$P < 0.001$），说明3个调节项对因变量具有显著的解释力，假设的潜在调节作用存在。通过调节项系数显著性和符号可知，环境行为有效性感知在功利目标框架与随机绿色购买行为关系中存在显著的正向调节效应，调节项系数为0.218（$P < 0.001$）；而在享乐目标框架和规范框架与随机绿色购买行为关系中存在显著的负向调节效应，调节项系数分别为 -0.099（$P < 0.05$）和 -0.135（$P < 0.01$），即随着环境行为有效性感知增强，功利目标框架对条件绿色购买行为的影响增强，而享乐目标框架和规范目标框架对条件绿色购买行为的影响减弱。环保行为有效性感知的调节效果，如图5-6所示。

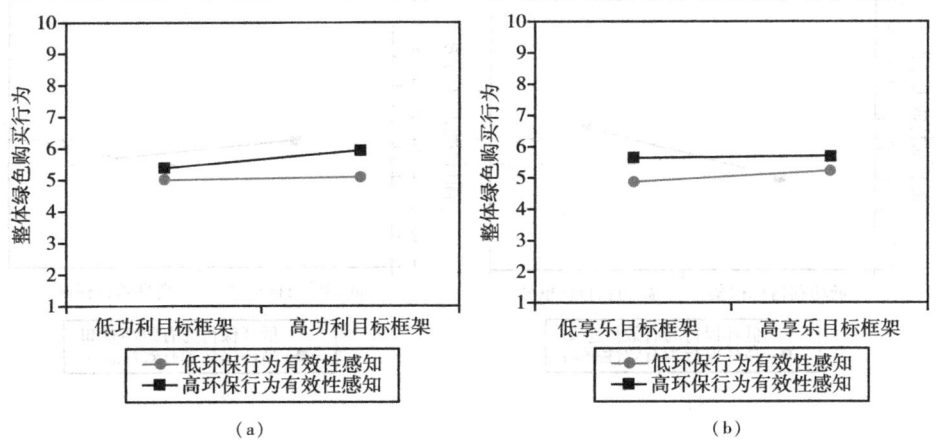

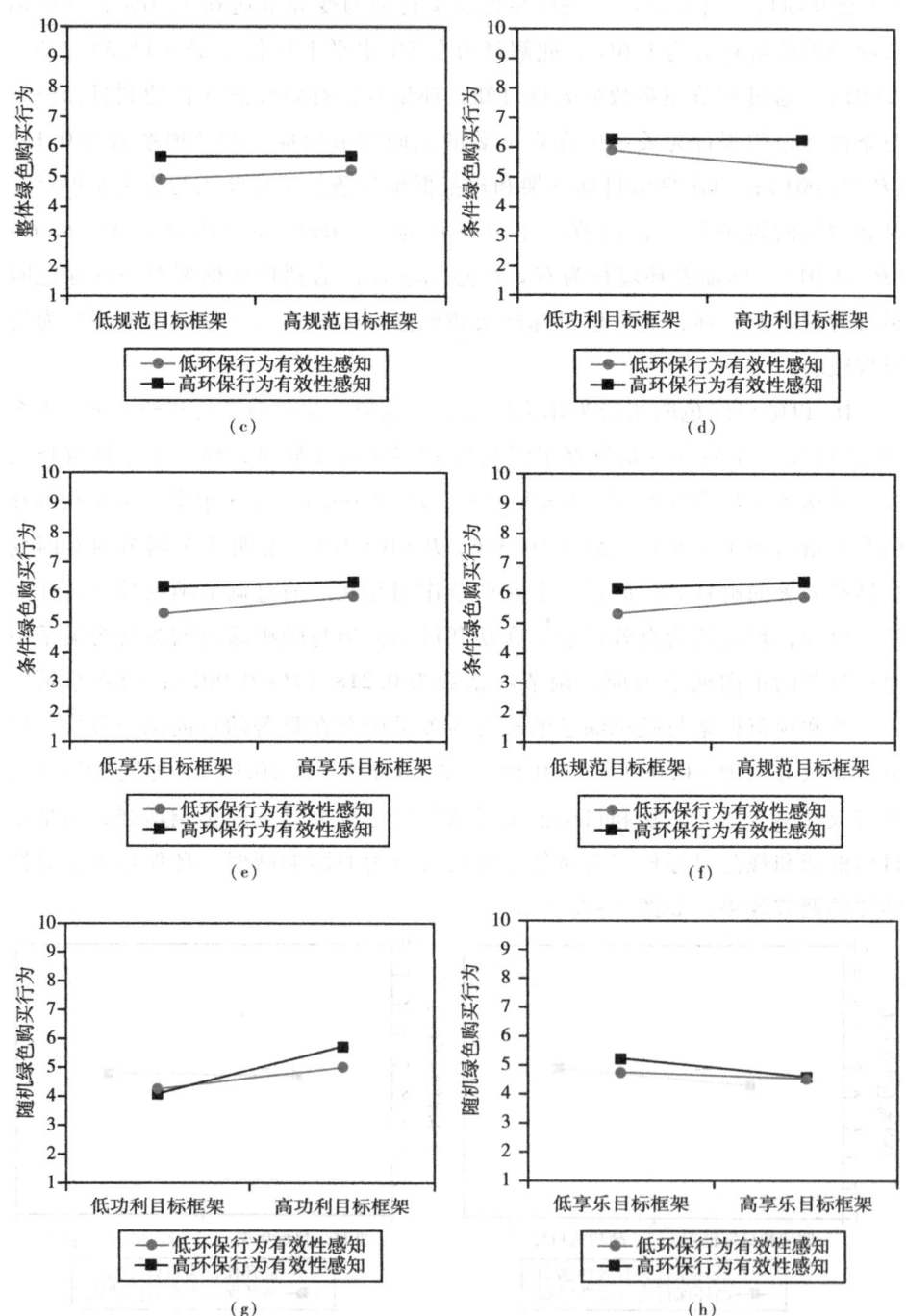

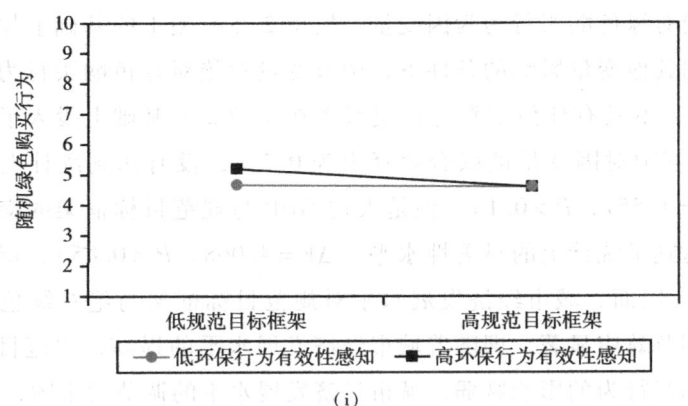

(i)

图 5-6 环保行为有效性感知的调节效应

5.6.2 城市情境因素的调节效应检验

同上，在不考虑其他变量的前提下，本文将检验中观层面上的城市情境因素在三维目标框架与城市居民四种绿色购买行为关系中的调节作用，具体包括受访者所在城市的经济发展水平（人均 GDP 度量）、政府环保投入（每万人节能环保支出度量）、空气质量（空气质量达到及好于二级的天数比例度量）、水资源丰富度（人均水资源量）、城市创新度（每万人三大专利授权量）、城市噪声污染（道路噪声均值度量）。为了消除量纲影响，方便后续仿真分析对调节变量赋值，在此将 6 个变量数据统一转换成 1~7 区间分布的连续数据后，再进行后续分析（与所有数据直接进行 Z 标准化后的回归系数相同，对应 T 值有 0.003 左右的变动）。模型中因变量分别为整体绿色购买行为、绝对绿色购买行为、条件绿色购买行为和随机绿色购买行为。

（1）城市经济发展水平的调节作用。

①以整体绿色购买行为为因变量。模型 1 中三维目标框架解释整体绿色购买行为的变异量为 43.6%，此解释力在 5% 水平上显著（$\Delta F = 345.965$，$P < 0.001$）；模型 2 中控制其他变量的影响后，调节变量对因变量的解释力为 0；模型 3 中的 3 个交互项对因变量的解释力为 0.1%，3 个交互项系数均不显著，联合解释力也没有达到统计上的显著性水平（$\Delta F = 0.789$，$P > 0.1$）。检验结果表明，城市经济发展水平在三维目标框架与整体绿色购买行为的关系中的调节作用不显著。

②以绝对绿色购买行为为因变量。模型2在模型1的基础上加入调节变量后,控制其他变量影响的条件下,调节变量对绝对绿色购买行为的单独解释力为0%,不具有任何解释力;模型3在模型2的基础上投入了3个交互项,3个交互项对因变量的联合解释力为0.2%,没有达到统计上的显著性水平($\Delta F = 1.551$, $P > 0.1$)。但是人均GDP与规范目标框架的交互项的单独解释力达到了统计上的显著性水平($\Delta F = 4.068$, $P < 0.05$),调节项系数为 -0.068。因而,城市经济发展水平对规范目标框架与绝对绿色购买行为关系中的调节效应显著,即随着城市经济发展水平的提高,规范目标框架对绝对绿色购买行为的影响减弱。城市经济发展水平的调节效果图,如图5-7所示;具体统计结果见表5-41。

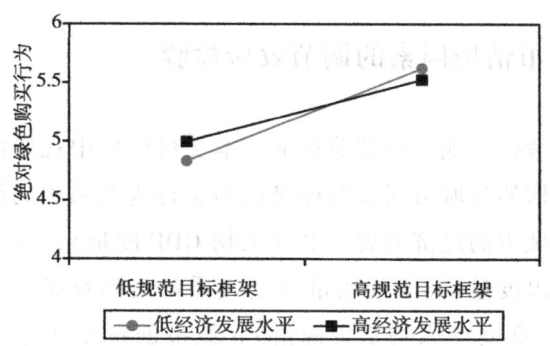

图5-7 城市经济发展水平的调节效应

③以条件绿色购买行为作为因变量。同上,模型3在模型2基础上投入3个交互项后,自变量联合解释条件绿色购买行为的变异量达到28.7%,其中调节项的单独解释力为0%,不具有任何解释力。通过观察调节项系数显著性可知,城市经济发展水平在三维目标框架与条件绿色购买行为关系中不存在调节效应。

④以随机绿色购买行为作为因变量。模型3在模型2的基础上加入3个调节项后,7个解释变量解释了因变量15.0%的变异量,模型3整体解释的变异量达到了显著性水平($F = 33.665$, $P < 0.001$),而3个交互项单独解释的变异量只增加了0.3%($\Delta F = 1.463$, $P > 0.1$)。通过观察调节项系数显著性可知,城市经济发展水平在三维目标框架与随机绿色购买行为关系中不存在调节效应。

表 5-41　　城市经济发展水平的调节效应（N=1345）

变量	模型1（因变量=TGPB）			模型2（因变量=TGPB）			模型3（因变量=TGPB）		
	B	T值	VIF	B	T值	VIF	B	T值	VIF
GGF	0.174	7.135	2.207	0.173	7.112	2.211	0.177	7.215	2.239
HGF	0.186	6.352	3.197	0.186	6.355	3.199	0.186	6.316	3.212
NGF	0.227	8.805	2.487	0.228	8.805	2.494	0.226	8.724	2.500
GDP				0.005	0.292	1.007	0.005	0.307	1.018
GGF×GDP							0.033	1.290	2.229
HGF×GDP							0.004	0.141	3.068
NGF×GDP							-0.026	-0.981	2.549
F值	345.965***			259.318***			148.450***		
R^2	0.436			0.436			0.437		
ΔR^2	0.436			0.000			0.001		
变量	模型1（因变量=APB）			模型2（因变量=APB）			模型3（因变量=APB）		
	B	T值	VIF	B	T值	VIF	B	T值	VIF
GGF	0.166	5.322	2.207	0.165	5.283	2.211	0.168	5.362	2.239
HGF	0.351	9.377	3.197	0.352	9.389	3.199	0.353	9.414	3.212
NGF	0.330	9.990	2.487	0.331	10.012	2.494	0.328	9.906	2.500
GDP				0.015	0.716	1.007	0.014	0.650	1.018
GGF×GDP							0.027	0.834	2.229
HGF×GDP							0.047	1.263	3.068
NGF×GDP							**-0.068**	**-2.017**	2.549
F值	449.224***			336.923***			193.430***		
R^2	0.501			0.501			0.503		
ΔR^2	0.501			0.000			0.002		
变量	模型1（因变量=CPB）			模型2（因变量=CPB）			模型3（因变量=CPB）		
	B	T值	VIF	B	T值	VIF	B	T值	VIF
GGF	-0.145	-4.416	2.207	-0.146	-4.423	2.211	-0.144	-4.353	2.239
HGF	0.291	7.352	3.197	0.291	7.353	3.199	0.290	7.314	3.212
NGF	0.356	10.207	2.487	0.357	10.204	2.494	0.356	10.174	2.500
GDP				0.006	0.279	1.007	0.004	0.179	1.018
GGF×GDP							0.009	0.276	2.229
HGF×GDP							-0.004	-0.097	3.068

续表

变量	模型 1（因变量 = CPB）			模型 2（因变量 = CPB）			模型 3（因变量 = CPB）		
	B	T 值	VIF	B	T 值	VIF	B	T 值	VIF
NGF × GDP							-0.026	-0.748	2.549
F 值	179.753***			134.741***			77.060***		
R^2	0.287			0.287			0.287		
ΔR^2	0.287			0.000			0.001		

变量	模型 1（因变量 = OPB）			模型 2（因变量 = OPB）			模型 3（因变量 = OPB）		
	B	T 值	VIF	B	T 值	VIF	B	T 值	VIF
GGF	0.609	13.537	2.207	0.610	13.534	2.211	0.617	13.613	2.239
HGF	-0.174	-3.215	3.197	-0.175	-3.221	3.199	-0.178	-3.283	3.212
NGF	-0.081	-1.699	2.487	-0.082	-1.715	2.494	-0.084	-1.748	2.500
GDP				-0.011	-0.354	1.007	-0.005	-0.166	1.018
GGF × GDP							0.071	1.522	2.229
HGF × GDP							-0.043	-0.791	3.068
NGF × GDP							0.031	0.644	2.549
F 值	77.017***			57.756***			33.665***		
R^2	0.147			0.147			0.150		
ΔR^2	0.147			0.000			0.003		

（2）政府环保投入的调节作用。

①以整体绿色购买行为为因变量。如表 5-42 所示，模型 1 中三维目标框架解释整体绿色购买行为的变异量为 43.6%，此解释力在 5% 水平上显著（$\Delta F = 345.965, P < 0.001$）；模型 2 中控制其他变量的影响后，调节变量特定的解释力为 0%，没有解释力；模型 3 中的 3 个交互项对因变量的联合解释力为 0.6%，此解释力在 5% 水平上显著（$\Delta F = 4.520, P < 0.01$）。通过观察调节项系数显著性发现，政府环保投入对享乐目标框架与整体绿色购买行为关系中的正向调节效应显著，调节项系数为 0.058（$P < 0.05$）；同时，政府环保投入对规范目标框架与整体绿色购买行为关系中的负向调节效应显著，调节项系数为 -0.088（$P < 0.001$）。检验结果表明，随着政府环保投入的提高，享乐目标对整体绿色购买行为的影响越强，而规范目标框架对整体绿色购买行为的影响越弱。

表 5-42 政府环保投入的调节效应

变量	模型1（因变量=TGPB）			模型2（因变量=TGPB）			模型3（因变量=TGPB）		
	B	T值	VIF	B	T值	VIF	B	T值	VIF
GGF	0.174	7.135	2.207	0.174	7.138	2.207	0.171	7.061	2.214
HGF	0.186	6.352	3.197	0.186	6.362	3.199	0.190	6.485	3.213
NGF	0.227	8.805	2.487	0.227	8.752	2.497	0.226	8.744	2.500
FEOE				-0.009	-0.531	1.004	-0.010	-0.585	1.006
GGF×FEOE							0.014	0.608	1.743
HGF×FEOE							**0.058**	2.032	2.811
NGF×FEOE							**-0.088**	-3.661	2.196
F值	345.965***			259.406***			151.336***		
R^2	0.436			0.436			0.439		
ΔR^2	0.436			0.000			0.006		

变量	模型1（因变量=APB）			模型2（因变量=APB）			模型3（因变量=APB）		
	B	T值	VIF	B	T值	VIF	B	T值	VIF
GGF	0.166	5.322	2.207	0.166	5.322	2.207	0.163	5.229	2.214
HGF	0.351	9.377	3.197	0.352	9.377	3.199	0.355	9.478	3.213
NGF	0.330	9.990	2.487	0.330	9.952	2.497	0.328	9.936	2.500
FEOE				-0.005	-0.241	1.004	-0.006	-0.306	1.006
GGF×FEOE							0.005	0.173	1.743
HGF×FEOE							0.062	1.698	2.811
NGF×FEOE							**-0.097**	-3.143	2.196
F值	449.224***			336.696***			194.850***		
R^2	0.501			0.501			0.505		
ΔR^2	0.501			0.000			0.004		

变量	模型1（因变量=CPB）			模型2（因变量=CPB）			模型3（因变量=CPB）		
	B	T值	VIF	B	T值	VIF	B	T值	VIF
GGF	-0.145	-4.416	2.207	-0.145	-4.406	2.207	-0.148	-4.509	2.214
HGF	0.291	7.352	3.197	0.292	7.380	3.199	0.295	7.456	3.213
NGF	0.356	10.207	2.487	0.353	10.114	2.497	0.353	10.113	2.500
FEOE				-0.026	-1.184	1.004	-0.028	-1.264	1.006
GGF×FEOE							0.010	0.330	1.743
HGF×FEOE							0.050	1.295	2.811

续表

变量	模型1（因变量=CPB）			模型2（因变量=CPB）			模型3（因变量=CPB）		
	B	T值	VIF	B	T值	VIF	B	T值	VIF
NGF × FEOE							-0.102	-3.149	2.196
F值	179.753***			135.208***			79.274***		
R^2	0.287			0.288			0.293		
ΔR^2	0.287			0.001			0.006		

变量	模型1（因变量=OPB）			模型2（因变量=OPB）			模型3（因变量=OPB）		
	B	T值	VIF	B	T值	VIF	B	T值	VIF
GGF	0.609	13.537	2.207	0.609	13.529	2.207	0.609	13.512	2.214
HGF	-0.174	-3.215	3.197	-0.175	-3.221	3.199	-0.171	-3.152	3.213
NGF	-0.081	-1.699	2.487	-0.080	-1.675	2.497	-0.081	-1.691	2.500
FEOE				0.010	0.322	1.004	0.011	0.353	1.006
GGF × FEOE							0.030	0.721	1.743
HGF × FEOE							0.063	1.193	2.811
NGF × FEOE							-0.057	-1.281	2.196
F值	77.017***			57.750***			33.518***		
R^2	0.147			0.147			0.149		
ΔR^2	0.147			0.000			0.002		

②以绝对绿色购买行为为因变量。模型2在模型1的基础上加入调节变量后，控制其他变量影响的前提下，调节变量对绝对绿色购买行为的单独解释力为0%，不具有解释力；模型3在模型2的基础上投入了3个交互项，3个交互项对因变量的联合解释力为0.4%，达到了统计上的显著性水平（$\Delta F = 3.342$，$P < 0.01$）。其中只有政府环保投入与规范目标框架的交互项系数显著（$\Delta F = 9.835$，$P < 0.01$），效应量为-0.097（$P < 0.01$），表明随着政府环保投入的提高，规范目标对绝对绿色购买行为的影响越弱。

③以条件绿色购买行为作为因变量。同上，模型3在模型2基础上投入3个交互项后，自变量解释条件绿色购买行为的变异量达到28.7%，其中三个调节项的联合解释力为0.6%，此解释力在5%水平上显著（$\Delta F = 3.635$，$P < 0.05$）。通过观察调节项系数显著性可知，政府环保投入只有在规范目标框架与条件绿色购买行为关系中存在显著的负向调节效应，调节项系数为-0.103（$P < 0.01$），即随着政府环保投入的提高，规范目标框架对条件绿

色购买行为的影响越弱。

④以随机绿色购买行为作为因变量。模型3在模型2的基础上加入3个调节项后，7个解释变量解释了因变量14.9%的变异量，模型3整体解释的变异量达到了显著性水平（$F = 33.521$，$P < 0.001$），而3个交互项单独解释的变异量只增加了0.2%（$\Delta F = 1.181$，$P > 0.1$）。通过观察调节项系数显著性可知，政府环保投入在三维目标框架与随机绿色购买行为关系中不存在调节效应。政府环保投入的调节效果图，如图5-8所示。

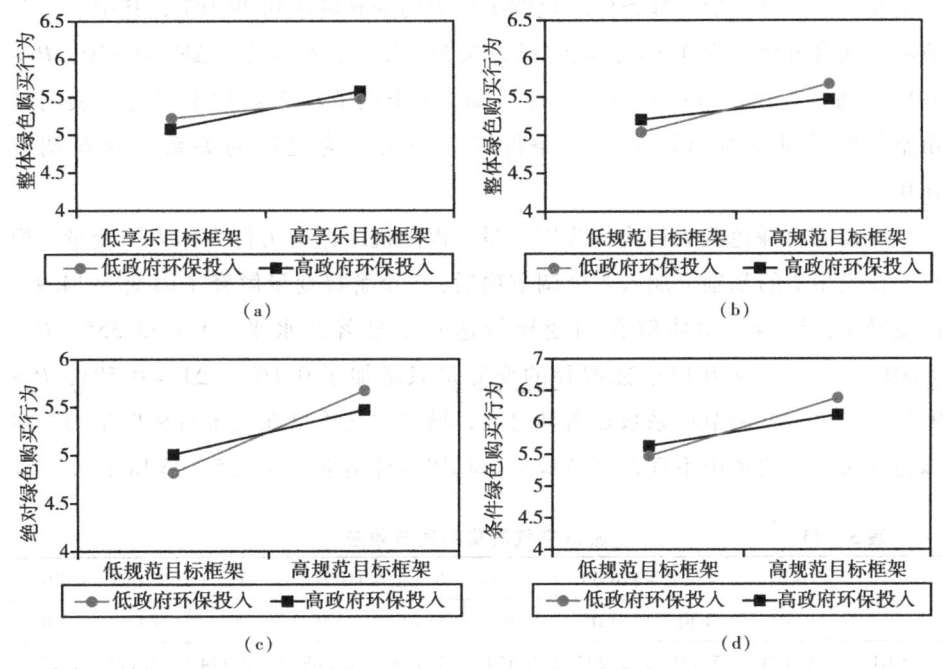

图5-8　政府环保投入的调节效应

(3) 城市空气质量的调节作用。

①以整体绿色购买行为为因变量。模型1中三维目标框架解释整体绿色购买行为的变异量为43.6%，此解释力在5%水平上显著（$\Delta F = 345.965$，$P < 0.001$）；模型2中控制其他变量的影响后，调节变量特定的解释力为0%，没有解释力；模型3中的3个交互项对因变量的联合解释力为0.1%，此解释力在5%水平上不显著（$\Delta F = 0.475$，$P > 0.1$），对应的3个调节项系数也均不显著。检验结果表明，城市空气质量对三维目标框架与整体绿色购买行为之间的关系不存在调节作用。

②以绝对绿色购买行为为因变量。模型 2 在模型 1 的基础上加入调节变量后，控制其他变量影响的前提下，调节变量对绝对绿色购买行为的单独解释力为 0%，不具有解释力；模型 3 在模型 2 的基础上投入了 3 个交互项，3 个交互项对因变量的联合解释力为 0.1%，没有达到统计上的显著性水平（$\Delta F = 0.982$，$P > 0.1$）。检验结果表明，城市空气质量对三维目标框架与绝对绿色购买行为之间的关系不存在调节作用。

③以条件绿色购买行为作为因变量。同上，模型 3 在模型 2 基础上投入 3 个交互项后，自变量解释条件绿色购买行为的变异量达到 29.0%，其中三个调节项的联合解释力为 0.3%，此解释力在 5% 水平上不显著（$\Delta F = 0.130$，$P > 0.1$）。通过观察调节项系数显著性可知，3 个调节项系数均不显著，表明城市空气质量对三维目标框架与条件绿色购买行为之间的关系不存在调节作用。

④以随机绿色购买行为作为因变量。以随机绿色购买行为作为因变量。模型 3 在模型 2 的基础上加入 3 个调节项后，7 个解释变量解释了因变量 14.9% 的变异量，模型 3 整体解释的变异量达到了显著性水平（$F = 33.355$，$P < 0.001$），而 3 个交互项单独解释的变异量只增加了 0.1%（$\Delta F = 0.503$，$P > 0.1$）。通过观察调节项系数显著性可知，城市空气质量在三维目标框架与随机绿色购买行为关系中不存在调节效应。具体统计结果，如表 5 - 43 所示。

表 5 - 43　　　　　　　　城市空气质量的调节效应

变量	模型 1（因变量 = TGPB）			模型 2（因变量 = TGPB）			模型 3（因变量 = TGPB）		
	B	T 值	VIF	B	T 值	VIF	B	T 值	VIF
GGF	0.174	7.135	2.207	0.174	7.139	2.208	0.174	7.111	2.221
HGF	0.186	6.352	3.197	0.186	6.346	3.198	0.185	6.294	3.206
NGF	0.227	8.805	2.487	0.227	8.789	2.489	0.228	8.803	2.491
AIQ				0.006	0.370	1.002	0.007	0.394	1.020
GGF × AIQ							0.002	0.099	2.081
HGF × AIQ							0.027	0.959	2.799
NGF × AIQ							-0.014	-0.555	2.422
F 值	345.965***			259.341***			148.224***		
R^2	0.436			0.436			0.437		
ΔR^2	0.436			0.000			0.001		

续表

变量	模型1（因变量=APB）			模型2（因变量=APB）			模型3（因变量=APB）		
	B	T值	VIF	B	T值	VIF	B	T值	VIF
GGF	0.166	5.322	2.207	0.166	5.343	2.208	0.169	5.402	2.221
HGF	0.351	9.377	3.197	0.351	9.365	3.198	0.351	9.362	3.206
NGF	0.330	9.990	2.487	0.329	9.958	2.489	0.328	9.912	2.491
AIQ				0.021	1.019	1.002	0.020	0.968	1.020
GGF×AIQ							-0.028	-0.934	2.081
HGF×AIQ							-0.032	-0.893	2.799
NGF×AIQ							0.042	1.288	2.422
F值	449.224***			337.187***			193.092***		
R^2	0.501			0.502			0.503		
ΔR^2	0.501			0.000			0.001		

变量	模型1（因变量=CPB）			模型2（因变量=CPB）			模型3（因变量=CPB）		
	B	T值	VIF	B	T值	VIF	B	T值	VIF
GGF	-0.145	-4.416	2.207	-0.145	-4.406	2.208	-0.147	-4.469	2.221
HGF	0.291	7.352	3.197	0.291	7.344	3.198	0.289	7.302	3.206
NGF	0.356	10.207	2.487	0.356	10.190	2.489	0.358	10.255	2.491
AIQ				0.008	0.368	1.002	0.010	0.457	1.020
GGF×AIQ							0.032	1.007	2.081
HGF×AIQ							0.055	1.445	2.799
NGF×AIQ							-0.049	-1.408	2.422
F值	179.753***			134.761***			77.966***		
R^2	0.287			0.287			0.290		
ΔR^2	0.287			0.000			0.003		

变量	模型1（因变量=OPB）			模型2（因变量=OPB）			模型3（因变量=OPB）		
	B	T值	VIF	B	T值	VIF	B	T值	VIF
GGF	0.609	13.537	2.207	0.609	13.518	2.208	0.608	13.469	2.221
HGF	-0.174	-3.215	3.197	-0.174	-3.208	3.198	-0.176	-3.250	3.206
NGF	-0.081	-1.699	2.487	-0.080	-1.682	2.489	-0.079	-1.654	2.491
AIQ				-0.017	-0.564	1.002	-0.017	-0.555	1.020
GGF×AIQ							-0.003	0.078	2.081
HGF×AIQ							0.069	1.321	2.799
NGF×AIQ							-0.044	-0.920	2.422
F值	77.017***			57.813***			33.355***		
R^2	0.147			0.147			0.149		
ΔR^2	0.147			0.000			0.001		

(4) 水资源丰富度的调节作用。

①以整体绿色购买行为为因变量。模型1中三维目标框架解释整体绿色购买行为的变异量为43.6%,此解释力在5%水平上显著（$\Delta F = 345.965$，$P < 0.001$）；模型2中控制其他变量的影响后,调节变量特定的解释力为0%,没有解释力；模型3中的3个交互项对因变量的联合解释力为0.1%,此解释力在5%水平上不显著（$\Delta F = 0.433$，$P > 0.1$）,对应的3个调节项系数也均不显著。检验结果表明,水资源丰富度对三维目标框架与整体绿色购买行为之间的关系不存在调节作用。

②以绝对绿色购买行为为因变量。如表5-44所示,模型2在模型1的基础上加入调节变量后,控制其他变量影响的前提下,调节变量对绝对绿色购买行为的单独解释力为0.2%,达到了统计上的显著性水平（$\Delta F = 5.134$，$P < 0.05$）；模型3在模型2的基础上投入了3个交互项,3个交互项对因变量的联合解释力为0.1%,没有达到统计上的显著性水平（$\Delta F = 0.640$，$P > 0.1$）,对应的3个调节项系数也均不显著。检验结果表明,水资源丰富度对三维目标框架与绝对绿色购买行为之间的关系不存在调节作用。

表5-44　　　　　　　　　水资源丰富度的调节效应

变量	模型1（因变量=TGPB)			模型2（因变量=TGPB)			模型3（因变量=TGPB)		
	B	T值	VIF	B	T值	VIF	B	T值	VIF
GGF	0.174	7.135	2.207	0.172	7.067	2.216	0.172	7.055	2.222
HGF	0.186	6.352	3.197	0.187	6.389	3.208	0.188	6.403	3.211
NGF	0.227	8.805	2.487	0.227	8.788	2.487	0.226	8.721	2.505
AWR				-0.014	-0.829	1.005	-0.018	-1.001	1.228
GGF×AWR							-0.001	-0.042	1.317
HGF×AWR							0.039	1.036	2.171
NGF×AWR							-0.034	-0.933	1.895
F值	345.965***			259.585***			148.331***		
R^2	0.436			0.437			0.437		
ΔR^2	0.436			0.000			0.001		
变量	模型1（因变量=APB)			模型2（因变量=APB)			模型3（因变量=APB)		
	B	T值	VIF	B	T值	VIF	B	T值	VIF
GGF	0.166	5.322	2.207	0.161	5.174	2.216	0.159	5.094	2.222
HGF	0.351	9.377	3.197	0.356	9.506	3.208	0.357	9.522	3.211

续表

变量	模型1（因变量=APB）			模型2（因变量=APB）			模型3（因变量=APB）		
	B	T值	VIF	B	T值	VIF	B	T值	VIF
NGF	0.330	9.990	2.487	0.329	9.963	2.487	0.329	9.934	2.505
AWR				-0.048	-2.266	1.005	-0.036	-1.564	1.228
GGF×AWR							0.031	1.240	1.317
HGF×AWR							-0.036	-0.750	2.171
NGF×AWR							0.000	-0.003	1.895
F值	449.224***			339.240***			193.969***		
R^2	0.501			0.503			0.504		
ΔR^2	0.501			0.002			0.001		

变量	模型1（因变量=CPB）			模型2（因变量=CPB）			模型3（因变量=CPB）		
	B	T值	VIF	B	T值	VIF	B	T值	VIF
GGF	-0.145	-4.416	2.207	-0.147	-4.471	2.216	-0.149	-4.524	2.222
HGF	0.291	7.352	3.197	0.293	7.396	3.208	0.295	7.448	3.211
NGF	0.356	10.207	2.487	0.355	10.187	2.487	0.354	10.105	2.505
AWR				-0.022	-0.988	1.005	-0.022	-0.901	1.228
GGF×AWR							0.024	0.930	1.317
HGF×AWR							0.049	0.978	2.171
NGF×AWR							-0.077	-1.554	1.895
F值	179.753***			135.056***			77.808***		
R^2	0.287			0.287			0.289		
ΔR^2	0.287			0.001			0.002		

变量	模型1（因变量=OPB）			模型2（因变量=OPB）			模型3（因变量=OPB）		
	B	T值	VIF	B	T值	VIF	B	T值	VIF
GGF	0.609	13.537	2.207	0.613	13.604	2.216	0.619	13.731	2.222
HGF	-0.174	-3.215	3.197	-0.179	-3.291	3.208	-0.180	-3.326	3.211
NGF	-0.081	-1.699	2.487	-0.080	-1.674	2.487	-0.081	-1.691	2.505
AWR				0.043	1.407	1.005	0.011	0.333	1.228
GGF×AWR							-0.076	-2.134	1.317
HGF×AWR							0.123	1.797	2.171
NGF×AWR							-0.023	-0.336	1.895
F值	77.017***			58.299***			34.346***		
R^2	0.147			0.148			0.152		
ΔR^2	0.147			0.001			0.004		

③以条件绿色购买行为作为因变量。同上，模型3在模型2基础上投入3个交互项后，自变量解释条件绿色购买行为的变异量达到28.7%，其中三个调节项的联合解释力为0.2%，此解释力在5%水平上不显著。通过观察调节项系数显著性可知，水资源丰富度对三维目标框架与条件绿色购买行为之间的关系调节作用不显著。

④以随机绿色购买行为作为因变量。模型2在模型1的基础上加入调节变量后，控制其他变量影响的前提下，调节变量对绝对绿色购买行为的单独解释力为0.1%，解释力没有达到统计上的显著水平（$\Delta F = 1.979$，$P > 0.1$）；模型3在模型2的基础上投入了3个交互项，其中功利目标框架与人均水资源拥有量交互项的单独解释力显著（$\Delta F = 4.554$，$P < 0.05$），交互项系数为 -0.076（$P < 0.05$）。表明人均水资源拥有量越高，功利目标框架对随机绿色购买行为的影响关系越弱。水资源丰富度的调节效果，如图5－9所示。

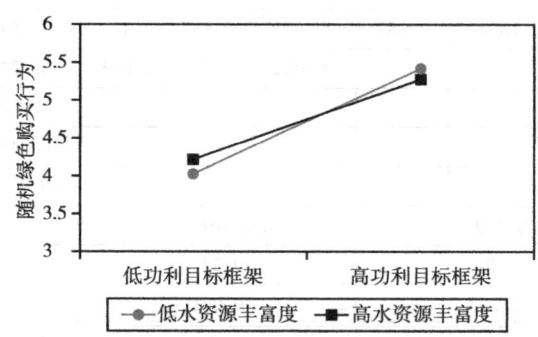

图5－9 水资源丰富度的调节效应

通过观察表5－44发现，发现水资源丰富度对享乐目标框架与随机绿色购买行为的关系中的调节效应存在边缘显著（$0.05 < P < 0.1$），本文继续采用Johnson－Neyman法（简写为J－N法）进行调节效应存在边缘显著时的简单斜率检验，从而确定简单斜率显著不为0时调节变量的取值范围。本文采用J－N法先固定t值为临界值，找到简单斜率显著不为0时水资源丰富度的取值范围，具体如图5－10所示。图5－10中显示随着水资源丰富度的提高，享乐目标对随机绿色购买行为的影响越强，生态资源异禀容易导致人们滑向低阶绿色购买行为。

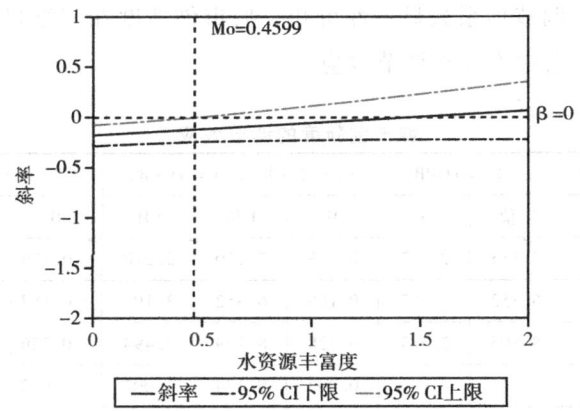

**图 5-10 水资源丰富度对享乐目标框架与随机绿色购买
行为之间关系的调节作用**

注：横坐标是水资源丰富度，纵坐标代表以随机绿色购买行为为因变量，享乐目标框架为自变量的斜率，实线是点估计值，两条虚线为95%置信区间的上下限。

(5) 城市创新度的调节作用。

①以整体绿色购买行为为因变量。如表 5-45 所示，模型 1 中三维目标框架解释整体绿色购买行为的变异量为 43.6%，此解释力在 5% 水平上显著（$\Delta F = 345.965$，$P < 0.001$）；模型 2 中控制其他变量的影响后，调节变量特定的解释力为 0%，没有解释力；模型 3 中的 3 个交互项对因变量的联合解释力为 0.2%，此解释力在 5% 水平上不显著（$\Delta F = 1.362$，$P > 0.1$），通过观察调节项系数显著性发现，3 个交互项系数均不显著，表明城市创新意识在三维目标框架与随机绿色购买行为的关系中不存在调节效应。

②以绝对绿色购买行为为因变量。模型 2 在模型 1 的基础上加入调节变量后，控制其他变量影响的前提下，调节变量对绝对绿色购买行为的单独解释力为 0%，不具有解释力；模型 3 在模型 2 的基础上投入了 3 个交互项，城市创新度与规范目标框架交互项的单独解释力达到了统计上的显著水平，交互项系数为 -0.080（$P < 0.05$），表明随着城市创新度的提高，规范目标框架对绝对绿色购买行为的影响力越弱。

③以条件绿色购买行为作为因变量。同上，模型 3 在模型 2 基础上投入 3 个交互项后，自变量解释条件绿色购买行为的变异量达到 28.8%，其中三个调节项的联合解释力为 0.1%，此解释力在 5% 水平上不显著（$\Delta F = 0.822$，$P >$

0.1）。通过观察调节项系数显著性可知，城市创新度在三维目标框架与条件绿色购买行为关系中不存在调节效应。

表 5-45　　　　　　　　城市创新度的调节效应

变量	模型 1（因变量 = TGPB）			模型 2（因变量 = TGPB）			模型 3（因变量 = TGPB）		
	B	T 值	VIF	B	T 值	VIF	B	T 值	VIF
GGF	0.174	7.135	2.207	0.173	7.120	2.210	0.176	7.223	2.225
HGF	0.186	6.352	3.197	0.186	6.352	3.199	0.187	6.365	3.202
NGF	0.227	8.805	2.487	0.228	8.799	2.494	0.226	8.722	2.498
INNO				0.003	0.174	1.007	0.002	0.135	1.015
GGF × INNO							0.030	1.238	1.996
HGF × INNO							0.022	0.765	2.889
NGF × INNO							-0.046	-1.808	2.456
F 值	345.965***			259.293***			148.899***		
R^2	0.436			0.436			0.438		
ΔR^2	0.436			0.000			0.002		
变量	模型 1（因变量 = APB）			模型 2（因变量 = APB）			模型 3（因变量 = APB）		
	B	T 值	VIF	B	T 值	VIF	B	T 值	VIF
GGF	0.166	5.322	2.207	0.165	5.294	2.210	0.169	5.403	2.225
HGF	0.351	9.377	3.197	0.352	9.384	3.199	0.353	9.420	3.202
NGF	0.330	9.990	2.487	0.331	10.004	2.494	0.328	9.923	2.498
INNO				0.012	0.571	1.007	0.010	0.493	1.015
GGF × INNO							0.034	1.093	1.996
HGF × INNO							0.047	1.296	2.889
NGF × INNO							**-0.080**	**-2.449**	2.456
F 值	449.224***			336.830***			193.907***		
R^2	0.501			0.501			0.504		
ΔR^2	0.501			0.000			0.002		
变量	模型 1（因变量 = CPB）			模型 2（因变量 = CPB）			模型 3（因变量 = CPB）		
	B	T 值	VIF	B	T 值	VIF	B	T 值	VIF
GGF	-0.145	-4.416	2.207	-0.145	-4.409	2.210	-0.145	-4.405	2.225
HGF	0.291	7.352	3.197	0.291	7.346	3.199	0.291	7.357	3.202
NGF	0.356	10.207	2.487	0.356	10.186	2.494	0.356	10.165	2.498

续表

变量	模型1（因变量=CPB）			模型2（因变量=CPB）			模型3（因变量=CPB）		
	B	T值	VIF	B	T值	VIF	B	T值	VIF
INNO				-0.001	-0.058	1.007	-0.004	-0.192	1.015
GGF×INNO							-0.006	-0.191	1.996
HGF×INNO							0.024	0.631	2.889
NGF×INNO							-0.049	-1.409	2.456
F值	179.753***			134.715***			77.374***		
R^2	0.287			0.287			0.288		
ΔR^2	0.287			0.000			0.001		

变量	模型1（因变量=OPB）			模型2（因变量=OPB）			模型3（因变量=OPB）		
	B	T值	VIF	B	T值	VIF	B	T值	VIF
GGF	0.609	13.537	2.207	0.609	13.526	2.210	0.616	13.631	2.225
HGF	-0.174	-3.215	3.197	-0.174	-3.216	3.199	-0.175	-3.231	3.202
NGF	-0.081	-1.699	2.487	-0.081	-1.703	2.494	-0.084	-1.758	2.498
INNO				-0.004	-0.125	1.007	0.000	0.001	1.015
GGF×INNO							0.073	1.633	1.996
HGF×INNO							-0.015	-0.293	2.889
NGF×INNO							0.002	0.046	2.456
F值	77.017***			57.724***			33.598***		
R^2	0.147			0.147			0.150		
ΔR^2	0.147			0.000			0.003		

④以随机绿色购买行为作为因变量。模型3在模型2的基础上加入3个调节项后，7个解释变量解释了因变量15.0%的变异量，模型3整体解释的变异量达到了显著性水平（F=33.685，P<0.001），而3个交互项单独解释的变异量只增加了0.3%（ΔF=1.532，P>0.1）。通过观察调节项系数显著性可知，城市创新度在三维目标框架与随机绿色购买行为关系中不存在调节效应。城市创新度的调节效果图，如图5-11所示。

通过观察表5-45发现，发现城市创新度对规范目标框架与整体绿色购

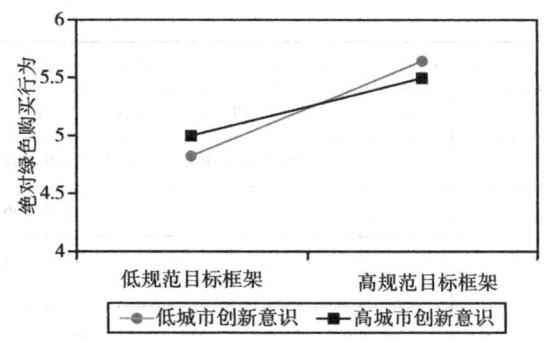

图 5-11 城市创新度的调节效应

买行为的关系中的调节效应存在边缘显著（0.05 < P < 0.1），本文继续采用 Johnson – Neyman 法进行调节效应存在边缘显著时的简单斜率检验，从而确定简单斜率显著不为 0 时调节变量的取值范围。因此，采用 J – N 法先固定 t 值为临界值，找到简单斜率显著不为 0 时城市创新度的取值范围，如图 5-12 所示。图 5-12 中显示随着城市创新度的提高，规范目标对整体绿色购买行为的影响力越弱。

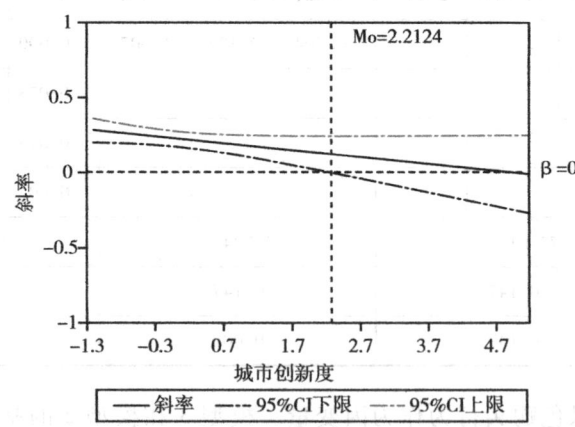

图 5-12 城市创新度对规范目标框架与整体绿色购买
行为之间关系的调节作用

注：横坐标是城市创新度，纵坐标代表以整体绿色购买行为为因变量，规范目标框架为自变量的斜率，实线是点估计值，两条虚线为 95% 置信区间的上下限。

（6）城市噪声污染的调节作用。

①以整体绿色购买行为为因变量。模型 1 中三维目标框架解释整体绿色

购买行为的变异量为 43.6%，此解释力在 5% 水平上显著（$\Delta F = 345.965$，$P < 0.001$）；模型 2 中控制其他变量的影响后，调节变量特定的解释力为 0.3%，达到了统计上的显著水平（$\Delta F = 7.320$，$P < 0.01$）；模型 3 中的 3 个交互项对因变量的联合解释力为 0.4%，此解释力在 5% 水平上显著（$\Delta F = 3.368$，$P < 0.05$）。通过观察调节项系数显著性可知，噪声污染在享乐目标框架与整体绿色购买行为关系中存在显著的负向调节效应，调节项系数为 -0.072（$P < 0.05$）；同时在规范目标框架与整体绿色购买行为关系中存在显著的正向调节效应，调节项系数为 0.062（$P < 0.05$）。

②以绝对绿色购买行为为因变量。模型 2 在模型 1 的基础上加入调节变量后，控制其他变量影响的前提下，调节变量对绝对绿色购买行为的单独解释力为 0.6%，达到了统计上的显著性水平（$\Delta F = 17.610$，$P < 0.001$）；模型 3 在模型 2 的基础上投入了 3 个交互项，3 个交互项对因变量的联合解释力为 0.5%，达到统计上的显著水平（$\Delta F = 4.911$，$P < 0.01$）。通过观察调节项系数显著性可知，噪声污染在功利目标框架与绝对绿色购买行为关系中存在显著的负向调节效应，调节项系数为 -0.085（$P < 0.01$）；同时在规范目标框架与整体绿色购买行为关系中存在显著的正向调节效应，调节项系数为 0.082（$P < 0.05$）。

③以条件绿色购买行为作为因变量。同上，模型 3 在模型 2 基础上投入 3 个交互项后，自变量解释条件绿色购买行为的变异量达到 28.7%，其中三个调节项的联合解释力为 0.4%，此解释力在 5% 水平上显著（$\Delta F = 2.642$，$P < 0.05$）。通过观察调节项系数显著性可知，噪声污染在规范目标框架与条件绿色购买行为关系中存在显著的正向调节效应，调节项系数为 0.098（$P < 0.01$），即随着噪声污染的严重化程度加深，规范目标框架对条件绿色购买行为的影响越强。

④以随机绿色购买行为作为因变量。同理，如表 5-46 所示，模型 3 在模型 2 的基础上投入了 3 个交互项，3 个交互项对因变量的联合解释力为 0.5%，达到统计上的显著水平（$\Delta F = 2.803$，$P < 0.05$）。通过观察调节项系数发现，享乐目标框架与噪声污染交互项的交互项系数为 -0.119（$P < 0.05$）。表明随着噪声污染程度的提高，享乐目标框架对随机绿色购买行为的影响关系越弱。城市噪声污染的调节效果，如图 5-13 所示。

表 5-46　　城市噪声污染的调节效应

变量	模型1（因变量=TGPB）			模型2（因变量=TGPB）			模型3（因变量=TGPB）		
	B	T值	VIF	B	T值	VIF	B	T值	VIF
GGF	0.174	7.135	2.207	0.171	7.050	2.210	0.176	7.248	2.220
HGF	0.186	6.352	3.197	0.189	6.477	3.203	0.192	6.565	3.211
NGF	0.227	8.805	2.487	0.223	8.650	2.495	0.219	8.488	2.513
NOISE				0.047	2.706	1.007	0.046	2.622	1.013
GGF×NOISE							-0.021	-0.919	1.934
HGF×NOISE							**-0.072**	-2.356	2.979
NGF×NOISE							**0.062**	2.271	2.527
F值	345.965***			262.529***			152.253***		
R^2	0.436			0.439			0.444		
ΔR^2	0.436			0.003			0.004		

变量	模型1（因变量=APB）			模型2（因变量=APB）			模型3（因变量=APB）		
	B	T值	VIF	B	T值	VIF	B	T值	VIF
GGF	0.166	5.322	2.207	0.161	5.200	2.210	0.166	5.385	2.220
HGF	0.351	9.377	3.197	0.358	9.606	3.203	0.364	9.796	3.211
NGF	0.330	9.990	2.487	0.322	9.785	2.495	0.314	9.542	2.513
NOISE				0.093	4.199	1.007	0.083	3.963	1.013
GGF×NOISE							**-0.085**	-2.946	1.934
HGF×NOISE							-0.038	-0.984	2.979
NGF×NOISE							**0.082**	2.370	2.527
F值	449.224***			345.502***			201.264***		
R^2	0.501			0.508			0.513		
ΔR^2	0.501			0.006			0.005		

变量	模型1（因变量=CPB）			模型2（因变量=CPB）			模型3（因变量=CPB）		
	B	T值	VIF	B	T值	VIF	B	T值	VIF
GGF	-0.145	-4.416	2.207	-0.149	-4.547	2.210	-0.143	-4.360	2.220
HGF	0.291	7.352	3.197	0.296	7.511	3.203	0.298	7.566	3.211
NGF	0.356	10.207	2.487	0.349	10.032	2.495	0.342	9.811	2.513
NOISE				0.077	3.266	1.007	0.070	3.144	1.013
GGF×NOISE							-0.033	-1.070	1.934
HGF×NOISE							-0.069	-1.685	2.979

续表

变量	模型1（因变量=CPB）			模型2（因变量=CPB）			模型3（因变量=CPB）		
	B	T值	VIF	B	T值	VIF	B	T值	VIF
NGF×NOISE							**0.098**	2.668	2.527
F值	179.753***			138.454***			80.540***		
R^2	0.287			0.292			0.297		
ΔR^2	0.287			0.006			0.004		

变量	模型1（因变量=OPB）			模型2（因变量=OPB）			模型3（因变量=OPB）		
	B	T值	VIF	B	T值	VIF	B	T值	VIF
GGF	0.609	13.537	2.207	0.612	13.597	2.210	0.614	13.640	2.220
HGF	-0.174	-3.215	3.197	-0.178	-3.286	3.203	-0.180	-3.329	3.211
NGF	-0.081	-1.699	2.487	-0.076	-1.598	2.495	-0.071	-1.473	2.513
NOISE				-0.054	-1.667	1.007	-0.048	-1.494	1.013
GGF×NOISE							0.080	1.917	1.934
HGF×NOISE							**-0.119**	-2.122	2.979
NGF×NOISE							-0.013	-0.267	2.527
F值	77.017***			58.534***			34.780***		
R^2	0.147			0.149			0.150		
ΔR^2	0.147			0.002			0.005		

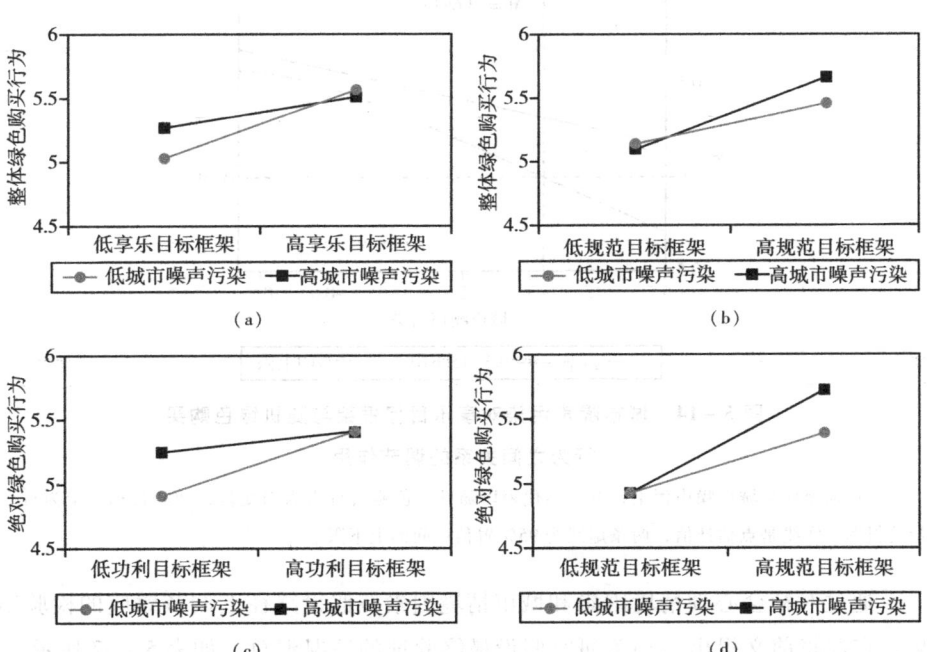

(a)　(b)　(c)　(d)

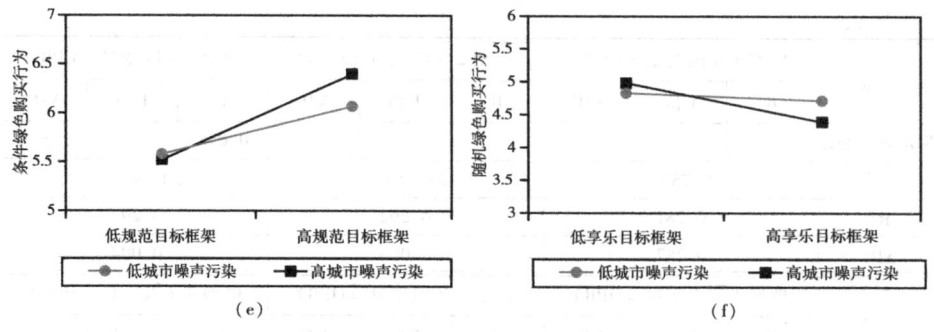

图 5-13 噪声污染的调节效应

通过观察表 5-46 发现，发现城市噪声污染对功利目标框架与随机绿色购买行为的关系中的调节效应存在边缘显著（$0.05 < p < 0.1$），本文继续采用 Johnson-Neyman 法（简写为 J-N 法）进行调节效应存在边缘显著时的简单斜率检验，从而确定简单斜率显著不为 0 时调节变量的取值范围。采用 J-N 法先固定 t 值为临界值，找到简单斜率显著不为 0 时城市噪声污染的取值范围，如图 5-14 所示。图中显示随着城市噪声污染的增强，功利目标对随机绿色购买行为的影响越强。

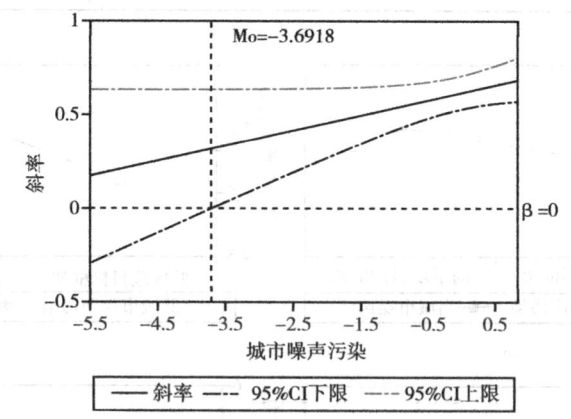

图 5-14 城市噪声污染对享乐目标框架与随机绿色购买
行为之间关系的调节作用

注：横坐标是城市噪声污染，纵坐标代表以随机绿色购买行为为因变量，功利目标框架为自变量的斜率，实线是点估计值，两条虚线为 95% 置信区间的上下限。

通过对社会心理情境因素和城市情境因素在假设路径上调节效应的检验结果，在此将前文提出的相关研究假设最终验证的情况汇总，如表 5-47 所示。

表 5-47　　　　　　　　调节效应的假设检验结果

序号	提出的研究假设	验证结果
H36	面子意识对功利目标框架与城市居民整体绿色购买行为之间的关系存在负向调节作用,即面子意识越强,功利目标框架对城市居民整体绿色购买行为的影响就越弱,反之就越强。	H36 不成立
H36-1 H36-2 H36-3	面子意识对功利目标框架与城市居民绝对、条件和随机绿色购买行为之间的关系存在负向调节作用,即面子意识越强,功利目标框架对城市居民无条件绿色购买行为的影响就越弱,反之就越强。	H36-1 不成立 H36-2 不成立 H36-3 成立
H37	面子意识对享乐目标框架与城市居民整体绿色购买行为之间的关系存在负向调节作用,即面子意识越强,享乐目标框架对城市居民整体绿色购买行为的影响就越弱,反之就越强。	H37 不成立
H37-1 H37-2 H37-3	面子意识对享乐目标框架与城市居民绝对、条件和随机绿色购买行为之间的关系存在负向调节作用,即面子意识越强,享乐目标框架对城市居民绝对绿色购买行为的影响就越弱,反之就越强。	H37-1 成立 H37-2 不成立 H37-3 不成立
H38	面子意识对规范目标框架与城市居民整体绿色购买行为之间的关系存在负向调节作用,即面子意识越强,规范目标框架对城市居民整体绿色购买行为的影响就越弱,反之就越强。	H38 不成立
H38-1 H38-2 H38-3	面子意识对规范目标框架与城市居民绝对、条件和随机绿色购买行为之间的关系存在负向调节作用,即面子意识越强,规范目标框架对城市居民绝对绿色购买行为的影响就越弱,反之就越强。	H38-1 不成立 H38-2 部分成立 H38-3 不成立
H39	转换成本对功利目标框架与城市居民整体绿色购买行为之间的关系存在负向调节作用,即转化成本越高,功利目标框架对城市居民整体绿色购买行为的影响就越弱,反之就越强。	H38 不成立
H39-1 H39-2 H39-3	转换成本对功利目标框架与城市居民绝对、条件和随机绿色购买行为之间的关系存在负向调节作用,即转换成本越高,功利目标框架对城市居民绝对绿色购买行为的影响就越弱,反之就越强。	H39-1 部分成立 H39-2 成立 H39-3 不成立
H40	转换成本对享乐目标框架与城市居民整体绿色购买行为之间的关系存在负向调节作用,即转换成本越高,享乐目标框架对城市居民整体绿色购买行为的影响就越弱,反之就越强。	H40 不成立
H40-1 H40-2 H40-3	转换成本对享乐目标框架与城市居民绝对、条件和随机绿色购买行为之间的关系存在负向调节作用,即转换成本越高,享乐目标框架对城市居民绝对绿色购买行为的影响就越弱,反之就越强。	H40-1 不成立 H40-2 不成立 H40-3 不成立
H41	转换成本对规范目标框架与城市居民整体绿色购买行为之间的关系存在负向调节作用,即转换成本越高,规范目标框架对城市居民整体绿色购买行为的影响就越弱,反之就越强。	H41 不成立
H41-1 H41-2 H41-3	转换成本对规范目标框架与城市居民绝对、条件和随机绿色购买行为之间的关系存在负向调节作用,即转换成本越高,规范目标框架对城市居民绝对绿色购买行为的影响就越弱,反之就越强。	H41-1 不成立 H41-2 不成立 H41-3 不成立
H42	环境问题严重性感知对功利目标与城市居民整体绿色购买行为之间的关系存在正向调节作用,即环境问题严重性感知越高,功利目标对城市居民整体绿色购买行为的影响就越强,反之就越弱。	H42 不成立

续表

序号	提出的研究假设	验证结果
H42-1 H42-2 H42-3	环境问题严重性感知对功利目标框架与城市居民绝对、条件和随机绿色购买行为之间的关系存在正向调节作用，即环境问题严重性感知越高，功利目标框架对城市居民绝对绿色购买行为的影响就越强，反之就越弱。	H42-1 不成立 H42-2 不成立 H42-3 成立
H43	环境问题严重性感知对享乐目标框架与城市居民整体绿色购买行为之间的关系存在正向调节作用，即环境问题严重性感知越高，享乐目标框架对城市居民整体绿色购买行为的影响就越强，反之就越弱。	H43 部分成立
H43-1 H43-2 H43-3	环境问题严重性感知对享乐目标框架与城市居民绝对、条件和随机绿色购买行为之间的关系存在正向调节作用，即环境问题严重性感知越高，享乐目标框架对城市居民绝对绿色购买行为的影响就越强，反之就越弱。	H43-1 部分成立 H43-2 部分成立 H43-3 不成立
H44	环境问题严重性感知对规范目标框架与城市居民绿色整体购买行为之间的关系存在正向调节作用，即环境问题严重性感知越高，规范目标框架对城市居民整体绿色购买行为的影响就越强，反之就越弱。	H44 不成立
H44-1 H44-2 H44-3	环境问题严重性感知对规范目标框架与城市居民绝对、条件和随机绿色购买行为之间的关系存在正向调节作用，即环境问题严重性感知越高，规范目标框架对城市居民绝对绿色购买行为的影响就越强，反之就越弱。	H44-1 成立 H44-2 不成立 H44-3 不成立
H45	环保行为有效性感知对功利目标框架与城市居民整体绿色购买行为之间的关系存在负向调节作用，即环保行为有效性感知越高，功利目标框架对城市居民整体绿色购买行为的影响就越弱，反之就越强。	H45 部分成立
H45-1 H45-2 H45-3	环保行为有效性感知对功利目标框架与城市居民绝对、条件和随机绿色购买行为之间的关系存在负向调节作用，即环保行为有效性感知越高，功利目标框架对城市居民绝对绿色购买行为的影响就越弱，反之就越强。	H45-1 不成立 H45-2 部分成立 H45-3 部分成立
H46	环保行为有效性感知对享乐目标框架与城市居民整体绿色购买行为之间的关系存在负向调节作用，即环保行为有效性感知越高，享乐目标框架对城市居民整体绿色购买行为的影响就越弱，反之就越强。	H46 成立
H46-1 H46-2 H46-3	环保行为有效性感知对享乐目标框架与城市居民绝对、条件和随机绿色购买行为之间的关系存在负向调节作用，即环保行为有效性感知越高，享乐目标框架对城市居民绝对绿色购买行为的影响就越弱，反之就越强。	H46-1 不成立 H46-2 成立 H46-3 成立
H47	环保行为有效性感知对规范目标框架与城市居民整体绿色购买行为之间的关系存在负向调节作用，即环保行为有效性感知越高，规范目标框架对城市居民整体绿色购买行为的影响就越弱，反之就越强。	H47 成立
H47-1 H47-2 H47-3	环保行为有效性感知对规范目标框架与城市居民绝对、条件和随机绿色购买行为之间的关系存在负向调节作用，即环保行为有效性感知越高，规范目标框架对城市居民绝对绿色购买行为的影响就越弱，反之就越强。	H47-1 不成立 H47-2 成立 H47-3 成立

续表

序号	提出的研究假设	验证结果
H48	经济发展水平对功利目标框架与城市居民整体绿色购买行为之间的关系存在显著调节作用。	H48 不成立
H48-1 H48-2 H48-3	经济发展水平对功利目标框架与城市居民绝对、条件和随机绿色购买行为之间的关系存在显著调节作用。	H48-1 不成立 H48-2 不成立 H48-3 不成立
H49	经济发展水平对享乐目标框架与城市居民整体绿色购买行为之间的关系存在显著调节作用。	H49 不成立
H49-1 H49-2 H49-3	经济发展水平对享乐目标框架与城市居民绝对、条件和随机绿色购买行为之间的关系存在显著调节作用。	H49-1 不成立 H49-2 不成立 H49-3 不成立
H50	经济发展水平对规范目标框架与城市居民整体绿色购买行为之间的关系存在显著调节作用。	H50 不成立
H50-1 H50-2 H50-3	经济发展水平对规范目标框架与城市居民绝对、条件和随机绿色购买行为之间的关系存在显著调节作用。	H50-1 成立 H50-2 不成立 H50-3 不成立
H51	政府环保投入对功利目标框架与城市居民整体绿色购买行为之间的关系存在显著调节作用。	H51 不成立
H51-1 H51-2 H51-3	政府环保投入对功利目标框架与城市居民绝对、条件和随机绿色购买行为之间的关系存在显著调节作用。	H51-1 不成立 H51-2 不成立 H51-3 不成立
H52	政府环保投入对享乐目标框架与城市居民整体绿色购买行为之间的关系存在显著调节作用。	H52 成立
H52-1 H52-2 H52-3	政府环保投入对享乐目标框架与城市居民绝对、条件和随机绿色购买行为之间的关系存在显著调节作用。	H52-1 不成立 H52-2 不成立 H52-3 不成立
H53	政府环保投入对规范目标框架与城市居民整体绿色购买行为之间的关系存在显著调节作用。	H53 成立
H53-1 H53-2 H53-3	政府环保投入对规范目标框架与城市居民绝对、条件和随机绿色购买行为之间的关系存在显著调节作用。	H53-1 成立 H53-2 成立 H53-3 不成立
H54	城市空气质量对功利目标框架与城市居民整体绿色购买行为之间的关系存在显著调节作用。	H54 不成立
H54-1 H54-2 H54-3	城市空气质量对功利目标框架与城市居民绝对、条件和随机绿色购买行为之间的关系存在显著调节作用。	H54-1 不成立 H54-2 不成立 H54-3 不成立
H55	城市空气质量对享乐目标框架与城市居民整体绿色购买行为之间的关系存在显著调节作用。	H55 不成立

续表

序号	提出的研究假设	验证结果
H55-1 H55-2 H55-3	城市空气质量对享乐目标框架与城市居民绝对、条件和随机绿色购买行为之间的关系存在显著调节作用。	H55-1 不成立 H55-2 不成立 H55-3 不成立
H56	城市空气质量对规范目标框架与城市居民整体绿色购买行为之间的关系存在显著调节作用。	H56 不成立
H56-1 H56-2 H56-3	城市空气质量对规范目标框架与城市居民绝对、条件和随机绿色购买行为之间的关系存在显著调节作用。	H56-1 不成立 H56-2 不成立 H56-3 不成立
H57	水资源丰富度对功利目标框架与城市居民整体绿色购买行为之间的关系存在显著调节作用。	H57 不成立
H57-1 H57-2 H57-3	水资源丰富度对功利目标框架与城市居民绝对、条件和随机绿色购买行为之间的关系存在显著调节作用。	H57-1 不成立 H57-2 不成立 H57-3 成立
H58	水资源丰富度对享乐目标框架与城市居民整体绿色购买行为之间的关系存在显著调节作用。	H58 不成立
H58-1 H58-2 H58-3	水资源丰富度对享乐目标框架与城市居民绝对、条件和随机绿色购买行为之间的关系存在显著调节作用。	H58-1 不成立 H58-2 不成立 H58-3 不成立
H59	水资源丰富度对规范目标框架与城市居民整体绿色购买行为之间的关系存在显著调节作用。	H59 不成立
H59-1 H59-2 H59-3	水资源丰富度对规范目标框架与城市居民绝对、条件和随机绿色购买行为之间的关系存在显著调节作用。	H59-1 不成立 H59-2 不成立 H59-3 不成立
H60	城市创新度对功利目标框架与城市居民整体绿色购买行为之间的关系存在显著调节作用。	H60 不成立
H60-1 H60-2 H60-3	城市创新度对功利目标框架与城市居民绝对、条件和随机绿色购买行为之间的关系存在显著调节作用。	H60-1 不成立 H60-2 不成立 H60-3 不成立
H61	城市创新度对享乐目标框架与城市居民整体绿色购买行为之间的关系存在显著调节作用。	H61 不成立
H61-1 H61-2 H61-3	城市创新度对享乐目标框架与城市居民绝对、条件和随机绿色购买行为之间的关系存在显著调节作用。	H61-1 不成立 H61-2 不成立 H61-3 不成立
H62	城市创新度对规范目标框架与城市居民整体绿色购买行为之间的关系存在显著调节作用。	H62 不成立
H62-1 H62-2 H62-3	城市创新度对规范目标框架与城市居民绝对、条件和随机绿色购买行为之间的关系存在显著调节作用。	H62-1 成立 H62-2 不成立 H62-3 不成立

续表

序号	提出的研究假设	验证结果
H63	城市噪声污染对功利目标框架与城市居民整体绿色购买行为之间的关系存在显著调节作用。	H63 不成立
H63-1 H63-2 H63-3	城市噪声污染对功利目标框架与城市居民绝对、条件和随机绿色购买行为之间的关系存在显著调节作用。	H63-1 成立 H63-2 不成立 H63-3 不成立
H64	城市噪声污染对享乐目标框架与城市居民整体绿色购买行为之间的关系存在显著调节作用。	H64 成立
H64-1 H64-2 H64-3	城市噪声污染对享乐目标框架与城市居民绝对、条件和随机绿色购买行为之间的关系存在显著调节作用。	H64-1 不成立 H64-2 不成立 H64-3 成立
H65	城市噪声污染对规范目标框架与城市居民整体绿色购买行为之间的关系存在显著调节作用。	H65 成立
H65-1 H65-2 H65-3	城市噪声污染对规范目标框架与城市居民绝对、条件和随机绿色购买行为之间的关系存在显著调节作用。	H65-1 成立 H65-2 成立 H65-3 不成立

5.7 城市居民绿色购买行为驱动机理理论模型修正

与实证结果相比，原先提出的部分假设不显著，在模型修正时将会删除这些不显著的影响路径。以整体绿色购买行为为例，环境意识对享乐目标框架的影响不显著，媒体曝光度对功利目标框架、享乐目标框架和规范目标框架的影响不显著，媒体影响力对功利目标框架影响不显著，家庭影响对规范目标框架影响不显著，功利目标框架对整体绿色购买行为影响不显著，其余假设路径均显著。调节效应方面，环境问题严重性感知和环保行为有效性感知对功利目标与整体绿色购买行为之间的作用路径调节效应显著；环境问题严重性感知、环保行为有效性感知、政府环保投入和城市噪声污染对享乐目标与整体绿色购买行为之间的作用路径调节效应显著；环保行为有效性感知、政府环保投入和城市噪声污染对规范目标与整体绿色购买行为之间的作用路径调节效应显著。虽然模型中功利目标框架对整体绿色购买行为的主效应不显著，但调节效应并不需要以主效应显著为前提[264,278]。就购买者属性变量而言，性别、年龄、婚姻状况、受教育程度、收入等级、职业类别、组织性质、职位等级、城市规模和城市地理区域均能显著影响城市居民整体绿色购买行为。修正后的模型，如图5-15所示。

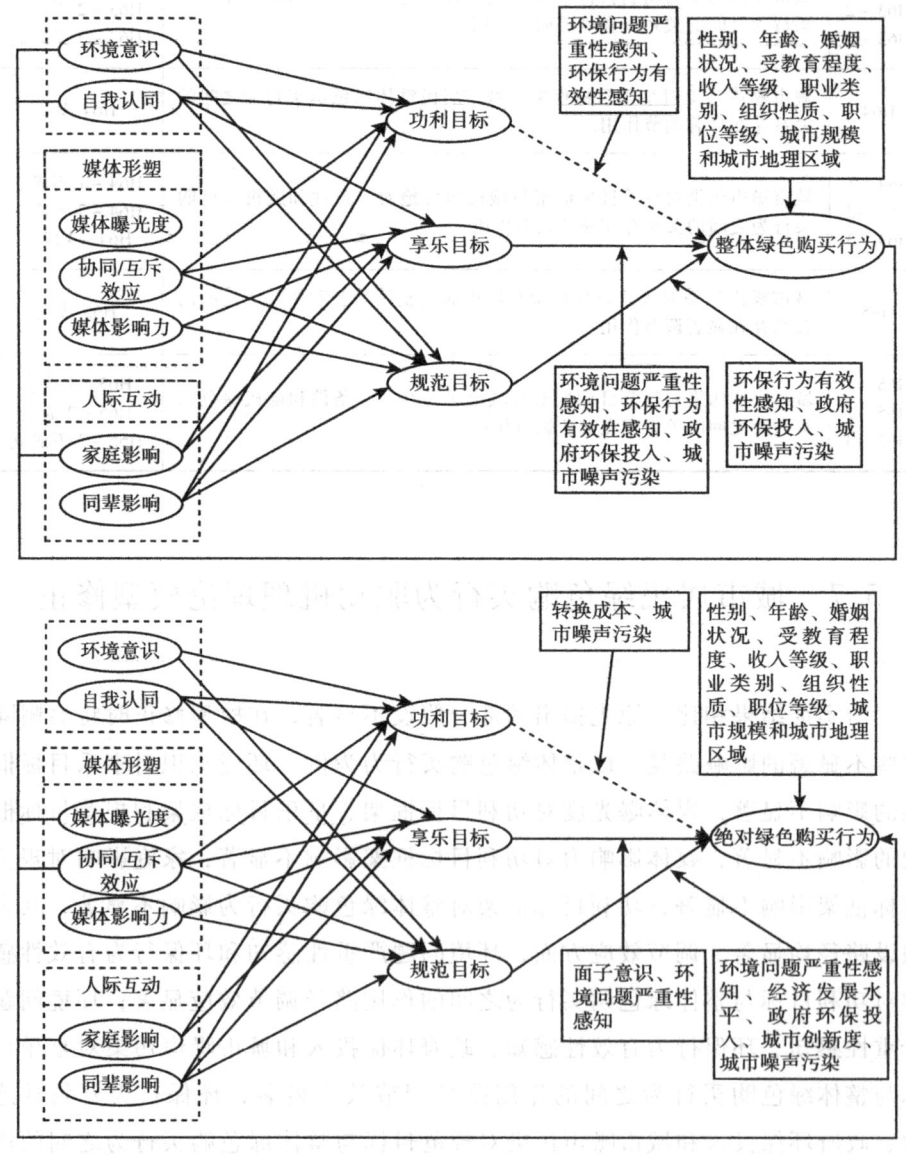

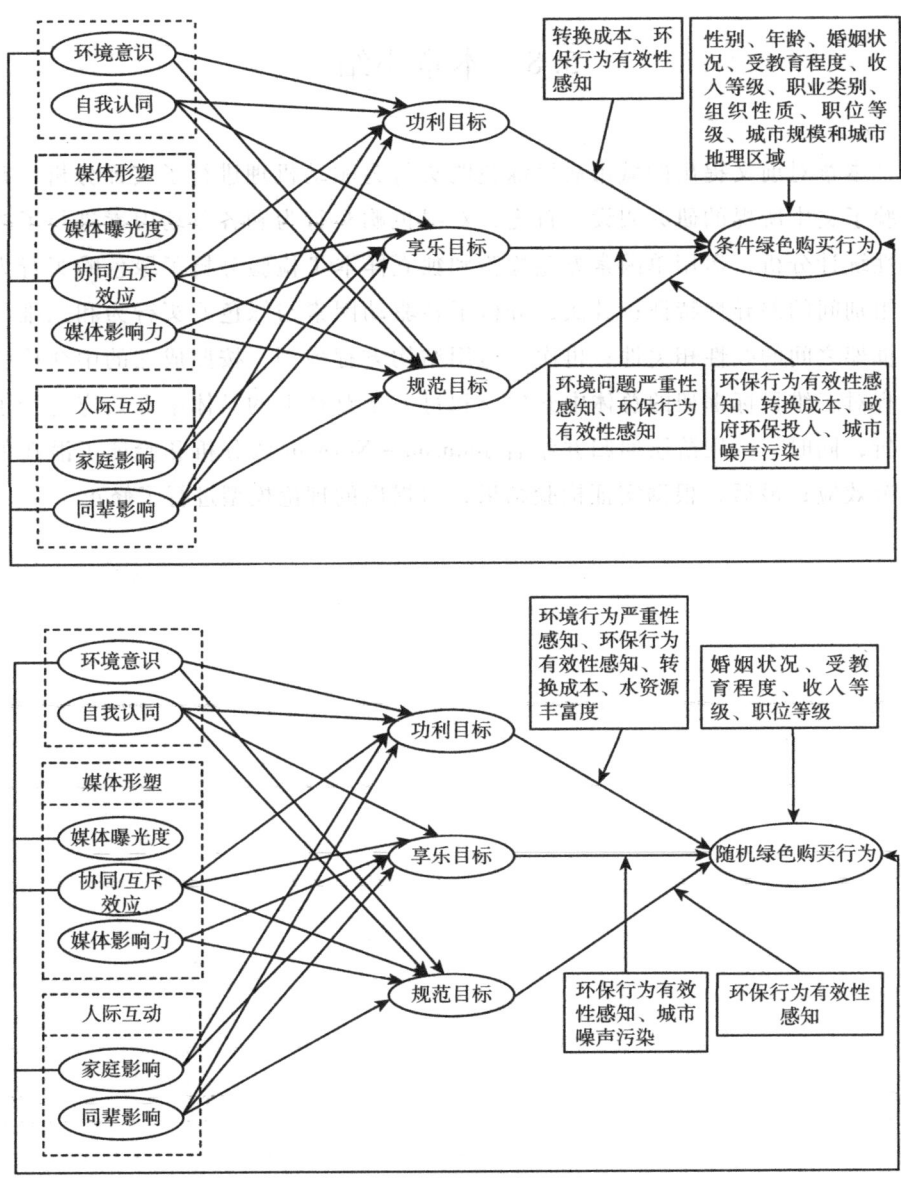

图 5-15 修正后的城市居民绿色购买行为驱动机理理论模型

5.8 本章小结

本章对前文提出的城市居民绿色购买行为驱动机理进行了实证分析,并检验了文中所提的研究假设。首先,对绿色购买行为和各驱动因素进行了描述性统计分析,运用单因素方差检验和独立样本 T 检验分析了绿色购买行为在组别间的差异性特征;其次,分析了各驱动因素与绿色购买行为和三维目标框架之间的线性相关性;再次,运用结构方程模型,按照成熟的中介检验流程对三维目标框架的总体中介效应和每一条路径上的具体中介效应进行了分析,同时,采用阶层回归并结合 Johnson – Neyman 法分析和验证了潜在的调节效应;最后,根据实证检验结果,对提出的理论模型进行了修正。

6

情境因素干预下的城市居民绿色购买行为扩散仿真

由 5.1 分析结论可知，城市居民的绝对绿色购买行为、条件绿色购买行为和随机绿色购买行为的均值分别为 5.242、5.894 和 4.731，从三类行为得分情况来看，体现双重诉求的条件绿色购买行为在城市居民中表现得最为普遍，这与王汉瑛等（2018）[7]、Schuitema 和 De Groot（2015）[2]、Yang 和 Zhang（2020）[21]等的结论相同，即嵌入有限道德假设和有限自利假设框架中的条件绿色购买行为更加符合绿色消费实际，也更有助于持续推动绿色购买活动的达成。依据 Bandura（1978）[42]的社会学习理论可知，人的复杂行为多是后天习得的，而绿色购买行为就是一种典型的复杂性行为，它的生成和执行都需要大量专业的环境知识、绿色产品知识和消费技能知识（统称为绿色消费知识），依照 Lindenberg 和 Steg（2007）[96]的目标框架理论，这些知识的不断累积和融合质变将演化为具有知识结构的行为动机（Motives with Knowledge Structures），限定其他因素的影响下，绿色消费知识越丰富，绿色购买行越频繁。行为动机的类型和强度是由不同绿色消费知识演变生成，能够限定或支配人们对信息的认知加工过程和行动方式，并最终演化为真实的行为。此外，缺少必要绿色消费知识，绝对绿色购买行为和条件绿色购买行为都有可能降阶为随机绿色购买行为，甚至非绿色购买行为，从而最终阻碍绿色购买行为扩散，也使得绿色消费活动变得无章可循，造成激励政策和社会资源错配。因此，加快绿色消费知识的普及和提高，对全民进行绿色消费教育，是构建绿色消费社会治理体系的关键策略，也是加速绿色购买行为扩散的内在要求。

实证结果表明，条件绿色购买行为的达成受到社会心理情境和城市情境因素的全局性调节，这也奠定了外部引导策略制定的理论基础。作为社会中的细胞和节点，个体获得的绿色消费知识多是通过非正式的人际互动完成的。Rogers曾经明确指出，大众媒体在知识传播广度上具有优势，而在知识的实际接收和劝说效果上，人际传播更有效。Bass（1969）[323]、Coleman 等（1967）[324]、罗韵娟和王锐（2020）[325]均认为创新或知识扩散过程中，人际社交网络具有更好的渗透力和传播效果，特别是意见领袖的作用值得关注。社会知识传播网络是一个包含了个体与个体之间相互作用的系统，这项人际互动系统是以非正式关系为载体，完成了绝大部分绿色消费知识的传播。本文实证研究也发现同辈影响和家庭影响对三维目标动机和绿色购买行为的激活效力要明显强于媒体形塑。因此，研究如何加速扩散兼顾双重诉求的绿色消费知识是实现持续推进绿色消费的有效途径。相应地，条件绿色购买行为扩散就近似于绿色消费知识扩散。

为了克服实证研究基于静态分析城市居民绿色购买行为、难以判断个体之间复杂动态关系以及无法对比分析不同调节变量对城市居民绿色购买行为干扰效果等缺点，本文继续采用社会网络分析，以条件绿色购买行为为例，通过设置加权小世界网络，构建城市居民绿色购买行为的仿真模型，同时，加入情境变量，探索城市居民绿色购买行为的扩散规律。

6.1　基于关系强度的城市居民绿色购买行为选择

条件绿色购买行为是基于有限道德和有限自利做出的亲环境行为，个体在购买决策时会调动自身储备的环境知识、产品知识和消费技能知识，兼顾个人利益和环境利益，避免了人类行为的极端简化，易于做出与自身动机完全一致的行为，从而克服了绿色动机—行为偏差[83]。同时，公域环境行为的逻辑起点是集体理性，私域环境行为的逻辑起点是个体理性[256]，环境知识和产品知识的扩散将力推公域的环境行为和私域的环境行为协同发展，避免两类环境行为分别走向极端，即公域环境行为走向被动、程序化和政府归因；私域环境行为完全需要物质和社会激励推动，无法有效动员社会成员充分参与到环境治理活动中。前文证实个体的环境意识和自我认同，人际互动中的家庭影响和同辈影响均显著正向影响绿色购买行为，这是环境知识和产品知识进行人际扩散的个体心理和社会影响基础。外显的条件绿色购买行为背后是三类知识共同作用后的结果,既稀释了传播者伪善者的刻板印象,又减少了环境机会主义行为[81],更重要的是提高了整个社会的人际信任,有助于破解"有私无公"的环境治理困境。

环境知识、绿色产品知识和消费技能知识扩散是带有"私人间知识援助"的非正式知识转移活动[94],它受到个体特性、知识特征和个体间联系强度的综合影响[326]。而新媒体的嵌入使得媒体的影响也趋于人际化(如QQ群、微信群和朋友圈等),使带有私人行为性质的人际传播的广度和效率达到前所未有的高度,进一步突出了非正式知识扩散在社会网络知识传播中的分量。私人的非正式知识扩散需要人际间的有效接触,其扩散介质是人际间的信息交换[326],布劳(Blau)的结构主义社会交换理论认为社会交换是一种以信任为基础的具有互惠性质的自愿性回报行为,随着人与人之间的信任加深,互惠及交换模式才会加深和扩大。布劳进一步指出,社会交换有别于经济交换,其中最显著的区别就是社会交换受制于社会规范,而非纯粹的基于利害得失的理性权衡。影响社会交换的最基本社会规范为互惠和公平,因而结构主义社会交换理论定义的个体具有"社会人"和"经济人"的双重特征,这也为个体间非正式知识的扩散建立了理论基础。其中,"社会人"之间知识扩散机制的维系基础是信任,这直接决定了知识传播方和接收方之间的关系强度,也决定了知识无偿扩散(广播型扩散)的广度和深度[94]。相应地,消费社区中的个体也更倾向于将知识优先向与自身社会关系密切的对象进行有效无偿扩散。

知识扩散是复杂社会网络中节点与节点之间的知识传播活动,现实消费场景中,知识的扩散对象随机分布在由情感、血缘和工作等纽带联结的复杂社会网络中。Watts and Strogatz (1998)[327]将复杂的社会网络分为规则网络、小世界网络和随机网络,其中小世界网络更好地契合了现实网络的特征,较短的平均路径长度使得其更有利于知识和行为的扩散,因而被称为是最有效的网络结构[328]。

传统的小世界网络是一个无向无权网络,仅仅反映了节点间的边是否存在,但忽视了节点间联系的紧密程度,这脱离了现实人际网络中人与人之间关系的亲疏远近。人际网络中,人与人之间的联系不能简单化为有(赋值1)或无(赋值0),而应该考虑到他们之间的关系强度,即关系权重,具体表现为网络成员之间的信任程度、情感依附、知识背景和同好程度等。可以说加权小世界网络是基于真实知识传播场景而对传统小世界网络的改进和完善，当网络中任意两点之间表现为强关系，就需要赋以较高的权重值；相反，当网络中任意两点表现为弱关系，就赋以较低的权重值。权重值的具体数字并没有一个具体标准，部分学者借鉴皮尔森相关系数的强度分类标准将强关系赋值为（0.7,0.9），弱关系赋值为（0.1,0.3）。鉴于此，本研究将选择加权小世界网络来构建城市居民条件绿色购买行为仿真扩散模型，运用 Matlab 2014a 进行仿真分析，重点分析全局情境因素干预下的条件绿色购买行为扩散规律。

6.2 城市居民条件绿色购买行为扩散的仿真建模

小世界网络因为在知识扩散研究领域的高效度被赞誉为最有效的网络结构[326]。本文从真实消费社区成员的关系网络出发，运用加权小世界网络考察节点之间关系强度对知识扩散的影响，随着时间推移，社区成员之间的关系强度也会发生变化。Morone 和 Taylor（2004）[329]指出社会网络中节点之间的关系强度会随着时间推进而呈现强者变强的趋势，强关系比弱关系会带来更多的潜在收益。为此，本文借鉴王倩（2012）[326]、李志宏和朱桃（2010）[328]以及魏佳（2017）[94]等的知识网络构建策略，运用加权小世界网络刻画绿色消费社区知识网络 G，$G=(N, S, W)$，其中 $N=(n_1, n_2, \cdots, n_N)$，表示社区网络中的 N 个成员；$S=\{E(i) \mid i \in N\}$，表示网络中所有边的集合；$W=\{\omega_{ij} \mid i,j \in N\}$，表示网络节点之间关系强度的权重集合，其中 ω_{ij} 表示两个节点成员之间的关系权重，取值区间为某个范围内的随机值，本文假设两节点之间的关系强度具有对称性，即有 $\omega_{ij}=\omega_{ji}$。

同时，绿色消费社区网络中的每个个体拥有多种绿色消费知识，本研究中条件绿色购买行为包含 4 个测量指标，反映了 4 类绿色消费知识驱动的行为表现。因此，本书假设条件绿色购买行为网络中每个节点最多拥有 4 种不同的行为类型，即有二维数组 $k[i,c]$，$i=1,2,\cdots,N$；$c \in [1,4]$，表示节点 i 在 c 类知识驱动下的行为选择，$k[i,c]$ 取值越大，代表个体 i 在 c 类知识驱动下的行为选择值，t 时刻网络中节点 i 的条件绿色购买行为等于 4 类知识驱动下的行为均值。

条件绿色购买行为的知识扩散对象分为传播方和接收方，双方都有自己的策略选择，而不同的策略对知识的最终扩散效果会产生一定影响。参考魏佳（2017）[94]的研究设计，本书将条件绿色购买行为的扩散方式设定为：随机选择、关系强度优先和势差优先三种模式。

随机选择模式的规则设定。在条件绿色购买行为的扩散过程中，发送方随机选择满足基本条件的任意节点作为扩散对象。本书将基本条件称为双重诉求知识驱动下的"行为实施频率差条件"，即接收方 j 与其在网络中相邻的节点 i 存在一个环保行为发生类 c，节点 i 的绿色购买行为实施频率要高于节点 $j(k[i,c] > k[j,c])$，本质是发送方 i 支撑购买行为的知识储备高于需求方 j。

关系强度优先模式的规则设定。在条件绿色购买行为扩散过程中，在满足"低频度绿色购买行为"这一基本条件的所有网络节点集合中，发送方基于"关系强度优先"原则，选择与自身关系强度最大的节点 j 作为接收方。扩散行为在双方发生的前提条件为 $k[i,c] > k[j,c]$，且 $\omega_{ij} = \text{Max}\{\omega_{ij}\}$。

势差优先模式的规则设定。在条件绿色购买行为扩散过程中，在满足"低频度绿色购买行为"这一基本条件的所有网络节点集合中，发送方基于"势差优先"原则，选择与自身绿色购买实施频度差异最大的节点作为接收方，在其他条件设定相等的条件下，条件绿色购买行为差异的本质就是双方拥有绿色消费知识资源的程度存在差异。发送方 i 与接收方 j 发生扩散行为的条件为 $k[i,c] > k[j,c]$，且 $k_{ij} = \text{Max}\{k[i,c]\}$。

以上三种设定仅仅考虑了发送方的三种选择策略，并没有关注到需求方的选择方式，在此，本文设定需求方的选择方式为随机选择。相应地，条件绿色购买行为的发生要满足"低频度购买行为"条件的所有网络节点集合中随机选取任一对象作为接收方，即接收方要满足其条件绿色购买行为（绿色消费知识储备）差于发送方。同时，节点间的关系强度变化也将做出 0.05 的对称调整。

本书不考虑消费者购买力等其他因素的影响，以"社会人"假设扩散行为具有无偿性，着重考察关系强度影响下的无偿扩散行为演化规律。在社会网络中，行为选择的每个仿真步长 t 下，扩散方 i 与接收方 j 的行为选择公式为：

$$k[j,c](t+1) = k[j,c](t) + \beta[j] \times \omega_{ij} \times \{k[i,c](t) - k[j,c](t)\} \quad (1)$$

$$k[i,c](t+1) = k[i,c](t) \quad\quad\quad\quad\quad\quad\quad\quad\quad\quad\quad\quad (2)$$

式中，$\beta[j]$ 为社会网络节点 j 对扩散行为的接受系数，参考王倩（2012）[326]的研究，将其赋值为 [0，0.2] 之间的随机数；ω_{ij} 为网络扩散行为双方的关系强度，借鉴 Pearson 相关系数的强度分类标准，将其取值范围设定为 [0，1] 之间的随机数，其中强关系为 [0.7，0.9] 之间的随机数，弱关系为 [0.1，0.3] 之间的随机数。

为了测量社会网络中全部节点的行为扩散速度，本文设定 t 时刻全部个体的平均条件绿色购买行为频度水平为该时刻社会网络中全部节点条件绿色购买行为频度的平均值，度量公示为：

$$\mu(t) = \frac{1}{n}\sum_{i=1}^{n} k_i(t) \tag{3}$$

参考魏佳（2017）[94]的研究，本文对绿色消费网络中节点条件绿色购买行为扩散的均衡性采用全部节点的条件绿色购买行为方差来度量，在此定义 t 时刻网络中全部节点的条件绿色购买行为方差公式为式（4），式中 n 为条件绿色购买行为扩散网络中的节点总数。

$$S^2(t) = \frac{1}{n}\sum_{i=1}^{n}(k_i(t) - \mu(t))^2 \tag{4}$$

第 5 章中的实证分析表明，情境因素中的面子意识、转换成本、政府环保投入、城市噪声污染、环境问题严重性感知和环保行为有效性感知对功利目标动机、享乐目标动机和规范目标动机共同作用于条件绿色购买行为的路径存在显著的调节作用。同时，为了简化网络节点之间的交互过程，本书假定个体其他条件等同，只存在绿色消费知识差异带来的行为选择频度差异。本书设定功利目标动机、享乐目标动机和规范目标动机分别为 $a_{gaini}(a_{gaini} \in [1,7], i=1,2,3,\cdots,N)$，$a_{hedonici}(a_{hedonici} \in [1,7], i=1,2,3,\cdots,N)$，$a_{normativei}(a_{normativei} \in [1,7], i=1,2,3,\cdots,N)$。假设面子意识 $d_i(d_i \in [1,7])$，转换成本 $e_i(e_i \in [1,7])$，政府环保投入 $f_i(f_i \in [1,7])$，城市噪声污染 $g_i(g_i \in [1,7])$，环境问题严重性感知 $h_i(h_i \in [1,7])$，环保行为有效性感知 $k_i(k_i \in [1,7])$。假设 t 时刻条件绿色购买行为受到三维目标动机 a_i 的共同影响，在 $t+1$ 时刻加入调节变量的干预影响后，不同情境变量影响下扩散行为接收方 j 的条件绿色购买行为频度变化公示如下：

$$k[j,c](t+1) = k[j,c](t) + \alpha d_i + \lambda_{11} \times a_{gaini} \times d_i + \lambda_{12} \times a_{hedonici} \times d_i + \lambda_{13} \times a_{normativei} \times d_i + \varepsilon_i \tag{5}$$

6 情境因素干预下的城市居民绿色购买行为扩散仿真

$$k[j,c](t+1) = k[j,c](t) + \beta e_i + \lambda_{21} \times a_{gaini} \times e_i + \lambda_{22} \times a_{hedonici} \times e_i +$$
$$\lambda_{23} \times a_{normativei} \times e_i + \varepsilon_i \quad (6)$$

$$k[j,c](t+1) = k[j,c](t) + \gamma f_i + \lambda_{31} \times a_{gaini} \times f_i + \lambda_{32} \times a_{hedonici} \times f_i +$$
$$\lambda_{33} \times a_{normativei} \times f_i + \varepsilon_i \quad (7)$$

$$k[j,c](t+1) = k[j,c](t) + \delta g_i + \lambda_{41} \times a_{gaini} \times g_i + \lambda_{42} \times a_{hedonici} \times g_i +$$
$$\lambda_{43} \times a_{normativei} \times g_i + \varepsilon_i \quad (8)$$

$$k[j,c](t+1) = k[j,c](t) + \eta h_i + \lambda_{51} \times a_{gaini} \times h_i + \lambda_{52} \times a_{hedonici} \times h_i +$$
$$\lambda_{53} \times a_{normativei} \times h_i + \varepsilon_i \quad (9)$$

$$k[j,c](t+1) = k[j,c](t) + \theta k_i + \lambda_{61} \times a_{gaini} \times k_i + \lambda_{62} \times a_{hedonici} \times k_i +$$
$$\lambda_{63} \times a_{normativei} \times k_i + \varepsilon_i \quad (10)$$

与此同时，行为扩散方i的条件绿色购买行为频度值也相应发生等效变化，表达公式为：

$$k[i,c](t+1) = k[i,c](t) + \alpha d_i + \lambda_{11} \times a_{gaini} \times d_i + \lambda_{12} \times a_{hedonici} \times d_i +$$
$$\lambda_{13} \times a_{normativei} \times d_i + \varepsilon_i \quad (11)$$

$$k[i,c](t+1) = k[i,c](t) + \beta e_i + \lambda_{21} \times a_{gaini} \times e_i + \lambda_{22} \times a_{hedonici} \times e_i +$$
$$\lambda_{23} \times a_{normativei} \times e_i + \varepsilon_i \quad (12)$$

$$k[i,c](t+1) = k[i,c](t) + \gamma f_i + \lambda_{31} \times a_{gaini} \times f_i + \lambda_{32} \times a_{hedonici} \times f_i +$$
$$\lambda_{33} \times a_{normativei} \times f_i + \varepsilon_i \quad (13)$$

$$k[i,c](t+1) = k[i,c](t) + \delta g_i + \lambda_{41} \times a_{gaini} \times g_i + \lambda_{42} \times a_{hedonici} \times g_i +$$
$$\lambda_{43} \times a_{normativei} \times g_i + \varepsilon_i \quad (14)$$

$$k[i,c](t+1) = k[i,c](t) + \eta h_i + \lambda_{51} \times a_{gaini} \times h_i + \lambda_{52} \times a_{hedonici} \times h_i +$$
$$\lambda_{53} \times a_{normativei} \times h_i + \varepsilon_i \quad (15)$$

$$k[i,c](t+1) = k[i,c](t) + \theta k_i + \lambda_{61} \times a_{gaini} \times k_i + \lambda_{62} \times a_{hedonici} \times k_i +$$
$$\lambda_{63} \times a_{normativei} \times k_i + \varepsilon_i \quad (16)$$

上述公式中，a_{gaini}，$a_{hedonici}$，$a_{normativei}$，d_i，e_i，f_i，g_i，h_i，k_i为随机赋值，λ，α，β，γ，δ，η，θ的值根据前文的调节效应分析结果确定，根据第5章的调节效应分析结果，λ_{11}，λ_{12}，λ_{13}，λ_{21}，λ_{22}，λ_{23}，λ_{31}，λ_{32}，λ_{33}，λ_{41}，λ_{42}，λ_{43}，λ_{51}，λ_{52}，λ_{53}，λ_{61}，λ_{62}，λ_{63}的值为（-0.057，-0.014，0.084）；（-0.094，0.024，-0.003）；（0.010，0.050，-0.102）；（-0.033，-0.069，0.098）；（0.026，-0.101，-0.019）；（0.152，-0.098，-0.084）。α，β，γ，δ，η，θ的值分别为0.071，0.101，-0.028，

0.070，0.197，0.343。

6.3 情境因素干预下的仿真结果分析

本书运用 Matlab 2014a 对构建的基于加权小世界网络中由双重诉求知识驱动的条件绿色购买行为扩散模型进行仿真，遵照王倩（2012）[326]和魏佳（2017）[94]设计的仿真流程进行分析。仿真研究分为两部分进行，第一部分考察节点间关系强度对社会网络中条件绿色购买行为扩散的影响；第二部分进一步讨论情境因素干预下的条件绿色购买行为扩散规律。

基于关系强度的仿真结果分析

（1）不同发送模式下，节点间关系强度对条件绿色购买行为扩散的影响。

①随机关系网络中，无调节变量干预的条件绿色购买行为演化趋势。为了更加直白地展现节点间关系强度对城市居民条件绿色购买行为的影响，本节加入联结关系强度和行为势差两种模式进行对比分析。在随机关系网络中，网络中所有节点的关系强度均在（0,1］之间随机取值。仿真输出结果，如图6-1所示。在仿真初期，强度优先模式的影响最强，其次是势差优先模式，而随机模式的影响力最弱；到了仿真中期，这种差异趋势逐渐成型并扩大；但仿真后期，势差优先和强度优先模式的影响开始趋同，并且显著强于随机模式。势差优先模式呈现的增长趋势主要源自条件绿色购买行为扩散过程中，需求方吸收的是与发送方之间存在的"条件绿色购买行为差"部分，这种优势会随着双方"条件绿色购买行为差"的补齐而逐渐趋同。此外，在仿真的整个阶段，随机模式的方差都高于其他两种模式，随着仿真步长的增加，这种差异还呈现扩大趋势；同时，三种模式下的个体条件绿色购买行为方差随着仿真步长增加逐渐减小，即网络中个体的绿色消费知识转移逐渐趋于均衡，其中势差优先模式最小，最终势差优先模式和强度模式几乎同时达到网络整体均衡。

对城市居民条件绿色购买行为扩散趋势和网络均衡性分析可知，加权小世界网络结构下的消费网络中，采用势差优先模式选择与接收方发生条件绿色购买行为扩散的发送方会使网络中所有个体的条件绿色购买行为选择较快得到优化。

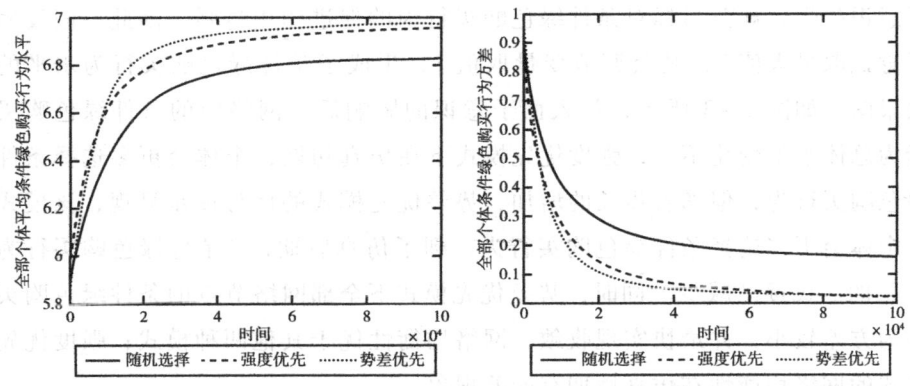

图 6-1 不同发送方式下的条件绿色购买行为变化趋势

②随机关系网络中，调节因素最强时的综合干预效果。根据前文实证，面子意识越强、转换成本越低、政府环保投入越低、城市噪声污染越严重、环境问题严重性感知越合理和环保行为有效性感知越适度，对城市居民条件绿色购买行为的促进力越强。为了呈现上述调节变量最强时的综合干预效果，将所有调节变量都取值为7，生成的条件绿色购买行为的变化曲线，如图6-2所示。当调节变量均设置为最强状态时，仿真初期网络节点中的条件绿色购买行为均值迅速得到提高，三种模式下的平均水平几乎处于最高值，随着仿真步长的增加，行为的扩散率增幅几乎停滞。同样，三种模式网络中的条件绿色购买行为方差在仿真初期就迅速下降，并快速实现网络均衡。

③随机关系网络中，面子意识的干预效果分析。根据实证分析结果，面

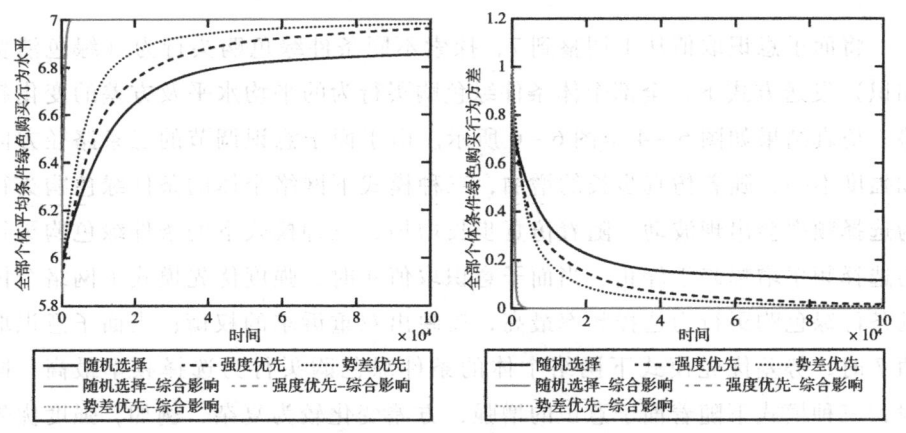

图 6-2 调节变量综合干预下的条件绿色购买行为变化趋势

子意识越强，规范目标对条件绿色购买行为的促进作用越强。因此，假设面子意识取最大值7，其余调节变量取值1，生成了条件绿色购买行为水平的效果图。如图6-3所示，加入面子意识的影响后，网络内的条件绿色购买行为总体水平变化不一，强度优先模式下在仿真初期，个体会更多选择条件绿色购买行为，但随着步长的增加，势差优先模式的优势逐步显现，该模式下个体会更多选择条件绿色购买行为。到了仿真后期，"条件绿色购买行为差"的居民逐渐减少。同时，势差优先模式下全部网络节点的条件绿色购买行为方差较小，并最快实现收敛，网络均衡性优于其他两种模式；强度优先模式的网络均衡性在仿真后期有变差现象。

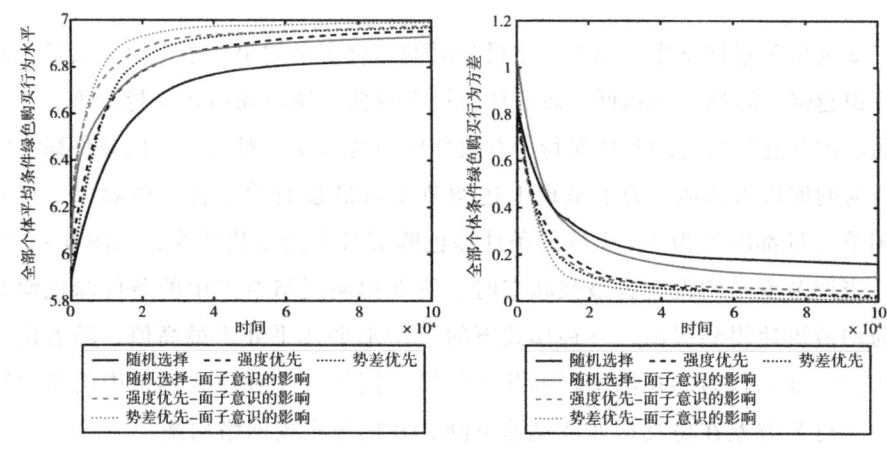

图6-3　面子意识干预下的条件绿色购买行为变化趋势

将面子意识取值从1调整到7，探索不同条件绿色购买行为（绿色消费知识）发送方式下，全部个体条件绿色购买行为的平均水平及方差的变化趋势。仿真结果如图6-4至图6-6所示。由于面子意识调节的三条路径方向和强度不一，随着仿真步长的增加，三种模式下网络个体的条件绿色购买行为选择频率会出现波动。随着仿真步长增加，三种模式下的条件绿色购买行为选择频率增幅趋于停止，当面子意识取值4时，强度优先模式下网络个体的条件绿色购买行为选择频率最高，反映出双重诉求的权衡；当面子意识取值7时，势差优先模式下网络个体的条件绿色购买行为选择频率最高。同时，三种模式下随着面子意识的增强，方差变化较为复杂，例如，强度优先模式下面子意识取值5时，网络均衡性最好，并最先实现网络整体均衡。

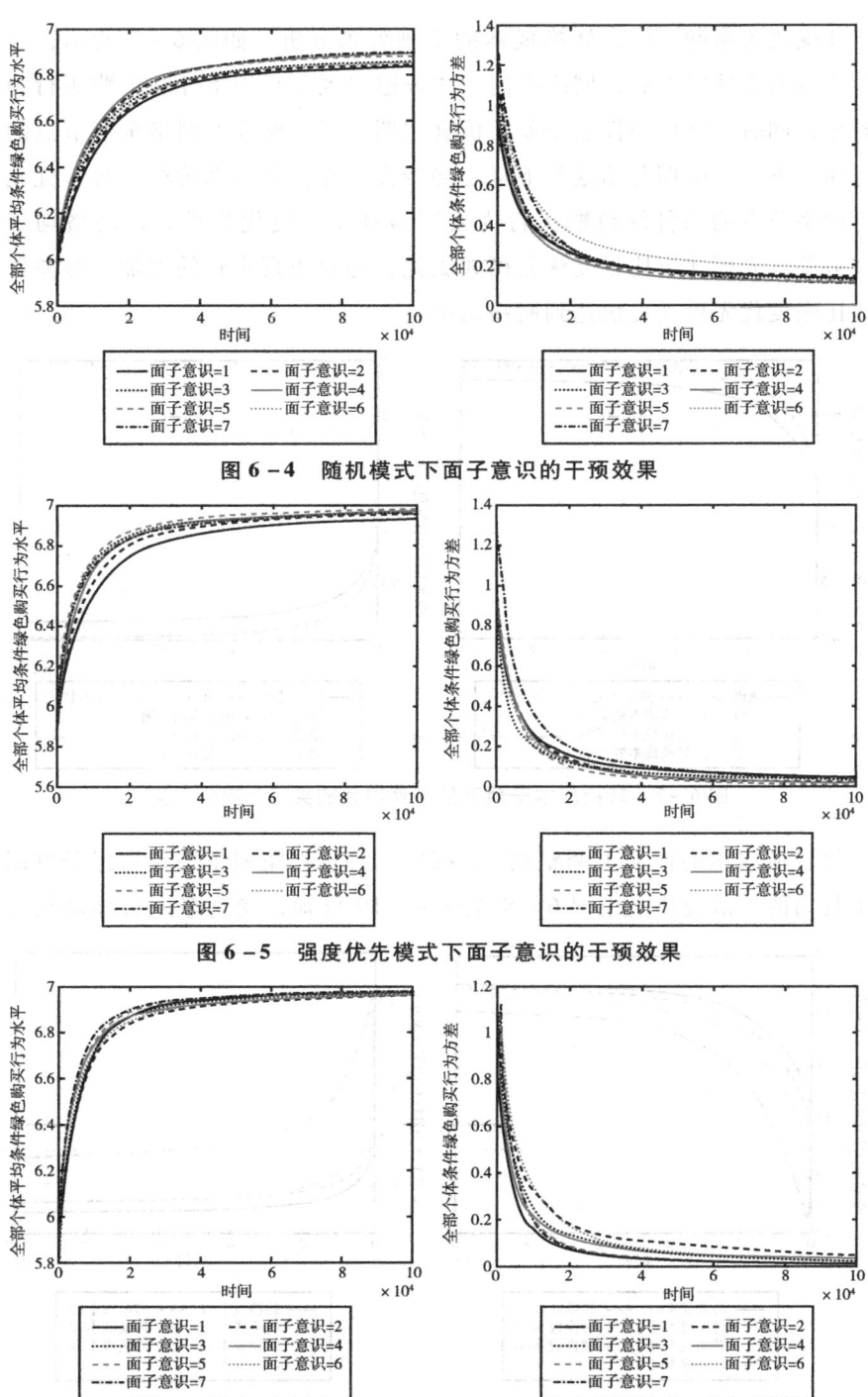

图 6-4 随机模式下面子意识的干预效果

图 6-5 强度优先模式下面子意识的干预效果

图 6-6 势差优先模式下面子意识的干预效果

④随机关系网络中，转换成本的干预效果分析。如图6-7所示，加入转换成本的干预影响后，网络中的个体普遍出现了平均条件绿色购买行为降低现象，同时网络均衡性也变差。仿真初期，三种模式下网络全部节点的方差都明显下降，中期开始这种下降趋势变慢。在整个仿真阶段，势差优先模式下网络节点的条件绿色购买行为要明显高于强度优先模式，网络均衡性上，势差优先模式也比强度优先模式更优。随着仿真步长的增加，势差优先模式比强度优先模式更快达到网络均衡。

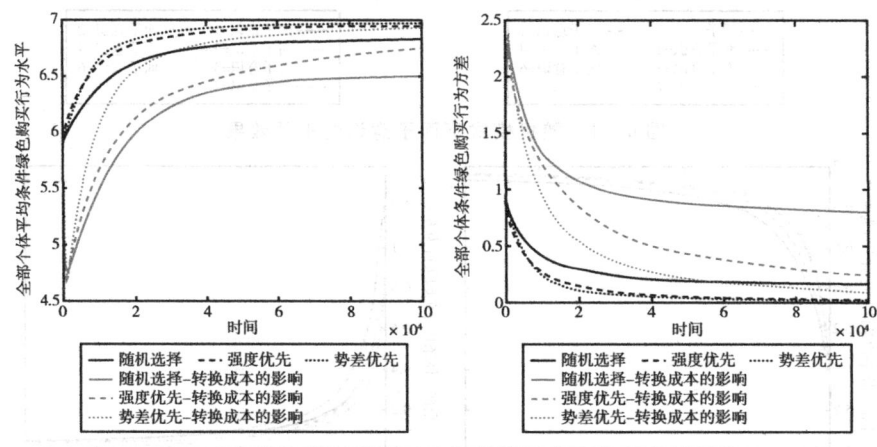

图6-7 转换成本干预下的条件绿色购买行为变化趋势

将转换成本的值从1调整到7，探究三种选择策略下城市居民条件绿色购买行为的扩散规律。由图6-8至图6-10可知，受到多元目标动机的综

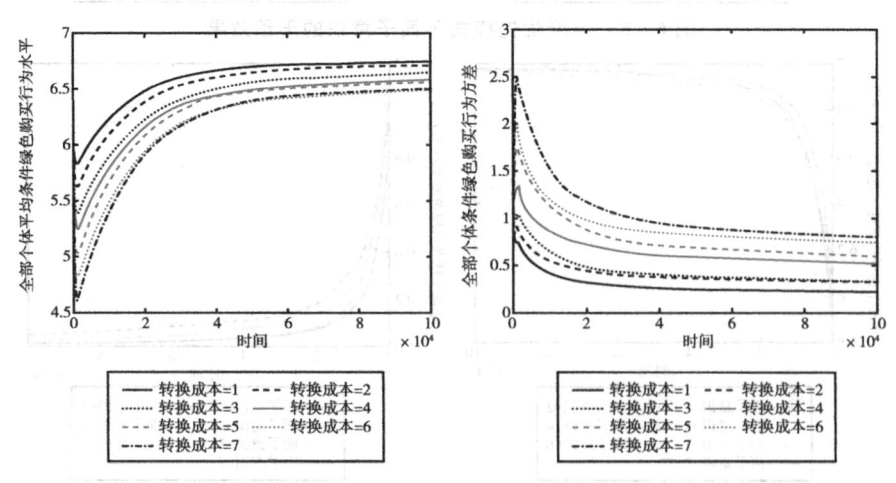

图6-8 随机模式下转换成本的干预效果

合影响,转化成本的的提高,随机模式、强度优先模式和势差优先模式下网络中个体的条件绿色购买行为明显下降,特别是仿真初期,这种下降趋势更为明显,排名依次是随机模式、势差优先模式和强度优先模式。从条件绿色购买行为在整个仿真过程的增量来看,随机模式受到的负向干预最强。从网络全部节点的方差来看,当转换成本取值 1 时,强度优先模式和势差优先模式下的网络均衡性更优,也更快实现网络整体均衡。

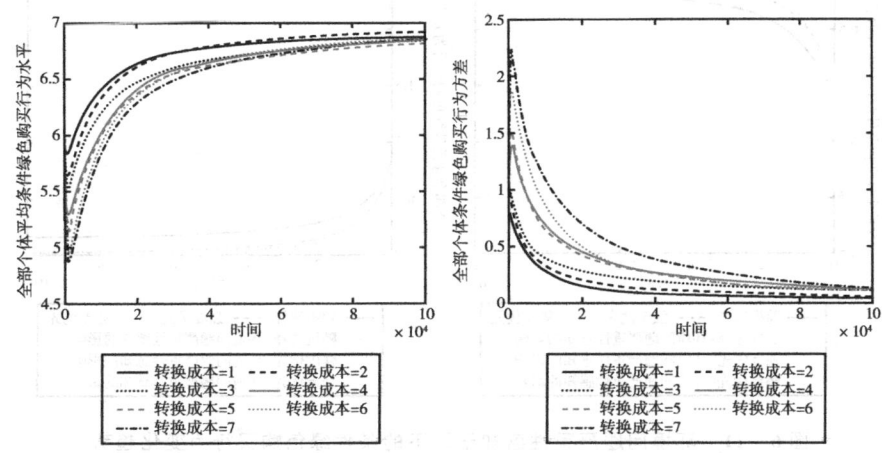

图 6-9　强度优先模式下转换成本的干预效果

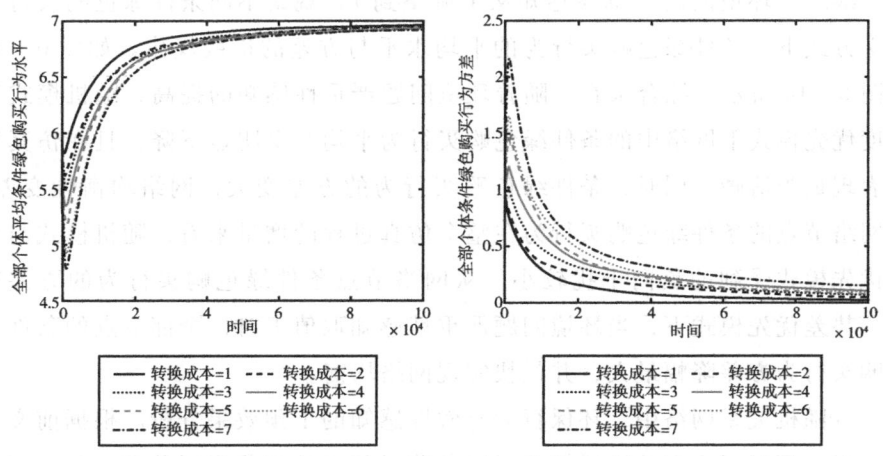

图 6-10　势差优先模式下转换成本的干预效果

⑤随机关系网络中,环境问题严重性感知的干预效果分析。如图 6-11 所示,加入环境问题严重性感知的影响后,在仿真初期和中期内的条件绿色

购买行为得到了明显下降，而且网络均衡性相应变差，其中三种模式下的行为降幅并无明显差别。随着仿真步长的增加，强度优先模式和势差优先模式下网络中节点的条件绿色购买行为降幅收窄；强度优先模式和势差优先模式下的方差下降率更高，这主要是由网络节点之间的"条件绿色购买行为差"越来越小造成的。

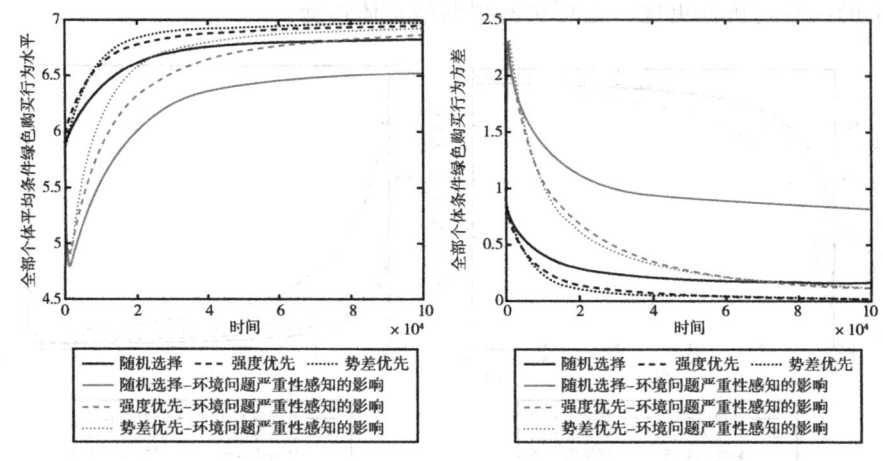

图 6-11　环境问题严重性感知干预下的条件绿色购买行为变化趋势

继续将环境问题严重性感知从 1 调整到 7，观察不同条件绿色购买行为发送方式下，条件绿色购买行为的平均水平与方差的扩散规律。如图 6-12 至图 6-14 所示，综合来看，随着环境问题严重性感知的提高，随机模式和强度优先模式下网络中的条件绿色购买行为平均水平明显下降，且在仿真早期表现最为清晰。同时，条件绿色购买行为的方差变大，网络均衡性变差。从网络节点的条件绿色购买行为在整个仿真过程的增量来看，随机模式与势差优先模式受到的负向干扰较小。从网络节点条件绿色购买行为的方差来看，势差优先模式下，当环境问题严重性感知取值 1 时，全部节点的条件绿色购买行为方差降幅最大，并最快实现网络均衡。

⑥随机关系网络中，环保行为有效性感知的干预效果分析。根据前文实证结果，环保行为有效性感知的对三条路径的正负调节作用共存，且正向调节作用强度明显高于负向调节作用。由图 6-15 可知，在仿真初期，无论是随机模式、强度优先模式还是势差优先模式，随着环保行为有效性感知的增强，网络内的条件绿色购买行为平均水平均小幅度提高，但网络均衡性变

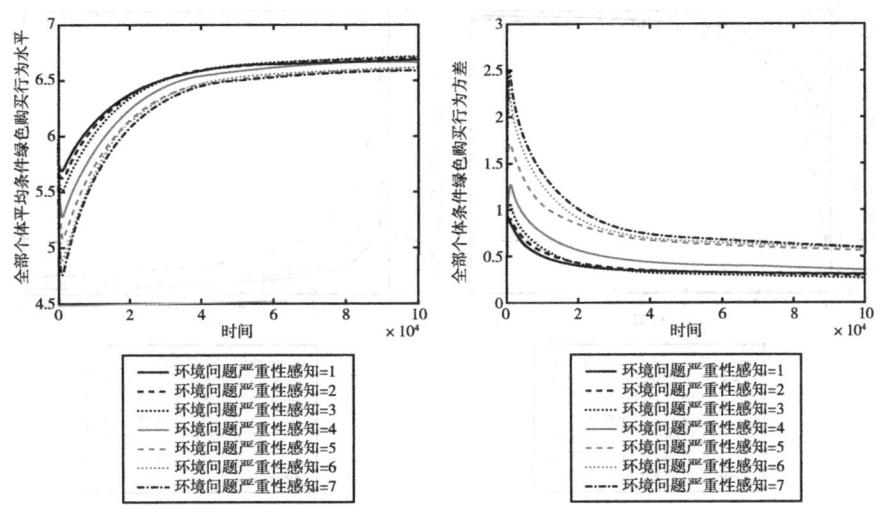

图6-12 随机模式下环境问题严重性感知的干预效果

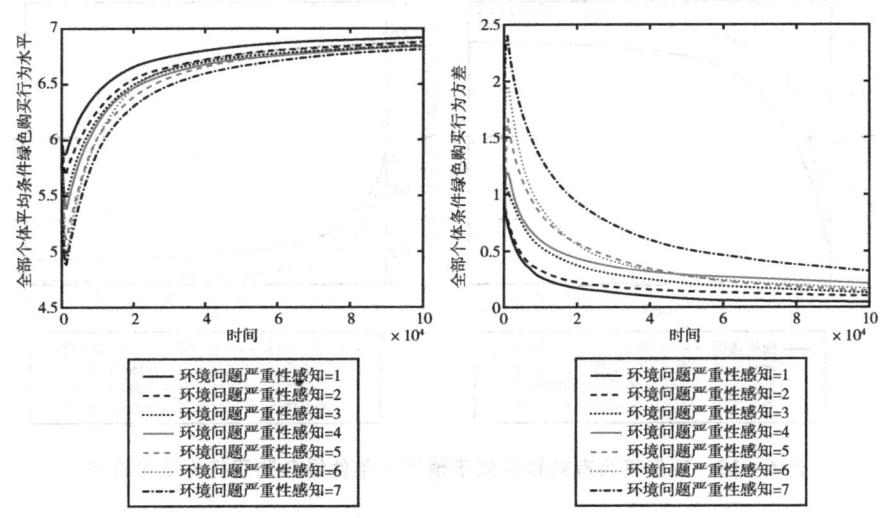

图6-13 强度优先模式下环境问题严重性感知的干预效果

差。随着仿真步长的增加,除了随机模式之外,其他模式下网络节点的条件绿色购买行为增幅快速收窄,行为选择率开始趋同。此外,在仿真前期,不同模式下网络中所有节点的条件绿色购买行为方差快速下降,进入中后期,进入一个平稳下降的通道,同时网络均衡性开始出现优化迹象,强度优先模式和势差优先模式下的网络均衡性相当。

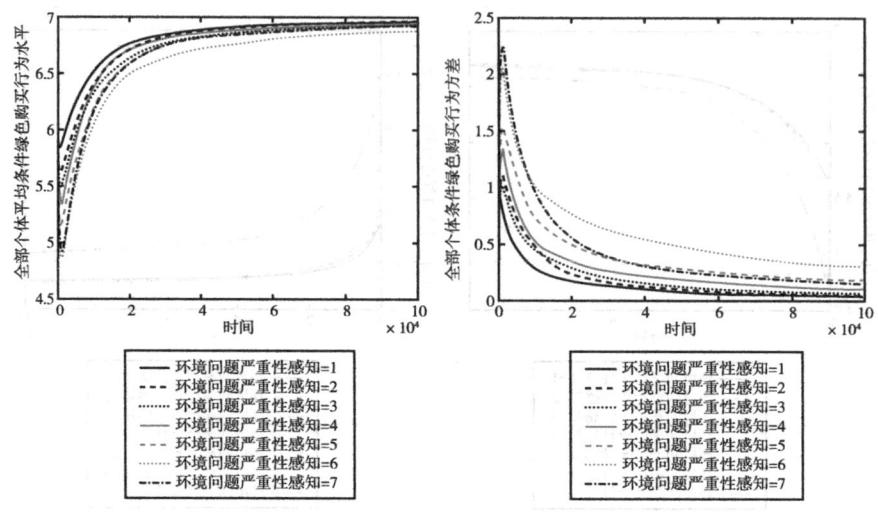

图 6-14 势差优先模式下环境问题严重性感知的干预效果

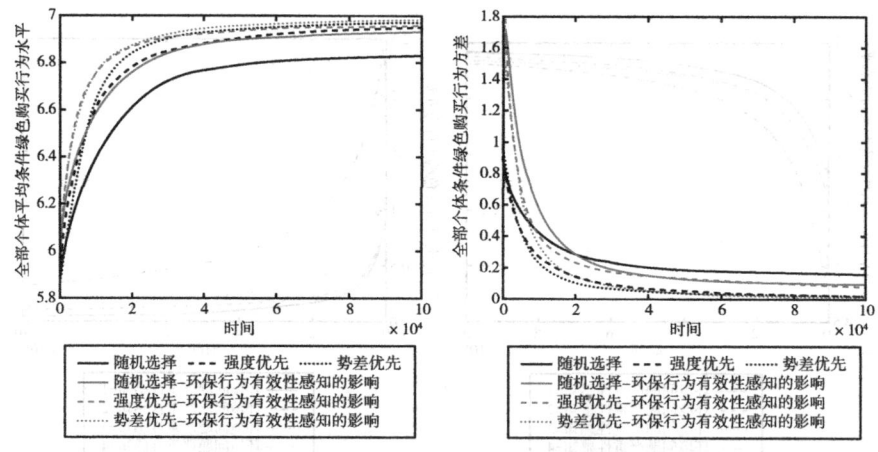

图 6-15 环保行为有效性感知干预下的条件绿色购买行为变化趋势

继续将环保行为有效性感知从 1 调整到 7，观察不同条件绿色购买行为发送方式下，条件绿色购买行为的平均水平与方差的扩散规律。如图 6-16 至图 6-18 所示，综合来看，随着环保行为有效性感知的提高，在仿真初期，随机模式、强度优先模式和势差优先模式网络内的条件绿色购买行为平均水平小幅下降，随着仿真步长增加，行为选择的平均水平开始止跌回升，特别是强度优先模式在仿真中后期的条件绿色行为平均水平增加为最高。从网络节点的条件绿色购买行为在整个仿真过程的增量来看，随机模式、强度优先模式与势差优先模式在仿真早期受到的负向干扰较大,仿真中后期受到的负向干扰逐渐消退。从网络节点条件绿色购买行为的方差来看,势差优先模式下,当环保行为有效性感知取值7时,全部节点的条件绿色购买行为方差最大,网络均衡性变差,其中强度优先模式到了仿真中期开始,方差快速下降,到了仿真后期,网络均衡性实现最优化,实现网路均衡最快。

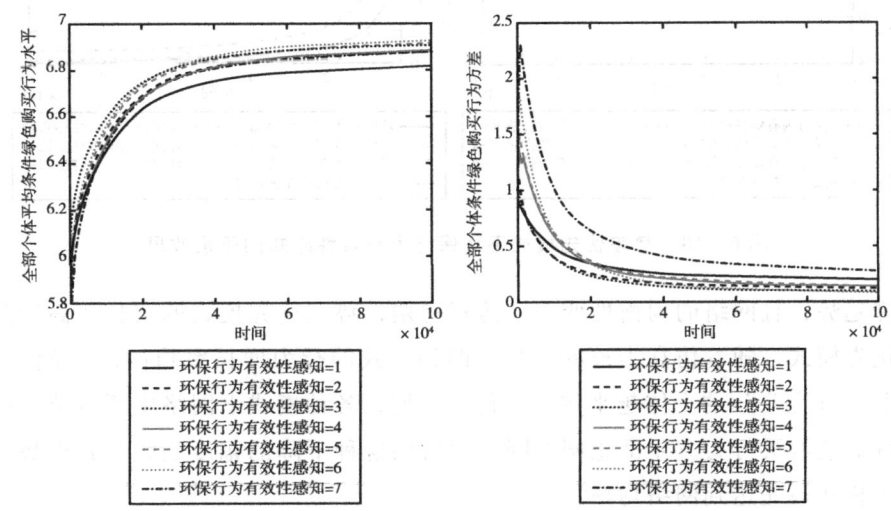

图6-16 随机模式下环保行为有效性感知的干预效果

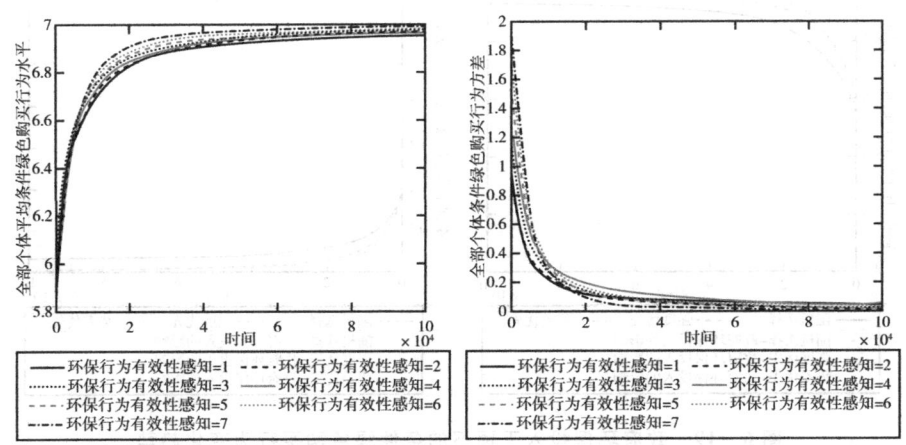

图6-17 强度优先模式下环保行为有效性感知的干预效果

⑦随机关系网络中,政府环保投入的干预效果分析。由图6-19可知,加入政府环保投入的干预影响后,网络内的个体条件绿色购买行为均出现了

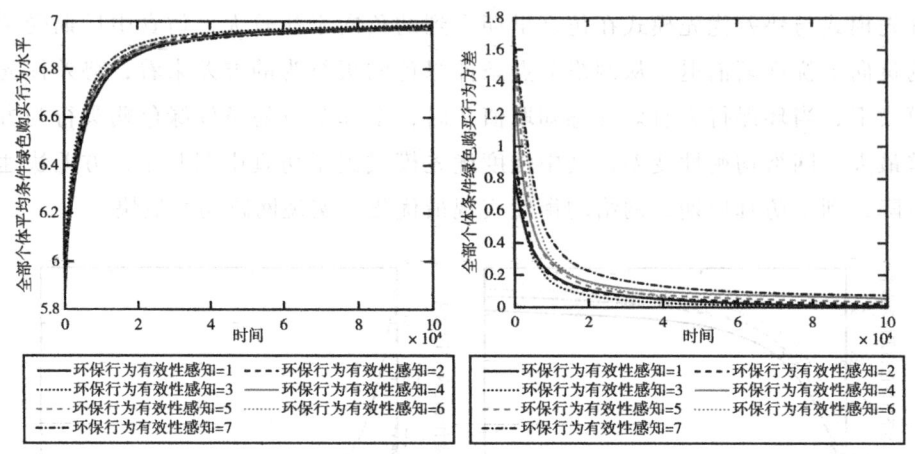

图 6-18　势差优先模式下环保行为有效性感知的干预效果

下降趋势，且网络的均衡性变差。仿真初期，势差优先模式的增长率高于强度优先模式，随着仿真步长的增加，两种模式的行为增长率趋近，"条件绿色购买行为差"的个体越来越少。仿真前期，各种模式下网络中所有节点的条件绿色购买行为方差都急剧下降，中后期这种下降的幅度趋缓，其中势差优先模式最先达到网络均衡。

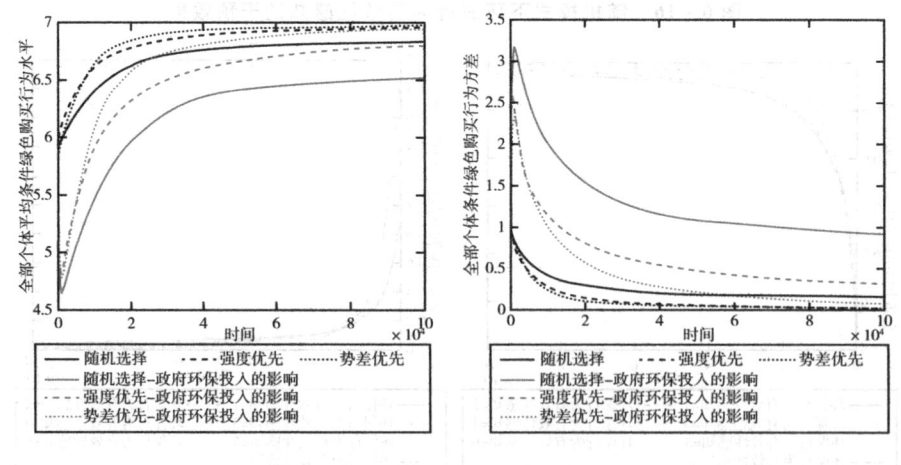

图 6-19　政府环保投入干预下的条件绿色购买行为变化趋势

继续将政府环保投入从 1 调整到 7，观察不同条件绿色购买行为发送方式下，条件绿色购买行为的平均水平与方差的扩散规律。如图 6-20 至图 6-22 所示，随机模式、强度优先模式和势差优先模式下，随着政府环保投入的增加，绿色消费网络中全部节点的条件绿色购买行为均出现明显下降。从条件绿色购买行为在整个仿真过程的增量来看，势差优先模式下的条件绿色购买行为扩散受到政府环保投入的负向干扰较弱，网络均衡性也相对较好。从网络中全部节点条件绿色购买行为方差来看，强度优先模式和势差优先模式下，当政府环保投入为1时，网络实现均衡时间更早。

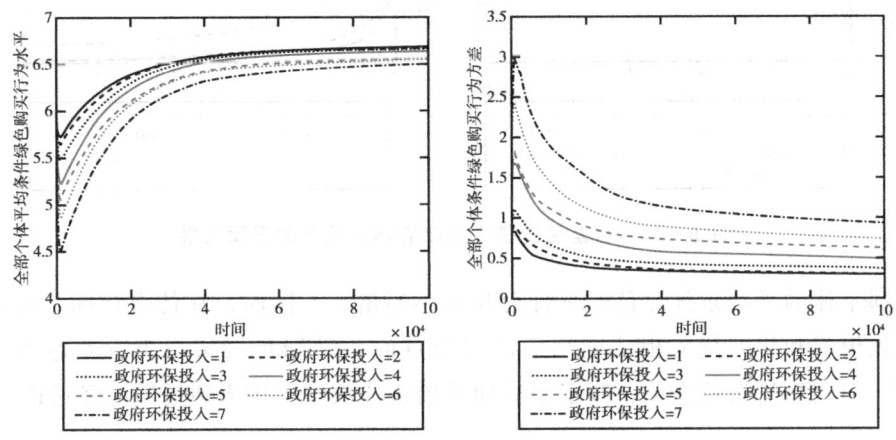

图6-20 随机模式下政府环保投入的干预效果

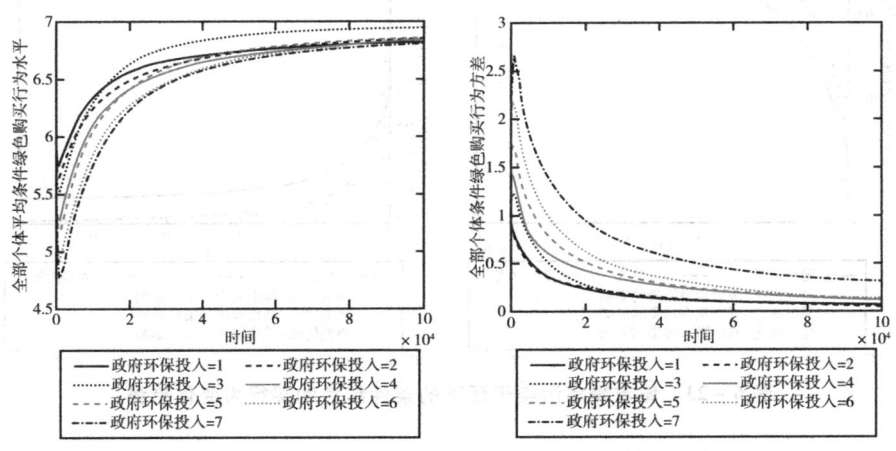

图6-21 强度优先模式下政府环保投入的干预效果

⑧随机关系网络中，城市噪声污染的干预效果分析。如图6-23所示，加入城市噪声污染的干预影响后，网络中的所有节点条件绿色购买行为的选择在仿真初期会有小幅降低，网络均衡性也变差；到了仿真中后期，网络中

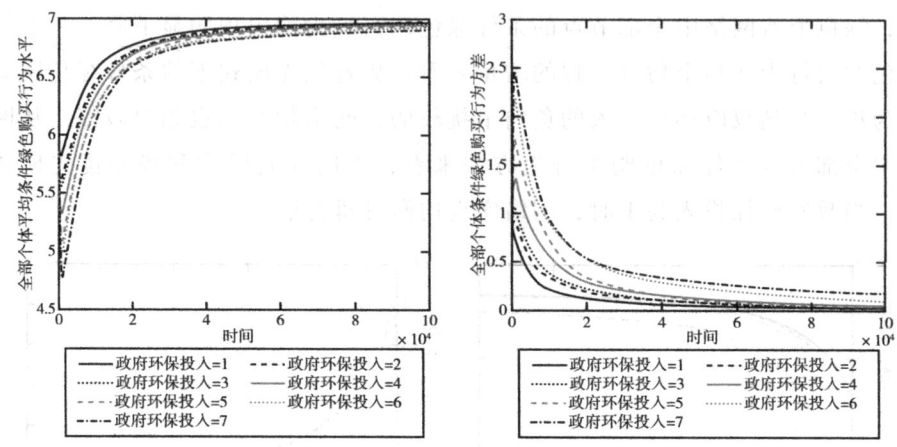

图 6-22　势差优先模式下政府环保投入的干预效果

全部个体的平均条件绿色购买行为开始小幅增长。同时，在仿真初期，强度优先模式和势差优先模式网络中所有节点的条件绿色购买行为方差急剧下降，但网络均衡性变差；到了中后期开始快速放缓，进入到缓慢下降通道。

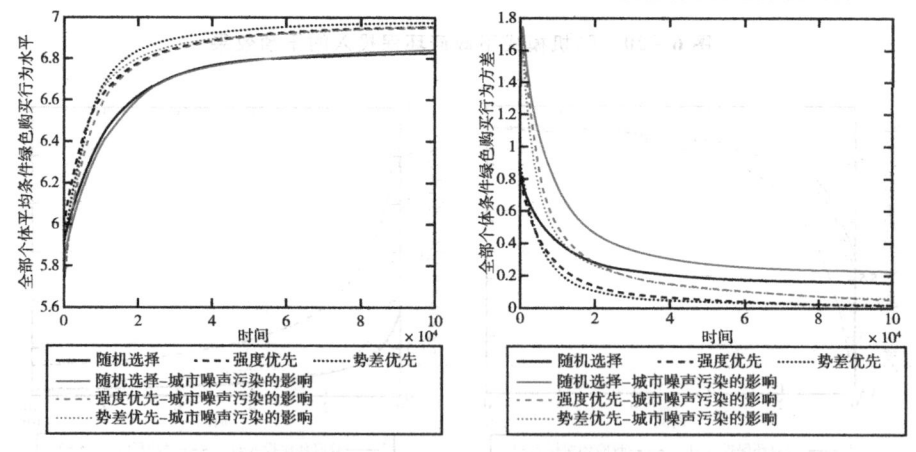

图 6-23　城市噪声污染干预下的条件绿色购买行为变化趋势

继续将城市噪声污染从 1 调整到 7，观察不同条件绿色购买行为发送方式下，条件绿色购买行为的平均水平与方差的扩散规律。如图 6-24 至图 6-26 所示，综合来看，随着城市噪声污染的提高，强度优先模式和势差优先模式网络内的条件绿色购买行为平均水平有所提升，这种趋势在强度优先模式下表现得最为清晰，随机模式在仿真后期开始表现出稳定地增长趋势。从网络节点的条件绿色购买行为在整个仿真过程的增量来看，强度优先模式与势差优先模式旗鼓相当，而随机模式最小。从网络节点条件绿色购买行为的方差来看，势差优先模式下，当城市噪声污染取值 7 时，全部节点的条件绿色购买行为方差在中后期降幅最大，并最快实现网络均衡。

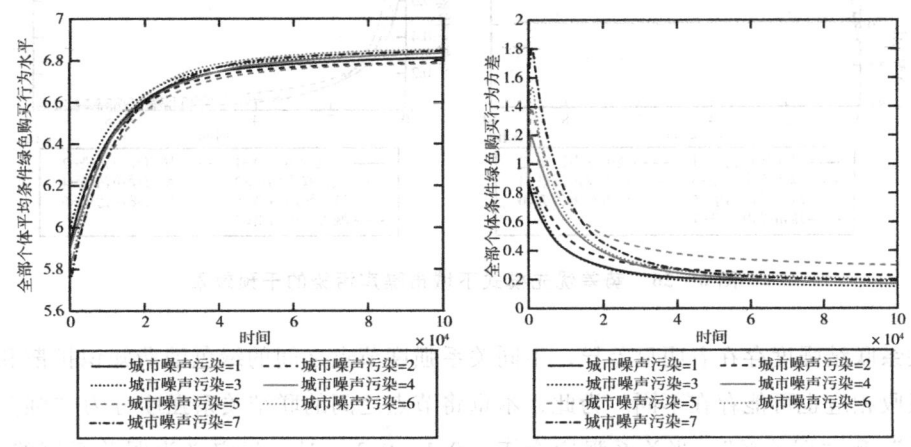

图 6-24　随机模式下城市噪声污染的干预效果

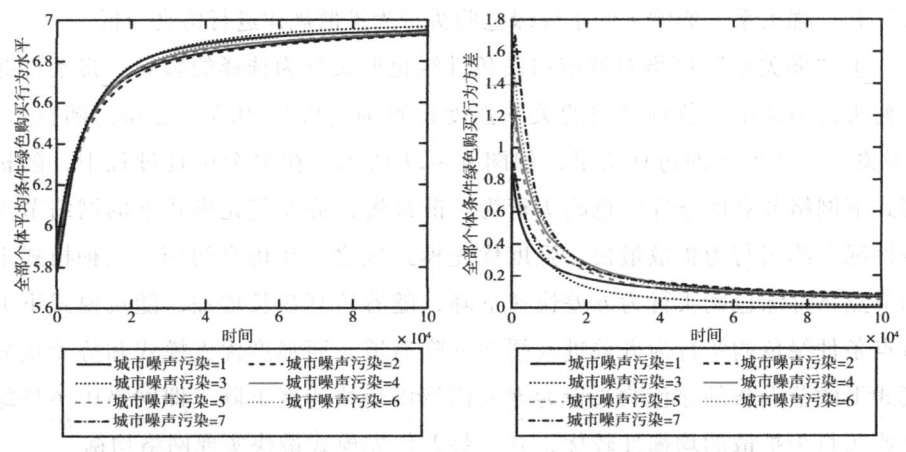

图 6-25　强度优先模式下城市噪声污染的干预效果

（2）不同联结关系强度分布的网络中，节点关系强度对城市居民条件绿色购买行为扩散的影响。

在上节中，本文将城市居民条件绿色购买行为网络中所有节点之间的关系强度设定为（0，1］之间的随机数。然而，现实绿色消费网络中，节点之间的

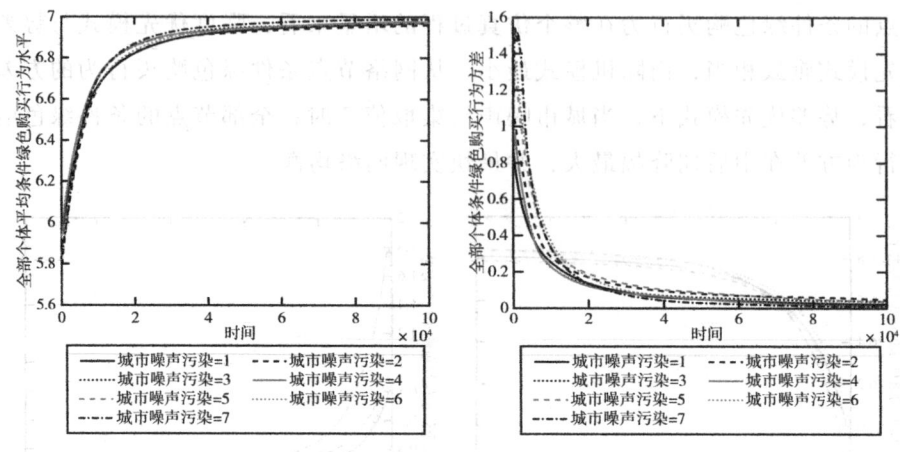

图 6-26　势差优先模式下城市噪声污染的干预效果

关系联结强度存在着明显差异，不同关系强度节点之间的绿色消费知识扩散和吸收相应也可能存在不同。为此，本章将节点之间的联结关系强度分为"强关系"和"弱关系"，当关系强度介于 [0.1，0.3] 时，就定义为弱关系网络；当关系强度介于 [0.7，0.9] 时，就定义为强关系网络。下文将分别对"弱关系"和"强关系"影响下的条件绿色购买行为扩散规律进行仿真分析。

①"弱关系"网络对城市居民条件绿色购买行为选择的影响。将条件绿色购买行为网络中节点之间的关系强度设置为 [0.1，0.3] 之间的随机数，"弱关系"条件下的仿真结果，如图 6-27 所示。在整个仿真过程中，随机模式下网络节点的条件绿色购买行为扩散最慢，势差优先模式下的网络节点条件绿色购买行为扩散最快，强度优先模式次之。在仿真初期，三种模式下的节点条件绿色购买行为方差快速下降，随着仿真步长增加，随机模式下的节点条件绿色购买行为方差进入缓慢下降通道，而强度优先模式和势差优先模式下的节点条件绿色购买行为方差仍然以较快速度下降，即网络中条件绿色购买行为扩散的均衡性较优，其中势差优先模式最快实现网络均衡。

进一步加入情境变量的干预，依次将所有干预因素取最大值 7，即干扰因素影响强度最大化，探索"弱关系"网络中条件绿色购买行为的增长趋势。仿真结果，如图 6-28 所示，加入面子意识的干预影响后，"弱关系"网络内，不同模式下网络节点的条件绿色购买行为平均水平在仿真前期小幅增长，进入仿真中期增幅扩大，到了仿真后期势差优先模式下增速快速收

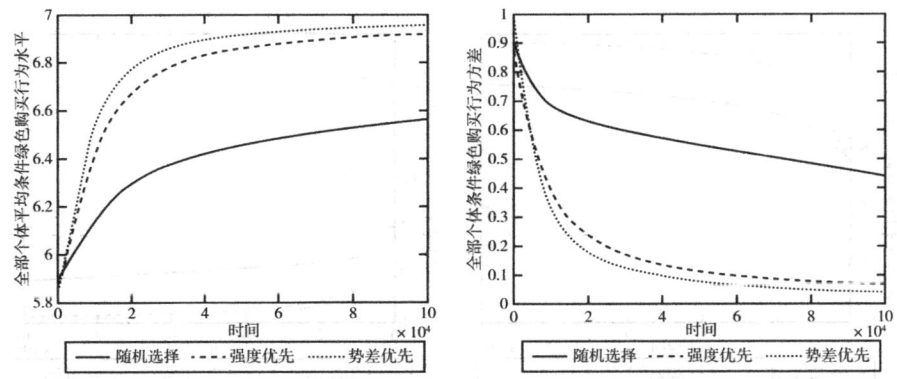

图6-27 "弱关系"网络对条件绿色购买行为扩散的影响

窄。在仿真初期,三种模式下网络节点的条件绿色购买行为方差均快速增加,网络均衡性短期内变差,随着仿真步长增加,三种模式下网络节点的行为方差快速下降,其中强度优先模式和势差优先模式最先实现网络均衡。

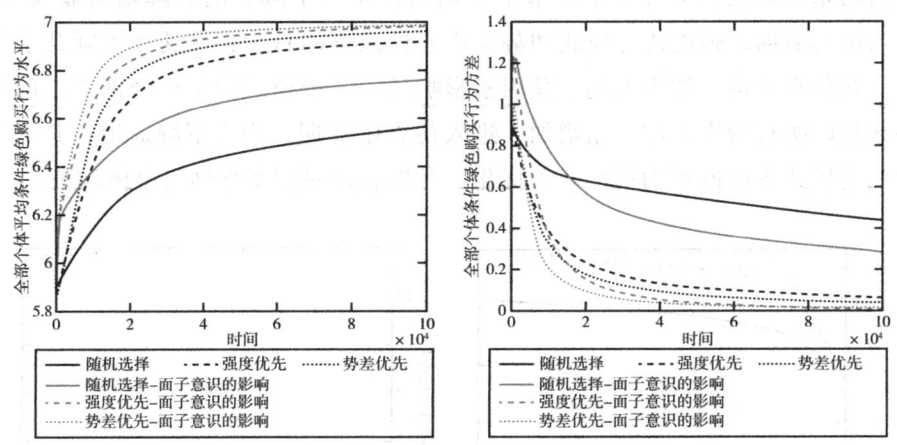

图6-28 面子意识干预下的条件绿色购买行为变化趋势("弱关系"网络)

如图6-29所示,加入转换成本的干预影响后,转换成本干预下网络内的条件绿色购买行为平均水平都有明显下降,特别是仿真初期的降势突出。进入仿真后期,势差优先模式的条件绿色购买行为平均水平降幅快速收窄。同时,加入转换成本的干预后,在仿真初期,三种模式网络中全部节点的条件绿色购买行为方差均快速增加,网络均衡性短期内出现恶化;随着仿真步长增加,强度优先模式和势差优先模式下的行为方差快速下降,中期后进入平稳通道。

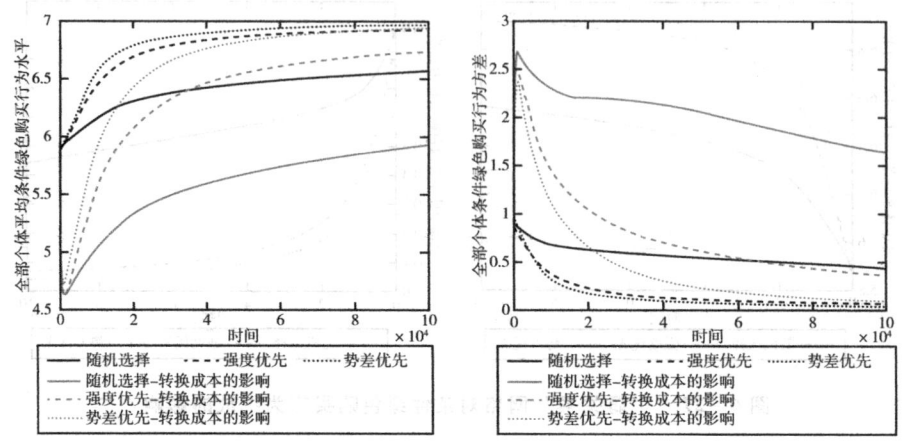

图 6－29　转换成本干预下的条件绿色购买行为变化趋势（"弱关系"网络）

如图 6－30 所示，加入环境问题严重性感知的干预影响后，三种模式网络内的条件绿色购买行为平均水平短期内都快速下降，随后降幅明显收窄。进入仿真后期，强度优先模式和势差优先模式下的行为扩散速率下降几乎停止。在仿真早期，加入上述干预因素影响后，三种模式网络中全部节点的条件绿色购买行为方差均开始增加，进入仿真中后期，步入下降通道，其中强度优先模式下的网络均衡性开始优化，并以较快时间实现网络整体均衡。

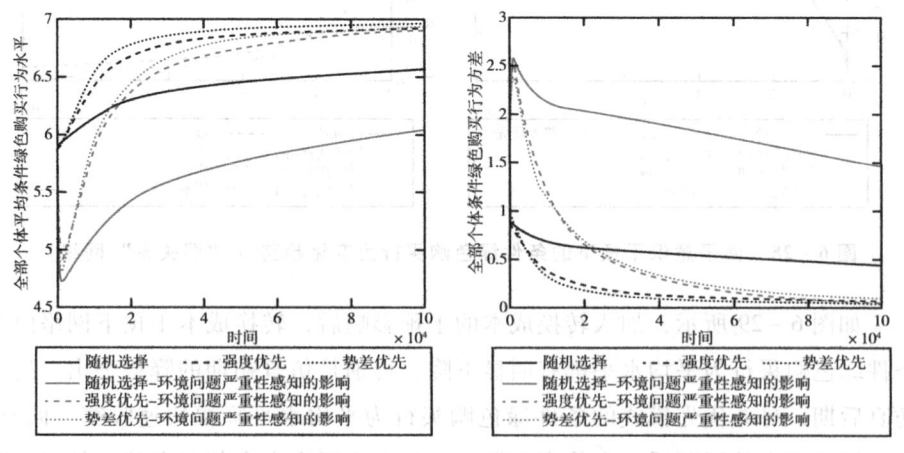

图 6－30　环境问题严重性感知干预下的条件绿色购买行为变化趋势（"弱关系"网络）

如图 6-31 所示，加入环保行为有效性感知的干预影响后，三种模式下网络中的条件绿色购买行为平均水平均有所提升，其中随机模式下的扩散速率提高最快；进入仿真后期，势差优先模式和强度优先模式下的行为扩散速率开始出现趋同。在仿真初期，三种模式网络中全部节点的条件绿色购买行为方差在短期内快速增加，网络均衡性变差；随着仿真步长增加，强度优先模式和势差优先模式网络中全部节点的行为方差持续下降，网络均衡性得到优化。

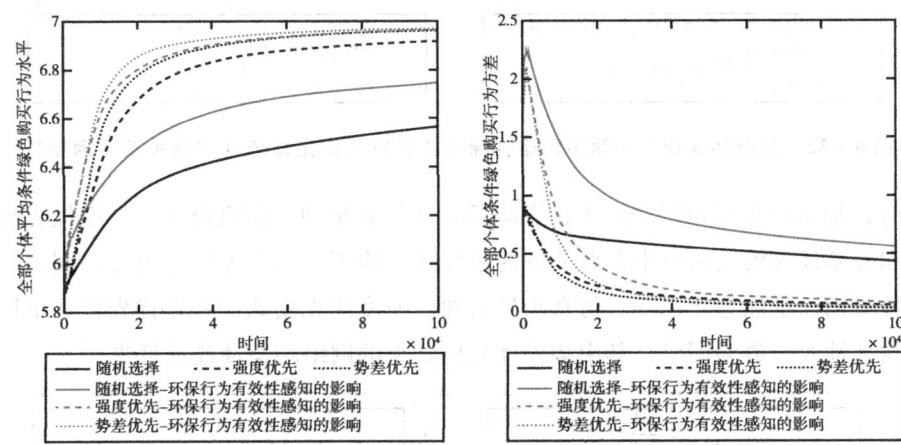

图 6-31　环保行为有效性感知干预下的条件绿色购买
行为变化趋势（"弱关系"网络）

如图 6-32 所示，加入政府环保投入的干预影响后，网络内全部个体的条件绿色购买行为平均水平短期内快速下降，其中随机模式下的行为平均水平下降最快。随着仿真步长增加，降幅缓慢收窄。同样，加入政府环保投入的干预影响后，随机模式、强度优先模式和势差优先模式下网络节点的条件绿色购买行为方差快速上升，网络均衡性短期内变差。进入仿真中期后，强度优先模式和势差优先模式下的行为方差快速下降，其中势差优先模式较快实现网络均衡。

如图 6-33 所示，加入城市噪声污染的干预影响后，三种模式网络内的条件绿色购买行为平均水平短期内快速下降，随着仿真步长增加，行为扩散降幅收窄，进入中期后，强度优先模式和势差优先模式下的条件绿色购买行为平均水平开始明显增加；随机模式下网络节点的行为扩散速率降速停止。

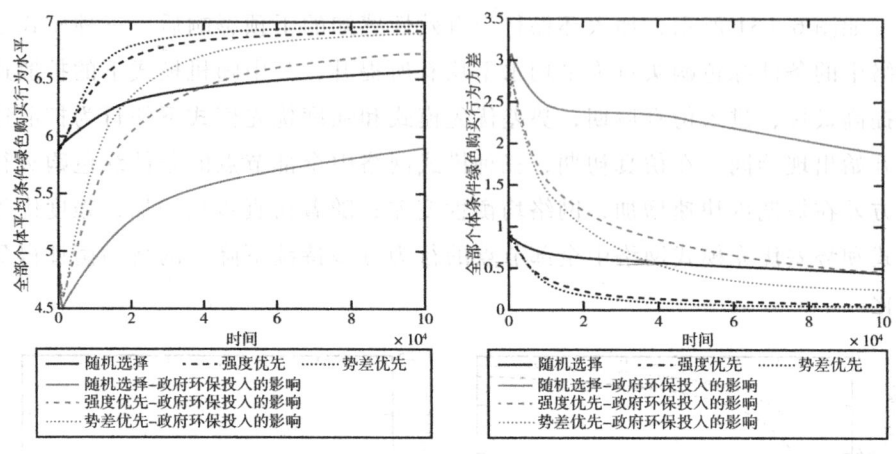

图6-32 政府环保投入干预下的条件绿色购买行为变化趋势（"弱关系"网络）

同时，加入城市噪声污染的干预影响后，在仿真早期，随机模式、强度优先模式和势差优先模式网络中全部节点的条件绿色购买行为方差快速上升，网络均衡性短期内迅速恶化；随着仿真步长增加，强度优先模式和势差优先模式下网络均衡性改善最为明显，其中势差优先模式下的网络均衡性改善最快。

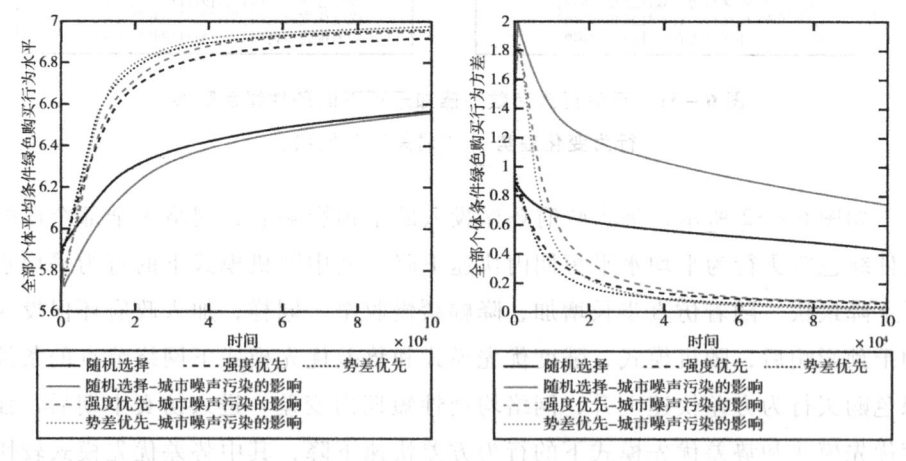

图6-33 城市噪声污染干预下的条件绿色购买行为变化趋势（"弱关系"网络）

②"强关系"对城市居民条件绿色购买行为选择的影响。设定条件绿色购买行为网络中节点之间的关系强度为0.7~0.9之间的随机数，表现为节点之间的"强关系"，探索"强关系"网络中条件绿色购买行为的扩散趋势，具体仿真分析结果如下：

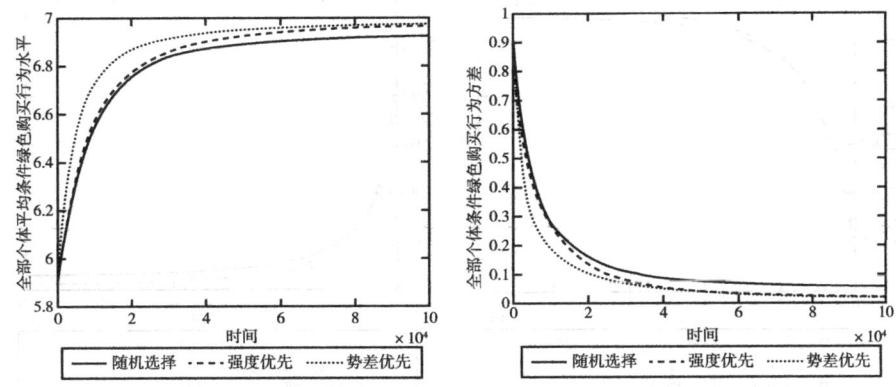

图 6-34 "强关系"网络对条件绿色购买行为扩散的影响

如图 6-34 所示,势差优先模式在"强关系"网络中的优势明显,在整个仿真阶段,该模式下的条件绿色购买行为扩散速度始终高于强度优先模式和随机模式。在仿真初期,三种模式的网络均衡性接近,随着仿真步长的增加,势差优先模式下全部个体的条件绿色购买行为方差最小,网络均衡性最好,进入仿真后期,强度优先模式和势差优先模式同时达到网络均衡。

进一步加入情境因素的干预影响,将所有情境因素取值7(干扰最强),探索干扰因素影响下,"强关系"网络中城市居民条件绿色购买行为的扩散趋势。仿真结果如下:

如图 6-35 所示,加入面子意识的干预作用后,势差优先模式和随机模式下网络中节点的条件绿色购买行为平均水平得到一定提高。随着仿真步长的增加,这种增长趋势不断收窄,直至趋同,其他两种模式也同样走向趋同。此外,在仿真初期,加入面子意识的干预作用后,三种模式下网络节点的条件绿色购买行为方差变小,网络均衡性逐步优化;从中期开始,势差优先模式和强度优先模式网络的均衡性开始变差,势差优先模式的网络均衡性一直优于其他两种模式,并较早实现网络均衡。

如图 6-36 所示,加入转换成本的干预作用后,三种模式下网络内的条件绿色购买行为总体平均水平在仿真初期均有小幅提高,当仿真步长进入中期以后,随机模式下的行为扩散速率增幅收窄,这种情况在势差优先模式下也同样存在。到了仿真后期,强度优先模式网络中的行为扩散速率开始小幅下降。转换成本干预下,仿真初期三种模式下的网络均衡性都有小幅改善,

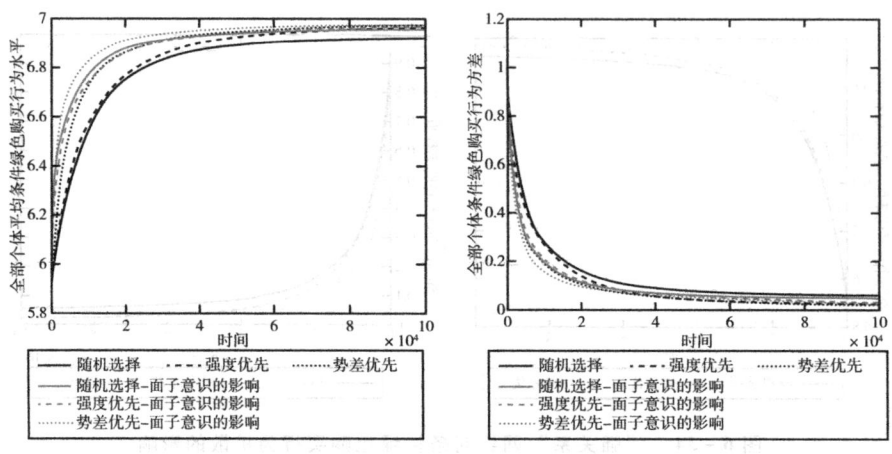

图 6-35 面子意识干预下的条件绿色购买行为变化趋势（"强关系"网络）

步长进入中期后网络均衡性开始变差；相反，势差优先模式下的网络均衡性一直稳步改善，并最早达到网络整体均衡。

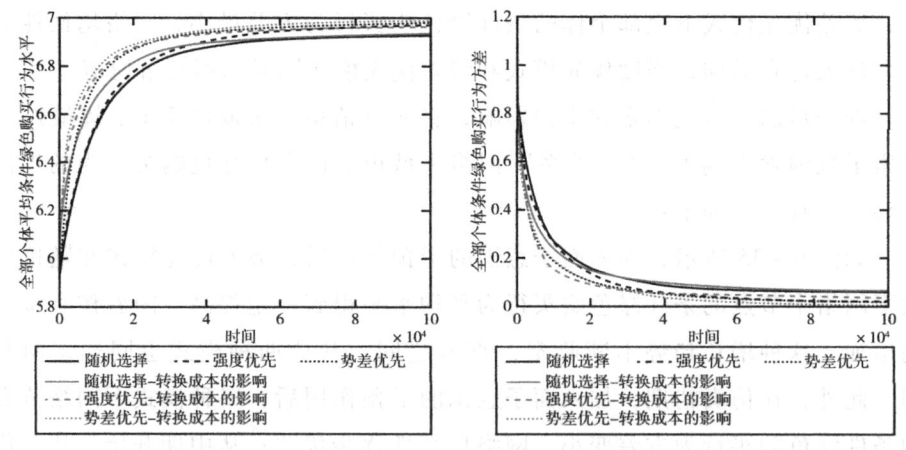

图 6-36 转换成本干预下的条件绿色购买行为变化趋势（"强关系"网络）

如图 6-37 所示，加入环境问题严重性感知的干预影响后，网络内所有节点的条件绿色购买行为平均水平在仿真初期迅速下降，随着仿真步长增加，三种模式下的行为扩散速率开始缓慢增加，增长幅度到了仿真中期到达高点。同样，加入环境问题严重性感知后的网络均衡性得到一定优化，其中强度优先模式和势差优先模式下的网络均衡性最好，两者几乎同时实现网络整体均衡。

6 情境因素干预下的城市居民绿色购买行为扩散仿真

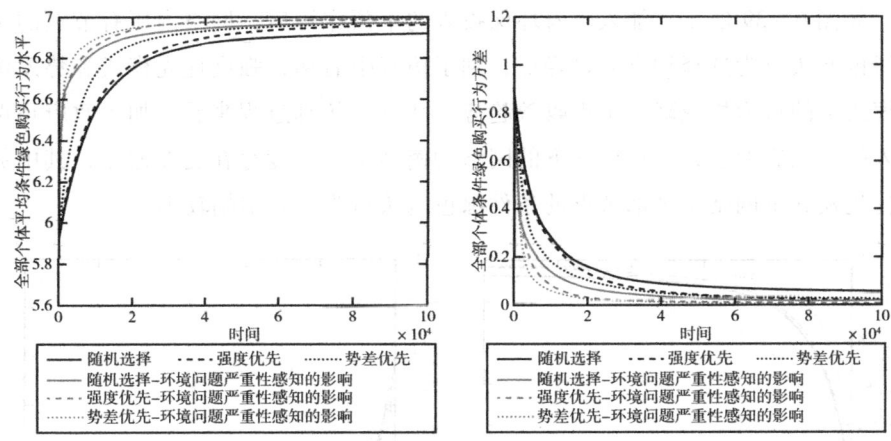

图 6-37 环境问题严重性感知干预下的条件绿色购买
行为变化趋势（"强关系"网络）

如图 6-38 所示，加入环保行为有效性感知的干预影响后，网络内的条件绿色购买行为总体平均水平均在仿真初期迅速增加到高点，随着仿真步长增加，随机模式、强度优先模式和势差优先模式下的行为扩散速率趋同化。环保行为有效性感知干预下，不同模式下网络内全部节点的条件绿色购买行为方差快速减少，其中强度优先模式下的方差最小，并最快达到整体网络均衡。

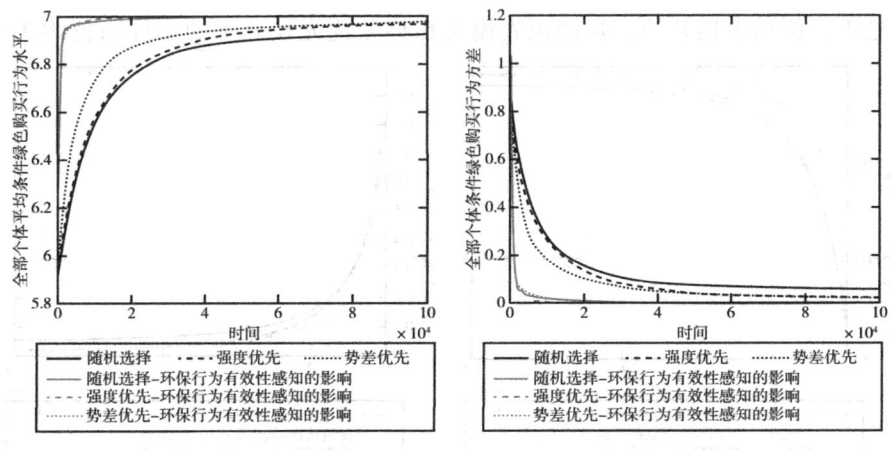

图 6-38 环保行为有效性感知干预下的条件绿色购买
行为变化趋势（"强关系"网络）

如图 6-39 所示，加入政府环保投入的干预作用后，网络内所有节点的条件绿色购买行为选择均有明显降低，到了仿真中后期，强度优先模式和势差优先模式下的行为扩散降幅出现收敛趋势。从整个仿真过程来看，加入政府环保投入的干预影响后，三种模式下的网络均衡性不同程度存在变差迹象，其中势差优先模式下网络中全部节点的条件绿色购买行为方差增幅较小。

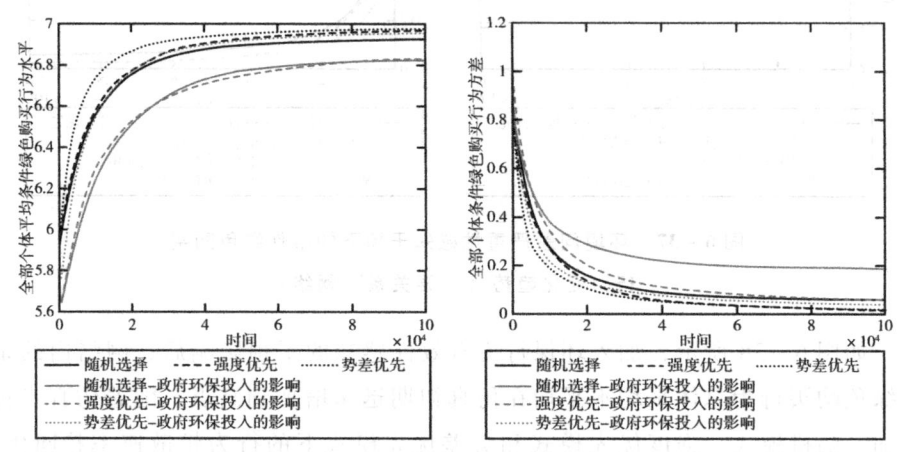

图 6-39 政府环保投入干预下的条件绿色购买行为变化趋势（"强关系"网络）

如图 6-40 所示，加入城市噪声污染的干预影响后，仿真早期，网络内的条件绿色购买行为总体平均水平在不同模式下均有明显增加，并有逐步扩大趋势，仿真中期开始，强度优先模式和势差优先模式下的条件绿色购买行

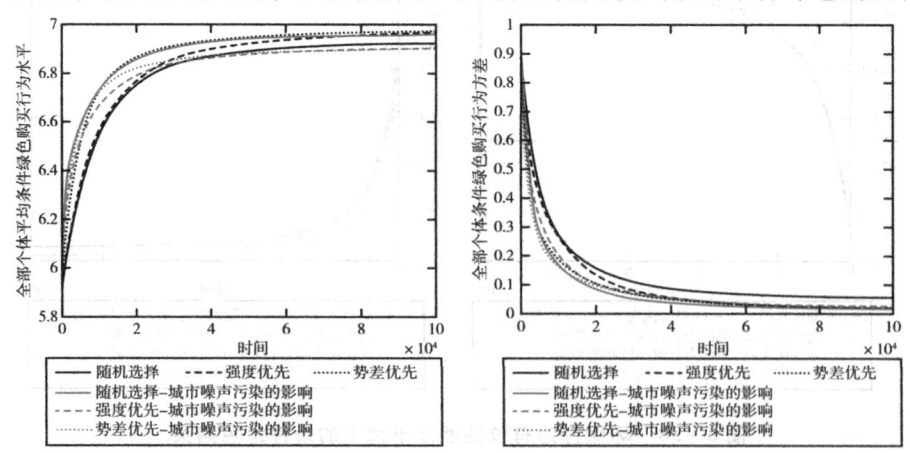

图 6-40 城市噪声污染干预下的条件绿色购买行为变化趋势（"强关系"网络）

为平均水平趋同。在仿真前期,势差优先模式和随机模式下的网络均衡性得到优化,但是强度优先模式下的网络均衡性到仿真后期开始变差。随着仿真步长增加,随机模式下全部网络节点的条件绿色购买行为方差最小,并最早实现网络均衡。

6.4 本章小结

本章基于加权小世界网络构建了消费网络中个体的条件绿色购买行为扩散模型,基于Matlab仿真平台对扩散模型进行仿真研究,分别研究了网络节点中关系联结强度、情境因素干预下的条件绿色购买行为扩散规律,为促进全社会绿色消费提供了新的理论分析视角和研究方法。

7

促进我国城市居民扩大绿色购买行为的策略建议

作为绿色消费的核心组成部分,绿色购买行为的引导和推动需要构建一个长效驱动机制,几十年来学者们为了探索亲环境行为的复杂形成机制,构建和拓展了一系列理论研究框架,期望实现亲环境活动的持续性和普遍性。学者们的丰富研究成果被大量应用到绿色实践中,有效推动了经济社会向可持续发展模式转型,加速了消费模式、生活方式和价值观念的生态化变革。但是,绿色动机—行为偏差(或相近的态度—行为偏差)的存在一直警示着绿色环保事业的任重道远,对其复杂形成机制的探索还需要研究者和实践者付出更多艰辛的努力。

鉴于此,本书在继承和发展现有研究成果的基础上,根据质性分析和实证研究结果,以一般消费者购买模式(S-O-R理论模式)为整体框架,构建了城市居民绿色购买行为综合引导策略体系。该体系从内外部激励、双重诉求激活、干预机制下绿色购买行为提升等三个方面出发,设计出包含环境意识培育、自我认同感建构、媒体绿色形塑、家庭影响相授、同辈影响传导、双重诉求兼顾和情境因素全局性积极干预等策略。具体框架体系和主要内容,如图7-1所示。

7 促进我国城市居民扩大绿色购买行为的策略建议

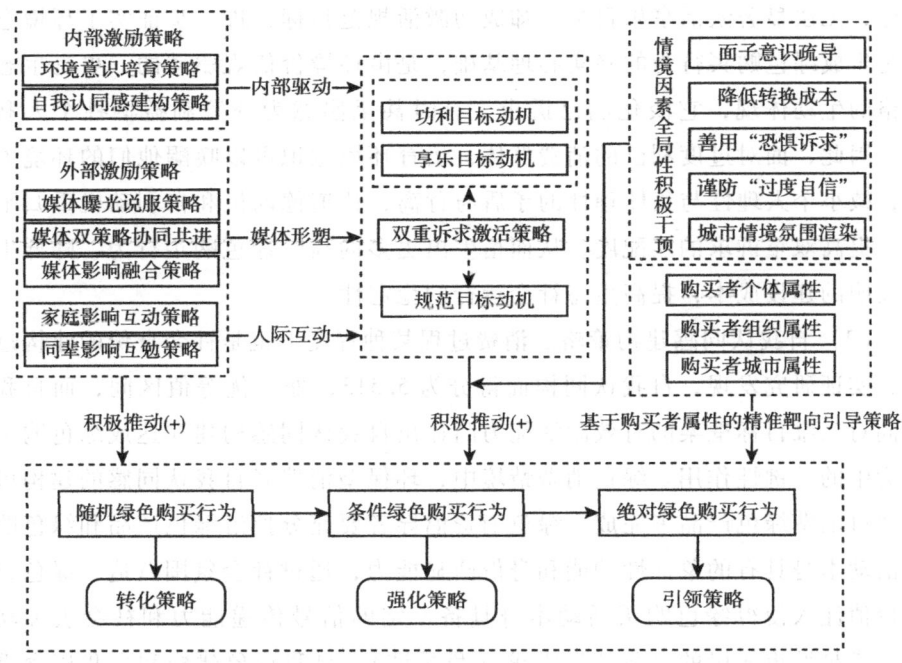

图 7-1 以"双重诉求"兼顾为核心的城市居民绿色购买行为"进阶式"提升策略

7.1 城市居民绿色购买行为引导建议

本章根据对城市居民绿色购买行为驱动机理理论模型的实证研究结果，提出系列有针对性的驱动与提升策略，提出了个体心理因素驱动、媒体劝导、人际交互、双重诉求动机激活、绿色购买行为分类引导、情境因素全局性积极干预和购买者属性的精确靶向引导七个方面策略。下面将根据这七大引导策略，结合访谈和实证研究结果，提出具有较强操作性的引导策略体系。

7.1.1 内部刺激因素驱动下的引导策略

（1）环境意识培育策略。作为一种重要的内部驱动力量，环境意识是对人与环境关系的全方位思考，是人类意识层面上的深度觉醒，体现了人们的环境认知水平和自觉程度。研究结果显示，当前城市居民普遍具有较强的环境意识，样本均值高达 6.054，处于优等值区间，而环境意识负向影响功利目标，无法显著激活享乐目标，却成功激活规范目标，进一步证实了环境意识是生成绿色购买行为的坚实心理基础，是由环境价值观驱动的，更是生态人格的生动体现，它淡化利己诉求，有时甚至愿意为环境利益牺牲个人利益。因此，面对过度利己的消费群体，培育环境意识可以唤醒他们的环境关心，减小个人理性与集体理性的矛盾与背离，让道德动机和自利动机重归平衡，提高双重诉求的匹配度，从而衍生出更多的高阶绿色购买行为，降低生态文明的建设成本，提高生态社会运行的稳定性。

（2）自我认同感建构策略。消费过程某种程度上也是社会身份的建构过程，实证研究发现，自我认同构面得分为5.513，处于优等值区间，而自我认同对三维目标框架的有效激活能力凸显出自我认同感构建在达成绿色购买行为中的关键性作用。绿色消费情境中，环保型消费者自我认同感的建构可以通过消费绿色产品来完成，绿色消费倡导者要充分挖潜绿色产品和绿色购买活动本身具有的象征性功能和身份凸显能力，通过社会氛围营造、绿色符号价值注入使得绿色购买活动本身具备一定的信号传递能力和社会表征功能，满足城市居民的自我认知需求（我是谁）、自我形象建构和自我概念重构。Khare和Pandey（2017）[51]将绿色自我认同定义为消费者自我感知为对环保、再利用、绿色技术和绿色产品等的坚定支持者。环保倡导者要针对消费者的此类人格特质、价值观内核和人生目标精准施策，提高他们的生态承诺和环境信念。当然，自我认同对三维目标动机的相似激活能力再次启示我们正确看待个体的双重诉求，在否定极端个人理性的同时，也要反对环保道德主义绑架，不断提高企业绿色产品创新能力，满足个体的产品诉求，增强绿色购买活动本身带来的正性情感体验，从而提高遵从绿色社会规范的主观意愿和自觉性，减少后续的绿色动机—行为偏差。

7.1.2 外部刺激因素驱动下的引导策略

（1）精准的媒体劝导策略。环境问题信息重复曝光本质也是一种说服策略，它可以加深受众的印象，增加对信息内容的理解和记忆，为此，有学者称之为"洗脑式"说服。根据实证结果，受访者的得分均值为4.373，处于中性值区间，表明城市居民受到的新旧媒体的环境危机信息曝光频率处于中等水平。但是，媒体曝光度对三维目标动机却没有发挥显著的激活功能，这对绿色消费研究者和实践者而言是一个值得关注的现象，一些潜在的原因可能会导致这一结果，例如媒体的重复刊播失策，信息重复固然可以提高环境危机的认知度，而信息重复本身带来的负面效果同样不可忽视，信息密度和信息接受度之间的鸿沟需要信息编码质量来加以弥合。此前文献对这一现象也有所涉及，杨贤传和张磊（2020）[98]研究发现居民的绿色购买活动表现出典型的群体差异性。因此，媒体需要作好受众分类，充分激活媒体通过形塑目标框架对城市居民绿色购买行为的促发机制。其中对思维缜密的成年人，媒体不但需要反复突出非环保行为有害性，更要清晰阐述这种有害性发生的高可能性，克服简单说教可能造成个体对危机发生可能性的质疑；同时，要对成年群体进行深度细分，注意审视各年龄组居民由于人生阅历不同所造成的心理品质和个性特征差异，并据此编码说服信息，力争破解居民的绿色消费密码，从而有效开展价值疏导和价值引领。对处于叛逆期的未成年人，媒体要避免高频率的简单说教，注重双向沟通、引导他们主动思考并参与互动，既要调动他们乐于接受新事物、充满好奇和思维活跃等积极因素，也要矫正缺乏耐力、容易受挫和自信心不足等消极因素，培育他们的生态人格[98]。

与媒体曝光度对三维目标动机激活全面失效不同，媒体影响力对享乐目标和规范目标动机均产生了显著的正向影响，构面平均得分为5.415，处于优等值区间，表明与简单的媒体信息重复策略相比，媒体信任衍生出的媒体影响力产生了更好的劝说效果。结合媒体曝光度的研究结果，可以得出受众对媒体本身的信任感是发挥媒体影响力中更为关键的要素，媒体进行亲环境态度和行为劝导时，要注重自身的权威性建设，率先垂范，充分发挥出榜样效应。代祺和梁樑（2011）[197]在对广告重复效应的文献进行梳理时就发现，单面信息和双面的重复传播效应的研究结论存在显著矛盾之处，而造成这一矛盾的焦点就是道德感知的潜在影响。同理，媒体要提高对受众三维目标动机的激活能力，在传播环境知识的同时，还要形塑出自身的环保道德典范形象。面对双重诉求的个体，要稀释伪善的说教者刻板印象，不搞单纯的环境道德捆绑，善用双面信息编码策略，不断优化信息内容，提高信息编码的创意能力，注意区分不同诉求群体的差异性，在提高环保信息送达率的基础上，更要设法提高信息与群体诉求的匹配度和精准性。

根据上文论述，媒体曝光度和媒体影响力共同形成了媒体绿色形塑力，而重复性环境危机信息传播策略的有效性尚未得到一致结论。本文研究发现媒体曝光度和媒体影响力的交互项对三维目标动机均产生了正向影响，表明媒体曝光度和媒体影响力各自对三维目标动机产生影响的同时，还产生了一定的协同效应。这种协同效应在中介路径中依然广泛存在，具体如图7-2（a）所示，媒体曝光度和媒体影响力通过三维目标动机依然可以对整体、绝对和条件绿色购买行为产生协同作用，而对低阶的随机绿色购买行为产生了互斥效应。如图7-2（b）至图7-2（e）详细列出了协同/互斥效应通过特定目标动机产生的详细路径，总的来看，中介路径中的协同效应较互斥效应更为普遍，但互斥效应同样需要引起重视，特别是通过功利目标动机这条路径存在互斥效应。研究结果启示绿色倡导者运用不同媒体劝导模式之间的协同效应的生成是有条件和范围的，随着城市居民环境知识的增加和日常消费经验的积累，使得消费者在对媒体信息的注意、编码、储存和提取阶段均会对送达的资讯进行主观过滤，个体基于利己偏向会对模糊信息和误导性信息进行避险处理，而解决绿色产品市场中存在的鱼龙混杂现状、减少企业的象征性环保行为可以有效降低绿色购买决策中的不确定性，有助于通过激活目标动机产生对绿色购买行为产生协同效应。

此外，媒体曝光度和媒体影响力的交互项对三维目标框架的正向影响显著，证实两种媒体影响策略不是互斥的关系，而是可以互补的。媒体对环境问题曝光频率带来的个体逆反心理和信息疲劳给媒体绿色形塑效力造成的负面效应要明显小于信息重复呈现给媒体形塑效力带来的增益效果，即存在协同效应。可见，媒体通过提高环境问题的曝光频率来配合媒体影响力进行绿色道德规劝和享乐价值传播的策略总体是有效的，未来媒体需要同时激活兼顾利他诉求和利己诉求的双维目标框架才能可持续地达成绿色购买行为。同时，媒体的绿色诉求中，可以考虑激活个体的自豪、赞赏、安全舒心等享乐主义情感因素，这些正性情感因素可以引发受众积极情绪和感官愉悦，激发个体对绿色产品的认可与喜爱，从而吸引居民持续关注并溢价购买绿色产品[98]。

（2）人际互动渗透与互勉策略。根据社会学习理论，人的复杂行为多是后天习得的，而观察示范者（也称为间接经验学习）行为是绿色购买动机和行为生成的主要方式。结合前文的扎根理论分析，本文萃取出绿色消费中的两个主要人际互动力量：家庭影响和同辈影响。实证分析结果显示，家庭影响构面的平均得分为4.983，处于中性值区间，其对功利目标框架和享乐目

7 促进我国城市居民扩大绿色购买行为的策略建议

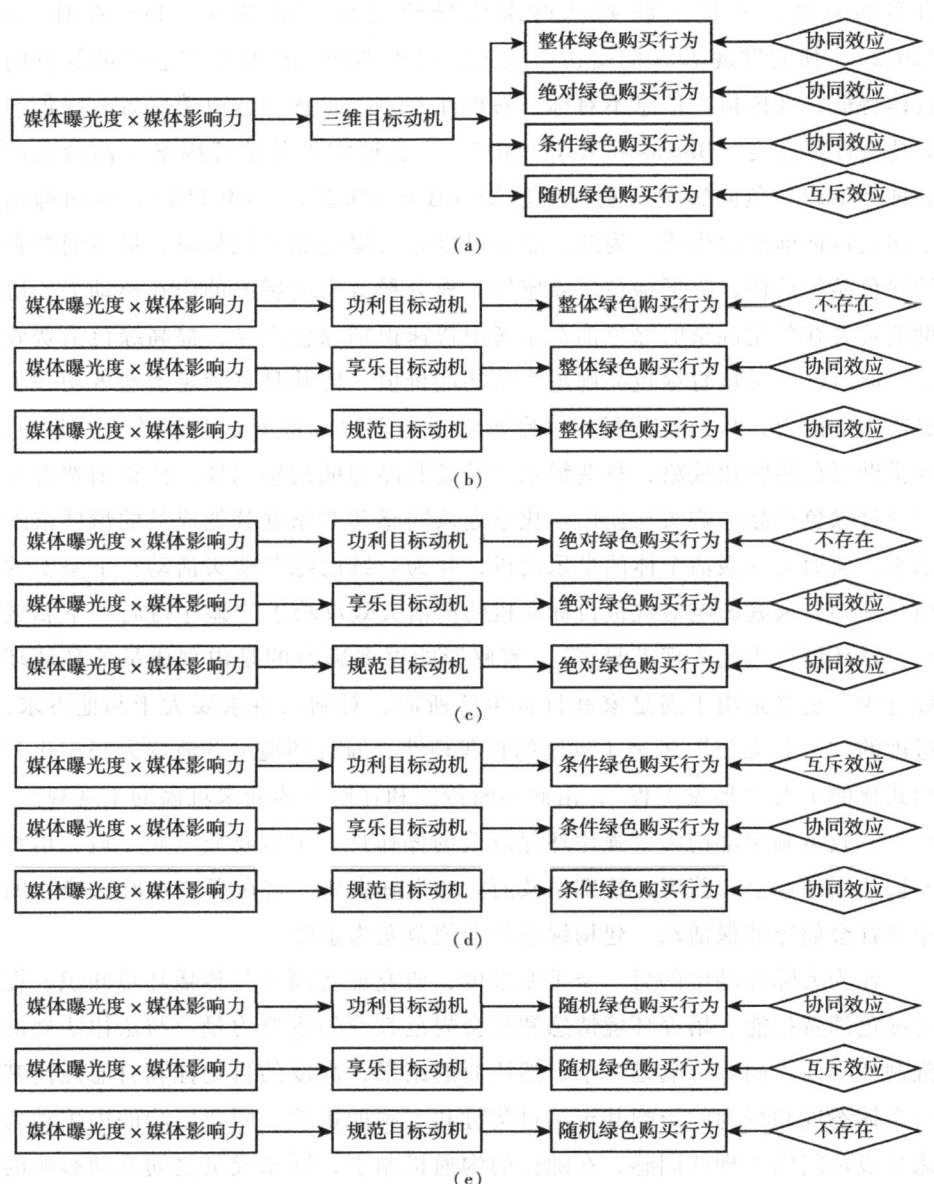

图 7-2 媒体说服策略在中介路径中的协同效应

标框架的正向影响显著；同辈影响的构面得分为5.247，处于优等值区间，其对功利目标框架、享乐目标框架和规范目标框架的正向影响均显著。研究结果表明，由于家庭成员之间关系的亲密无间，面对环境问题，更愿意展现真实的自我，并优先将利己诉求传导给其他家庭成员。Lin 和 Huang (2012)[6]研究发现73%的受访者无法准确识别绿色产品和绿色产品具有的具体特征，高价格、信息不对称、易得性差和漂绿感知造成消费者对绿色产品持有怀疑态度。Biswas 和 Roy (2015)[46]也证实外部情境因素（高价和产品种类单调）负向影响功利价值感知（$\beta = -0.27$, $p < 0.001$），从而抑制了功利目标框架的生成。为此，企业可以导入绿色品牌化战略，提高消费者的绿色品牌信任，降低绿色风险感知，充分释放家庭影响的内在驱动力，协助消费者在鱼龙混杂的绿色消费市场中快速识别绿色产品，提高绿色消费效率。同时，注重培育绿色品牌蕴含的功能价值，使其具备满足消费者功利主义需求的能力，从而充分释放家庭影响对功利目标框架的激活效力。此外，要借助绿色品牌化战略，打造绿色产品及其品牌的情感属性，使得消费者可以通过绿色产品的购买与使用强化家庭认同感和对家庭其他成员的情感依附水平，从而充分激活个体的享乐动机，并为后续的绿色购买活动打下坚实的情感基础。家庭影响对规范目标动机的激活失效反映了"差序格局"下私域与公域环境行为的表现差异[256]，家庭影响更多影响的是内部成员的私域环境行为，更多是用于满足家庭日常生活所需，对利己诉求要大于利他诉求，过度的"有私无公"带来了过度的自我理性，履行环境义务演变为程序化和形式化的个人"形象工程"，由此不断侵蚀和瓦解个体尚未巩固的主观规范。可见，政策制定部门需要强化环保政策的操作性，丰富物质激励手段，培育共同认同的社会价值观，特别是政府需要做好表率，这在高"政府依赖"的中国社会倡导环保活动，建构绿色社会规范尤为重要。

作为人际互动中的另一个重要维度，研究证实同辈是传播环境知识、提升绿色消费技能、培养环境情感和社会规范教育的重要力量。与法律法规的强制性不同，同辈影响是基于自然协商的结果，高度的自觉性和自愿性使其对个体态度和行为的影响甚至超过父母和老师的影响。同辈影响的内生动力来自成员间的心理认同感，在随性的沟通机制下，同辈成员之间互动影响的起点是内驱力，目标则是心理归属和价值认同，影响的内容则主要表现为三观塑造和社会认知。作为一种典型的非正式群体，绿色实践者要重视关键意见领袖（Key Opinion Leader，KOL）的凝聚力和号召力，通过榜样和示范效应对追随者产生社会感染和群体压力，进而通过自愿、顺从或服从机制使得群体成员的亲环境动机趋于一致。此外，绿色实践者要做好调节者的角色，构建宽松和理性的社会规范,并内嵌为群体规范,力争使群体规范遵从环境责任,但也不否认合理的个人诉求,同时,配合社会化激励政策,避免同辈影响沦为环境虚无主义,加速形成良性的社会互动氛围。

7.1.3 个体多元目标动机的整合策略

(1)正视双重诉求权衡与互补效应在绿色消费中的表现差异。如图7-3和图7-4所示,我们发现功利目标框架对整体绿色购买行为和绝对绿色购买行为影响不显著;负向影响条件绿色购买行为,正向影响随机绿色购买行为。享乐目标框架和规范目标框架正向影响整体绿色购买行为、绝对绿色购买行为和条件绿色购买行为,负向影响随机绿色购买行为。假设检验较为细致地呈现了多元目标动机对低阶和高阶绿色购买行为的复杂影响机制。研究结果与 Schlaile 等(2018)[95]的观点一致,即城市居民在绿色购买决策中会同时兼顾利己诉求和利他诉求,兼顾个人的双重诉求更易于达成绿色购买行为[21]。首先,享乐目标框架和规范目标框架显著影响城市居民绿色购买行为,这与 Lindenberg 和 Steg(2007)[96]、Tang 等(2020)[62]的研究结果一致,证明媒体激活的享乐目标和规范目标对居民绿色购买行为具有稳定的预测效力,其中规范目标对高阶绿色购买行为的预测效力最为稳健,同时显著抑制了低阶绿色购买行为。这项研究结果也与规范激活理论一致[69],再次证实激活个人规范可以稳定、有效地促进居民采取高阶绿色购买行为,激活居民的环境责任感和环境道德规范是建设绿色消费社会的最有效策略。因此,可以说在内外部刺激因素的作用下,绿色社会规范会加速形成(规范目标框架),并内化为个人规范[39],成功形塑出了居民的生态人格[161],从而使得高阶绿色购买行为成为生态价值观导向下的自愿和自觉行动[40]。

同时,与 Tang 等(2020)[62]和 Han 等(2015)[99]的观点一致,人们注重绿色消费过程中的积极情感体验,当绿色购买活动能够带来愉悦、被赞赏和自豪等情感体验时,居民就更愿意采取绿色购买活动。其次,内外部刺激因素激活的功利目标框架对整体和绝对绿色购买行为的影响不显著,这与 Lin 和 Huang(2012)[6]、Biswas 和 Roy(2015)[46]的研究结果相似,即功能价值对绿色产品选择行为影响并不总是有效的。最后,需要绿色实践者关注的是,面对不同类型的绿色购买行为,利己诉求的关注焦点有所差异,如果具体消费情境与期望存在不一致时，利己动机反而会抑制绿色购买行为的达成。例如，如果绿色产品尚不成熟，功利目标动机越强烈，条件绿色购买行为就越少，绿色购买行为仅会停留在感性支付意愿，理性上却很难转化成真实行动[7]，基于利己诉求，甚至减少条件绿色购买行为；另一方面，享乐目标动机越强烈，低环境关心下的随机绿色购买行为（低阶购买行为无法生成情感体验）也越少，上述结论也可以解释绿色动机—偏差的部分成因。

根据实证结果，绿色营销者和政策制定者一方面要兼顾个体的利己诉求和利他诉求，避免单纯强调个人的环保义务，造成道德绑架；另一方面，也不要单纯强调绿色双重消费价值（功利价值和享乐价值），使居民深陷道德风险，最终破坏绿色社会规范和个体的环境认同[98]。虽然利己诉求的满足可以积极促成绿色购买行为，但绿色消费市场无法有效提供与消费者期望相符的绿色产品，加上象征性环保行为存在于社会多个组织，绿色消费容易沦为程序化的形式主义，与公域环境行为相比，私域环境行为"知行不合一"更为严重[256]。因此，政府依赖的中国社会更需要由政府主导来建立科学的生态价值观，引导人与自然"和谐共生"的淳朴生态价值观回归。党的十九大报告对生态文明建设已经上升为"百年大计"高度，"环境就是民生"生动诠释了高层对建设生态文明的决心，而"社会主义生态文明观"本质就是要求从生态价值观层面加速居民由个体理性上升到集体理性，内化于心、外化于行。生态价值观导入的障碍因素破解则需要重新点燃人际信任，催生更多的公域环境行为；同时，过去由"GDP主义"带来的粗放型发展模式导致的政府信任危机也需要重塑，以此增强居民的环境治理信心。政府信任重塑过程中必然会将"优质生态产品"纳入民生范畴，来满足人民对美好生活的需求，这将有力缓解企业绿色产品开发出现的困惑与成本压力[7]，企业绿色实践困境一旦得到纾困，漂绿行为必然减少，绿色创新投入的增加将丰富产品的品类，绿色消费市场随之升级，这有助于发挥功利目标框架对绿色购买行为的影响效力。

（2）厘清驱动因素通过三维目标框架对绿色购买行为产生影响的复杂通路。

如图7-2和图7-3所示，本文实证研究了84条具体中介路径（Specific Indirect Effects）的效应量和显著性，较为细致地展现了三维目标框架的复杂中介机制，与此前笼统的总体中介效应相比，具体的中介路径要求政策制

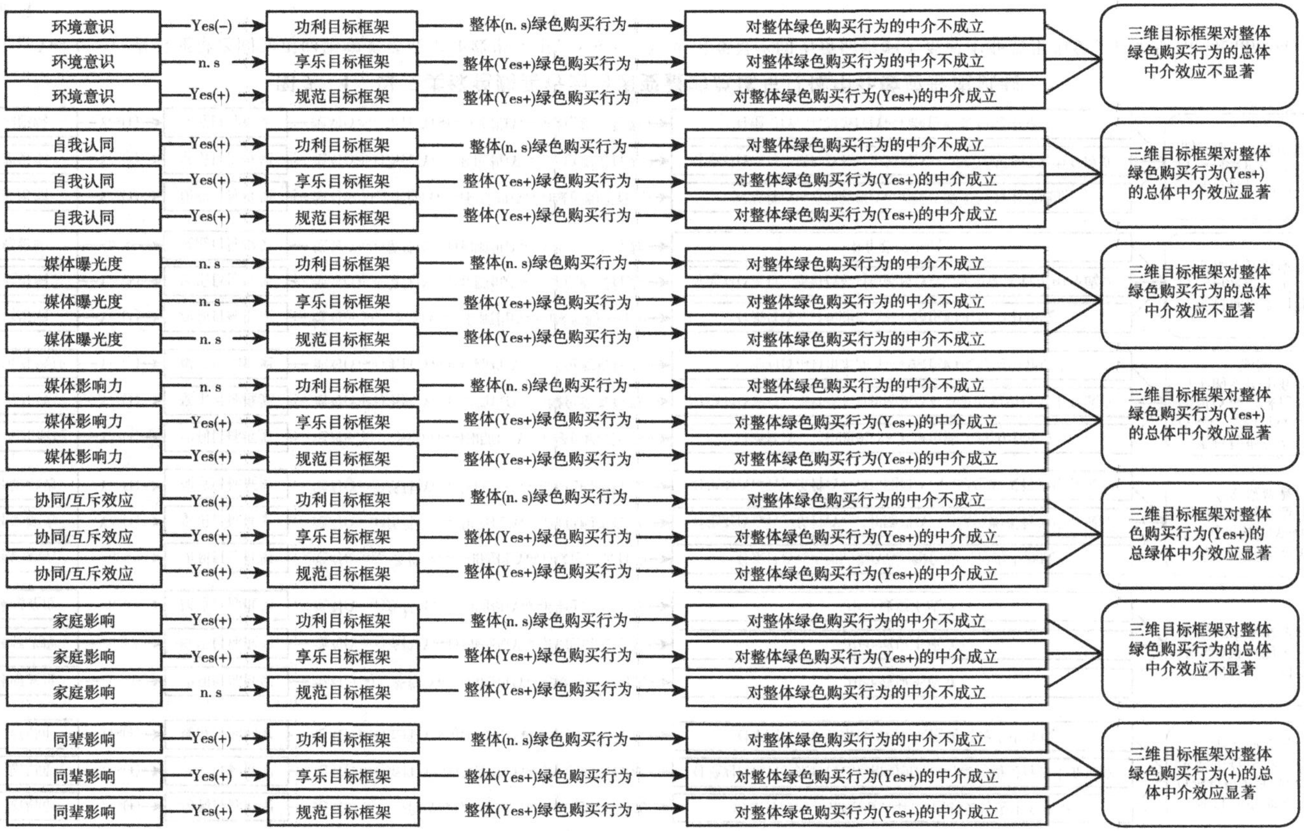

图7-3 以整体绿色购买行为为因变量的总体与具体中介效应形成机制

注：Yes(+)表示变量之间为正向影响关系或中介效应效果为正，Yes(-)表示变量之间为负向影响关系或中介效应效果为负，n.s 即 No significance，表示不显著。

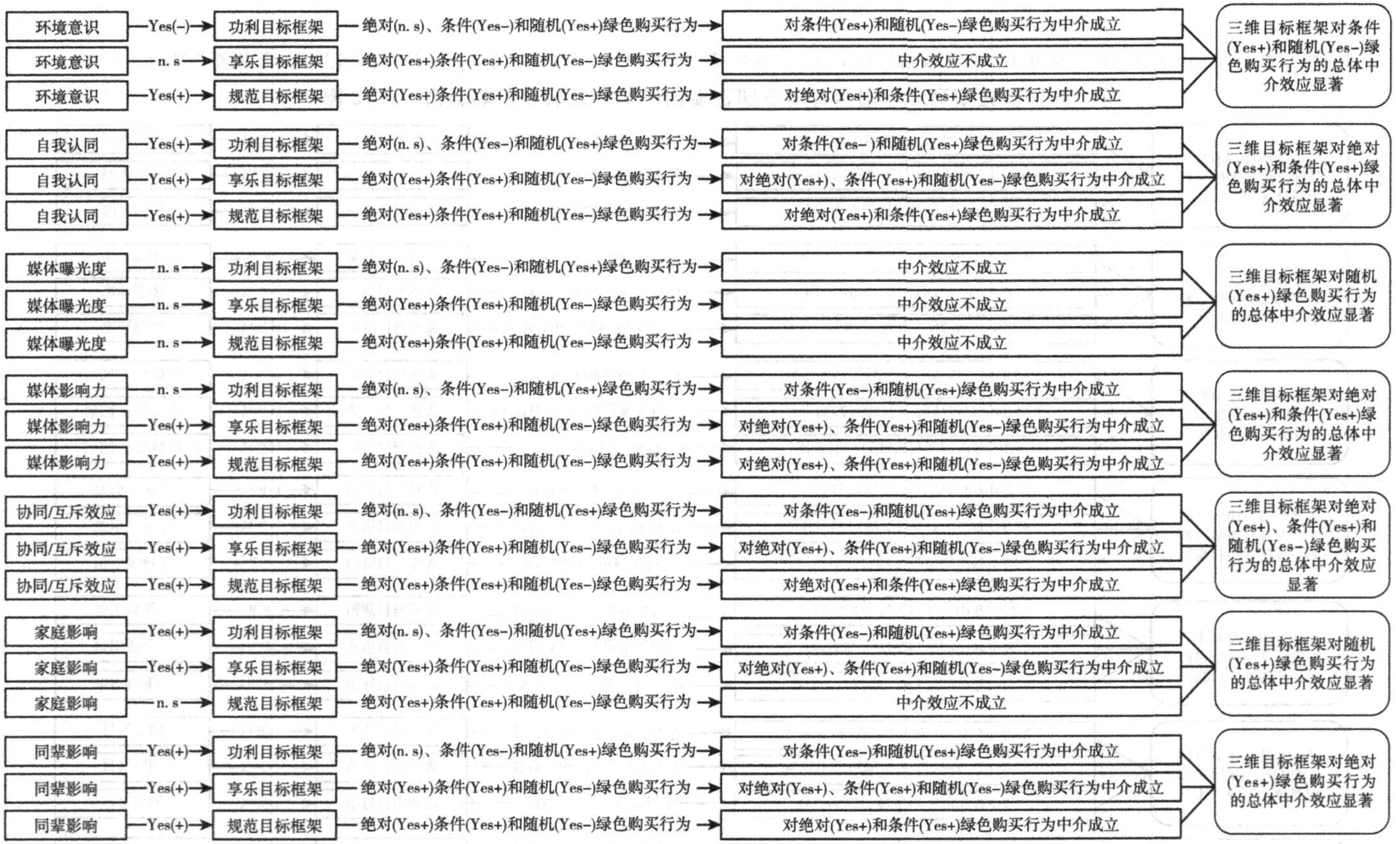

图 7-4 以三类绿色购买行为为因变量的总体与具体中介效应形成机制

注：Yes（+）表示变量之间为正向影响关系或中介效果为正，Yes（-）表示变量之间为负向影响关系或中介效果为负，n.s 即 No significance，表示不显著。

定者和绿色营销者做到策略的高匹配性和有效性，模糊化和弥散性的激励政策不利于促进城市居民实施绿色购买行为，也会因此造成公共资源的大量浪费和错配。总的来看，兼顾利己诉求的基础上，驱动因素激活规范目标是达成绿色购买行为的最有效路径（家庭影响除外），表明各类驱动因素成功唤起了人们的环境正义感和道德感，使得个人愿意为环境问题承担更多责任[176,191]。

与享乐目标框架和规范目标框架不同，功利目标的"通路"作用略显不畅，这反映了利己诉求是一个包罗万象的框架，复杂的经济因素、社会因素、心理因素、文化因素和个人因素决定了消费者需求的多样性和内隐性，破解消费行为密码的高难度更需要多角度尝试。例如，媒体曝光的环境危机信息在激活居民目标框架时，需要关注信息诉求与个体自我概念的匹配度，将信息的绿色诉求和受众的特征结合起来，关注不同自我建构的个体对绿色信息处理上存在的差异。比如，面对独立型自我建构和依存型自我建构个体时，媒体要有针对性地设计信息内容，使得利他诉求和利己诉求在不同类型的受众处均获得高匹配度[98]。

综上所述，三类绿色购买行为本身存在的复杂形成机制揭示了绿色动机—行为偏差的更多成因。对绝对绿色购买行为而言，激活的利他动机受到利己动机的干扰，表现为利他动机—行为不一致。随机绿色购买多是纯粹功利动机偶然激发所致，享乐和规范动机会抑制其生成，表现为功利动机—行为不一致，作为启动型购买，偏差的存在同样会阻碍整个绿色购买活动。条件绿色购买行为则更多是双重动机的互补结果，表现为动机失调引发行为不一致。根据实证结果，上述三种动机—行为偏差的形成又都受到了情境因素的调节，从而呈现出偏差成因的复杂性。

7.1.4 设计和优化绿色购买行为分类引导策略

实证结果揭示了不同类别绿色购买行为形成过程中存在的显著差异，这三类绿色购买行为具有典型的进阶式特征，当绿色消费知识、技能和环境关心/生态价值观同时具备较高水平时，驱动因素激活的多元目标动机才容易引导出高阶绿色购买行为。正如前文所论述的那样，即使现实生活中，低阶的随机绿色购买行为多数具有无意识、偶发性和瞬时性特征，但依然是整体绿色购买行为的重要组成部分，特别是低环境关心人群的启动型绿色购买，而城市居民不同类型绿色购买行为的产生机制将对引导政策的制定与实施带来重要启示。

（1）随机绿色购买行为的启动与转化策略。作为一种低阶的绿色购买行为，在无意识和低环境关心的前提下，其形成原因多样。例如，绿色产品的高激励政策、诱人的商业折扣、无法拒绝的超高性价比、超低和便捷的维护保养、环境知识匮乏、消费技能不足等。这些列举的潜在触发因素也是随机绿色购买行为的激活因素，政策制定者和绿色营销实践者要根据具体绿色消费情境梳理出随机绿色购买行为的具体成因，加速环境知识普及和消费技能升级，成功启动为有意识绿色购买行为，即使低阶的绿色购买行为并不稳定，但仍可以视为绿色产品创新扩散的起点。这种尝试性购买不断复制过程也是环境知识和绿色消费技能的累积和提升过程，进而可以让部分无意识的、无目的和无计划性的绿色购买活动演化为有意识和有计划的亲环境行为。同时，实证结果也证实了规范目标框架能够有效减少随机绿色购买行为，因此，培养理性居民对环境的同理心和责任感是将随机行为转化为有意识行为的关键策略，也是长效机制得以建立的正确途径，更是让自然主义谬误回归到有限自利假设的必然选择。

（2）条件绿色购买行为的发展与强化策略。与随机绿色购买行为不同，条件绿色购买行为的居民具有中等强度的环境关心，是典型的有限理性者，他们有一定的环境责任感和道德义务感。环保倡导者要克服单纯的环境道德说教，改变在绿色产品功能属性上打"擦边球"的短视做法，更要克服机会主义行为[7]，循序渐进地扩大绿色产品创新、不断完善绿色产品功能属性、跟进生命周期演化进行绿色产品的有序迭代是推动条件绿色购买行为达成的正确路径。劝导居民进行绿色购买时，既要反对"物欲泛滥"与"精神贫乏"，也要反对只讲"道德"忽视"面包"，如何提高双重诉求的匹配度是推动条件绿色购买行为的正确举措。基于技术接受模型视角，利己诉求至少包含易用性和有用性两个维度，绿色实践者，特别是绿色营销者要根据目标群体的外显和内隐性需求明确双维度诉求涵盖的具体要素，据此形成激活要素集，最终稳定推动条件绿色购买行为的达成。

（3）绝对绿色购买行为的引领与示范策略。作为最高阶的绿色购买行为，只有个体具有高环境关心和生态价值观才可能产生此类绿色购买活动，其其备的领袖气质决定了此类居民可以承担绿色产品的"传教士"角色。本质上，他们是典型的环保主义者，一旦被成功塑造为意见领袖，将具有相当的社会影响力，并产生社会传染效应。需要强调的是，无条件式的绿色产品购买者忽视购买风险感知，是环保事业的绝对支持者，先行者特质赋予了他们的稀缺性与榜样价值，是普通居民的对标对象，但对大多数人进行完全道德假设，则会陷入道德主义谬误，使得日常环保行为成为一种粉饰自我形象的工具，象征性环保行为会因此成为公域环保行为的主流范式，并形成不健康的环保行为逻辑。弘扬公域与私域中的集体理性不应否定合理的个人理性，集体理性与个人不理性或个人理性与集体不理性都是对人类自然属性和社会属性的极端简化，极端式绿色发展模式注定不具有可持续性，绿色消费市场甚至会演化成一个极具欺骗性的畸形实体。就绝对绿色购买行为而言，"公"与"私"双维推进不失为一种理性策略选择。绿色消费文化建构和制度规范介入对公域中的绝对绿色购买行为具有"软硬兼施"式的约束力；企业环境责任履行有助于改变当前绿色市场鱼龙混杂的窘境，而由此帮助消费者走出模糊决策情境则对推动私域中的绝对绿色购买行为大有裨益。正视我国公域、私域环境行为巨大的形成差异对绿色政策制定者和绿色营销者精准施策具有重要指导价值，营造绝对绿色购买行为产生的特殊情境和先决条件一方面降低了环境友好型社会的营造成本，另一方面可以充分释放高阶绿色购买行为的示范引领作用，形成上行下效的新生态生活范式。

7.1.5 情境因素的全局性统筹谋划

（1）社会心理情境因素。

①面子意识。儒家文化中，与"天人合一"（Man – Nature Orentation）思想与环保行为的正向确定性关系不同，面子意识对环保行为的影响受到动机类型与动机偏好的制约。本文研究发现城市居民面子意识负向调节享乐目标框架与绝对绿色购买行为的关系；正向调节规范目标框架与条件绿色购买行为之间的关系；正向调节功利目标框架与随机绿色购买行为之间的关系。面子意识对假设路径的复杂调节作用反映了亲环境行为背后隐藏的多种复杂动机的博弈与均衡，环保实践者要避免对居民进行极端的"经济人"假设或者是"社会人"假设，这无助于推动绿色购买行为深度发展和普及化。面子文

化中精华和糟粕并存，环保实践者如果可以调动面子文化内核中的正能量，完全可以利用不同动机偏好的指向性作用导向绿色购买活动。例如，面子文化已经在中国社会衍生出一种独特的面子规范，绿色购买行为如果可以强化个体的环保自我形象感知、社会认同和自我认同，那么它将有力促进绿色社会规范对亲环境行为的影响强度，更弥足珍贵的是，规范导向的行为更加稳定和自觉。此外，绝对绿色购买行为具有高成本、长期性和相对无趣等特征，是高环境关心或环境责任驱动下的自觉行为，如果绿色产品消费能够形成心理区辨效应，面子意识的调节效应将有可能"由负转正"。同时，面子意识自带的功利心和虚荣心不利于发挥享乐动机对绝对绿色购买行为的导向功能，同时助长了功利目标对随机绿色购买行为的正向激发作用，让绿色购买行为滑向纯粹的利己主义产物，这些结论都给予环保实践者和绿色营销者一定警示。在未来的绿色消费规划中，必须融入本土文化内核，激活绿色消费中蕴含的修身、"天人和谐"、行为身份匹配和群体一致等积极因素，帮助购买者提高社会地位和被认同感。

②转换成本。实证结果表明，转换成本正向调节功利目标框架与绝对绿色购买行为的关系，负向调节功利目标框架与条件绿色购买行为之间的影响路径。实证结果再次证实绝对绿色购买行为是环境关心和环境道德驱动下的无条件环保行为，外部实施障碍的存在反而更容易达成心理区辨效应和环保自我形象建构。与此相对应，外部实施壁垒越高，功利目标动机对条件绿色购买行为的影响越弱，这也完全符合有限道德假设和有限自利假设的绿色消费实际。绿色实践者据此要区别对待不同绿色购买类型，分析行为背后真实的动机逻辑才能提高引导策略的有效性和精准性，善于利用外部障碍因素也可以调动不同类型消费者的真实绿色购买行为，这部分居民对自我实现的追求本身也需要特定社会情境因素的激活，某种程度上来说，一定的排他性和显示度行为更加有助于满足人们的自我实现需要。但是，条件绿色购买行为在整个绿色消费中占据主导地位，引导策略的精准性不能削弱甚至放弃普适性原则，这需要对转换成本进一步进行维度细化，分清程序性转换成本（Procedural Switching Costs）、财务性转换成本（Financial Switching Costs）和关系性转换成本（Relational Switching Cost）的具体调节机制。理论研究者则可以在借鉴已有的转换成本维度划分基础上，结合绿色消费情境，萃取出更加详细的维度结构，从而为引导策略的精准性提供理论指导。

③善用"恐惧诉求"策略。实证结果显示，环境问题严重性感知负向调节了享乐目标框架作用于整体、绝对和条件绿色购买行为这一路径，正向调节了规范目标框架对绝对绿色购买行为的影响路径，正向调节了功利目标框架对随机绿色购买行为的影响路径。与 Yang 等 (2020)[71]的研究结果一致，本文再次证明恐惧诉求策略并不总是有效的[55,178]，不恰当地运用"恐惧诉求"策略有可能产生"回返效应"（Reversion Effect）。表明绿色购买活动具有高成本、高品位和相对无趣等特征，过度恐惧信息激活了焦虑和抑郁等神经质特质，使得由绿色产品消费中获取的情感价值、认知价值[46]、自我形象感知[176]和绿色社会认同[52]等积极情感因素被稀释，城市居民在绿色购买行为中无法有效感知享乐价值，从而减少了绿色产品购买[96]，这也是绿色动机与行为偏差形成的重要原因。此外，"恐惧诉求"对态度和行为的改变效力取决于事件的有害性、危害发生的可能性和处理措施的有效性等三个因素的相互作用[98]。本文研究表明环境问题严重性感知越高，城市居民的对环境问题的忧虑感越强烈，环境责任油然而生，成功激活了个体的环境道德义务感，并愿意承担更多的绝对绿色购买行为。最后，与 Dabbs 和 Leventhal (1966)[330]观点一致，证明高环境问题越严重感知强化了个体焦虑和紧张情绪（神经质），从而引导居民对绿色产品中的感知利得和感知利失进行重新评估，如果实受价值确实得到提高，或者随机性的促销活动都会引发居民非计划性地购买更多绿色产品，即使有时是无意识的。

因此，绿色实践者在使用"恐惧诉求"策略时，要厘清"回返效应"的发生机制，从事件的有害性、事件发生的可能性和处理响应的有效性三个方面分析目标动机对个体行为改变的影响。具体来说，可以采用高强度"恐惧诉求"来增强规范目标框架对相应类型绿色购买行为的影响，但对功利和享乐目标框架而言，需要采用适度的"恐惧诉求"，减少负向干扰或低阶绿色购买行为。这就要求绿色实践者要兼顾好个体的理性诉求和感性诉求，充分激活个体的环境意识，加速传播环境知识，并释放个体的自豪、赞赏和愉悦等正性情感因素，使得感知环境问题严重性在理性诉求和感性诉求处均获得高匹配度，避免"回返效应"的产生。同时，要厘清具体的干扰路径，采取相应措施，从而减少动机—行为偏差。

④避免环保行为有效性感知出现"过度自信"现象。实证研究发现，不同类型的绿色购买行为，环保行为有效性感知主要表现为负向干扰作用，这

与杨贤传和张磊（2020）[98]之前的研究结论一致。虽然部分文献证实环保行为有效性感知（消费者感知效力）正向影响绿色购买（消费）意愿或行为，但是对过高环保行为有效性感知的潜在调节机制极少关注，本研究证实高环保行为有效性感知负向调节了享乐和规范目标框架与整体绿色购买行为、条件绿色购买行为和随机绿色购买行为之间的关系；正向调节了功利目标框架与整体绿色购买行为、条件绿色购买行为和随机绿色购买行为之间的影响关系。即城市居民过高的环境行为有效性感知会导致居民对环境问题、环境责任以及产品绿色享乐价值的低估，从而相应减少整体和条件绿色购买行为，随机绿色购买行为反而变得更加常见。这项结论对环保实践者在倡导绿色消费过程中的部分内容设计进行了警示，盲目地宣扬个体环保行为有效性会导致居民出现"过度自信"，延缓或者减少绿色消费活动[21]。

因此，环保实践者需要根据具体的调节路径，分清绿色购买行为类型对应的目标人群去适度描绘个体环保行为的有效性，避免个体对自身环保行为有效性的过度自信，从而负面干扰城市居民绿色购买行为的达成，精准减少绿色动机—行为偏差。不可否认，一种倡导模式想让所有个体同时具备"适度"的感知效力难度较大，选择恰当的标准，做好群体细分是一种务实的策略，而年龄和性别都是较为常见的细分标准，先前文献也发现了上述群体之间在亲环境行为上的表现差异。群体有效细分完成后，劝导策略与群体特征之间的匹配度将是决定环保行为有效性感知是否"适度"的关键性指标。在信息编码时，在突出每位公民日常生活中做出的亲环境行为对环境改善的价值和意义时，要强调环保事业的复杂性和任重道远，两面性信息可以充分调动个体的全局性和缜密性思考逻辑，尽量少走极端思维。特别是对未成年人而言，单面性信息和高频率说服容易引起他们的逆反心理，或者认为危险发生的可能性较低，因而对未成年人要进行双向沟通，引导他们参与绿色环保话题讨论等新颖性说服策略更为有效[98]。

（2）城市情境因素。实证结果表明，城市居民生活的城市情境因素起到了差异巨大的调节作用。第一，城市经济发展水平负向调节了规范目标框架对绝对绿色购买行为的影响关系，显示城市经济发展水平的提高并不会必然促进绿色规范激活作用的发挥，环保倡导者需要关注到经济发展带来的高物质文明会加速整个社会步入消费社会，炫耀性消费和符号消费逐渐取代原来的生存性消费，这会助长非绿色购买活动的蔓延。因此，发展经济的同时应该大力提倡生态生活方式,加速生态价值观的形成与主导,力争物质文明与生态文明协同发展。第二,政府环保投入负向调节规范目标框架对整体、绝对和条件绿色购买行为的影响路径,再次表明中国居民具有较强的"政府依赖"倾向,政府在履行绿色环保职能时,要关注"榜样效应"和"示范效应"是否同时生成,必要时需要配套部分干预措施,引导城市居民自觉遵从生态文明规范,提高个体的结果意识和责任归属感,并成功激活绿色购买行为,配合政府的环保努力。第三,居民所在城市的空气质量没有显著的调节作用,表明中国居民普遍具有强烈的国家意识,生活环境的空气状况不会影响到三维目标动机向实际行为的转化。这启示环保倡导者应该以我们国家的环境状况为诉求内容,特别是媒体的绿色诉求要充分调动城市居民对中国可持续发展的忧虑和责任感。第四,人均水资源丰富度负向调节了功利目标框架对随机绿色购买行为的正向影响效应,表明日常生活中的水短缺问题引发了居民的环境问题敏感性,生态资源异禀更加易于让居民珍惜当下的生态环境,这更加易于发挥低水资源丰富度稀缺信号的传递功能。政府和媒体未来可以适度通过增强水资源短缺感知来提高城市居民认识到水资源的实际状况和宝贵性,媒体可以通过画面代入感,让居民认识到本地水资源的现状,从而加深生态资源保护意识,促进本地居民的环境觉醒和警觉。第五,城市创新度负向调节规范目标框架对绝对绿色购买行为的影响路径,表明城市创新度越高,居民的思维越活越,对现有社会规范的遵从意愿不强,此类城市居民表现为开放性人格特质。对绿色营销者而言,需要加大绿色产品创新投入,提高绿色产品创新成色,满足创新性消费者求新、猎奇和求知欲等个性化需求。同样,对于媒体而言,要做好环保议题/话题的保鲜,避免环境议题内容设计和呈现形式的自我老化导致受众出现逆反心理。第六,城市噪声污染负向调节了享乐目标框架与整体和随机绿色购买行为之间的影响路径,正向调节规范目标与整体、绝对和条件绿色购买行为之间的影响关系。表明城市噪声污染削弱了居民的情感体验和享乐价值,导致其对整体和随机绿色购买行为的影响力变弱;相反,噪声的警示功能大于其他类型信息,有效激活了城市居民的环境责任感知。环保实践者,特别是媒体,要充分运用噪声污染的强提示性,助力绿色社会规范构建,继而内化为个体的环境道德义务感,不断警示居民践行绿色购买行为的必要性和紧迫性。

7.1.6 购买者属性的精确靶向引导策略

第五章对购买者属性变量研究结果的成因已经给予了充分讨论,结合文献研究可知,不同研究对象和消费情境下的购买者属性变量对绿色购买行为的影响存在较大差异,文献的研究结论虽存在广泛差异,但也形成了部分一致结论。环保倡导者和绿色营销实践者要针对购买者属性变量做好深度细分,灵活制定差异化激励策略,精确靶向引导不同特征的群体居民趋向亲环境行为,在激活个体内部因素的基础上,充分发挥出每一种社会力量的引导作用。定制化、个性化和精准化应该成为未来绿色消费引导策略的主流范式。同时,还要善用情境因素对不同购买者群体的激发作用,如南方和北方地区的生态资源禀赋差异。

7.2 做好绿色动机—行为偏差的识别与修复

绿色动机—行为偏差困境一直困扰着绿色消费的深度推进,造成绿色生产企业的实践积极性受到挫伤和环境问题的持续恶化。如前文所述,即使多数学者一致认为利己诉求和利他诉求割裂是造成这一偏差的主要原因,然而,偏差的成因是复杂的,情境因素调节作用越来越受到研究者的重视[169],特别是对大量非复杂性购买行为而言,情境因素对偏差形成起到的作用不可忽视。不可否认的是,绿色动机—行为偏差成因既存在共性因素,也存在跨地域、跨时间和跨文化的差异,特别是某些潜在因素具有典型的时代性特征,因而,偏差的修复并不存在一套终极解决方案,而是需要理论研究者和绿色营销实践者持续跟进,不断发现偏差成因,缩小和修复偏差。为此,本文从先前文献梳理和实证检验结果两个层面系统整理了绿色动机—行为偏差的多种成因,其中文献梳理大量借鉴了与动机—行为偏差相近的态度(意愿、价值观、环境关心)—行为偏差的相关研究成果,在此基础上提出了一系列修复建议,具体内容见图7-5。

7 促进我国城市居民扩大绿色购买行为的策略建议

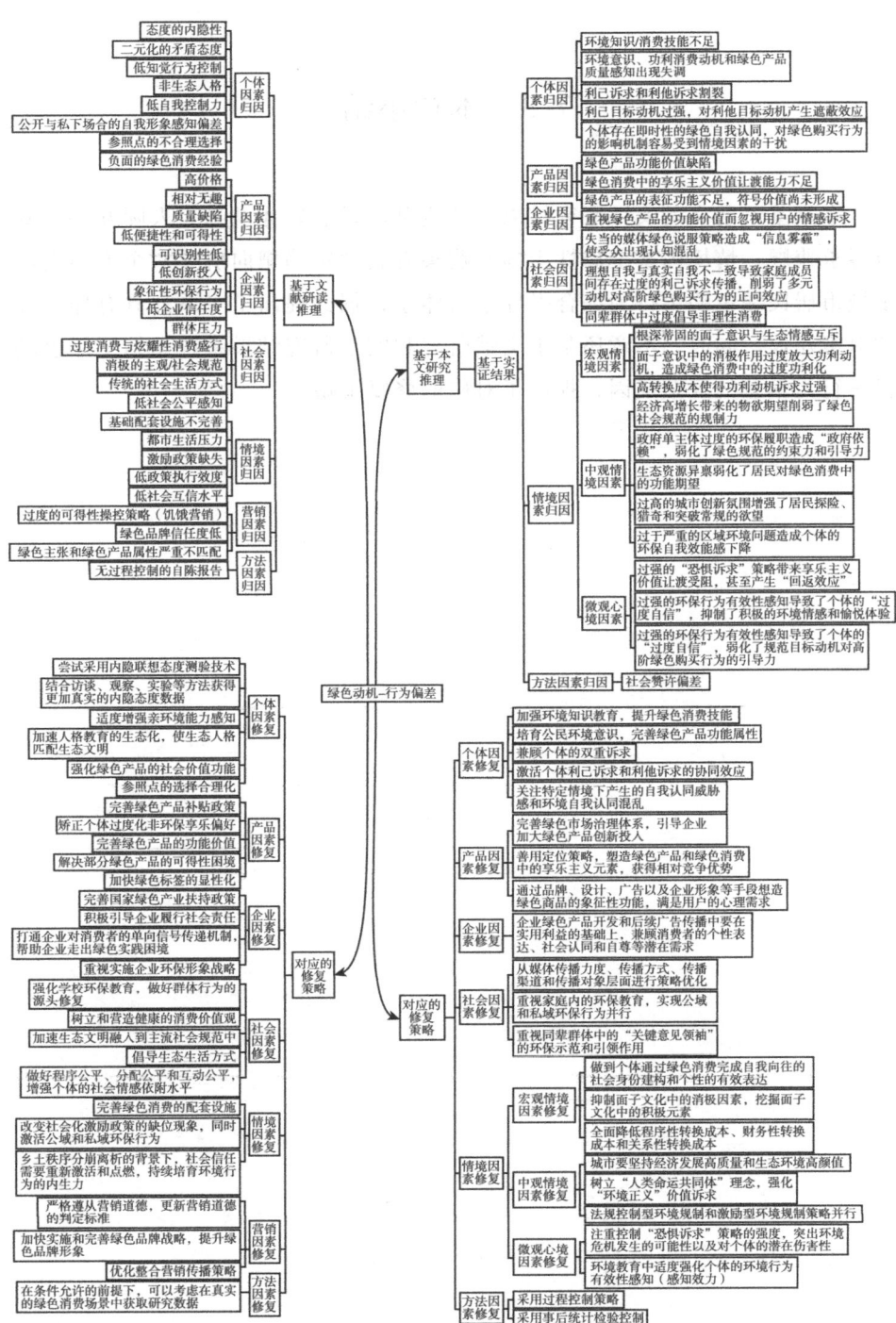

图 7-5 绿色动机—行为偏差成因与修复策略

7.3 本章小结

本章基于前文的实证研究结果,从内部驱动、媒体劝导、人际互动、双重诉求兼顾、情境因素全局性干预和购买者属性精确靶向引导六个方面提出了城市居民绿色购买行为综合引导策略体系,据此提出了一系列具有操作性的对策建议。同时,本章还基于文献研究和实证研究结果系统总结了绿色动机—行为偏差的复杂成因,提出了对应的修复策略。

8

研究结论与展望

8.1 研究结论

(1) 对绿色购买行为进行了维度结构划分与内涵界定。本研究在研读文献的基础上，结合质性分析确定了绿色购买行为的维度结构，即绝对绿色购买行为、条件绿色购买行为和随机绿色购买行为，探索性因子分析和随后的实证分析验证了三维度划分的合理性和实际意义。

(2) 明确了城市居民绿色购买行为的关键驱动因素及其影响机理。根据扎根理论研究成功萃取了城市居民绿色购买行为的关键驱动因素，并将其归类为内部驱动因素、外部驱动因素、目标框架（动机）、社会心理情境因素、城市情境因素和购买者属性六大类因素集。扎根理论分析进一步梳理出变量之间的关系结构，而 S-O-R 理论可以有效解释城市居民绿色购买行为的形成机制。具体来说就是内部刺激因素（环境意识和自我认同）、外部刺激因素（媒体绿色形塑、家庭影响和同辈影响）是预测变量；目标框架（功利目标框架、享乐目标框架和规范目标框架）本质是多元行为动机，是行为的引导因素，因而是中介变量；情境因素会影响动机向行为的转化效果，因而是干扰变量。

(3) 三类绿色购买行为的实施情况存在差异。描述性统计分析结果显示，条件绿色购买行为是最为普遍存在的绿色购买形式（均值为5.894），在绿色购买活动中占据主导地位。同时，三类绿色购买行为在绿色购买中均占有一定比例，正视不同类型绿色购买行为的形成机制有助于提高引导策略的有效性和针对性。

（4）绿色购买行为因购买者属性不同而存在显著差异。①研究发现整体绿色购买行为在性别、年龄、婚姻状况、受教育程度、收入等级、职业类别、组织性质、职位等级、城市规模和城市地理区域上具有显著差异。②条件绿色购买行为在性别、年龄、婚姻状况、受教育程度、收入等级、职业类别、组织性质、城市规模和城市地理区域上具有显著差异。③随机绿色购买行为在婚姻状况、受教育程度和职位等级上具有显著差异。这项研究结果证实了不同类型的绿色购买行为在不同群体中存在显著差异，期望建立无差异和普适性的引导策略体系不仅脱离实际，还会造成公共资源的浪费和干预措施效率低下，更会滋生大量的"搭便车"行为。公共政策制定者和绿色营销者需要在未来的引导策略制定中，进行绿色消费群体的深度细分，做好靶向精确引导，不但要关注显性的人口和地理细分变量，更要重视隐性的心理细分变量，从而提高引导策略的效度和执行效率。

（5）对于不同类型的绿色购买行为，三维目标框架的中介效应存在较大差异。本研究分别检验了内部刺激因素（环境意识和自我认同）、外部刺激因素（媒体曝光度、媒体影响力、交互项、家庭影响和同辈影响）通过多元目标框架对绿色购买行为的28条总体中介效应和84条具体中介效应。上述总体中介和具体中介路径的分析结果揭示了绿色购买行为的详细形成机制，为提高引导策略精确性提供了直接证据。这部分研究一定程度上揭开了绿色消费"心理黑箱"，使得绿色消费引导策略制定从经验主义式的模糊决策逐步走向科学决策和精准决策。研究结果证实了多元目标动机对绿色购买行为的差别化引导能力，例如：规范目标动机能够抑制低阶的绿色购买行为，对高阶绿色购买行为则起到促进作用。就外部驱动因素而言，人际渠道比媒体渠道总体上更有效，绿色消费倡导者需要根据绿色产品扩散所处阶段优化人际渠道和媒体渠道的信息传播才能达成最优劝导效果。而家庭影响和同辈影响表现上存在的差异预示了个体在绿色消费中存在理想的自我和真实的自我之间的不一致，由此可能衍生出公域的绿色购买行为和私域的绿色购买行为上的巨大差异。

（6）情境因素对三维目标框架与绿色购买行为关系的调节作用。情境因素中，除了城市空气质量外，其余变量均对三维目标框架与绿色购买行为之间的关系起到了一定的调节作用。从绿色购买行为的不同维度来看：①面子意识的调节作用的实际表现与绿色购买类型本质关系密切，比如，面子意识强化了功利目标动机对随机绿色购买行为的正向影响力，增强了规范目标动机对条件绿色购买行为的影响力，但是却抑制了享乐目标动机对绝对绿色购买行为的正向影响力。②转换成本的调节作用则反映出个体对利己诉求和利他诉求的权衡是一项十分复杂的心理活动，具体调节了功利目标框架对绝对绿色购买行为和条件绿色购买行为的影响路径。③环境问题严重性感知（恐惧诉求）确实产生了"回返效应"，表现为对享乐目标动机正向影响力的抑制，具体负向调节了享乐目标动机对整体、绝对和条件绿色购买行为的正向影响关系，进一步发现了"回返效应"产生的详细路径与机制。④环保行为有效性感知确实引发了个体对日常环保行为实际效果的"过度自信"现象，具体表现为负向调节了享乐目标动机和规范目标动机对整体和条件绿色购买行为的正向影响力，抑制了功利目标动机对条件绿色购买行为的负向影响力、规范目标动机对随机购买行为的负向影响力。城市情境因素方面：①经济发展水平负向调节了规范目标动机对绝对绿色购买行为的正向影响力。②总的来看，过高的政府环保投入削弱了规范目标框架对整体、绝对和条件绿色购买行为的正向影响力。③城市空气质量的调节作用不显著。④水资源丰富度负向调节了功利目标动机对随机绿色购买行为的正向影响力。⑤城市创新意识负向调节了规范目标动机对绝对绿色购买行为的正向影响力。⑥城市噪声污染削弱了享乐目标动机对整体和随机绿色购买行为的影响力，强化了规范目标动机对整体、绝对和条件绿色购买行为。

（7）基于加权小世界理论的绿色购买行为仿真结果分析。本研究运用加权小世界理论构建了基于关系强度的城市居民绿色购买行为（条件绿色购买行为）选择模型，借助 Matlab 仿真平台对模型进行了仿真研究，分析加入情境因素干预下的条件绿色购买行为扩散规律。仿真结果表明：①节点关系强度随机分布在 (0, 1] 的加权小世界网络结构中，相对于随机选择模式和强度优先模式，以势差优先模式策略来确定全部网络中的条件绿色购买行为的接收方，能够带来更高的行为选择率，即扩散效果更佳。但到了仿真后期，"条件绿色购买行为差"的优势逐渐消失，势差优先模式和强度优先模式的行为扩散效果开始接近，网络均衡性也开始趋同。分别加入不同情境变量的干预作用，城市居民的条件绿色购买行为扩散效率表现存在一定差异，这进一步印证了情境因素是导致绿色动机—行为偏差的复杂原因。综合来看,势差优先模式网络中的全部节点的条件绿色购买行为增长率更为稳定,网络均衡性也相对较好。②当节点关系强度为"弱关系"[0.1,0.3]网络时,以强度优先模式和势差优先模式确定发送方时,网络中全部节点的行为增长率较高或降幅较小,其中势差优先模式的增长率最高或降幅最小,网络均衡性总体上也最好。在节点间关系强度介于[0.7,0.9]的"强关系"网络中,以势差优先模式确定发送方时,网络中全部节点的条件绿色购买行为增长率优势在仿真初期并不明显,从仿真中期开始,优势开始凸显,同样,势差优先模式的网络均衡性也较其他两种模式更好。相对于"强关系"网络,"弱关系"网络受到情境因素的干预影响更大。

8.2 主要创新点

(1) 通过文献研究和调查研究,提出三维进阶式的绿色购买行为结构模型,即绝对绿色购买行为、条件绿色购买行为和随机绿色购买行为。这更加有助于探索绿色购买行为的演化过程及产生机制,发现绿色动机—行为偏差的更多成因。

(2) 运用扎根理论厘清了城市居民绿色购买行为的关键驱动因素,调用 S-O-R 理论和目标框架理论构建了城市居民绿色购买行为驱动机理理论模型,从利己和利他诉求视角审视绿色消费,创新和丰富了绿色购买行为理论体系。

(3) 探索和明确了内外部驱动因素通过双重诉求动机对城市居民绿色购买行为的影响机制,特别聚焦了媒体在绿色消费社会构建中的作用。首先,检验了媒体信息重复策略与媒体自身影响力之间潜在的协同/互斥效应,从而验证出现有媒体说服策略的有效性和局限性。其次,检验了"恐惧诉求"(环境问题严重性感知)对理论模型的调节作用,依据实证结果阐释了"回返效应"的生成机理,从而拓宽了绿色动机—行为偏差成因的研究视角。再次,本文研究证实绿色消费领域存在个体环保行为"过度自信",借用行为经济学领域中的过度自信理论,提出了环保行为"过度自信"现象,探索出了阻碍居民绿色购买行为达成的隐性阻碍因素,从而为绿色动机—行为偏差成因提供了更多的直接证据和破解对策。

（4）运用加权小世界理论，构建了城市居民绿色购买活动中存在最为普遍的行为类型（条件绿色购买行为）的扩散模型，借助 Matlab 仿真平台，研究了条件绿色购买行为的扩散规律，这为持续推进全社会实施绿色购买活动提供了新的政策设计思路与方法。

8.3 研究的局限性与未来展望

无论是质性研究还是量化研究，本文都力争做到科学严谨，但是受到多种因素的消极影响，尚存在一些不足点，需要后续研究加以完善。具体如下：

（1）人类行为具有复杂性，特定情境下，人的行为产生受到多种因素的交互影响，这也决定了绿色购买行为驱动因素的筛选不可能做到穷尽性和稳定性。本文主要运用扎根理论对关键驱动因素进行萃取，并在此基础上参考相关文献开发和修订了研究所用量表，虽然经过严谨的量表开发流程，同时量表的信效度也通过检验，但是部分检验指标尚存在进一步优化的空间，特别是随着时代变革，量表测量条目的契合度会受到一定挑战，这也需要后续研究持续跟进。

（2）针对可能存在的共同方法偏误和"社会赞许偏差"顽疾，本文采取了一些过程控制策略，但是作为一种典型的利他性行为，自陈报告式的数据依然无法完全避免上述问题的困扰，后续研究可以采用自然实验等研究方法进一步验证本文研究结论的正确性。

附录一

城市居民绿色购买行为预试问卷

亲爱的朋友:

您好!非常感谢您参与本次问卷调查,我们是中国矿业大学的研究团队,正在为该项目的深入研究搜集数据。此问卷主要是为了探究城市居民绿色环保产品消费情况。请您先仔细阅读问卷中的每一条目,再根据您的真实想法选出最接近的一项作答(选中相应按钮)。问卷填答无所谓对与错,亦不记名,我们承诺对您的作答信息严格保密,问卷涉及内容仅作学习交流之用,敬请您安心和耐心作答。非常感谢您的支持和帮助!

1. 您的性别
   □女　　　　□男

2. 您的个人月收入
   □3 000 元及以下　□3 000~6 000 元　□6 000~9 000 元　□9 000~12 000 元　□12 000 元以上(不含12 000 元)

3. 您的婚姻状况
   □未婚　　　□已婚　　　□其他

4. 您的受教育程度
   □初中及以下　□高中或中专　□大专　□本科　□硕士　□博士

5. 您的职业
   □政府部门工作人员　□科研、教育和环境卫生领域的人员　□工程技术人员　□私营业主　□企业管理人员　□一般工人或服务人员　□退休及家庭妇女　□其他

6. 您的年龄
   □20 周岁以下　□20~25 周岁　□26~30 周岁　□31~35 周岁　□36~40 周岁　□41~45

周岁 □46~50周岁 □51~55周岁 □56周岁以上

7. 您所在单位的组织性质

□政府部门 □事业单位 □国有企业 □集体所有制企业 □私营企业 □中外合资经营企业 □中外合作经营企业 □外资企业 □其他

8. 您在单位的职位层级

□基层员工 □基层管理人员 □中层管理人员 □高层管理人员 □其他

9. 您的常住城市（填空题 ＊必答）

10. 近三个月以来，请问您购买的绿色产品名称是什么？至少填写1项。

11. 近三个月以来，请问您购买绿色产品花费的总金额大概是多少元？

12. 请您根据自己的实际感受和体会，对下面11个题项进行评价和判断，并在最符合的数字上划√。

序号	题项	非常不同意	不同意	有点不同意	不好确定	有点同意	同意	非常同意
1	我对环境的关心影响了我的日常购买习惯	1	2	3	4	5	6	7
2	我放弃过去的消费习惯，转而购买绿色产品是出于环保的原因	1	2	3	4	5	6	7
3	我一直避免购买给环境带来潜在危害的产品	1	2	3	4	5	6	7
4	日常生活中，我有意购买绿色产品是因为自己十分关心环境	1	2	3	4	5	6	7
5	如果绿色产品的价格下降，我愿意购买更多的绿色产品	1	2	3	4	5	6	7
6	只要绿色产品的性价比高，我就愿意购买它们（绿色产品）	1	2	3	4	5	6	7
7	如果绿色产品可以节能，我愿意购买它们（绿色产品）	1	2	3	4	5	6	7
8	如果绿色产品在价格、质量和性能方面与其他非绿色产品相同，我愿意购买绿色产品	1	2	3	4	5	6	7
9	我无意中购买了一件绿色产品，因为就产品属性（指产品本身所固有的性质）而言，它与非绿色产品相当	1	2	3	4	5	6	7
10	我没有意识到自己购买了一件绿色产品	1	2	3	4	5	6	7
11	我偶然间购买了绿色产品，是因为它（绿色产品）与非绿色产品之间没有区别	1	2	3	4	5	6	7

13. 请您根据自己的实际感受和体会，对下面 21 个题项进行评价和判断，并在最符合的数字上划√。

序号	题项	非常不同意	不同意	有点不同意	不好确定	有点同意	同意	非常同意
1	绿色产品消费能够帮助我节省日常生活开支	1	2	3	4	5	6	7
2	绿色产品消费能够彰显我的社会地位，使我生活得更加体面	1	2	3	4	5	6	7
3	跟传统非绿色产品相比，绿色产品的售后服务更加完善	1	2	3	4	5	6	7
4	绿色产品使用后能够"以旧换新"	1	2	3	4	5	6	7
5	除了绿色产品以外，市场上没有更好的替代产品能够减轻环境污染对我的侵害	1	2	3	4	5	6	7
6	绿色产品消费能够使我享受到政府提供的诸多优惠政策	1	2	3	4	5	6	7
7	绿色产品的环保功能使我受益匪浅（即给我带来了很受用的价值）	1	2	3	4	5	6	7
8	绿色产品的环保性能符合我的期望	1	2	3	4	5	6	7
9	我从绿色消费过程中获得了快乐和满足	1	2	3	4	5	6	7
10	跟传统非绿色产品相比，绿色产品更加让人赏心悦目	1	2	3	4	5	6	7
11	绿色产品拥有良好的性能，我使用起来有一种安全感	1	2	3	4	5	6	7
12	我喜欢购买和使用绿色产品	1	2	3	4	5	6	7
13	我容易被绿色产品的宣传广告所打动	1	2	3	4	5	6	7
14	践行绿色消费活动（如购买绿色产品）使我感到自豪	1	2	3	4	5	6	7
15	我喜欢沉浸在购买绿色环保产品为我赢得的社会赞许中	1	2	3	4	5	6	7
16	我具有环境保护意识	1	2	3	4	5	6	7
17	践行绿色消费是我个人的日常道德准则	1	2	3	4	5	6	7
18	践行绿色产品消费，能够减少个人"碳足迹"并缓解气候变暖问题	1	2	3	4	5	6	7
19	我之所以选择消费绿色产品，是因为我具有很强的社会责任感	1	2	3	4	5	6	7
20	我珍视的亲朋好友认为我应该进行绿色产品消费	1	2	3	4	5	6	7
21	保护生态环境不仅是中国各级政府的事，也与我息息相关	1	2	3	4	5	6	7

14. 请您根据自己的实际感受和体会,对下面12个题项进行评价和判断,并在最符合的数字上划√。

序号	题项	非常不同意	不同意	有点不同意	不好确定	有点同意	同意	非常同意
1	我非常担忧全球环境问题	1	2	3	4	5	6	7
2	如果人类一直这样我行我素,漠视环境问题,我们会在不久的将来面临一场生态灾难	1	2	3	4	5	6	7
3	大自然的生态平衡非常脆弱,很容易遭到破坏	1	2	3	4	5	6	7
4	为了实现可持续发展,我认为人类应该与自然和谐共处	1	2	3	4	5	6	7
5	我愿意调节自己的日常消费行为,以实现人类的可持续发展	1	2	3	4	5	6	7
6	我认为自己是一个环保型消费者	1	2	3	4	5	6	7
7	我使用的绿色产品有效彰显出我是一个负责任的消费者	1	2	3	4	5	6	7
8	我为自己是一个环保主义者而感到自豪	1	2	3	4	5	6	7
9	我渴望家人和朋友将自己视作一个关心环境问题的人	1	2	3	4	5	6	7
10	如果购买了绿色产品,我会对自己感到十分满意	1	2	3	4	5	6	7
11	我之所以购买和使用绿色产品,是因为它们(绿色产品)能够凸显出我的亲环境人格	1	2	3	4	5	6	7
12	践行环保活动是我人生中很重要的一部分	1	2	3	4	5	6	7

15. 请您根据自己的实际感受和体会,对下面15个题项进行评价和判断,并在最符合的数字上划√。

序号	题项	从来没有	极少	偶尔	有时	经常	频繁	总是
1	我( )在电视上看到有关环境危机问题的话题/议题	1	2	3	4	5	6	7
2	我( )在广告上看到有关环境危机问题的信息	1	2	3	4	5	6	7
3	我( )在广播上听到有关环境危机问题的话题/议题	1	2	3	4	5	6	7
4	我( )在互联网上看到有关环境危机问题的信息/议题	1	2	3	4	5	6	7

续表

序号	题项	非常不同意	不同意	有点不同意	不好确定	有点同意	同意	非常同意
5	媒体对绿色产品的宣传和倡导对我的日常购买行为产生了重要影响	1	2	3	4	5	6	7
6	媒体的绿色环保宣传丰富了我的环境知识	1	2	3	4	5	6	7
7	我之所以使用绿色产品是因为我的家人使用或曾经使用过绿色产品	1	2	3	4	5	6	7
8	我之所以购买绿色产品是因为我的家人购买或曾经购买过绿色产品	1	2	3	4	5	6	7
9	我之所以使用绿色产品是因为它们（绿色产品）让我想起了我的家人	1	2	3	4	5	6	7
10	我从家人那里学到了很多有关环境方面的知识	1	2	3	4	5	6	7
11	我珍视的同辈朋友们都关心环境	1	2	3	4	5	6	7
12	我珍视的同辈朋友们在做出购买决策时，都会考虑这种决策对环境的潜在影响	1	2	3	4	5	6	7
13	我珍视的同辈朋友们会积极购买绿色产品	1	2	3	4	5	6	7
14	我珍视的同辈朋友们认为全球变暖是一个现实威胁	1	2	3	4	5	6	7
15	我从朋友们那里学到了很多有关环境方面的知识	1	2	3	4	5	6	7

16. 请您根据自己的实际感受和体会，对下面19个题项进行评价和判断，并在最符合的数字上划√。

序号	题项	非常不同意	不同意	有点不同意	不好确定	有点同意	同意	非常同意
1	别人欣赏、喜欢我购买的绿色产品，对我来说很重要	1	2	3	4	5	6	7
2	购买绿色产品是与他人（非环保人士）相区分的一个好方法	1	2	3	4	5	6	7
3	购买绿色产品、支持绿色品牌能给我带来社会声望	1	2	3	4	5	6	7
4	我身边的人认为购买绿色产品符合我的身份和品味	1	2	3	4	5	6	7
5	购买绿色产品让我挣到了面子	1	2	3	4	5	6	7
6	若放弃经常购买的普通（非绿色）产品，转而购买和适应同类的绿色产品，我将失去与普通（非绿色）产品卖家建立起的良好合作关系与友谊	1	2	3	4	5	6	7

续表

序号	题项	非常不同意	不同意	有点不同意	不好确定	有点同意	同意	非常同意
7	放弃经常购买的普通（非绿色）产品，转而购买和适应同类的绿色产品会消耗我大量的时间和精力	1	2	3	4	5	6	7
8	放弃经常购买的普通（非绿色）产品，转而购买同类的绿色产品会花费我很多金钱	1	2	3	4	5	6	7
9	总的来说，放弃经常购买的普通（非绿色）产品，转而购买同类的绿色产品会产生很多麻烦	1	2	3	4	5	6	7
10	我认为中国目前面临的环境问题很严重	1	2	3	4	5	6	7
11	我认为我们当前所面临的环境问题需要得到紧急应对和处理	1	2	3	4	5	6	7
12	我认为我们所面临的环境问题正在持续恶化	1	2	3	4	5	6	7
13	目前存在的环境问题正在威胁着我们的健康	1	2	3	4	5	6	7
14	目前存在的环境问题正在损害着国家的正面形象	1	2	3	4	5	6	7
15	我认为，如果在日常生活中能够多践行一些亲环境行为（如随手关灯、购买绿色产品、采用可持续的出行方式等），就会为我们的环境改善做出很大贡献	1	2	3	4	5	6	7
16	我认为，自己经常参与环保活动会积极影响我的家人和朋友也一起参与进来	1	2	3	4	5	6	7
17	如果我切实践行亲环境行为（如随手关灯、购买绿色产品、采用可持续的出行方式等），我们的环境质量就会发生明显好转	1	2	3	4	5	6	7
18	我觉得自己有能力去帮助解决环境问题	1	2	3	4	5	6	7
19	我觉得自己有能力通过节水和节能去帮助解决资源短缺问题	1	2	3	4	5	6	7

附录二

城市居民绿色购买行为正式调查问卷

亲爱的朋友：

您好！非常感谢您参与本次问卷调查，我们是中国矿业大学的研究团队，正在为该项目的深入研究搜集数据。此问卷主要是为了探究城市居民绿色环保产品消费情况。请您先仔细阅读问卷中的每一条目，再根据您的真实想法选出最接近的一项作答（选中相应按钮）。问卷填答无所谓对与错，亦不记名，我们承诺对您的作答信息严格保密，问卷涉及内容仅作学习交流之用，敬请您安心和耐心作答。非常感谢您的支持和帮助！

1. 您的性别

   □女　　　　□男

2. 您的个人月收入

   □3 000元及以下　□3 000~6 000元　□6 000~9 000元　□9 000~12 000元　□12 000元以上（不含12 000元）

3. 您的婚姻状况

   □未婚　　　□已婚　　　□其他

4. 您的受教育程度

   □初中及以下　□高中或中专　□大专　□本科　□硕士　□博士

5. 您的职业

   □政府部门工作人员　□科研、教育和环境卫生领域的人员　□工程技术人员　□私营业主　□企业管理人员　□一般工人或服务人员　□退休及家庭妇女　□其他

6. 您的年龄

   □20周岁以下　□20~25周岁　□26~30周岁　□31~35周岁　□36~40周岁　□41~45

周岁 □46~50周岁 □51~55周岁 □56周岁以上

7. 您所在单位的组织性质

□政府部门 □事业单位 □国有企业 □集体所有制企业 □私营企业 □中外合资经营企业 □中外合作经营企业 □外资企业 □其他

8. 您在单位的职位层级

□基层员工 □基层管理人员 □中层管理人员 □高层管理人员 □其他

9. 您的常住城市

_____

10. 近三个月以来,请问您购买的绿色产品名称是什么?至少填写1项。

_____

11. 近三个月以来,请问您购买绿色产品花费的总金额大概是多少元?

_____

12. 请您根据自己的实际感受和体会,对下面11个题项进行评价和判断,并在最符合的数字上划√。

序号	题项	非常不同意	不同意	有点不同意	不好确定	有点同意	同意	非常同意
1	对环境的关心深刻影响了我的日常购买习惯	1	2	3	4	5	6	7
2	出于环保的原因,我摒弃了过去的消费习惯,无条件转向购买绿色产品	1	2	3	4	5	6	7
3	我一直坚持避免购买给环境带来潜在危害的产品	1	2	3	4	5	6	7
4	我十分关心环境,在日常生活中一直有意购买绿色产品	1	2	3	4	5	6	7
5	如果绿色产品的价格下降,我就会购买更多的绿色产品	1	2	3	4	5	6	7
6	如果绿色产品的性价比高,我就会坚持购买它们	1	2	3	4	5	6	7
7	如果绿色产品确实节能环保,我就会坚持购买它们	1	2	3	4	5	6	7
8	如果绿色产品在价格、质量和性能方面与非绿色产品等同,我就会坚持购买它们	1	2	3	4	5	6	7
9	我无意中购买了一件绿色产品,是因为它与非绿色产品基本功能属性相同,难以区分	1	2	3	4	5	6	7
10	我没有意识到自己购买的产品是一件绿色产品	1	2	3	4	5	6	7
11	我会意外地购买到绿色产品,是因为它们看起来与非绿色产品(外观、式样等)相似,难以区分							

13. 请您根据自己的实际感受和体会,对下面 18 个题项进行评价和判断,并在最符合的数字上划√。

序号	题项	非常不同意	不同意	有点不同意	不好确定	有点同意	同意	非常同意
1	购买绿色产品能够帮助我节省日常生活开支	1	2	3	4	5	6	7
2	绿色产品的环保功能使我受益匪浅(即给我带来了很受用的价值)	1	2	3	4	5	6	7
3	跟传统非绿色产品相比,绿色产品的售后服务更加完善	1	2	3	4	5	6	7
4	绿色产品使用后能够"以旧换新"	1	2	3	4	5	6	7
5	除了绿色产品以外,市场上没有更好的替代产品能够减轻环境污染对我的侵害	1	2	3	4	5	6	7
6	绿色产品消费能够使我享受到政府提供的诸多优惠政策(例如税收优惠和价格补贴等)	1	2	3	4	5	6	7
7	我从绿色消费过程中获得了快乐和满足	1	2	3	4	5	6	7
8	跟传统非绿色产品相比,绿色产品更加让人赏心悦目	1	2	3	4	5	6	7
9	绿色产品性能良好,我使用起来感到安心和舒心	1	2	3	4	5	6	7
10	我喜欢购买和使用绿色产品	1	2	3	4	5	6	7
11	我容易被绿色产品的宣传广告所打动	1	2	3	4	5	6	7
12	践行绿色消费活动(如购买绿色产品)使我感到心情愉悦	1	2	3	4	5	6	7
13	我具有环境保护理念	1	2	3	4	5	6	7
14	践行绿色消费是我个人的日常道德准则	1	2	3	4	5	6	7
15	践行绿色产品消费,能够减少个人"碳足迹"(个人日常活动引发的温室气体排放量)并缓解气候变暖问题	1	2	3	4	5	6	7
16	我之所以选择消费绿色产品,是因为我具有很强的社会责任感	1	2	3	4	5	6	7
17	我珍视的亲朋好友认为我应该进行绿色产品消费	1	2	3	4	5	6	7
18	保护生态环境不仅是中国各级政府的事,也与我息息相关	1	2	3	4	5	6	7

14. 请您根据自己的实际感受和体会,对下面 12 个题项进行评价和判断,并在最符合的数字上划√。

附录二 城市居民绿色购买行为正式调查问卷

序号	题项	非常不同意	不同意	有点不同意	不好确定	有点同意	同意	非常同意
1	我非常担忧全球环境问题	1	2	3	4	5	6	7
2	如果人类一直这样我行我素，漠视环境问题，我们会在不久的将来面临一场生态灾难	1	2	3	4	5	6	7
3	大自然的生态平衡非常脆弱，很容易遭到破坏	1	2	3	4	5	6	7
4	为了实现可持续发展，我认为人类应该与自然和谐共处	1	2	3	4	5	6	7
5	我愿意调节自己的日常消费行为，以实现人类的可持续发展	1	2	3	4	5	6	7
6	我认为自己是一个环保型消费者	1	2	3	4	5	6	7
7	使用的绿色产品有效彰显出了我是一个负责任的消费者	1	2	3	4	5	6	7
8	我为自己是一个环保主义者而感到自豪	1	2	3	4	5	6	7
9	我渴望家人和朋友将自己视作一个关心环境的人	1	2	3	4	5	6	7
10	如果购买了绿色产品，我会对自己感到十分满意	1	2	3	4	5	6	7
11	我之所以购买和使用绿色产品，是因为它们（绿色产品）能够凸显出我的亲环境人格	1	2	3	4	5	6	7
12	积极参与环保活动是我人生中很重要的一部分	1	2	3	4	5	6	7

15. 请您根据自己的实际感受和体会，对下面 17 个题项进行评价和判断，并在最符合的数字上划√。

序号	题项	从来没有	极少	偶尔	有时	经常	频繁	总是
1	我（　）在电视上看到有关环境危机问题的话题/议题	1	2	3	4	5	6	7
2	我（　）在广告上看到有关环境危机问题的信息	1	2	3	4	5	6	7
3	我（　）在广播上听到有关环境危机问题的话题/议题	1	2	3	4	5	6	7
4	我（　）在互联网上看到有关环境危机问题的信息/议题	1	2	3	4	5	6	7

序号	题项	非常不同意	不同意	有点不同意	不好确定	有点同意	同意	非常同意
5	媒体对绿色产品的宣传和倡导对我的日常购买行为产生了重要影响	1	2	3	4	5	6	7
6	媒体的绿色环保宣传丰富了我的环境知识	1	2	3	4	5	6	7

续表

序号	题项	非常不同意	不同意	有点不同意	不好确定	有点同意	同意	非常同意
7	媒体的绿色环保宣传唤醒了我的环境责任	1	2	3	4	5	6	7
8	媒体发起的环保运动使我更加在意自己购买的产品是否为绿色的	1	2	3	4	5	6	7
9	我之所以使用绿色产品是因为我的家人使用或曾经使用过绿色产品	1	2	3	4	5	6	7
10	我之所以购买绿色产品是因为我的家人购买或曾经购买过绿色产品	1	2	3	4	5	6	7
11	我之所以使用绿色产品是因为它们（绿色产品）让我想起了我的家人	1	2	3	4	5	6	7
12	我从家人那里学到了很多有关环境方面的知识	1	2	3	4	5	6	7
13	我珍视的同辈朋友们都关心环境	1	2	3	4	5	6	7
14	我珍视的同辈朋友们在做出购买决策时，都会考虑这种决策对环境的潜在影响	1	2	3	4	5	6	7
15	我珍视的同辈朋友们会积极购买绿色产品	1	2	3	4	5	6	7
16	我珍视的同辈朋友们认为全球变暖是一个现实威胁	1	2	3	4	5	6	7
17	我从朋友们那里学到了很多有关环境方面的知识	1	2	3	4	5	6	7

16. 请您根据自己的实际感受和体会，对下面19个题项进行评价和判断，并在最符合的数字上划√。

序号	题项	非常不同意	不同意	有点不同意	不好确定	有点同意	同意	非常同意
1	别人欣赏我购买的绿色产品对我来说很重要	1	2	3	4	5	6	7
2	购买绿色产品是与非环保人士相区分的一个好方法	1	2	3	4	5	6	7
3	购买绿色产品、支持绿色品牌能给我带来社会声望	1	2	3	4	5	6	7
4	我身边的人认为购买绿色产品符合我的身份和品味	1	2	3	4	5	6	7
5	购买绿色产品让我挣到了面子	1	2	3	4	5	6	7
6	若放弃经常购买的普通（非绿色）产品，转而购买和适应同类的绿色产品，我将失去与普通（非绿色）产品卖家建立起的良好合作关系与友谊	1	2	3	4	5	6	7

续表

序号	题项	非常不同意	不同意	有点不同意	不好确定	有点同意	同意	非常同意
7	放弃经常购买的普通（非绿色）产品，转而购买和适应同类的绿色产品会消耗我大量的时间和精力	1	2	3	4	5	6	7
8	放弃经常购买的普通（非绿色）产品，转而购买同类的绿色产品会花费我很多金钱	1	2	3	4	5	6	7
9	总的来说，放弃经常购买的普通（非绿色）产品，转而购买同类的绿色产品会产生很多麻烦	1	2	3	4	5	6	7
10	我认为中国目前面临的环境问题很严重	1	2	3	4	5	6	7
11	我认为我们当前所面临的环境问题需要得到紧急应对和处理	1	2	3	4	5	6	7
12	我认为我们所面临的环境问题正在持续恶化	1	2	3	4	5	6	7
13	目前存在的环境问题正在威胁着我们的健康	1	2	3	4	5	6	7
14	目前存在的环境问题正在损害着国家的正面形象	1	2	3	4	5	6	7
15	我认为，如果在日常生活中能够多践行一些亲环境行为（如随手关灯、购买绿色产品、采用绿色低碳的出行方式等	1	2	3	4	5	6	7
16	我认为自己经常参与环保活动会积极影响我的家人和朋友也一起参与进来	1	2	3	4	5	6	7
17	如果我切实践行亲环境行为（如随手关灯、购买绿色产品、采用绿色低碳的出行方式等），我们的环境质量就会发生明显好转	1	2	3	4	5	6	7
18	我觉得自己有能力去帮助解决环境问题	1	2	3	4	5	6	7
19	我觉得自己有能力通过节水和节能去帮助解决资源短缺问题	1	2	3	4	5	6	7

参 考 文 献

[1] WU S I, CHEN J Y. A model of green consumption behavior constructed by the theory of planned behavior [J]. International Journal of Marketing Studies, 2014, 6 (5): 119-132.

[2] SCHUITEMA G, DE GROOT J I M. Green consumerism: The influence of product attributes and values on purchasing intentions [J]. Journal of Consumer Behaviour, 2015, 14 (1): 57-69.

[3] CHEN K K. Assessing the effects of customer innovativeness, environmental value and ecological lifestyles on residential solar power systems install intention [J]. Energy Policy, 2014, 67: 951-961.

[4] 贺爱忠,李韬武,盖延涛. 城市居民低碳利益关注和低碳责任意识对低碳消费的影响——基于多群组结构方程模型的东、中、西部差异分析 [J]. 中国软科学, 2011, 8: 185-192.

[5] DAGHER G K, ITANI O. Factors influencing green purchasing behaviour: Empirical evidence from the Lebanese consumers [J]. Journal of Consumer Behaviour, 2014, 13 (3): 188-195.

[6] LIN P C, HUANG Y H. The influence factors on choice behavior regarding green products based on the theory of consumption values [J]. Journal of Cleaner Production, 2012, 22 (1): 11-18.

[7] 王汉瑛,邢红卫,田虹. 定位绿色消费的"黄金象限":基于刻板印象内容模型的响应面分析 [J]. 南开管理评论, 2018, 21 (3): 203-214.

[8] YANG D, LU Y, ZHU W, et al. Going green: How different advertising appeals impact green consumption behavior [J]. Journal of Business Research, 2015, 68 (12): 2663-2675.

[9] LIANG D, HOU C, JO M S, et al. Pollution avoidance and green purchase: The role

of moral emotions [J]. Journal of Cleaner Production, 2019, 210: 1301 - 1310.

[10] 劳可夫. 消费者创新性对绿色消费行为的影响机制研究 [J]. 南开管理评论, 2013, 16 (4): 106 - 13, 32.

[11] TRIVEDI R H, PATEL J D, ACHARYA N. Causality analysis of media influence on environmental attitude, intention and behaviors leading to green purchasing [J]. Journal of Cleaner Production, 2018, 196: 11 - 22.

[12] ZHANG L, LI D, CAO C, et al. The influence of greenwashing perception on green purchasing intentions: The mediating role of green word - of - mouth and moderating role of green concern [J]. Journal of Cleaner Production, 2018, 187: 740 - 750.

[13] WANG P, LIU Q, QI Y. Factors influencing sustainable consumption behaviors: a survey of the rural residents in China [J]. Journal of Cleaner Production, 2014, 63: 152 - 165.

[14] CHEN H, LONG R, NIU W, et al. How does individual low - carbon consumption behavior occur? - An analysis based on attitude process [J]. Applied Energy, 2014, 116: 376 - 386.

[15] VAN BIRGELEN M, SEMEIJN J, KEICHER M. Packaging and Proenvironmental Consumption Behavior: Investigating Purchase and Disposal Decisions for Beverages [J]. Environment and Behavior, 2008, 41 (1): 125 - 146.

[16] TANNER C, KAST S W. Promoting sustainable consumption: Determinants of green purchases by Swiss consumers [J]. Psychology & Marketing, 2003, 20 (10): 883 - 902.

[17] BISWAS A, ROY M. Green products: an exploratory study on the consumer behaviour in emerging economies of the East [J]. Journal of Cleaner Production, 2015, 87: 463 - 468.

[18] CHEN Y S. Towards green loyalty: Driving from green perceived value, green satisfaction, and green trust [J]. Sustainable Development, 2013, 21 (5): 294 - 308.

[19] 邱宏亮, 范钧, 赵磊. 旅游者环境责任行为研究述评与展望 [J]. 旅游学刊, 2018, 33 (11): 122 - 138.

[20] 张晓杰, 靳慧蓉, 娄成武. 规范激活理论: 公众环保行为的有效预测模型 [J]. 东北大学学报 (社会科学版), 2016, 18 (6): 610 - 615.

[21] YANG X, ZHANG L. Diagnose barriers to sustainable development: A study on "desensitization" in urban residents' green purchasing behavior [J]. Sustainable Development, 2020, 28 (1): 143 - 154.

[22] MOON M A, MOHEL S H, FAROOQ A. I green, you green, we all green: Testing the extended environmental theory of planned behavior among the university students of Pakistan [J]. The Social Science Journal, 2020: 1 - 17.

[23] KIM Y, YUN S, LEE J, et al. How consumer knowledge shapes green consumption: an empirical study on voluntary carbon offsetting [J]. International Journal of Advertising, 2016, 35 (1): 23 – 41.

[24] LIN J, LOBO A, LECKIE C. Green brand benefits and their influence on brand loyalty [J]. Marketing Intelligence & Planning, 2017, 35 (3): 425 – 440.

[25] 刘小元, 林嵩. 社会情境、职业地位与社会个体的创业倾向 [J]. 管理评论, 2015, 27 (10): 138 – 149.

[26] ASHFORTH B E, MAEL F. Social Identity Theory and the Organization [J]. Academy of Management Review, 1989, 14 (1): 20 – 39.

[27] 黄枝连. 论社会情境的结构形态及其变革处理 [J]. 中国社会科学, 1987, 1: 193 – 208.

[28] PERSAUD A, SCHILLO S R. Purchasing organic products: role of social context and consumer innovativeness [J]. Marketing Intelligence & Planning, 2017, 35 (1): 130 – 146.

[29] JUDGE M, WARREN – MYERS G, PALADINO A. Using the theory of planned behaviour to predict intentions to purchase sustainable housing [J]. Journal of Cleaner Production, 2019, 215: 259 – 267.

[30] OGDEN D T, GUPTA S. To buy or not to buy? A social dilemma perspective on green buying [J]. Journal of Consumer Marketing, 2009, 26 (6): 376 – 391.

[31] 杨贤传, 张磊. 消费价值与社会情境对城市居民低碳消费意愿的影响研究 [J]. 技术经济与管理研究, 2018, 8: 21 – 26.

[32] WANG J, BAO J, WANG C, et al. The impact of different emotional appeals on the purchase intention for green products: The moderating effects of green involvement and Confucian cultures [J]. Sustainable Cities and Society, 2017, 34: 32 – 42.

[33] BAO Y, ZHOU K Z, SU C. Face consciousness and risk aversion: Do they affect consumer decision – making? [J]. Psychology & Marketing, 2003, 20 (8): 733 – 755.

[34] JUAN LI J, SU C. How Face Influences Consumption – A Comparative Study of American and Chinese Consumers [J]. International Journal of Market Research, 2007, 49 (2): 237 – 256.

[35] 汪兴东, 杨蓉. 农村居民生态消费行为影响因素分析——基于鄱阳湖区 972 个样本的调查 [J]. 财贸研究, 2016, 27 (1): 62 – 69.

[36] CHAN R Y K, LAU L B Y. Antecedents of green purchases: A survey in China [J]. Journal of Consumer Marketing, 2000, 17 (4): 338 – 357.

[37] CHAN R Y K. Determinants of Chinese consumers' green purchase behavior [J]. Psychology & Marketing, 2001, 18 (4): 389 – 413.

[38] 魏佳,陈红,龙如银.生态人格及其对城市居民低碳消费行为的影响[J].北京理工大学学报(社会科学版),2017,19(2):45-54.

[39] STERN P C. New Environmental Theories: Toward a Coherent Theory of Environmentally Significant Behavior [J]. Journal of Social Issues, 2000, 56 (3): 407-424.

[40] LEE K. The role of media exposure, social exposure and biospheric value orientation in the environmental attitude-intention-behavior model in adolescents [J]. Journal of Environmental Psychology, 2011, 31 (4): 301-308.

[41] 陈飞宇.城市居民垃圾分类行为驱动机理及政策仿真研究[D];中国矿业大学,2018.

[42] BANDURA A. Self-efficacy: Toward a unifying theory of behavioral change [J]. Advances in Behaviour Research and Therapy, 1978, 1 (4): 139-161.

[43] Mehrabian A, Russell J A. An approach to environment psychology [M]. Cambridge. MA: MIT Press, 1974.

[44] CHOI H, KANDAMPULLY J. The effect of atmosphere on customer engagement in upscale hotels: An application of S-O-R paradigm [J]. International Journal of Hospitality Management, 2019, 77: 40-50.

[45] 娄方丽,尚少梅,田辉.基于"S-O-R"模式、Heider平衡理论和知信行理论构建癌症病人疼痛管理态度改变研究的理论模型[J].护理研究,2019,33(9):1559-1563.

[46] BISWAS A, ROY M. Leveraging factors for sustained green consumption behavior based on consumption value perceptions: testing the structural model [J]. Journal of Cleaner Production, 2015, 95: 332-340.

[47] WANG Y, LI Y, ZHANG J, et al. How impacting factors affect Chinese green purchasing behavior based on Fuzzy Cognitive Maps [J]. Journal of Cleaner Production, 2019, 240: 118199.

[48] OFEK S, PORTNOV B A. Differential effect of knowledge on stakeholders' willingness to pay green building price premium: Implications for cleaner production [J]. Journal of Cleaner Production, 2020, 251: 119575.

[49] KIATKAWSIN K, HAN H. Young travelers' intention to behave pro-environmentally: Merging the value-belief-norm theory and the expectancy theory [J]. Tourism Management, 2017, 59: 76-88.

[50] JIANG X, DING Z, LI X, et al. How cultural values and anticipated guilt matter in Chinese residents' intention of low carbon consuming behavior [J]. Journal of Cleaner Production, 2020, 246: 119069.

[51] KHARE A, PANDEY S. Role of green self – identity and peer influence in fostering trust towards organic food retailers [J]. International Journal of Retail & Distribution Management, 2017, 45 (9): 969 – 990.

[52] Pinto D C, Herter M M, Rossi P, et al. Going green for self or for others? Gender and identity salience effects on sustainable consumption [J]. International Journal of Consumer Studies, 2014, 38 (5): 540 – 549.

[53] RAHIMAH A, KHALIL S, DANG H P, et al. The terror of death and consumers' sustainability attitudes [J]. Journal of Retailing and Consumer Services, 2020, 57: 102196.

[54] WANG L, WEI F, ZHANG X – A. Why does energy – saving behavior rise and fall? A study on consumer face consciousness in the chinese context [J]. Journal of Business Ethics, 2019, 160 (2): 499 – 513.

[55] HOVLAND C I, JANIS I L, KELLEY H H. Communication and persuasion [M]. New Heaven, CT: Yale University Press, 1953.

[56] JANIS I, FESHBACH S. Effects of Fear – Arousing Communication [J]. The Journal of Abnormal and Social Psychology, 1953, 48: 78 – 92.

[57] 冉华, 耿书培. 健康信息的特质与组织方式对受众接受效果的影响研究——以女性宫颈癌预防传播为例 [J]. 新闻与传播评论, 2018, 71 (5): 79 – 91.

[58] LEE K. Opportunities for green marketing: Young consumers [J]. Marketing Intelligence & Planning, 2008, 26 (6): 573 – 586.

[59] LEE K. The green purchase behavior of hong kong young consumers: The role of peer influence, local environmental involvement, and concrete environmental knowledge [J]. Journal of International Consumer Marketing, 2010, 23 (1): 21 – 44.

[60] GENG J, LONG R, CHEN H, et al. Exploring the motivation – behavior gap in urban residents' green travel behavior: A theoretical and empirical study [J]. Resources, Conservation and Recycling, 2017, 125: 282 – 292.

[61] 王建明, 王俊豪. 公众低碳消费模式的影响因素模型与政府管制政策——基于扎根理论的一个探索性研究 [J]. 管理世界, 2011, 4: 58 – 68.

[62] TANG Y, CHEN S, YUAN Z. The effects of hedonic, gain, and normative motives on sustainable consumption: Multiple mediating evidence from China [J]. Sustainable Development, 2020, 28 (4): 741 – 750.

[63] 陈凯, 彭茜. 绿色消费态度—行为差距分析及其干预 [J]. 科技管理研究, 2014, 34 (20): 236 – 241.

[64] NGUYEN H V, NGUYEN C H, HOANG T T B. Green consumption: Closing the intention – behavior gap [J]. Sustainable Development, 2019, 27 (1): 118 – 129.

[65] 王晓红,胡士磊,张雪燕.消费者缘何言行不一:绿色消费态度——行为缺口研究述评与展望[J].经济与管理评论,2018,34(5):52-62.

[66] 孙剑,李锦锦,杨晓茹.消费者为何言行不一:绿色消费行为阻碍因素探究[J].华中农业大学学报(社会科学版),2015,5:72-81.

[67] AJZEN I. The theory of planned behavior [J]. Organizational Behavior and Human Decision Processes, 1991, 50 (2): 179-211.

[68] CIALDINI R, RENO R, KALLGREN C. A focus theory of normative conduct: Recycling the concept of norms to reduce littering in public places [J]. Journal of Personality and Social Psychology, 1990, 58: 1015-1026.

[69] SCHWARTZ S H. Normative influences on altruism [M] //BERKOWITZ L. Advances in Experimental Social Psychology. New York: Academic Press. 1977: 221-279.

[70] DUNLAP R E, VAN LIERE K D. The "New Environmental Paradigm" [J]. The Journal of Environmental Education, 1978, 40 (1): 19-28.

[71] YANG X, CHEN S C, ZHANG L. Promoting sustainable development: A research on residents' green purchasing behavior from a perspective of the goal-framing theory [J]. Sustainable Development, 2020, 28 (5): 1208-1219.

[72] MORAES C, CARRIGAN M, SZMIGIN I. The coherence of inconsistencies: Attitude-behaviour gaps and new consumption communities [J]. Journal of Marketing Management, 2012, 28 (1-2): 103-128.

[73] BAMBERG S, SCHMIDT P. Incentives, morality, or habit? Predicting students' car use for university routes with the models of Ajzen, Schwartz, and Triandis [J]. Environment and Behavior, 2003, 35 (2): 264-285.

[74] LEE K. Gender differences in Hong Kong adolescent consumers' green purchasing behavior [J]. Journal of Consumer Marketing, 2009, 26 (2): 87-96.

[75] CHEN Y S, CHANG C H. Enhance green purchase intentions [J]. Management Decision, 2012, 50 (3): 502-520.

[76] POLONSKY M J. Transformative green marketing: Impediments and opportunities [J]. Journal of Business Research, 2011, 64 (12): 1311-1319.

[77] CRONIN J J, BRADY M K, HULT G T M. Assessing the effects of quality, value, and customer satisfaction on consumer behavioral intentions in service environments [J]. Journal of Retailing, 2000, 76 (2): 193-218.

[78] NAIR S R, LITTLE V J. Context, culture and green consumption: A new framework [J]. Journal of International Consumer Marketing, 2016, 28 (3): 169-184.

[79] NAIR S R, MENON C G. An environmental marketing system-A proposed model

based on Indian experience [J]. Business Strategy and the Environment, 2008, 17 (8): 467 - 479.

[80] PICKETT - BAKER J, OZAKI R. Pro - environmental products: Marketing influence on consumer purchase decision [J]. Journal of Consumer Marketing, 2008, 25 (5): 281 - 293.

[81] SHAW D, MCMASTER R, NEWHOLM T. Care and commitment in ethical consumption: An exploration of the 'attitude - behaviour gap' [J]. Journal of Business Ethics, 2016, 136 (2): 251 - 265.

[82] IRWIN J R, BARON J. Response mode effects and moral values [J]. Organizational Behavior and Human Decision Processes, 2001, 84 (2): 177 - 197.

[83] CLAUDY M C, PETERSON M, O'DRISCOLL A. Understanding the attitude - behavior gap for renewable energy systems using behavioral reasoning theory [J]. Journal of Macromarketing, 2013, 33 (4): 273 - 287.

[84] 石洪景. 城市居民低碳消费行为及影响因素研究——以福建省福州市为例 [J]. 资源科学, 2015, 37 (2): 308 - 317.

[85] 芈凌云, 顾曼, 杨洁, 俞学燕, 刘玥. 城市居民能源消费行为低碳化的心理动因——以江苏省徐州市为例 [J]. 资源科学, 2016, 38 (4): 609 - 621.

[86] 吴波, 李东进, 王财玉. 基于道德认同理论的绿色消费心理机制 [J]. 心理科学进展, 2016, 24 (12): 1829 - 1843.

[87] MOSTAFA M M. Gender differences in Egyptian consumers' green purchase behaviour: The effects of environmental knowledge, concern and attitude [J]. International Journal of Consumer Studies, 2007, 31 (3): 220 - 229.

[88] JAISWAL D, KANT R. Green purchasing behaviour: A conceptual framework and empirical investigation of Indian consumers [J]. Journal of Retailing and Consumer Services, 2018, 41: 60 - 69.

[89] 余伟萍, 毛振福, 赵占恒. 环境影响诉求对绿色购买意愿的影响机制研究——消费者 CSR 内部动机感知的中介作用和自我建构的调节作用 [J]. 财经论丛, 2017, 7: 86 - 94.

[90] 劳可夫, 王露露. 中国传统文化价值观对环保行为的影响——基于消费者绿色产品购买行为 [J]. 上海财经大学学报, 2015, 17 (2): 64 - 75.

[91] GONCALVES H M, LOURENCO T F, SILVA G M. Green buying behavior and the theory of consumption values: A fuzzy - set approach [J]. Journal of Business Research, 2016, 69 (4): 1484 - 1491.

[92] SHARMA A, JOSHI S. Green consumerism: Overview and further research direc-

tions [J]. International Journal of Process Management and Benchmarking, 2017, 7 (2): 206-222.

[93] SHARMA A, FOROPON C. Green product attributes and green purchase behavior [J]. Management Decision, 2019, 57 (4): 1018-1042.

[94] 魏佳. 城市居民碳能力及其驱动机理研究 [D]; 中国矿业大学, 2017.

[95] SCHLAILE M P, KLEIN K, BöCK W. From bounded morality to consumer social responsibility: A transdisciplinary approach to socially responsible consumption and its obstacles [J]. Journal of Business Ethics, 2018, 149 (3): 561-588.

[96] LINDENBERG S, STEG L. Normative, gain and hedonic goal frames guiding environmental behavior [J]. Journal of Social Issues, 2007, 63 (1): 117-137.

[97] LINDENBERG S, STEG L. Goal-framing theory and norm-guided environmental behavior [M]. New York, NY: Psychology Press, 2013.

[98] 杨贤传, 张磊. 媒体说服形塑与城市居民绿色购买行为——调节中介效应检验 [J]. 北京理工大学学报 (社会科学版), 2020, 22 (3): 14-25.

[99] HAN H. Travelers' pro-environmental behavior in a green lodging context: Converging value-belief-norm theory and the theory of planned behavior [J]. Tourism Management, 2015, 47: 164-177.

[100] DECI E, RYAN R M. Intrinsic motivation and self-determination in human behavior [M]. New York: Plenum Press, 1985.

[101] RYAN R M, DECI E. Self-determination theory and the facilitation of intrinsic motivation, social development, and well-being [J]. American psychologist, 2000, 55: 68-78.

[102] ZEITHAML V. Consumer perceptions of price, quality, and value: A means-end model and synthesis of evidence [J]. The Journal of Marketing, 1988, 52 (3): 2-22.

[103] SHETH J N, NEWMAN B I, GROSS B L. Why we buy what we buy: A theory of consumption values [J]. Journal of Business Research, 1991, 22 (2): 159-170.

[104] SCHWARTZ S H, HOWARD J A. A normative decision-making model of altruism [M]. Hillsdale, NJ: Erlbaum, 1981.

[105] MCCRAE R, COSTA P. Personality trait structure as a human universal [J]. The American psychologist, 1997, 52 (5): 509-516.

[106] SCHWARTZ S H. Are there universal aspects in the structure and contents of human values? [J]. Journal of Social Issues, 1994, 50 (4): 19-45.

[107] STERN P C, DIETZ T, ABEL T, et al. A value-belief-norm theory of support for social movements: The case of environmentalism [J]. Human Ecology Review, 1999, 6 (2): 81-97.

[108] Hovland, Carl I. Reconciling conflicting results derived from experimental and survey studies of attitude change [J]. American Psychologist, 1959, 14 (1): 8 – 17.

[109] GUAGNANO G A, STERN P C, DIETZ T. Influences on attitude – behavior relationships: A natural experiment with curbside recycling [J]. Environment and Behavior, 1995, 27 (5): 699 – 718.

[110] ADAMS J S. Inequity in social exchange [M] //BERKOWITZ L. Advances in Experimental Social Psychology. Academic Press. 1965: 267 – 299.

[111] COLQUITT J A, WESSON M J, PORTER C, et al. Justice at the millennium: A meta – analytic review of 25 years of organizational justice research [J]. Journal of Applied Psychology, 2001, 86 (3): 425 – 445.

[112] FISKE S, CUDDY A, GLICK P, et al. A model of (often mixed) stereotype content: Competence and warmth respectively follow from perceived status and competition [J]. Journal of Personality and Social Psychology, 2002, 82 (6): 878 – 902.

[113] TRIANDIS H C. Interpersonal behavior [M]. Monterey, CA: Brooks/Cole Publishing Company, 1977.

[114] TAFJEL H. Experiments in a vacuum, the context of social psychology: A critical assessment [M]. Academic Press, Oxford, 1972.

[115] PERUGINI M, BAGOZZI R P. The role of desires and anticipated emotions in goal – directed behaviours: Broadening and deepening the theory of planned behaviour [J]. British Journal of Social Psychology, 2001, 40 (1): 79 – 98.

[116] DAVIS F. A technology acceptance model for empirically testing new end – user information systems: Theory and results [D]; Massachusetts Institute of Technology, 1986.

[117] DAVIS F D. Perceived usefulness, perceived ease of use, and user acceptance of information technology [J]. MIS Quarterly, 1989, 13 (3): 319 – 340.

[118] MARKUS H R, KITAYAMA S. Culture and the self: Implications for cognition, emotion, and motivation [J]. Psychological Review, 1991, 98 (2): 224 – 253.

[119] BLUMER H. Symbolic interactionism: Perspective and methods [M]. Englewood Cliffs, NJ: Prentice Hall, 1969.

[120] GUTMAN J. A means – end chain model based on consumer categorization processes [J]. Journal of Marketing, 1982, 46 (2): 60 – 72.

[121] WESTABY J D. Behavioral reasoning theory: Identifying new linkages underlying intentions and behavior [J]. Organizational Behavior and Human Decision Processes, 2005, 98 (2): 97 – 120.

[122] KELMAN H C. Further thoughts on the processes of compliance, identification, and

internalization [M]. Chicago: IL, 1974.

[123] AJZEN I, Fishbein M. Understanding attitudes and predicting social behavior [M]. Englewood Cliffs, NJ: Prentice Hall, 1980.

[124] 闫岩. 计划行为理论的产生、发展和评述 [J]. 国际新闻界, 2014, 36 (7): 113-129.

[125] RHODES R E, COURNEYA K S. Investigating multiple components of attitude, subjective norm, and perceived control: An examination of the theory of planned behaviour in the exercise domain [J]. British Journal of Social Psychology, 2003, 42 (1): 129-146.

[126] QI X, PLOEGER A. An integrated framework to explain consumers' purchase intentions toward green food in the Chinese context [J]. Food Quality and Preference, 2021, 92: 104229.

[127] ARTS H, VERPLANKEN B, KNIPPENBERG A V. Predicting behavior from actions in the past: Repeated decision making or a matter of habit? [J]. Journal of Applied Social Psychology, 1998, 28 (15): 1355-1374.

[128] DECI E L, RYAN R M. Intrinsic motivation and self-determination in human behavior [M]. New York: Plenum Press, 1985.

[129] 赵燕梅, 张正堂, 刘宁, 丁明智. 自我决定理论的新发展述评 [J]. 管理学报, 2016, 13 (7): 1095-1104.

[130] DECI E L, RYAN R M. The "what" and "why" of goal pursuits: Human needs and the self-determination of behavior [J]. Psychological Inquiry, 2000, 11 (4): 227-268.

[131] DECI E L, RYAN R M. The general causality orientations scale: Self-determination in personality [J]. Journal of Research in Personality, 1985, 19 (2): 109-134.

[132] SHELDON K M, RYAN R, REIS H T. What makes for a good day? Competence and autonomy in the day and in the person [J]. Personality and Social Psychology Bulletin, 1996, 22 (12): 1270-1279.

[133] SCHWARTZ S H. Moral decision making and behavior [M]. New York: Academic Press, 1970.

[134] ZHANG Y, WANG Z, ZHOU G. Antecedents of employee electricity saving behavior in organizations: An empirical study based on norm activation model [J]. Energy Policy, 2013, 62: 1120-1127.

[135] HOPPER J R, NIELSEN J M. Recycling as altruistic behavior: Normative and behavioral strategies to expand participation in a community recycling program [J]. Environment and Behavior, 1991, 23 (2): 195-220.

[136] STEG L, DE GROOT J. Explaining prosocial intentions: Testing causal relation-

ships in the norm activation model [J]. British Journal of Social Psychology, 2010, 49 (4): 725-743.

[137] KIM J J, HWANG J. Merging the norm activation model and the theory of planned behavior in the context of drone food delivery services: Does the level of product knowledge really matter? [J]. Journal of Hospitality and Tourism Management, 2020, 42: 1-11.

[138] 郭清卉, 李昊, 李世平, 刘丽. 个人规范对农户亲环境行为的影响分析——基于拓展的规范激活理论框架 [J]. 长江流域资源与环境, 2019, 28 (5): 1176-1184.

[139] MENG B, CHUA B L, RYU H B, Han H. Volunteer tourism (VT) traveler behavior: Merging norm activation model and theory of planned behavior [J]. Journal of Sustainable Tourism, 2020, 28 (12): 1947-1969.

[140] CHOI H, JANG J, KANDAMPULLY J. Application of the extended VBN theory to understand consumers' decisions about green hotels [J]. International Journal of Hospitality Management, 2015, 51: 87-95.

[141] WHITLEY C T, TAKAHASHI B, ZWICKLE A, et al. Sustainability behaviors among college students: an application of the VBN theory [J]. Environmental Education Research, 2018, 24 (2): 245-262.

[142] DE GROOT J I M, STEG L. Morality and nuclear energy: Perceptions of risks and benefits, personal norms, and willingness to take action related to nuclear energy [J]. Risk Analysis, 2010, 30 (9): 1363-1373.

[143] VAN RIPER C J, KYLE G T. Understanding the internal processes of behavioral engagement in a national park: A latent variable path analysis of the value-belief-norm theory [J]. Journal of Environmental Psychology, 2014, 38: 288-297.

[144] PIZAM A. Green hotels: A fad, ploy or fact of life? [J]. International Journal of Hospitality Management, 2009, 28 (1): 1.

[145] CHEN M F. An examination of the value-belief-norm theory model in predicting pro-environmental behaviour in Taiwan [J]. Asian Journal of Social Psychology, 2015, 18 (2): 145-151.

[146] 王建明, 贺爱忠. 消费者低碳消费行为的心理归因和政策干预路径: 一个基于扎根理论的探索性研究 [J]. 南开管理评论, 2011, 14 (4): 80-89, 99.

[147] STEG L, BOLDERDIJK J W, KEIZER K, et al. An integrated framework for encouraging pro-environmental behaviour: The role of values, situational factors and goals [J]. Journal of Environmental Psychology, 2014, 38: 104-115.

[148] FREDERICK S, LOEWENSTEIN G, O'DONOGHUE T. Time discounting and time preference: A critical review [J]. Journal of Economic Literature, 2002, 40 (2): 351-401.

[149] WANG L C, BAKER J, WAGNER J A, et al. Can a retail web site be social? [J]. Journal of Marketing, 2007, 71 (3): 143 - 157.

[150] ANDERSCH H, ARNOLD C, SEEMANN A - K, et al. Understanding ethical purchasing behavior: Validation of an enhanced stage model of ethical behavior [J]. Journal of Retailing and Consumer Services, 2019, 48: 50 - 59.

[151] AWUNI J A, DU J. Sustainable consumption in chinese cities: Green purchasing intentions of young adults based on the theory of consumption values [J]. Sustainable Development, 2016, 24 (2): 124 - 135.

[152] EROGLU S A, MACHLEIT K A, DAVIS L M. Empirical testing of a model of online store atmospherics and shopper responses [J]. Psychology & Marketing, 2003, 20 (2): 139 - 150.

[153] JANG S C, NAMKUNG Y. Effects of perceived service fairness on emotions, and behavioral intentions in restaurants [J]. European Journal of Marketing, 2010, 44 (9/10): 1233 - 1259.

[154] RUSSELL J. Evidence of convergent validity on dimensions of affect [J]. Journal of Personality and Social Psychology, 1978, 36 (10): 1152 - 1168.

[155] ZHANG H, LU Y, GUPTA S, et al. What motivates customers to participate in social commerce? The impact of technological environments and virtual customer experiences [J]. Information & Management, 2014, 51 (8): 1017 - 1030.

[156] ZHOU T. Understanding online community user participation: A social influence perspective [J]. Internet Research, 2011, 21 (1): 67 - 81.

[157] 毛振福, 余伟萍, 李雨轩. 绿色购买意愿形成机制的实证研究——绿色广告诉求与自我建构的交互作用 [J]. 当代财经, 2017, 5: 79 - 88.

[158] 王建明, 王丛丛, 吴龙昌. 绿色情感诉求对绿色购买决策过程的影响机制 [J]. 管理科学, 2017, 30 (5): 38 - 56.

[159] COSTA P T, MCCRAE R R. Personality in adulthood: A five - factor theory perspective [J]. International & Cultural Psychology, 2002, 303 - 322.

[160] FRAJ E, MARTINEZ E. Influence of personality on ecological consumer behaviour [J]. Journal of Consumer Behaviour, 2006, 5 (3): 167 - 181.

[161] WEI J, CHEN H, LONG R. Is ecological personality always consistent with low - carbon behavioral intention of urban residents? [J]. Energy Policy, 2016, 98: 343 - 352.

[162] KAYIŞ A R, SATICI S A, YILMAZ M F, et al. Big five - personality trait and internet addiction: A meta - analytic review [J]. Computers in Human Behavior, 2016, 63: 35 - 40.

[163] WANG C M, XU B B, ZHANG S J, et al. Influence of personality and risk pro-

pensity on risk perception of Chinese construction project managers [J]. International Journal of Project Management, 2016, 34 (7): 1294 - 1304.

[164] ANANTHARAMAN M. Networked ecological citizenship, the new middle classes and the provisioning of sustainable waste management in Bangalore, India [J]. Journal of Cleaner Production, 2014, 63: 173 - 183.

[165] SMITH M J. Ecologism. Towards ecological citizenship [M]. Buckingham: Open University Press, 1998.

[166] ALI A, GUO X, ALI A, et al. Customer motivations for sustainable consumption: Investigating the drivers of purchase behavior for a green - luxury car [J]. Business Strategy and the Environment, 2019, 28 (5): 833 - 846.

[167] 王建国, 王建明, 杜宇. 绿色消费态度行为缺口的研究进展 [J]. 财经论丛, 2017, 11: 95 - 103.

[168] YOUNG W, HWANG K, MCDONALD S, et al. Sustainable consumption: Green consumer behaviour when purchasing products [J]. Sustainable Development, 2010, 18 (1): 20 - 31.

[169] 戚海峰, 于辉, 向伟林, 孙韵益, 徐昌皓. 绿色消费情境下消费者为什么会言行不一? [J]. 心理科学进展, 2019, 27 (7): 1307 - 1319.

[170] NEWTON P, MEYER D. Exploring the attitudes - action gap in household resource consumption: Does "environmental lifestyle" segmentation align with consumer behaviour? [J]. Sustainability, 2013, 5 (3): 1211 - 1233.

[171] ANTONETTI P, MAKLAN S. How categorisation shapes the attitude - behaviour gap in responsible consumption [J]. International Journal of Market Research, 2015, 57 (1): 51 - 72.

[172] 潘逸沁, 骆方. 社会称许性反应的测量与控制 [J]. 心理科学进展, 2017, 25 (10): 1664 - 1674.

[173] EDWARDS A L, WALKER J N. A short form of the MMPI: The SD scale [J]. Psychological Reports, 1961, 8 (3): 485 - 486.

[174] KELLY E L, MILES C C, TERMAN L M. Ability to influence one's score on a typical pencil - and - paper test of personality [J]. Journal of Personality, 1936, 4 (3): 206 - 215.

[175] 杜建政, 赵国祥, 刘金平. 测评中的共同方法偏差 [J]. 心理科学, 2005, 2: 420 - 422.

[176] SUKI M N, SUKI M N. Examination of peer influence as a moderator and predictor in explaining green purchase behaviour in a developing country [J]. Journal of Cleaner Produc-

tion, 2019, 228: 833 – 844.

[177] WITTE K, ALLEN M. A meta – analysis of fear appeals: Implications for effective public health campaigns [J]. Health Education & Behavior, 2000, 27 (5): 591 – 615.

[178] ROGERS R, MEWBORN C. Fear appeals and attitude change: Effects of a threat's noxiousness, probability of occurrence, and the efficacy of coping responses [J]. Journal of personality and social psychology, 1976, 34 (1): 54 – 61.

[179] 李华强, 武晨, 范春梅. 智能交通技术下居民绿色出行影响因素研究——基于 TPB 和 TAM 整合模型的扎根分析 [J]. 现代城市研究, 2018, 12: 2 – 8.

[180] HIRSH J B. Personality and environmental concern [J]. Journal of Environmental Psychology, 2010, 30 (2): 245 – 248.

[181] MILFONT T L, SIBLEY C G. The big five personality traits and environmental engagement: Associations at the individual and societal level [J]. Journal of Environmental Psychology, 2012, 32 (2): 187 – 195.

[182] BANDURA A. Agression: A social learning analysis [M]. Englewood Cliffs, NJ: Prentice Hall, 1970.

[183] Rahimah A, Khalil S, Cheng M S, et al. Understanding green purchase behavior through death anxiety and individual social responsibility: Mastery as a moderator [J]. Journal of Consumer Behaviour, 2018, 17 (5): 477 – 490.

[184] HOSTA M, ZABKAR V. Antecedents of environmentally and socially responsible sustainable consumer behavior [J]. Journal of Business Ethics, 2020, in press.

[185] PEATTIE K. Green consumption: Behavior and norms [J]. Annual Review of Environment and Resources, 2010, 35 (1): 195 – 228.

[186] KELMAN H C. Processes of opinion change [J]. Public Opinion Quarterly, 1961, 25 (1): 57 – 78.

[187] STEBBINS R A. Book Review: Constructing grounded theory: A practical guide through qualitative analysis [J]. Health, 2006, 10 (3): 378 – 380.

[188] GLASER B G, STRAUSS A L. The discovery of grounded theory: Strategies for qualitative research [M]. New York: Aldine Publishing Company, 1967.

[189] 陈向明. 质的研究方法和社会科学研究 [M]. 北京: 教育科学出版社, 2000.

[190] STRAUSS A, CORBIN J. Grounded theory methodology: An overview [M]. Thousand Oaks: Sage Publications, 1994.

[191] CHEUNG M F Y, TO W M. An extended model of value – attitude – behavior to explain Chinese consumers' green purchase behavior [J]. Journal of Retailing and Consumer Serv-

ices, 2019, 50: 145 – 153.

[192] KAUTISH P, PAUL J, SHARMA R. The moderating influence of environmental consciousness and recycling intentions on green purchase behavior [J]. Journal of Cleaner Production, 2019, 228: 1425 – 1436.

[193] 包军军, 白凯. 自我认同建构的旅游介入影响研究——以拉萨"藏漂"为例 [J]. 旅游学刊, 2019, 34 (7): 31 – 45.

[194] 吴静, 卢小兰. 员工自我同一性、组织支持感和工作投入度的关系研究 [J]. 中国人力资源开发, 2016, 22: 48 – 54.

[195] 安东尼·吉登斯. 现代性与自我认同: 现代晚期的自我与社会 [M]. 北京: 生活·读书·新知三联书店, 1998.

[196] 崔宏静, 徐尉, 赵太阳, 王天新. 自我认同威胁对消费者地位产品选择的影响研究——基于权力距离信念的调节效应和地位需求的中介效应 [J]. 南开管理评论, 2018, 21 (6): 210 – 220.

[197] 代祺, 梁樱. 单面与双面信息广告重复效应的实证研究 [J]. 管理学报, 2011, 8 (4): 544 – 551.

[198] PECHMANN C. Predicting when two – sided Ads will be more effective than one – sided ads: The role of correlational and correspondent inferences [J]. Journal of Marketing Research, 1992, 29 (4): 441 – 453.

[199] CACIOPPO J T, PETTY R E. Effects of message repetition and position on cognitive response, recall, and persuasion [J]. Journal of Personality and Social Psychology, 1979, 37 (1): 97 – 109.

[200] 王晓楠, 周林意. 新媒体影响力对雾霾风险感知的作用机制 [J]. 北京理工大学学报 (社会科学版), 2020, 22 (2): 41 – 49.

[201] 葛岩, 胡波, 秦裕林. 非处方中药命名方式对购买意愿的影响——以大学生为被试的实验研究 [J]. 上海交通大学学报 (哲学社会科学版), 2016, 24 (4): 102 – 111.

[202] YANG J, HE X, LEE H. Social reference group influence on mobile phone purchasing behaviour: A cross – nation comparative study [J]. International Journal of Mobile Communications, 2007, 5: 319 – 338.

[203] PARK C W, LESSIG V P. Students and housewives: Differences in susceptibility to reference group influence [J]. Journal of Consumer Research, 1977, 4 (2): 102 – 110.

[204] IVANOVA O, ZAMORA J F, KHELLADI I, et al. The generational cohort effect in the context of responsible consumption [J]. Management Decision, 2019, 57 (5): 1162 – 1183.

[205] URBERG K A, DEĞIRMENCIOĞLU S M, PILGRIM C. Close friend and group in-

fluence on adolescent cigarette smoking and alcohol use [J]. Developmental Psychology, 1997, 33 (5): 834 – 844.

[206] CHEN M F, TUNG P J. Developing an extended Theory of Planned Behavior model to predict consumers' intention to visit green hotels [J]. International Journal of Hospitality Management, 2014, 36: 221 – 230.

[207] TSARENKO Y, FERRARO C, SANDS S, et al. Environmentally conscious consumption: The role of retailers and peers as external influences [J]. Journal of Retailing and Consumer Services, 2013, 20 (3): 302 – 310.

[208] 董朝刚. 儒学文化特征及当代价值判断 [J]. 山东社会科学, 2006, 6: 133 – 136 + 50.

[209] 杨贤传, 张磊. 中庸价值取向与员工创新行为——一个有调节的中介模型 [J]. 技术经济与管理研究, 2018, 2: 54 – 58.

[210] 潘煜, 高丽, 王方华. 中国消费者购买行为研究——基于儒家价值观与生活方式的视角 [J]. 中国工业经济, 2009, 9: 77 – 86.

[211] PORTER M E. Competitive Strategy [M]. New York: Free Press, 1980.

[212] JONES M A, MOTHERSBAUGH D L, BEATTY S E. Switching barriers and repurchase intentions in services [J]. Journal of Retailing, 2000, 76 (2): 259 – 274.

[213] YANG Z, PETERSON R T. Customer perceived value, satisfaction, and loyalty: The role of switching costs [J]. Psychology & Marketing, 2004, 21 (10): 799 – 822.

[214] BURNHAM T A, FRELS J K, MAHAJAN V. Consumer switching costs: A typology, antecedents, and consequences [J]. Journal of the Academy of Marketing Science, 2003, 31 (2): 109 – 126.

[215] KIM M K, PARK M C, JEONG D H. The effects of customer satisfaction and switching barrier on customer loyalty in Korean mobile telecommunication services [J]. Telecommunications Policy, 2004, 28 (2): 145 – 159.

[216] NAGENGAST L, EVANSCHITZKY H, BLUT M, et al. New insights in the moderating effect of switching costs on the satisfaction – repurchase behavior link [J]. Journal of Retailing, 2014, 90 (3): 408 – 427.

[217] 杨贤传, 张磊. 媒体说服对城市居民绿色消费行为的影响——兼论"脱敏"现象 [J]. 中国流通经济, 2018, 32 (2): 107 – 114.

[218] BORD R J, O'CONNOR R E. The gender gap in environmental attitudes: The case of perceived vulnerability to risk [J]. Social Science Quarterly, 1997, 78 (4): 830 – 840.

[219] ROUTLEDGE C D, ARNDT J, WILDSCHUT T, et al. The past makes the present meaningful: Nostalgia as an existential resource [J]. Journal of personality and social psychol-

ogy, 2011, 101 (3): 638 - 652.

[220] GREENBERG J, PYSZCZYNSKI T, BURLING J, et al. Depression, self - focused attention, and the self - serving attributional bias [J]. Personality and Individual Differences, 1992, 13 (9): 959 - 965.

[221] 梁丽娜, 于渤. 经济增长: 技术创新与产业结构升级的协同效应 [J]. 科学学研究, 2021: 1 - 12.

[222] 李静, 李逸飞. 城市规模、经济发展水平与居民收入差距 [J]. 江淮论坛, 2020, 4: 42 - 53, 68.

[223] PAPAROIDAMIS N G, TRAN H T T. Making the world a better place by making better products [J]. European Journal of Marketing, 2019, 53 (8): 1546 - 1584.

[224] 孟望生, 张扬. 自然资源禀赋、技术进步方式与绿色经济增长——基于中国省级面板数据的经验研究 [J]. 资源科学, 2020, 42 (12): 2314 - 2327.

[225] 钟成林, 胡雪萍. 自然资源禀赋对区域生态效率的影响研究 [J]. 大连理工大学学报 (社会科学版), 2016, 37 (3): 19 - 26.

[226] YANG X, ZHANG L. Understanding residents' green purchasing behavior from a perspective of the ecological personality traits: the moderating role of gender [J]. The Social Science Journal, 2021: 1 - 18.

[227] LIN S T, NIU H J. Green consumption: Environmental knowledge, environmental consciousness, social norms, and purchasing behavior [J]. Business Strategy and the Environment, 2018, 27 (8): 1679 - 1688.

[228] MISHAL A, DUBEY R, GUPTA O K, et al. Dynamics of environmental consciousness and green purchase behaviour: an empirical study [J]. International Journal of Climate Change Strategies and Management, 2017, 9 (5): 682 - 706.

[229] 李颖灏, 朱立. 社会认同对消费行为影响研究的述评 [J]. 经济问题探索, 2013, 2: 165 - 170.

[230] PATEL J D, TRIVEDI R H, YAGNIK A. Self - identity and internal environmental locus of control: Comparing their influences on green purchase intentions in high - context versus low - context cultures [J]. Journal of Retailing and Consumer Services, 2020, 53: 102003.

[231] MANNETTI L, PIERRO A, LIVI S. Recycling: Planned and self - expressive behaviour [J]. Journal of Environmental Psychology, 2004, 24 (2): 227 - 236.

[232] KHARE A. Antecedents to green buying behaviour: A study on consumers in an emerging economy [J]. Marketing Intelligence & Planning, 2015, 33 (3): 309 - 329.

[233] PESONEN S, MOISANDER J. Narratives of sustainable ways of living: Constructing the self and the other as a green consumer [J]. Management Decision, 2002, 40 (4): 329 -

[234] ZHAO L, LEE S H, COPELAND L R. Social media and Chinese consumers' environmentally sustainable apparel purchase intentions [J]. Asia Pacific Journal of Marketing and Logistics, 2019, 31 (4): 855 - 874.

[235] MCCOMBS M. New frontiers in agenda setting: Agendas of attributes and frames [J]. Mass Comm Review, 1997, 24 (1): 32 - 52.

[236] HOLBERT R L, KWAK N, SHAH D V. Environmental concern, patterns of television viewing, and pro - environmental behaviors: Integrating models of media consumption and effects [J]. Journal of Broadcasting & Electronic Media, 2003, 47 (2): 177 - 196.

[237] MCCOMBS M E, SHAW D L. The agenda - setting function of mass media [J]. Public Opinion Quarterly, 1972, 36 (2): 176 - 187.

[238] LE A N H, TRAN M D, NGUYEN D P, et al. Heterogeneity in a dual personal values - dual purchase consequences - green consumption commitment framework [J]. Asia Pacific Journal of Marketing and Logistics, 2019, 31 (2): 480 - 498.

[239] 贾佳, 王逸瑜, 蒋玉石, 李珺竹. 基于眼动的创意广告重复效应研究 [J]. 管理学报, 2017, 14 (8): 1219 - 1226.

[240] 张骁, 杨忠, 徐彪. 技术导向、市场导向对组织绩效的混合影响: 环境不确定性的调节作用 [J]. 江苏社会科学, 2013, 4: 84 - 91.

[241] PALMER J A, SUGGATE J, ROBOTTOM I A N, et al. Significant life experiences and formative influences on the development of adults' environmental awareness in the UK, Australia and Canada [J]. Environmental Education Research, 1999, 5 (2): 181 - 200.

[242] LEE K. Predictors of sustainable consumption among young educated consumers in Hong Kong [J]. Journal of International Consumer Marketing, 2014, 26 (3): 217 - 238.

[243] MENESES G D. Refuting fear in heuristics and in recycling promotion [J]. Journal of Business Research, 2010, 63 (2): 104 - 110.

[244] BRAY J, JOHNS N, KILBURN D. An exploratory study into the factors impeding ethical consumption [J]. Journal of Business Ethics, 2011, 98 (4): 597 - 608.

[245] HAFNER B R, ELMES D, READ D, et al. Exploring the role of normative, financial and environmental information in promoting uptake of energy efficient technologies [J]. Journal of Environmental Psychology, 2019, 63: 26 - 35.

[246] XU X, LI Q, PENG L, et al. The impact of informational incentives and social influence on consumer behavior during Alibaba's online shopping carnival [J]. Computers in Human Behavior, 2017, 76: 245 - 254.

[247] FOXALL G R. Intention versus context in consumer psychology [J]. Journal of

Marketing Management, 1998, 14 (1-3): 29-62.

[248] AYDIN S, ÖZER G, ARASIL Ö. Customer loyalty and the effect of switching costs as a moderator variable [J]. Marketing Intelligence & Planning, 2005, 23 (1): 89-103.

[249] CHANG H H, WONG K H, LI S Y. Applying push-pull-mooring to investigate channel switching behaviors: M-shopping self-efficacy and switching costs as moderators [J]. Electronic Commerce Research and Applications, 2017, 24: 50-67.

[250] AKTURAN U. How does greenwashing affect green branding equity and purchase intention? An empirical research [J]. Marketing Intelligence & Planning, 2018, 36 (7): 809-824.

[251] MATTHES J, WONNEBERGER A, SCHMUCK D. Consumers' green involvement and the persuasive effects of emotional versus functional Ads [J]. Journal of Business Research, 2014, 67 (9): 1885-1893.

[252] CHENG T M, WU H C. How do environmental knowledge, environmental sensitivity, and place attachment affect environmentally responsible behavior? An integrated approach for sustainable island tourism [J]. Journal of Sustainable Tourism, 2015, 23 (4): 557-576.

[253] HUNGERFORD H R, VOLK T L. Changing learner behavior through environmental education [J]. The Journal of Environmental Education, 1990, 21 (3): 8-21.

[254] ROBERTS J A. Green consumers in the 1990s: Profile and implications for advertising [J]. Journal of Business Research, 1996, 36 (3): 217-231.

[255] 冯斐, 冯学钢, 侯经川, 霍殿明, 唐睿. 经济增长、区域环境污染与环境规制有效性——基于京津冀地区的实证分析 [J]. 资源科学, 2020, 42 (12): 2341-2353.

[256] 王晓楠. "公"与"私": 中国城市居民环境行为逻辑 [J]. 福建论坛 (人文社会科学版), 2018, 6: 141-150.

[257] 吴军, 叶裕民. 消费场景: 一种城市发展的新动能 [J]. 城市发展研究, 2020, 27 (11): 24-30.

[258] 王晓楠. 阶层认同、环境价值观对垃圾分类行为的影响机制 [J]. 北京理工大学学报 (社会科学版), 2019, 21 (3): 57-66.

[259] 王毅杰, 余庆洋, 王刘飞. 社会经济地位、环境关心与城镇居民绿色消费 [J]. 北京理工大学学报 (社会科学版), 2019, 21 (4): 56-63.

[260] 洪大用, 卢春天. 公众环境关心的多层分析——基于中国CGSS2003的数据应用 [J]. 社会学研究, 2011, 26 (6): 154-170, 244-245.

[261] 卢春天, 石靖, 陈玲. 教育对中国城乡居民环境关心的影响——基于媒介使用的多重中介分析 [J]. 社会发展研究, 2018, 5 (1): 122-137, 244-245.

[262] 王建明, 吴龙昌. 绿色购买的情感—行为双因素模型: 假设和检验 [J]. 管理科学, 2015, 28 (6): 80-94.

[263] 孙瑾,王永贵.是"只见树木"还是"整片森林"——性别对消费者比较信息处理过程的调节作用[J].南开管理评论,2016,19(3):89-97.

[264] 罗胜强,姜嬿.管理学问卷调查研究方法[M].重庆:重庆大学出版社,2014.

[265] HINKIN T R. A brief tutorial on the development of measures for use in survey questionnaires [J]. Organizational Research Methods, 1998, 1 (1): 104-121.

[266] CHURCHILL G A. A paradigm for developing better measures of marketing constructs [J]. Journal of Marketing Research, 1979, 16 (1): 64-73.

[267] 侯杰泰,温忠麟,成子娟.结构方程模型及其应用[M].北京:教育科学出版社,2004.

[268] BOLLEN K A. Structural Equations with Latent Variables [M]. New York, NY: Wiley, 1989.

[269] MARSH H, WEN Z, HAU K T. Structural equation models of latent interactions: Evaluation of alternative estimation strategies and indicator construction [J]. Psychological methods, 2004, 9 (3): 275-300.

[270] HAIR J F, BLACK W C, BABIN B J, et al. Multivariate data analysis: A global perspective (7th ed.) [M]. Upper Saddle River, NJ: Pearson Prentice Hall, 2010.

[271] MALHOTRA N K, DASH S. Marketing research: An applied approach [M]. Dorling Kindersely: Pearson, 2014.

[272] NUNALLY J C, BERNSTEIN I H. Psychometric Theory. 2nd Edition [M]. New York: McGraw-Hill Education, Inc., 1978.

[273] DEVELLIS R F. Applied social research methods series, Vol. 26. Scale development: Theory and applications [M]. Newbury Park, CA: Sage Publications, Inc., 1991.

[274] HENSON R K, KOGAN L R, VACHA-HAASE T. A reliability generalization study of the teacher efficacy scale and related instruments [J]. Educational and Psychological Measurement, 2001, 61 (3): 404-420.

[275] FORNELL C, LARCKER D F. Evaluating structural equation models with unobservable variables and measurement error [J]. Journal of Marketing Research, 1981, 18 (1): 39-50.

[276] 吴明隆.结构方程模型——AMOS的操作与应用(第2版)[M].重庆:重庆大学出版社,2010.

[277] 王孟成.潜变量建模与Mplus应用——基础篇[M].重庆:重庆大学出版社,2014.

[278] 刘军.管理研究方法:原理与应用[M].北京:中国人民大学出版社,2008.

[279] CHIU T S, ORTIZ J, CHIH W H, et al. Antecedents of consumers' citizenship be-

haviour towards organic foods [J]. Journal of Consumer Behaviour, 2019, 18 (4): 332-349.

[280] JOSHI Y, RAHMAN Z. Consumers' sustainable purchase behaviour: Modeling the impact of psychological factors [J]. Ecological Economics, 2019, 159: 235-243.

[281] ABU-ELSAMEN A A, AKROUSH M N, ASFOUR N A, et al. Understanding contextual factors affecting the adoption of energy-efficient household products in Jordan [J]. Sustainability Accounting, Management and Policy Journal, 2019, 10 (2): 314-332.

[282] XU X, WANG S, YU Y. Consumer's intention to purchase green furniture: Do health consciousness and environmental awareness matter? [J]. Science of The Total Environment, 2020, 704: 135275.

[283] WHITMARSH L, O'NEILL S. Green identity, green living? The role of pro-environmental self-identity in determining consistency across diverse pro-environmental behaviours [J]. Journal of Environmental Psychology, 2010, 30 (3): 305-314.

[284] CONFENTE I, SCARPI D, RUSSO I. Marketing a new generation of bio-plastics products for a circular economy: The role of green self-identity, self-congruity, and perceived value [J]. Journal of Business Research, 2020, 112: 431-439.

[285] VAN DER WERFF E, STEG L, KEIZER K. The value of environmental self-identity: The relationship between biospheric values, environmental self-identity and environmental preferences, intentions and behaviour [J]. Journal of Environmental Psychology, 2013, 34: 55-63.

[286] RAHBAR E, WAHID N A. Investigation of green marketing tools' effect on consumers' purchase behavior [J]. Business Strategy Series, 2011, 12 (2): 73-83.

[287] HOLBERT R L, STEPHENSON M T. The importance of indirect effects in media effects research: Testing for mediation in structural equation modeling [J]. Journal of Broadcasting & Electronic Media, 2003, 47 (4): 556-572.

[288] STRIZHAKOVA Y, COULTER R A, PRICE L L. The meanings of branded products: A cross-national scale development and meaning assessment [J]. International Journal of Research in Marketing, 2008, 25 (2): 82-93.

[289] ZHANG X A, CAO Q, GRIGORIOU N. Consciousness of social face: The development and validation of a scale measuring desire to gain face versus fear of losing face [J]. The Journal of Social Psychology, 2011, 151 (2): 129-149.

[290] 张初兵, 陈亚峰, 易牧农. 转换成本四维度对顾客保留影响的实证研究 [J]. 经济管理, 2011, 33 (3): 93-100.

[291] LEE Y K, KIM S, KIM M S, et al. Antecedents and interrelationships of three types of pro-environmental behavior [J]. Journal of Business Research, 2014, 67 (10):

2097 – 2105.

[292] 杨思涵, 佟孟华, 张晓艳. 环境污染、公众健康需求与经济发展——基于调节效应和门槛效应的分析 [J]. 浙江社会科学, 2020, 12: 4 – 15, 156.

[293] 金殿臣, 陈昕, 陈旭. 财政分权、环保投入与环境治理——基于中国省级面板的实证研究 [J]. 宁夏社会科学, 2020, 4: 77 – 85.

[294] 盛光华, 戴佳彤, 龚思羽. 空气质量对中国居民亲环境行为的影响机制研究 [J]. 西安交通大学学报 (社会科学版), 2020, 40 (2): 95 – 103.

[295] 凌华, 李新伟, 董必荣, 王敬勇. 互联网、创新要素流动与区域创新能力差异 [J]. 审计与经济研究, 2020, 35 (6): 115 – 126.

[296] 吴明隆. 问卷统计分析实务——SPSS 操作与应用 (第 2 版) [M]. 重庆: 重庆大学出版社, 2016.

[297] KELLEY T L. The selection of upper and lower groups for the validation of test items [J]. Journal of Educational Psychology, 1939, 30 (1): 17 – 24.

[298] HENSON R K. Understanding internal consistency reliability estimates: A conceptual primer on coefficient alpha [J]. Measurement and Evaluation in Counseling and Development, 2001, 34 (3): 177 – 189.

[299] HAIR J, ANDERSON R, TATHAM R, et al. Multivariate Data Analysis, 5th ed. [M]. Upper Saddle River, NJ: Prentice – Hall, 1998.

[300] MITCHELL R C, CARSON R T. Using surveys to value public goods: The contingent valuation method [M]. Resources for the Future Press, 1989.

[301] 荣泰生. AMOS 与研究方法 [M]. 重庆: 重庆大学出版社, 2009.

[302] CURRAN P, WEST S, FINCH J. The robustness of test statistics to non – normality and specification error in confirmatory factor analysis, Psychological Methods [J]. Psychological Methods, 1996, 1 (1): 16 – 29.

[303] ANDERSON J C, GERBING D W. Structural equation modeling in practice: A review and recommended two – step approach [J]. Psychological Bulletin, 1988, 103 (3): 411 – 423.

[304] TORKZADEH G, KOUFTEROS X, PFLUGHOEFT K. Confirmatory analysis of computer self – efficacy [J]. Structural Equation Modeling: A Multidisciplinary Journal, 2003, 10 (2): 263 – 275.

[305] GAMBA R J, OSKAMP S. Factors influencing community residents' participation in commingled curbside recycling programs [J]. Environment and Behavior, 1994, 26 (5): 587 – 612.

[306] BARON R M, KENNY D A. The moderator – mediator variable distinction in social

psychological research: conceptual, strategic, and statistical considerations [J]. Journal of personality and social psychology, 1986, 51 (6): 1173 -1182.

[307] FRITZ M S, MACKINNON D P. Required sample size to detect the mediated effect [J]. Psychological Science, 2007, 18 (3): 233 -239.

[308] MACKINNON D, LOCKWOOD C M, HOFFMAN J M, et al. A comparison of methods to test mediation and other intervening variable effects [J]. Psychological Methods, 2002, 7 (1): 83 -104.

[309] ZHAO X, LYNCH J G, JR., CHEN Q. Reconsidering baron and kenny: Myths and truths about mediation analysis [J]. Journal of Consumer Research, 2010, 37 (2): 197 -206.

[310] MACKINNON D P, KRULL J L, LOCKWOOD C M. Equivalence of the mediation, confounding and suppression effect [J]. Prevention Science, 2000, 1 (4): 173 -181.

[311] SHROUT P E, BOLGER N. Mediation inexperimental and nonexperimental studies: Newprocedures and recommendations [J]. Psychological Methods, 2002, 7 (4): 422 -445.

[312] PREACHER K J, HAYES A F. SPSS and SAS procedures for estimating indirect effects in simple mediation models [J]. Behavior Research Methods, Instruments, & Computers, 2004, 36 (4): 717 -731.

[313] 温忠麟, 叶宝娟. 中介效应分析:方法和模型发展 [J]. 心理科学进展, 2014, 22 (5): 731 -745.

[314] BOLLEN K A, STINE R. Direct and indirect effects: Classical and bootstrap estimates of variability [J]. Sociological Methodology, 1990, 20: 115 -140.

[315] STONE C A, SOBEL M E. The robustness of estimates of total indirect effects in covariance structure models estimated by maximum [J]. Psychometrika, 1990, 55 (2): 337 -352.

[316] MACKINNON D P, LOCKWOOD C M, WILLIAMS J. Confidence limits for the indirect effect: distribution of the product and resampling methods [J]. Multivariate Behavioral Research, 2004, 39 (1): 99 -128.

[317] MACKINNON D P. Introduction to statistical mediation analysis [M]. Mahwah, NJ: Erlbaum, 2008.

[318] MACKINNON D P, FRITZ M S, WILLIAMS J, et al. Distribution of the product confidence limits for the indirect effect: Program PRODCLIN [J]. Behavior Research Methods, 2007, 39 (3): 384 -389.

[319] 温忠麟, 叶宝娟. 有调节的中介模型检验方法:竞争还是替补? [J]. 心理学报, 2014, 46 (5): 714 -726.

[320] HAYES A F. Introduction to mediation, moderation, and conditional process analysis: A regression -based approach [M]. Guilford Press, 2013.

[321] 黄彬彬,邹盛奇,伍新春,刘畅. 父亲协同教养行为与青少年同伴依恋的关系:父子依恋的中介作用与青少年情绪性的调节作用[J]. 心理发展与教育,2019,35(2):176-183.

[322] 方杰,温忠麟,梁东梅,李霓霓. 基于多元回归的调节效应分析[J]. 心理科学,2015,38(3):715-720.

[323] BASS F M. A new product growth model for consumer durables[J]. Management Science,1969,15(5):215-227.

[324] COLEMAN J S, KATZ E, MENZEL H. Medical innovation: A diffusion study (2nd ed.)[M]. Indianapolis, IN: Bobbs-Merrill, 1966.

[325] 罗韵娟,王锐. 创新扩散视角下"一带一路"议题传播的社交网络分析[J]. 当代传播,2020,1:52-57.

[326] 王倩. 知识网络中的知识转移建模与仿真[D];华东理工大学,2012.

[327] WATTS D J, STROGATZ S H. Collective dynamics of 'small-world' networks[J]. Nature,1998,393(6684):440-442.

[328] 李志宏,朱桃. 基于加权小世界网络模型的实践社区知识扩散研究[J]. 软科学,2010,24(2):51-55.

[329] MORONE P, TAYLOR R. Knowledge diffusion dynamics and network properties of face-to-face interactions[J]. Journal of Evolutionary Economics,2004,14(3):327-351.

[330] FAU D J J, LEVENTHAL H. Effects of varying the recommendations in a fear-arousing communication[J]. Journal of personality and social psychology,1966,4(5):525-531.